中美建交前夕的1978年10月应美国科学院邀请，中国科学院地理代表团首次访美40天，作者与代表团团长黄秉维（院士），副团长吴传钧（院士）和其他团员（刘昌明院士，黄锡畴、唐邦兴、沈燦星、承继成等教授）在华盛顿合影

1984年4月作者乘火车从纽约到华盛顿参加国际会议

1999年末至2000年春，作者获京都大学人文与环境学院奖学金，赴日讲学、合作研究

中国科学院南京地理与湖泊研究所留日于千叶大学任教的韩敏博士，与作者夫妇参观日本横滨港地标大厦

东京立正大学邀作者访问讲课。之后地理系主任内山幸久教授和正井泰夫教授、松井秀郎先生、李庆忠先生等与作者夫妇游览日本皇宫

京都大学校长设宴招待国际留学生与访问学者。1999年，作者夫妇与重庆医学院刘博士一家合影

圣诞节日的大阪地下购物中心。作者妻子陶玉美与身着艳丽和服的日本姑娘

作者与中科院南京地湖所范云崎（党委书记）在东京立正大学访问（1995年）

作者与江苏师大沈正平院长，以及地湖所施少华、李白华等在日本东京考察

1994年，作者与地湖所研究生王德、成建华在名古屋市区考察（王德教授现在同济大学工作，已与夫人出访30多个国家和地区）

2001年，作者与杨金华（南京地湖所外办主任）、孙喜才副局长（南京市国土局）等在日本考察，从神户、大阪到东京

韩国首都首尔的商业区
（购物中心）

2009年冬，作者与家人在狮城新加坡（女儿姚迎）

1993年，作者与周立三院士、钟功甫教授等在缅甸考察

富丽庄严的泰国曼谷皇宫一角

马来西亚吉隆坡的双子塔

阿联酋酋长办公场所大门

阿联酋富人住宅区

清真寺教堂

清真寺

马尔代夫首都马累的
公共建筑

海天一色的蓝色宝岛——印尼的巴厘岛南部海滨高级旅游度假区内美丽典雅的宾馆一景

作者与许志超、徐菲菲一家，以及南医大二附院朋友们访问柬埔寨金边

柬埔寨国王西哈努克皇宫，古典又富丽堂皇的文化特色建筑

1992年列入世界文化遗产的吴哥窟，位于柬埔寨暹粒市北部，于公元9世纪建成，由吴哥通王城和大小吴哥寺院等600余宫殿、寺院和古塔组成

土耳其首都伊斯坦布尔的博斯普鲁斯海峡大桥

姚萍与女儿沈文思在土耳其卡帕多奇亚

2000年秋，作者夫妇与香港大学的陈爽博士、宋平博士（作者的学生）在香港浅水湾，访问当地的住宅小区并欣赏大海风光

中科院南京地湖所姚士谋（作者）研究室主任、陈雯研究员与王成新博士等参加香港国际会议（2004年）

作者与佘之祥教授（南京分院原院长）、南京大学张捷教授参加在香港中文大学举办的国际会议，他们已经跨出国门，出访了40多个国家和地区（1998年）

澳门特区（45万人）跨海大桥

澳门葡京酒店与新葡京酒店

台北故宫博物院

泰姬陵

泰姬陵的附属
园林建筑

1989年秋，作者在莫斯科大学参加国际会议后参观苏联首都莫斯科红场

作者在莫斯科大学

2013年夏，作者与妻子于莫斯科奥运村附近的东正教教堂群

中科院南京地湖所专家们在莫斯科克里姆林宫内部花园前考察

街头的俄罗斯婚礼

中科院南京地理所代表团（舒金华教授等）在圣彼得堡基督复活大教堂（亦称”滴血大教堂“）前参观

圣彼得堡夏宫门前华丽的的喷水池

1989年，作者于匈牙利首都布达佩斯的古城堡

1994年，作者获德国马普奖学金，应科隆大学尼帕尔（Nipper）教授邀请进行合作研究。作者夫妇、尼帕尔教授与徐刚博士在法兰克福城市中心考察访问

南京市政协原副主席、中科院南京地湖所沈道齐教授于1994年访问德国，与作者夫妇在科隆大学

德国政府一直鼓励人口增长，作者夫妇在尼帕尔教授的妹妹、妹夫家做客，他们家是德国典型的中产阶级家庭，已有七个子女，生活十分美满

作者夫妇在柏林近郊的波茨坦皇宫参观访问

每年3月狂欢节时科隆街头狂欢的人群（2003年3月2日）

德国巴伐利亚世界知名的新天鹅堡

江苏亚东建设集团总裁刘成刚及其家人在格陵兰岛

2007年，作者于苏格兰首府爱丁堡市内

作者与董雅文研究员、陈爽研究员、吕拉昌教授等参观爱丁堡城堡，并访问了爱丁堡大学

爱丁堡街头的苏格兰风情（男人穿短裙）

伦敦泰晤士河畔眺望伦敦塔桥（可开启）

英国首相府白金汉宫

白金汉宫前，卫兵的巡游仪式

作者夫妇与房国坤博士（现任芜湖市城乡规划局局长）在凯旋门

巴黎圣母院（历史上多供贵族礼拜和举行典礼）

巴黎埃菲尔铁塔

法国首都巴黎圣心教堂
（普通民众的宗教场所）

2003年春，作者夫妇于
意大利罗马许愿池

罗马威尼斯广场上雄伟
壮观的维克多·艾曼纽二
世纪念堂

威尼斯水城一角

游人如织的梵蒂冈圣伯多禄广场，梵蒂冈是世界面积最小的国家。

戴德胜于瑞士瓦尔斯村，南京市政设计院总规划师，已经出访30多个国家和地区

戴德胜妻子姚迪于意大利比萨斜塔

2003年春，作者夫妇于比利时首都布鲁塞尔国会前的广场

荷兰阿姆斯特丹中央火车站富有特色的建筑景观

荷兰海牙海滨附近的风车景观

荷兰郁金香花展

西班牙瓦伦西亚新城博物馆

卢森堡纪念碑

作者夫妇在瓦伦西亚科技城

瑞士小镇风光

地中海沿岸港口城市

作者夫妇与弟妹等在意大利边境小镇布诺一起参观

作者夫妇与杨清合、陶筑平、陶骏奇、束雅萍在米兰维托伊曼纽二世拱廊留念

古罗马遗址沙丁岛

意大利西西里岛海边富人别墅区（海湾风光）

意大利神曲号豪华游轮，吃水量9万吨，载客5500人

2000年8月，作者应邀到美国西雅图华盛顿大学访问、讲学。作者夫妇与南京地理与湖泊研究所留美的刘塔博士、姜邦桥博士于校内留影

2000年9月，作者夫妇从芝加哥乘火车抵达纽约，于联合国总部大楼前合影留念

加利福利亚州北部海湾

洛杉矶的中国园林

2000年，作者在美国西雅图刘塔、侯晓虹博士家中烧烤

西雅图北郊成片的郁金香

2013年秋，作者夫妇于加利福尼亚州红杉树林

美国西海岸一号公路

作者夫妇与表妹曾菲在洛杉矶南部尔湾富人住宅区购物中心一角

作者与曾隆一先生在旧金山硅谷斯坦福大学

旧金山斯坦福大学

作者夫妇与吕星劼在奥林匹克国家公园

作者的弟弟（吕文加）、弟媳（王泉）一家在美国团聚（2012年），弟弟、弟媳已访问十多个国家

拉斯维加斯赌城
的人造瀑布

姚萍与友人在科罗
拉多大峡谷

作者与沈文思及她同学
在波士顿唐人街

作者夫妇与许秀敏博士
一家在圣路易斯的家中

夏威夷欧胡岛檀香山
市郊购物中心的夜景

夏威夷群岛上原住民的歌舞表演

夏威夷群岛上的植物

作者夫妇与陈彩虹博士及其小女儿在加拿大国会山前合影

作者夫妇与王标博士游览多伦多尼亚加拉大瀑布时合影留念

2009年，作者的学生陈彩虹博士在加拿大渥太华

圣保罗市内的巴西皇宫博物馆

玛瑙斯富有赤道风情的热带宾馆（习近平主席曾下塌此处）

里约热内卢城区东部的贫民区

里约热内卢的
滨海大道

作者夫妇于里约热内卢的
救世主基督像前

2009年，作者和巴西的
中学生在一起

巴西与阿根廷两国交界
处的伊瓜苏大瀑布

2009年秋，作者夫妇与上海国旅的苗总等朋友于伊瓜苏大瀑布

阿根廷首都布宜诺斯艾利斯的新城区

建筑景观奇特的阿根廷总统府玫瑰宫

阿根廷布宜诺斯艾利斯的圣马丁广场民族英雄保塞·德圣马丁（1778~1850）像

澳大利亚海滨的现代化城市——布里斯班

建筑风格独特的悉尼歌剧院

2006年，作者夫妇于堪培拉的中国驻澳大利亚大使馆

江苏亚东建设发展集团总裁刘成刚与妻子封雨涓于西澳大利亚佩斯的尖峰石阵，他们游历了40多个国家和地区

刘成刚老总与家人在澳大利亚凯恩斯热带丛林

作者于新西兰小镇

南非南部的大城市开普敦郊区城市化地区

因2010年世界杯足球赛而重建的开普敦球场

非洲最南端的好望角海洋景色与自然景观

茨瓦内（比勒陀利亚）北豪登高等法院

作者携老伴与李玉萍、林南金在南非约翰内斯堡

茨瓦内远郊野生动物园中的长颈鹿

太阳城内的皇宫大酒店

约翰内斯堡城市景观远眺

南非市民在街心广场玩耍

作者与南京大学谌中东教授在坦桑尼亚西北部高原及野生动物园科学考察

坦桑尼亚西北部野生动物园与土著居民

东非海边的桑给巴尔岛风景名胜区 （2015年8月）

刘成刚在毛里求斯海边

埃及红海之滨

埃及卢卡索阿蒙
神庙遗址

埃及卢卡索阿蒙
神庙走廊

埃及卢卡索阿蒙神庙外侧的巨大石柱

埃及狮身人面像

埃及首都开罗西部地区主要金字塔分布区人文与自然景观

南京卓远资产管理有限公司总经理吴健

南京卓远资产管理有限公司业务骨干丁玉芳、曹伟、王冠、陆业力等在吴健总经理带领下多次出国学习城镇化政策和管理经验。他们齐心协力为中国的城市规划设计作出贡献。

跨越五大洲——各国各地缤纷异彩

（第二版）

姚士谋　编著

祝贺姚士谋教授从事城市地理与城镇规划研究50周年

科学出版社

北　京

内 容 简 介

旅行考察是现代生活与工作中最富有活力的科学文化活动之一，反映了当前世界的千变万化以及人文地理的丰富内涵。本书是作者自改革开放以来30多年，在世界上近50个国家与地区的科学考察、旅行参观和实地体验的特写文章集合，记录了世界上五大洲近50个国家五彩缤纷的城市发展、地理特色、民情风俗、自然风光以及社会深层次的种种现象。

全书的每一篇记叙性文章都具有知识性、科普性与趣味性，适合于政府机关、城市规划与建设部门、旅游地理相关人员、大专院校以及中小学师生阅读。

图书在版编目（CIP）数据

跨越五大洲：各国各地缤纷异彩/姚士谋编著. —2版. —北京：科学出版社，2016. 3

ISBN 978-7-03-047695-1

Ⅰ.①跨…　Ⅱ.①姚…　Ⅲ.①世界-概况-通俗读物　Ⅳ.①K91-49

中国版本图书馆CIP数据核字（2016）第049792号

责任编辑：罗　吉　王腾飞/责任校对：张怡君
责任印制：徐晓晨/封面设计：许　瑞

科学出版社出版
北京东黄城根北街16号
邮政编码：100717
http://www.sciencep.com
北京凌奇印刷有限责任公司印刷
科学出版社发行　各地新华书店经销
*

2016年3月第二版　开本：720×1000　1/16
2020年9月第三次印刷　印张：20 1/4　插页：19
字数：408 000

定价：168.00元

（如有印装质量问题，我社负责调换）

全党要深刻领会新时代中国特色社会主义思想的精神实质和丰富内涵，在各项工作中全面准确贯彻落实。

——习近平

序　一

为该书作序时，我偶尔从办公室的书林中读到我国古代著名的诗句："宝剑锋从磨砺出，梅花香自苦寒来"。这两句诗语言简洁、教人深思，深具天道酬勤、激发人心的人生哲理。我想，对于那些勤奋好学、追求知识、敢于拼搏并为祖国建设作出奉献的人们，这两句诗是至理名言，是很好的工作、生活的座右铭。

改革开放以来，在党的领导下，中国人民在建设祖国的事业中取得了举世瞩目的辉煌成就。但我国仍是发展中国家，底子薄、人口多、资源有限、经济基础与生产力水平不高，要不断地向世界先进国家学习借鉴。30 多年来，我国各个领域均派出了专家、学者与技术人员到经济发达国家学习、考察与经验交流。本书作者姚士谋等是城市研究与区域经济发展方面的科技人员，先后出访过 40 多个国家与地区。他们的思路敏锐、知识面广，除专业考察外，还对东西方世界的民情风俗、社会生活与自然风物等有浓厚的兴趣。姚士谋曾经出版过《美国地理见闻》、《美国风光》（1985 年我国第一位驻美大使柴泽民为该书写过序）等书，对一些国家的素描相当逼真，也写得相当充实、传神，曾经在国内外发行数万册，深受广大读者欢迎。《跨越五大洲》是一本科学的知识性读物，其再版把世界 40 多个国家的地理环境与历史发展结合起来，将自然风物与社会民情融合在一起描绘，特别是把城市有趣的镜头与海外赤子的个人生活历程、工作艰难状况真实地反映出来，写得真实鲜活，感情奔放，激励人们不断前进！

想起著名科学家谢希德教授为《域外散记》作序言时写道："我相信当春天的花、夏天的树、火红的枫叶和欢欣的雪花满地时，祖国将更加繁荣昌盛。"该书是一篇"世间情、自然美、故土爱"的诗章，反映了作者的心声。虽然作者多次受聘出国访问，但还是热爱自己的国家，热心在中国科学院研究所工作，其精神难能可贵。祖国是伟大的，故土是要深深去厚爱的，这才是我们中华民族的深厚感情。为此，我向广大读者推荐这本好书作为借鉴，洋为中用，不断创新，为祖国建设贡献力量。

吕志先

原文化部副部长

原国家对外文化联络委员会主任

2015年8月1日于北京广渠门外大街

2015年8月修改

① 吕志先（1917～2016年），1936年参加革命，抗战英雄，曾任对外文化联络委员会副主任、党组成员，文化部原副部长、党组成员（享受部长级待遇）。

师者为师亦为范，学高为师，德高为范。

——习近平

序　　二

伟大的思想家罗曼·罗兰曾经说过，每个人都是从书中研究自己，要不是发现自己，就是控制自己。当今社会，科学、文化与信息迅速发展，每个人的生活环境、人生阅历、文化素养各有差异，如果把各种经历记录下来，会是许多有趣的故事，可以折射出人类社会工作与生活中五彩缤纷的画面。

《跨越五大洲》一书的写作与出版实属不易，主要作者姚士谋是中国科学院的研究员、博士生导师，自幼出身贫寒，从小失去父母，两岁多便一直跟随阿婆生活。青少年时依靠叔父母的关心支持，从广东平远县的山村中学苦读考入大学，历经艰苦。他凭借着自身的坚强、自信、刻苦、奋发，在社会主义建设事业和改革开放的创新工作中，致力于祖国的科学事业和城市地理与城市规划研究，付出了大量的心血，取得了显著的成就。曾经获得德国科隆大学、日本京都大学、美国密歇根州立大学和华盛顿大学的奖学金以及香港大学合作研究基金多次。在从事城市与区域经济研究50余年的基础上，他结合在国外的科学考察和旅游参观，历时多年写出了这本集旅游散文与科学小品为一体的记事文集。

该书的写作正值国人出国学习、工作的一个高潮时期，无论是美洲、欧洲、东南亚，或是南半球遥远的地方，都有中国人的足迹。改革开放后30多年，中国的社会经济快速发展，在全球化进程中，中国的政治影响力和经济实力日益强大，对世界经济的发展与世界和平起着重要作用。我认为，该书的出版很适合这个大时代的要求，可以让中国人了解世界，让世界各国人民了解中国。该书的编写涉及各国社会、科学、文化的发展特色，也深度描写了各国各地的风景名胜、民情风俗，且内容丰富、文字流畅、图文并茂，并站在历史唯物主义的高度上，分析了各国各城市的发展特点、问题与趋势。该书富有知识性、科学性与趣味性，是一部反映人类进步、追求美好生活、热爱和平的好书。鉴于此，我很愿意向广大读者推荐这本书，相信每一位读者都会在阅读中收获到快乐和教益。

庄炎林

中国侨联第四届主席

庄希泉基金会主席

2013年夏

读书已成了我的一种生活方式。读书可以让人保持思想活力，让人得到智慧启发，让人滋养浩然之气。

——习近平

前言

自改革开放的阳光洒满中华大地之后，禁锢多年的心扉渐开茅塞，并越发明亮了。特别是1980年后，许多中华儿女为了祖国的建设事业跨出国门，了解西方，学习国外先进的经验与科学技术。出国考察、学习在许多单位已是屡见不鲜。进入21世纪，我国的青年学子与中老年人出国学习与旅游的人数也越来越多，每年出国人次已达8560万（2014年数据）。2017年，我国公民出国人次超过1.26亿人次。

自1978年秋第一次出访美国（途经巴黎和东京）后，40多年来我又相继接受美国、加拿大、日本、德国、英国、意大利、匈牙利、南非、巴西、阿根廷、澳大利亚、新西兰等国科研机构和大学的邀请，出访50多个国家和地区。在这些国家访问、考察与学术交流过程中，我特别注意了解各国的城市建设、民情风俗、地理风光与社会生活情况，并在回国后利用业余时间，整理收集一些相关材料，逐步撰写出一些杂记见闻，有些也在报刊上发表过。出版的《美国地理见闻》、《美国风光》等小册子，就是我在国外工作、学习、生活中的东鳞西爪。本书汇总了这些不修边幅的文章，从一个侧面表示出自己对祖国、对亲人朋友的一份赤子之心。本书写作时代跨越30余年，部分当时的称谓和感想或已过时，但为维持全书风格，仍然保留原貌。

我是学自然科学的，对城市地理与区域经济发展兴趣浓厚，有时也喜欢写社会见闻。我知道要写这类书籍并非易事，用记事文体写这类书更难，有时搜索枯肠，有时咬着秃笔冥思苦想。真像1984年中我们与台湾朋友驾车在美国密歇根州北部森林深处旅行时，乘坐的小汽车陷入泥沼中，步履艰难一样。当时车轮不断地打空转，弄得我们满身泥水，林海中长嘴蚊又在不断侵袭。这种艰苦的经历仅仅是三个小时，而写这本书却是经历了10多个春夏秋冬……

1982年春，我的《美国地理见闻》一书由商务印书馆出版了。1983年秋，我获得美国路斯科学基金会的奖学金赴美学习工作一年。在寒冷的美国北部密歇根州立大学时，我利用参加学术会议及到美国10多个大学讲学的机会，考察了美国南部、东北部与西部20多个大中城市，参观了10多个大学图书馆，收集了许多资料与文献，颇有踌躇满志之感。回国后，中国青年出版社又出版了我的《美国风光》一书，第一版就发行3.9万册，得到广大读者的支持；第二版又发行7000多册。回忆20世纪60～70年代“文化大革命”，全国社会经济动乱时期，浪费了我们整整10年的青春年华！那时长夜漫漫无尽头，有时甚至对自己的生活与未来失去了信心，真是时乖命蹇，事事不顺心，天天烦人心头。打倒“四人帮”之后，1976年倒有点儿“时来运转”，像我这个来自广东山村的放牛娃，从小在农村长大，能分配到中国科学院一个研究所工作。更没有想到，我能在1978年中美建交之前跟随中国科学院地理代表团出访美国，而且后来7次访问美国，3次赴欧洲各国，10多次去日本。2006年后又前往南半球8个国家访问旅游。2013年夏与妻子再次去俄罗斯旅行考察。2013年10月我们又去美国旧金山（圣弗朗西斯科）参加国际会议，考察了美国西海岸十多个城市与景点。2015年前后我们又去了东非、印度尼西亚、东南亚其他一些国家和南亚几国。我常常抱着铁棒磨绣针和水滴石穿的精神，无论到哪个国家访问考察都会做笔记，回来后写些文章，日积月累，不断构思组合，终于编写出这本《跨越五大洲——各国各地缤纷异彩》。世界著名的诗人雪莱曾经说过“虽说写作只花了六个月工夫，构思过程却长达数年”。通过自己的努力耕耘，想在人生的道路上补偿过去，充实当下，聊以自慰；使我们的人生价值更加值得回忆、纪念；在我们身躯的动脉血管里永远奔流着新鲜的血液；使我们的生命在茫茫的人海中升华，甚至一年四季都有流水欢歌……

《跨越五大洲——各国各地缤纷异彩》主要揭示异国他乡的自然风物、地方风情、城市的历史精华与现代风貌；也是从社会生活的深层反映西方人行为生活的准则、浪漫情怀与暗流；以及勾画中国人在国外创业的艰辛与留学生的苦乐和抱负。同时在这本书中，我也想通过自己的独立思考，分析比较并理解现实生活中的一些令人费解的问题。如为什么说美国人“屁股坐不住是他们的主要形象”（埃德蒙·福西特和托尼·托马斯）？美国作家斯塔兹·特克尔称之为“美国很富，积弊亦多；大厦高耸，阴影也大”。美国可以是得天独厚的，但却不是得天最厚的；是幸福的，但却不是最幸福的；前程可能是美好的，但却不是最美好的。“竞争取胜是美国人的一种狂热”，也是人们追求美好生活的一种强大动力。德国、日本以及韩国虽然富有，城市很现代化，乡村自然环境也很优美，但那里的妇女却经历着家庭生活的折磨，尤其是日本女子在家庭中只能做“贤妻良母”，一切顺从丈夫，生活的信条总是唯唯诺诺，很少也很难参加各种社会生活。南美与澳新的一些青年人没有我们国家的青年人那样勤奋好学、辛勤工作与勤俭生活。本书虽然称不上西方社会的万花筒，但从中可以窥见西方中产阶级和上流社会雅皮士的心态。纽约华尔街和东京银座资本家的贪婪；意大利、希腊一些城市和美国汽车城底特律的萧条；前苏联农场的窘迫与商品市场的冷清；日本高层人士的右倾趋势，日本家庭主妇心怀怨声；乌兰巴托人的眼光向后转；布达佩斯的变迁和忧郁；纽约、东京、伦敦和巴黎20世纪60～70年代的嬉皮青年，如今却成了拼命捞钱的股票经纪人和房地产投机商。西方世界的一幅幅真实画面，就像美国作家特克尔所揭露的那样，一条条鸿沟展现在美国（也是西方世界的缩影），这是穷人与富人之间的鸿沟，过去与现在的鸿沟，梦想与现实深深的鸿沟。

难怪我几次在美国旧金山和纽约时，很多台湾朋友真心对我说，在这里的富人都是腰缠万贯，别墅住房好几套，还有私人飞机、游艇和豪华小汽车；但这里的穷人也不少，有的家徒四壁，到处流浪；种族歧视仍然很严重，恐怖活动与校园枪击案仍然时有发生；有些城市里，色情和毒品不时泛滥，孩子与父母平起平坐，有时甚至还骑在他们头上，西方世界是孩子们的天堂，不少老人却很悲伤、孤独、凄凉……

自20世纪80年代以来，改革开放后的中国发生了巨大变化，各方面的建设取得了惊人的成就，主要是社会生产力向前推进了一大步，农村落后的面貌在逐步改观，农民的生活水平蒸蒸日上，城市现代化的步伐加快，我国的高速公路、高速铁路的建设已经走在世界的前列。人民的经济头脑和商品意识增强了，整个社会活起来了，当然也还存在不少问题如腐败现象。对外开放后，数以百万计的中国人走向世界，如果我们把自己所了解的国外与国内的城市作个分析、比较，如果能把国外社会深层次的考察、访问，平面的和立体透视、体验写成文章，编印成册，将我国的社会经济现象与国外作一番比较，从中看到我国现代化、生态化的标准与成就的差距，这样能更加深刻和更加客观地认识自己，更能全面地了解今天，并从这里找到前进的动力和看到中国和世界的美好明天。我正是抱着这个宗旨编写这本书的，真是“百川东到海，何时复西归?”这本小册子如同祖国千千万万条小河、小溪一样，我想地球上那浩瀚无际和深阔丰饶的海洋是不会拒绝这条涓涓细流经过千山万水、曲折河川汇入其中的，我愿成为知识海洋中一颗很小很小的水珠。哲学家们常说：人类精神的自然飞翔，并不是从快乐到快乐，而是从希望到希望，从理想走向现实。

为本书所写的前言已有数千字了，但在我的脑海里还有许多事情并没有叙述完，一些激流浪花留给每个章节中夹叙夹议，顺理成章。我所写的各篇短文中，字里行间反射着青年人的热情与冲动；知识分子的正直和良知；经历过社会生活磨炼的人们的苦辣和酸甜；还有许多国家与地区人民的理想与希望。

在我们艰辛曲折的人生道路上，无论是在国内我们生命的成长过程中，或是在国外与朋友的交往中，都学到新的知识，获得了丰富的社会经历与待人处事的经验。其中最值得我们珍惜的就是如何正确对待自己，如何比较完美地理解人意；最值得我们记取的人生哲理就是要淡泊人生，问心无愧地做人做事，按科学发展观的历史责任，更加踏实地为祖国为人民贡献自己的力量。但在取得一定成就之时，不能沾沾自喜。天高云淡，风清月明，花开花落，宽广胸怀，这是人生的最浓色彩。

在我们有限的生命中，应当热爱美丽，扶持正义，崇尚自然，不以物喜，不以己悲，守望简单、淡泊而清静的人生，就是我荡气回肠一辈子的真实感觉。又想起唐代伟大诗人李白《将进酒》中所表达的："天生我材必有用，千金散尽还复来。"我们要有自信心，要有长期坚持研究城市社会问题的恒心，要用良好的心态去面对一切。这也是本书作者与我们亲爱的读者共勉的长远目标。

本书前一版得到了广大读者的关心与喜爱，恰逢其售完之际，我决心在退休之年，利用各种机会出国考察，增加新的内容，补充各个章节的短处。最近几年中，我又访问考察了十多个国家，依据新时代要求，与事相随，与时俱进，修改写作了 20 多篇新作，增加了一些照片，充实本书各部分，与读者共享。这时我又想起，威廉·贝纳德在《哈佛家训》中的良言妙语，赠给我的朋友们：我们应该有成就未来的境界（心态）、容纳天地的胸怀（大度）、珍惜万物的慧心（感恩）、和谐通达的艺术（处世）、汇聚大海的水滴（行动）。共同为人类伟大的和平事业奋斗！

现在，我们正处在瞬息万变的新时代，更需要珍惜我们人生的价值，自强不息，矢志向前。正如元代诗人王冕在《墨梅》中所写"不要人夸好颜色，只留清气满乾坤"。

在此，我要对江苏省亚东建设发展集团总裁刘成刚和南京卓远资产管理有限公司吴健总经理表示衷心的感谢，有了他们的积极支持与资助，本书才能出版，供读者阅读。

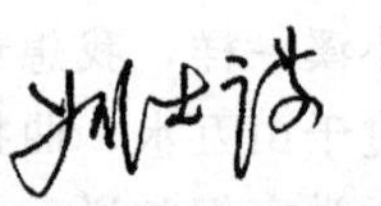

中国科学院南京地理与湖泊研究所城市研究中心原主任
南京市政设计研究院特聘顾问
新加坡邦城规划公司
南京、上海分公司高级顾问
1993 年春节于南京九华山下
2013 年夏修改补充
2018 年修订

世界潮流浩浩荡荡，顺之者昌，逆之者亡。

——孙文

目　录

第二部分　欧洲的没落与再生

绪　语

40 年前的环球飞行

如果你希望成功，当以恒心为良友，以经验为参谋，以小心为兄弟，以希望为哨兵。

——爱迪生

秋天，这是大自然赋予人类生存与发展的成熟季节，春华秋实硕果累累，人们非常喜欢这些美好的日子，特别是人们经过艰辛的努力而获取的成果。默默耕耘的人们深深懂得这胜利果实是来之不易的啊！

1978 年 9 月初，中国科学院地理代表团应美国科学院的邀请，第一次访问美国。当时我国人民才初步取得了粉碎“四人帮”历史性的胜利，是党中央实行改革开放的第一个年头，中科院仅仅派出了三个代表团去出访当年还没有正式外交关系的美国（1979 年才建交），对于中国地理界来说，真是千载难逢的机会。来自全国主要的地理研究所和综合性大学的十位代表，每个人那种兴奋的心情、内心的喜悦、高兴的情感自不待言。当时，普通的科学技术人员“出国访问”真是个神奇的事情，尤其是中美两国曾经对峙过二十多年。20 世纪 70 年代扑朔迷离的黑夜才刚刚过去，朝霞万道的旭日照亮了古老封闭的中国，我们带着既惆怅又高兴的心情离开了首都北京。

我们乘着的中国民航 CA917 班机从北京国际机场滑离跑道，这架波音 747 巨型客机满载着两百多名中外旅客直冲云霄。我望着机窗外渐渐变小的北京郊区，夜色的天空，还有万家灯火。随着飞机向西方远去，灯火也渐渐消失在夜空中。我心中不禁地翻腾着，亲爱的祖国啊，暂别了！我们决不辜负祖国的期望，增进中美两国人民和科学家之间的友谊，学习人家先进的科学技术和管理经验，回国后一定为祖国四化效劳。

这次访问美国，按照上级的安排路线，是一次超过万里的环球飞行。从北京到华盛顿，我们的飞机中途在巴基斯坦的卡拉奇国际机场停留四个小时。然后继续向西飞到巴黎，在法国休息与访问三天。回国的路线是从美国的西海岸洛杉矶飞抵美丽的夏威夷群岛，访问五天后，再飞到日本东京，停留两天，然后从东京经上海到北京。这次有意义的环球飞行，对我们每个人的一生都留下极为难忘的回忆。我真是没有想到，我这个出生在贫寒家境的农村孤儿，今天能乘坐在北京到巴黎国际航线的巨型客机上，还要作环球飞行，访问世界上经济最发达、最现代化的资本主义美国。这是多么高兴的事啊。回想起抗日战争期间的 1942 年，广东梅县地区是日本军国主义占领的沦陷区。我的父母为了逃难的方便，狠心的母亲就把不满 2 周岁的我丢下，放在外祖母家寄养，从此在我的儿童时代与青少年成长时期得不到母爱。新中国成立前我与外祖母相依为命，仅仅靠着两亩多地生活，在贫困的山区农村长大，经过多少辛酸。但我敬爱的外祖母还是胼手胝足地把我养育成人。在我的童年时代，我和农村的亲人、同乡经常上山砍柴、割草、放牛、种地、挑水，几乎每个星期天和暑假都帮助我外婆做事，每天晚上在昏暗的煤油灯下看书写字。真是“寒月稍稍上木窗，冰冻又恨夜来霜，秋已尽头冬日长，艰难含泪更凄凉”。生活真正磨炼人的意志。那时我别无他求，劳动之后，能吃顿饱饭，看上一场电影就心满意足了，压根儿想不到长大了还能到世界各地参观访问。从小学到中学，从中学到大学，党和人民培养我成长，大学毕业后又踏进中国科学院的门槛，使我在学校里学习到的基本知识能应用在日常生活与工作之中。此时，不知道是谁在我的座位后面叫了一声，“苏联到了!”飞机越过中苏边境的崇山峻岭，一片白色的山巅造出的新奇世界。飞机上中国航空的空姐告诉我们，飞机已经飞过天山南北的戈壁绿洲，离开了祖国的上空，正在苏联与巴基斯坦的领空中飞行。不一会儿，服务员推着那小巧玲珑的饮料车为旅客分送各种饮料和茶水。一个梳小辫子的上海小姑娘问我要喝点什么，我用手指着车上的鲜橘子汁，她就轻轻地为我倒了一杯，我说了声“谢谢”。她然后推着饮料车到下一排座位上去了，我望着姑娘俊俏的背影，觉得我们中国人多么热情可爱，自己也感到旅途生活的温暖。

经过大约九小时的飞行，飞机临近法国了。我们飞越了欧亚大陆一万二千多公里。我打开机窗的遮阳罩，只见窗外阳光灿烂，碧空万里；低头下望，在一缕缕白云、一团团雾霭下，地中海上的浩渺烟波隐约可见。忽然飞机上几位外国朋友叫喊起来，“法国到了!”到法国不用半个小时，就可以下降着陆了，我们非常高兴，理了一下自己简易的行装，又望着机窗外单调的景色，眼睛不停地捕捉窗外的奇景。巴黎城终于抵达了，我们的飞机在现代化的戴高乐国际机场着陆。当我们走下舷梯，来到领取行李的地方，只见许多外国人在自动转盘行李处等待。大约半小时光景，我们代表团一行 10 人的全部行李均收到了，然后把行李一个个安放在机场内的手推车上，非常省力地推着出了大厅。来到候机楼门口，正好有两位中国同志拿着小旗子，上面写着“欢迎中国科学院代表团”，我们一看便知道是来接我们的。接待我们的是我国驻法国大使馆接待处的张绍良同志，他是山东人，北京大学西方语言文学系毕业分配来巴黎工作的。据说一般的代表团他们都不接，而要自己乘机场的客车到巴黎市中心，然后去找旅店或单位，或换乘下一班飞机到其他地方去。因为我们代表团团长中国科学院地理研究所所长黄秉维教授（学部委员）当时是全国人大常务委员会委员，因此我们得到相当高的礼遇。三辆高级大轿车把我们一起送到大使馆招待所住下，在巴黎休整三天，恢复精神，然后飞往美国首都华盛顿。

在巴黎这个花花世界逗留期间，我国驻法国使馆的领导不让我们单独一人外出，因为当时中国与越南关系紧张，许多在巴黎旅居的越南侨民有可能会伤害中国人。但我们都是第一次来巴黎的，能在大使馆的小小天地里待几天？后来两位秘书还是给了我们一些市区的公共汽车票与地铁票。我们十分高兴，凭着地理学家的聪明才智，查阅地图，确定路线，参观了塞纳河两岸，凯旋门广场，埃菲尔铁塔和附近一些古典建筑、教堂和博物馆等。在巴黎的第二天晚上，我们走得实在太累了，又不懂法语，迷路后经过很长时间绕道才回到大使馆招待所。由于晚饭时间已过，我们也只好硬着头皮，请食堂的老师傅给我们一些面包、水果充饥。时针已指向深夜12点钟，我们一边吃着，一边谈论着今天的收获。虽然是午夜已过，但我们仍然没有一丝的睡意，时钟滴答之声好像催我们入睡，然而在我们的脑海里还翻腾着塞纳河畔的美丽景色，哥特式建筑的古色古香。许多诗人都称赞这里多情的河水，这时我们想起令人陶醉的一首诗，倒使我们精神振作起来了：

我是酷爱生活的大海，
你却如美丽的塞纳河，
我轻轻地向你招手，
你却低头地向我微笑。
你似岸边的杨柳，
又似波光里的艳影，
假如你是多情的水啊，
那就流向我们的大海吧！

40多年来，我们从南京出发，赴亚洲、美洲、欧洲、非洲及大洋洲考察访问了将近50个国家和地区，增进了中国人民与世界各国人民的深情厚谊。

环球飞行的经济地理思考——访美“破冰之旅”回顾

实现中国梦必须走中国道路，这就是中国特色的社会主义道路。

——习近平

时光流逝，岁月如梦；历史往事，追忆如初。中国科学院地理代表团访问美国虽然已过去了30多年，但有关当时的背景、机缘的探究却是令人有极高兴趣，非常值得去深入总结的。

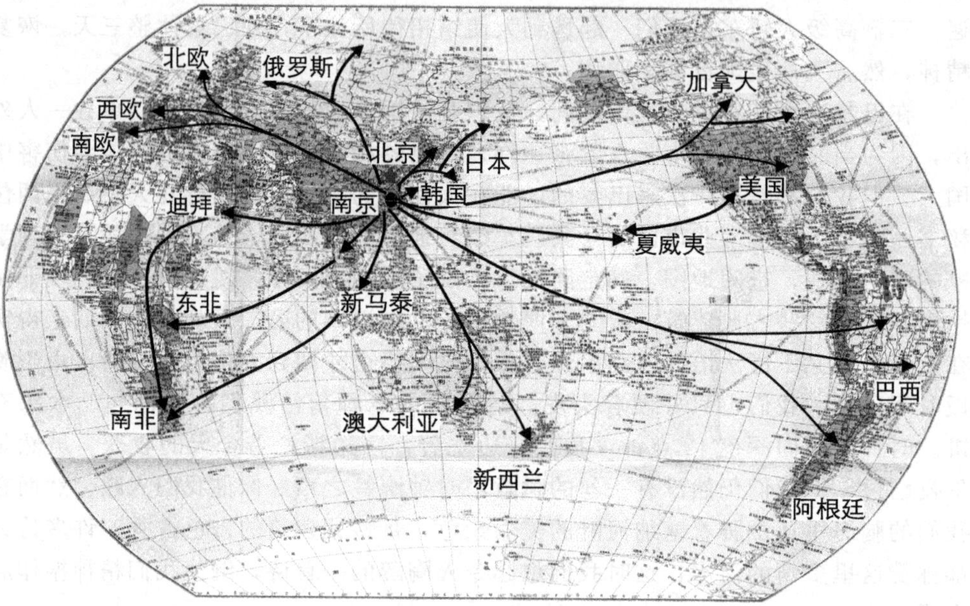

作者在全球考察的主要路线与地区

背景——令人惊喜的岁月

30 多年前，中国与美国这两个在世界上具有深远影响的大国，还没有正式建交。但是，在两国地理学家共同努力下，克服了外交上的重重障碍与困难，实现了自新中国成立以来的第一次访问美国的学术交流。陆大道院士和马润潮教授都称此为“破冰之旅”，具有非常重要的历史意义。

1977 年 8 月，美国地理学家一行 10 人，获得中国科学院和外交部同意后，第一次访问中国，时间为一个月。他们受到了我国地理学界领导和学者的热情欢迎，深深感到中美两国人民的友谊与交流是十分重要和必要的。他们回国后得到很多大学和基金会的赞许和资助，又热忱邀请中国地理学家 10 人，于第二年即 1978 年秋天回访美国。中国地理代表团在美国考察了近 40 天，访问了 20 多个城市的许多大学及科研单位。

美国的地理学家和朋友们，为中国地理代表团精心策划了一次环球飞行的访问考察路线。1978 年 9 月中旬，代表团从北京出发，飞经法国巴黎，停留两天后飞往华盛顿，在美国各地度过了将近 40 天的宝贵时光，又从美丽的夏威夷州檀香山市飞抵日本东京，逗留两天后方才回到北京，行程两万多公里。对于中国地理学家来说，这真是一个千载难逢的机会。中美两国在 20 世纪 50～70 年代国际风云变化中，关系没有正常化。直到改革开放之初的 1979 年 1 月 1 日。美国政府终于承认了伟大的中华人民共和国，与我国正式建交了。因此，能在建交前夕的1978年，中美两国的地理学家就实现互访，这种胜利果实真是来之不易啊！正如朝霞万道的旭日共同照亮太平洋东西两岸一样，中美两国人民的友谊正如长江和密西西比河之水永流不断！

印象——城市发展的内涵

虽然我们地理代表团在美国访问考察的时间仅有40天，但我们每到一处都得到很多美国地理学家和美籍华人的热情接待，在专业知识方面所获甚丰。我们在整个考察过程中，更注重从历史发展与社会经济视角看城市、看农场、看设施、看环境、看细节，研判美国城乡现代化建设的面貌与一些不足，比较中美两国城镇化、现代化和城市研究领域的异同。在1978年秋的40天访问考察中，美国城市地理与城市规划方面的新理念、新方法，特别是城市的发展内涵给我们留下了深深的印象。

美国建国时间不长，从1776年独立以来仅有230多年历史，但美国工业化、城市化早在20世纪50年代就进入了成熟期，现代化水平与环境卫生等方面领先全球。没有去美国之前，总认为美国城市现代化的标志就是摩天大楼、花园广场、繁华马路、豪华别墅等。其实这仅仅是一个方面，并不是全部，更不是美国城市现代化的真正内涵。

美国在世界上还是一个年轻的国家，它以欧洲文明为起点，在一张白纸上画出了美丽的彩画！就城市发展而言，它能比较合理地界定城市的功能定位，突出城市个性，不盲目追求城市发展规模。如美国首都华盛顿，功能单一、分工合理，就是政治性的首都，城市人口仅80多万，50年内增加不到6万人。不像我国的北京，既是政治中心，又是经济、交通、文化、科学的中心，功能越来越多，人口规模越来越大，城市用地不集约、建筑比较单调、生态环境较差，城市不断向四方蔓延扩张，难以控制。

纽约为美国最大的国际性城市，是全球金融、贸易和文化信息的中心，集中了人流、物流、信息流。但纽约州首府不设于此，而在小城奥尔巴尼。马里兰州首府安纳波利斯，也是一个人口不到4万人的古镇，拥有古老而知名的美国海军学院。其实美国很多州的州政府都设在声名不显的小城镇，不像我国大多数的省会城市都在“做大做强”，人口大多突破百万，致使“城市病”（交通拥堵、沙尘、细颗粒物、环境污染与噪声）越来越严重。

美国城市化在20世纪上半叶完成后，城市中心区日益衰退，往往成为穷人、非裔年轻人集中的地方，也是美国犯罪率最高的地方。30年前我们代表团访问底特律、芝加哥、洛杉矶时，美国朋友常常提醒我们如底特律和芝加哥等城，非裔人口占城市中心区的60%，由于美国或明或暗的种族歧视，非裔和其他少数民族失业率较高，社会安全问题也往往与这些青年人有关。而中产阶级大部分人都迁往距市区约30～40公里、环境优美、空气清新的郊区居住，郊区成了有钱人家的天堂。这样有不少大中城市沿着公路、高速路两侧无节制地低密度蔓延，当然也危及森林和草地。许多比较豪华的购物中心（shopping center）也布局在郊外，加剧了人们对小汽车的依赖。美国也因此被称为“车轮上的国家”，随之带来土地、能源、交通成本、生态环境等一系列问题。如今，美国总人口有3.2亿人，小汽车总量超过2.4亿辆，平均每户人家都有2辆小汽车，因此，上、下班时小汽车拥挤、堵塞现象常常发生，特别是在大城市里。

我们对现代化大城市里的建筑总是以豪华、气派、超前与新奇为标准，注重在闹市区建造豪华宾馆、政府大楼，并对室内外进行超标准的装修、装饰。而美国人却注重建筑质量、建筑功能和城市空间的布局。美国朋友经常对我们说，建筑是现代城市的象征、历史的见证，建筑质量是第一位的，许多大型建筑物都是百年大计。不像我国每个城市都在大拆大建，每年都在“老城改造”个没完，建筑质量也不断出问题，到处都是工地，城里找不到几处安静、洁美的引人入胜之处。原建设部副部长周干峙院士多次讲到：政府的浪费是最大的浪费！

美国人对城市用地、饮水资源与历史文化遗迹非常注意保护。“精明增长”概念深入人心，尤其是决策者与城市规划师们。城市郊区的土地被严格控制管理；土地混合使用，集约化利用；城市水源地、古迹、旅游区不允许建工厂；而污染水质更是犯罪行为。而我国每个城镇的开发区、工业区都在盲目扩展，用地失控；我国的大学城、新校区更浪费了很多耕地、好地。美国很多占地一千亩的大学校园，就有3万～4万名学生，而我国相同规模的大学则占地三四千亩。难道我们的决策者不知道中国是个人多地少的发展中国家吗？美国城里的建筑，除了纪念性、公共性建筑（博物馆、图书馆）以及少数豪宅外，一般的民用建筑、政府大楼并没有奢华装修，也没有豪华大堂，看上去简洁明了，实用面积大。而其城乡居民住宅大多结构简单、相对紧凑、质量可靠。居住环境做得很美，接近大自然，甚至有原生态的形式。

美国的超大城市（人口＞100万）、大城市（人口＞50万）的生态环境也有不尽如人意之处，但大多数的中小城镇和乡村社区，其生态环境是相当优美的。我们自1978年后，又多次前往美国访问讲学，在美国东海岸、西海岸及中西部地区，共参观访问过40多个中小城镇，留下了深刻印象。大部分地方是蓝天白云、空气清新、大树齐整、河水洁净、公厕清洁，各类动物与人和谐相处，还可逗乐，特别是校园中的松鼠与水塘中的野鸭、天鹅等。30多年前我们去过的科罗拉多大学（在丹佛市北面30公里处的波尔德小城）、亚利桑那大学、佐治亚大学、密歇根州立大学等，虽然是深秋季节，但那些大学校园中丝毫没有秋日的萧条。秋风吹红了枫叶、落叶满地、蓝天明月、空气清爽，加上常绿的大树，构成了色彩斑斓的秋日景象。由于空气的洁净度高，天天不同的朝霞与落日构成了美妙的景色。夜晚，皓月当空、星光灿烂、秋虫吟唱，好像置身于闹市中的乡间村野，很有情调，很有诗意，很有魅力。

探究——地理学研究的前沿

1978年秋，我们中国地理代表团在黄秉维团长和吴传钧副团长的带领下，在美国考察了24个城市、16所大学和一些实验室。在40天紧张而又愉快的访问活动中，我们重点了解美国地理工作情况，包括机构组织、专业人员培养和当时地理学研究的前沿，等等。

美国的地理工作者分散在大学、政府和私营企业三大部门，大多在联邦政府的国务院、国防部、住房及城市发展部、农业部、商务部、内政部、运输部和各州政府、大学、研究所中工作；亦有在军队参谋部、水土资源利用和环境等部门工作的，大多数从事外国区域地理、军事地理、城市和区域规划；也有相当一部分在中、小学和其他专业学校从事教学和行政领导工作。其中以大学为主，它不仅是文教中心，也是科研的基地。美国全国有1500多所大专院校和职业学院，其中约有920余所有地理系或地理专修科。美国各大学的教师一般兼职做研究工作，他们的专业兴趣较为广泛，出版各类地理专著非常多。位于华盛顿的国家地理学会（National Geographic Society），已有120多年的历史，出版普及而又专业的《国家地理》月刊，派往世界各地的编辑记者有600多人，是世界上最畅销的一种地理杂志，每期发行达1000万册以上，为普及地理科学知识起到了非常重要的作用。美国地理学会每年召开一次全国地理代表大会（AAG），每次参加的人数均有3000多。中国地理学家近10多年来到美国参会的人越来越多，其中2007～2012年每年均有50～80人参加，这几年甚至超过100人。

美国的地理环境是相当优越的，自然资源也十分丰富。国土面积有936万平方千米，其中20％是耕地，27％是改良草场，33％是林地，9.5％是城镇建筑与交通用地，其余为高原荒漠山地。而我国的耕地没有美国那么多，中国人均耕地1.2亩，而美国为人均29亩，中国沙漠高原冻土的不毛之地占了26％，美国仅占8.2％。因此，美国地理学的研究领域十分广泛，主要研究的前沿有：①自然地理学对各种地质地理现象、水土资源、海洋极地、气象气候，以及地理环境的机理、结构、形成规律及其各种模拟、模式的研究，而且研究也很深入；②人文地理学研究结合国家与地方经济社会问题，如人口、工业、交通、资源、环境、社会、城市、旅游、农业地理，等等，近年来对疾病地理、犯罪地理和军事地理等也有不少的研究，其中区域地理学、城市地理学与旅游地理学比较活跃，研究的项目、人员也较多；③遥测遥感、地图编制、地理信息系统也是美国地理学研究的重点领域，近年来也发展很快；④美国一些大学对国外地理学与政治地理学的研究也十分活跃。

借鉴——结合国情思考

30 多年前，中国科学院地理代表团，访问了美国，这次“破冰之旅”为后来的中美学术交流与互访开辟了道路，打开了国门，开创了新的发展路径，其重要的学术价值与历史意义是十分明显的。

回国后，我们代表团的成员在全国各地、各个大学与研究所作了全面报告，展示了中美两国人民的友谊以及地理学未来的发展前景。特别是我们代表团成员结合国情，对这一次环球考察作了深刻的经济地理思考，对如何借鉴他山之石以发展我国的地理科学起了积极作用。

当然，任何一个成功的经验都不能照搬照抄或去“克隆”！古人云“橘生淮南则为橘，生淮北则为枳”。何况，中美两国不仅政治制度、文化背景与历史基础不同，而且国土、人口、环境与人均占有资源也有极大差异。美国的工业化、城市化有很多好的经验方法，也有惨痛的教训。在地理学发展方面，值得借鉴的方面不少，诸如基础研究、实验方法、应用技术与培养人才的手段等；但也有不好的方面，如纯理论方法研究较多，结合实际真正为国家建设与地方服务的项目较少，往往研究出来的一些理论方法是只是闭户造车，最终只能束之高阁。

在地理学技术方面，美国学者当时已普遍应用计算机和遥感遥测等信息科学技术，同时注重野外实地考察，广泛应用定位自动检测记录技术和仪器，这些方面都比我国先进得多。在区域发展的理论方法上常常应用经济学、社会学、统计学与生态学的比较分析方法，能较系统、综合地分析城市与区域发展的相互关系。中心地学说、区位学说、轴线发展与节点的研究，应用了不同尺度时空的观念和计量地理学方法，对美国的城市发展、区域建设和环境保护做了大量的工作，资料库、论文、专著也较多，这也是美国在地理研究中比较活跃的特征状况。当时我好几次在芝加哥大学、密歇根州立大学图书馆查阅有关城市地理学方面的资料，其中专著约有 50 多部；而当时我国有关这方面的著作仅有 8 部。总之，我们在美国短短的 40 天访问中，要学习、研究的问题较多，不过由于当时我们的英语不够熟练，计算机技术水平也较为短缺，所以能看到学到的亦较为有限。

第一部分

正在崛起的亚洲

Asia

第1章　友谊情长话日本

我们能够体验到的最美好的事物就是神秘莫测，这是一种存在于真正的艺术和科学的摇篮中的最基本的情感。

——爱因斯坦

一年容易又秋冬、漠漠韶华转瞬中。记得这是我在高中时代，给一位挚友的毕业赠言，没想到这位同学已经在日本生活几年了。实际上，1988年是我第一次正式访问日本，尽管十年前赴美学习回国途中曾在东京成田国际机场逗留过三个小时，但因为时间太短，我们都不能离开机场到东京市区去逛逛。1988年秋，我们所批准我担任代表团团长，杨金华为秘书长，并带领六位同行前往日本，前前后后二十多天，虽属走马观花、蜻蜓点水，但所见所闻还是挺满意的。在后来的二十多年中我又去日本访问十多次。

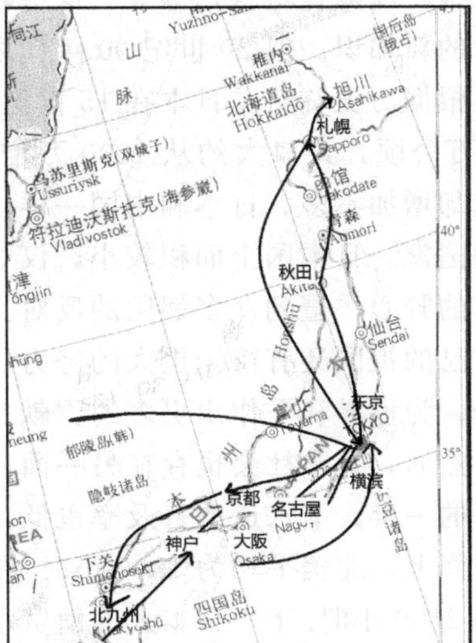

赴日本考察、国际会议、合作研究的路线与地点（1988～2008年，每2年一次）

经济高速发展的日本

我所代表团在东京、熊谷、草津、名古屋、大阪、神户和京都等地参观访问之后，都深深体会到日本人民的伟大和勤劳。20世纪80年代时，日本的经济发展迅速，工业先进，科技文化发达，人民生活水平大大提高；尤其是城市建设现代化，交通运输已成网络体系；农村山区处处是青山绿水，森林茂密，环境田园建设相当引人。据有关资料，全日本的森林植被覆盖面积达68％～70％，为世界上少数几个绿化面积比重这么高的发达国家之一。

有人认为，日本经济高速度发展，是世界东方的一枝独秀之花。目前的日本，在经济上是第一流的，生活水平是第二流的，有许多方面的现代化水平接近美国，甚至超过美国。1990年度日本的贸易盈余达1000亿美元，它在海外的资产总额已有2000亿美元，其人均国民生产总值约为1.6万美元，比美国的1.7万美元稍低一些，2000年日本人均国内生产总值达3.1万美元，美国为3.4万美元。如果以日元曾经达到最高汇率计算，可以说随着近年来日元升值，日本的经济力量显得更强大了，到了2010年前后，日本的各项指标均比10年前增加了一倍。目前日本处于高技术时代，在20世纪50年代，日本皇太子婚礼时流行的还是黑白电视机；十年之后大阪举办国际博览会时，彩色电视机成为畅销货，家用电器普及了，合成纤维、合成树脂制品上市了，高速火车在新干线奔驰，喷气式高速飞机飞往世界各地；现在更有什么第五代电脑、信息系统、生物工程、碳素纤维、新陶瓷材料，等等。这些新事物的出现，使人大开眼界，增加了对科学技术的新知识。但20世纪90年代之后，日本经济开始下滑，市场不景气。

根据历史资料，日本在15世纪末到18世纪初，耕地面积从100万公顷增至300万公顷，人口大约从1000万增至3000万，而现在日本人口增到1.5亿人，耕地却增加不多。日本和中国一样，是东方国家中人多地少、山地广布、资源不丰的国家。日本国土面积较小，仅37万平方千米，部分右翼分子更有侵占别国领土的野心，遭到众多邻国的反对。但日本的经济却高速度发展上去了，我们感到自己的祖国还有待于更大的努力，提高我们的国防实力，才能捍卫祖国的领土安全，为世界和平作出更多的贡献。

然而，日本社会也存在另一面，它们的新建住宅，每户平均居住面积尚不到美国的一半，下水道的普及率也低，产业和生活存在着严重的不平衡状况。在劳动时间上，北美平均为1800小时/年，德国、奥地利等国是1600小时/年，而日本是2100小时/年。日本人的消费水平是高的，但生活费用也比美国高。由于日本贸易的盈余太多以致引起国际摩擦，但实际上，日本大宗资本外流了。目前日本高龄化问题也到了一个较为严重的地步，65岁以上的人口占总人口的20%，到2020年将占22%以上，这会造成许多麻烦的问题。同时，我们在几个城市的访问中感到日本的社会安全存在一些问题，犯罪率也在增加，特别是夜晚。日本朋友常常劝告我们：不要一个人单独行动，否则会受到伤害的。

第二次世界大战后日本的经济奇迹、发达科技是怎样出现的呢？凡是访问过日本的同志们都一直思索这个问题。是科技立国以发挥人的聪明才智呢？还是用“武士道”精神去激励人们工作，拼命创造自己的新天地呢？我认为两者都兼而有之。

日本战后经济的高速度发展大致可以分为四个阶段。从1945～1955年为第一阶段，这时期日本政府集中力量发展煤炭、水利工业和轻工食品，全力解决能源问题和进行资金积累，称之为战后复苏阶段；从1956～1964年为第二阶段，1956年筹建东京电视塔，要求各地政府和人民集中发展钢铁、造船和光学工业，利用欧美在这方面技术设备落后的弱点，总体目标瞄向世界先进水平，许多高科技产品开始打入国际市场；从1965年起，东京举办过世界奥运会之后，第三阶段的日本经济开始腾飞，工业化、现代化、城市化已经相当发达，并注重农村居民点的整理与建设，日本经济高度发达开始迈入世界先进行列，这一时期日本的家用电器、汽车、电子设备已成为世界一流产品；第四阶段是从1980年日本开始筹建东京新宿现代化的阳光城开始，进入了经济“抗衡阶段”，国民经济总产值遥遥领先于西德、英、法等国，位居世界二三位。这个阶段日本集中力量发展视听器材工业、计算机工业和电子、光学、生物工程等方面的高、精、尖产品。80年代中期至今，日本在东京筑波举行国际博览会后，开始了以新能源科学、生物技术、医疗技术、计算机科学和新材料科学为五大支柱的科技立国、全面发展的现代化新时期。

大都会东京城的引力

全球城市纽约、东京、伦敦和巴黎，金融业交易与股票的巨大增长是最显著的发展特征，这也是目前最具有国际化特色的大都会。

——**Saskia Sassan**

东京是世界上最大的城市之一，可与其相提并论的还有纽约、伦敦、上海和巴黎，按人口规模、城区面积、金融繁华、市场热闹、高楼大厦而论，这5座城市都是超大型的现代化大都会。在东京旅游观光，与在纽约、伦敦和巴黎一样，很容易迷失方向。不过我们在东京的时候，每次观光都有日本朋友陪同，行动比较方便，科学考察活动也非常成功。

不少美国人到了东京商业区就是浏览商场、选购商品和品尝日本料理，但是我们中国人第一次来东京，都想看看都市风光、自然景观、大型建筑与地下商店。东京的名胜古迹并不多，但看看日本的皇宫、银座、新宿、浅草寺庙或上野公园确实有一番情趣，也可让我们熟悉一下日本的历史。

在东京访问时，我们住在东京市南部的立正大学招待所，去东京参观时大多乘地铁前往市中心。我们访问过工业区、商业中心和地铁指挥调度中心，但最感兴趣的还是日本皇宫，虽然没有仔细考察，但也粗粗领略了这一历史古迹的风貌。日本皇宫始建于五百多年前，当时东京地区称为江户，是德川幕府（1603年至1867年）的所在地。自1868年明治维新才改为东京，并定为全国的首都，当时已经是有百万人口的大城市了。1922年关东大地震和1945年两次轰炸使东京城遭到浩劫，老房子所剩无几。然而，市中心的皇宫还是保存下来，没有遭到破坏，真是日本人的“好运”。日本皇宫大部分建筑和庭园都对外开放，供人参观。天皇一家偏居东苑一隅，只有节日才可以参观，且戒备森严。主宫建在巨石垒起的高台之上，十分雄伟，建筑物外便是清新的护城河，环境十分幽静。皇宫广场、东御苑、北丸公园是主要的游览场所，二重桥是公司年轻职员利用公休假休憩的好去处，游人络绎不绝。宫前宫后都是大片草地，绿树成荫，春夏秋冬都开着不同种类的花草，自然风光极为秀丽，花园中树木不少，显示出一片生机勃勃的天然景象，观后使人流连忘返，回味无穷。东京不仅是日本的政治首都，全国权力的中枢；而且也是日本的文化科技中心。东京的大学有百余所，超过我国的北京与上海。国立的东京大学（原称为东京帝国大学）、筑波大学，私立的早稻田大学均享有盛名，可以和美、英、法等国的世界一流大学相比，培养了不少世界知名的科学家与政治活动家。

在东京时，我们又去浅草寺街参观，这里是东京另一个有名的商业街，好像南京的夫子庙、上海的城隍庙一样，寺庙建筑也和我国的古刹没有多大差别。东京的浅草寺始建于公元628年，为东京城历史最悠久的古建筑物了。寺庙院内的大殿中央立着巨大的木制观世音菩萨圣像，虔诚的朝拜者不少，每天香火不绝、顶礼膜拜，特别是日本女子非常崇敬天神和菩萨，凡是家里有什么不吉利之事都来求神拜佛。有人统计过，每天来浅草寺求神烧香的游客超过三千人。大殿的前面便是浅草寺的旅游商业街，大街两边就是销售手工艺品、服装、食品和旅游纪念品的店铺，各式各样、五花八门的小商品琳琅满目。店员女招待热情洋溢地站在店面前招引过往客人，我们不好意思多看，只好在这些店里买些小纪念品，表示对她们的安慰，但是她们一再热情表示“欢迎下次光临”。

东京的夜晚是值得观光的，特别是市区中心的银座和新宿商业区。当日本朋友热情领我们去银座参观时，发现这里的霓虹灯真是火树银花把银座妆扮得仿佛极乐世界。北京、上海和广州的闹市区夜晚的灯光也是五彩缤纷的，但还是不如东京这样斑斓。银座和新宿一带，夜间的霓虹灯各式各样，多姿多彩，只要你看一下逛一下，那真是美的享受。我在纽约、旧金山旅游观光时，虽然各种各样的商业广告牌、霓虹灯光彩夺目，但有些街道的彩灯也是断断续续的；而在银座和新宿，霓虹灯的装饰不仅是一条线，而且是一个平面了，就像光彩耀目的海洋一样。特别是金融商业街、国际银行大厦和股票证券市场附近，街上如同白昼，人群摩肩而过，仿佛来到霓虹灯的世界了。最有意思的莫过于在银座闹市区的北街的一座大型建筑物顶端，设计建筑了一座大钟，每天中午12时整，会自动敲12声巨响，并且大钟钟面打开，冒出许多像小童一样的模型，走来走去非常奇特，十分引人，万千游客伫立在街道周围，观看大钟的奇特表演。

我们驱车进入东京副都心——新宿商业区，这里有十多栋50～60层的高层建筑。立正大学地理系的同行们陪同我们到这里参观，并在一栋 58 层大楼的顶层宴请我们。他们告诉我们，新宿是东京城现代化的缩影，20 世纪 70 年代日本资方人士花费 300 多亿日元兴建了这座现代化的商业城，许多日本最富有的大公司和大银行的总部都设在这里。这里各种建筑风格的高楼大厦栉比鳞次、高耸入云，从楼底下仰望大厦的顶端，真是雄伟壮观。每栋大楼内部的装修非常豪华、别具一格。每天世界各地的商人富豪和游人学士荟集在这里，有的忙于业务，有的欢于交流，有的乐于游览，真是使人流连忘返。1958 年建成的东京塔，高达 332.6 米，比巴黎的埃菲尔铁塔还高 8.6 米。这个高塔的躯干都漆成了红色和白色，人们可以乘坐电梯登上塔顶，东京市区的繁华画面一览无遗。特别是夜晚登塔，东京各主要街道的灯光像一条条火龙由市区伸向远方，信息广告令人眩目，汽车如流水般伸向天际之间，繁华至极，美妙至极。

当然东京这个国际化的大都市引人入胜的地方太多了，我们未能深入到的豪华宾馆、繁华的证券股票与银行大厦，里面那种周到热情的超级服务，都是难以想象的。就是你有机会十次八次到这里观光、访问，也是看不完，写不尽的。

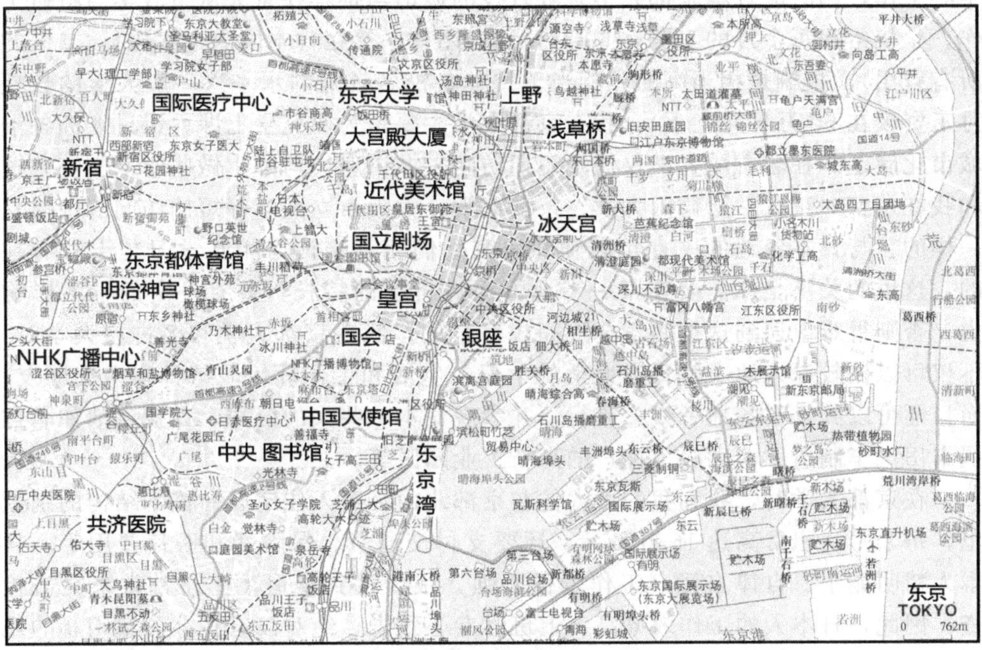

东京城市地图

京都大学、名古屋大学访问记实

大学是培养建设与管理国家的人才最集中的地方，尤其是重点大学或世界名校更是培养国家优秀人才的好地方。日本自明治维新改革之后，十分重视高等教育的建设与创新工作，特别是教育体制、教育方法、教育投入与学校师资都处于世界各国的领先地位，日本与美国、德国、英国、法国等都是在世界上教育事业发达、高校科研力量雄厚的最先进的国家。

日本的东京大学、京都大学、早稻田大学、筑波大学和名古屋大学都是日本知名且历史悠久的大学，这些大学和我国的北京大学、清华大学、浙江大学、南京大学、中山大学、复旦大学、上海交通大学等名校一样，不仅在其国内是一流的，而且在世界上也有一定的地位与名气；虽然与美国的哈佛大学、斯坦福大学和普林斯顿大学等比较起来，尤其是在实验室设备、研究创新能力和创造发明以及培养诺贝尔科学奖的人才等方面还有一定的差距。

我在1999年12月～2000年3月作为高访学者在京都大学人文与环境研究中心工作，当时应日本京都大学京阪教授的邀请与推荐在京大从事教学与科研工作，学校给我每个月的工资有69万日元（还有一笔在日本国内考察旅行10天的所有费用），报酬是相当高的，相当于日本名校名教师的水平（一般大学的教授月工资仅在50万日元上下）。我在京都大学主要是为研究生上课，讲讲亚洲各国城市化问题。在名古屋大学仅仅是短期访问，办讲座、与师生做些学术交流，这和我在东京立正大学、德山大学、奈良大学、大阪市立大学等短期访问的性质是一样的。与日本各地的中青年教师和研究生们相互交流、相互学习是十分有趣的，这里的关键是你需要在某一专业方面有自己的特长，并有一定的学术影响力，否则很难申请到这类奖学金或高校薪金的。我在京都大学和名古屋大学时，不仅可以比较深入地了解日本大学的学习、生活和工作环境，与日本人交朋友，而且还可以到日本各地考察、旅行，并参观日本一些大的公司、工业基地如名古屋丰田汽车制造厂、大阪、神户的高新工业园区等。

在京都大学时，我和我的太太住在京都北山区富人住宅区一栋木结构的别墅里，每个月房租费高达16万日元，还要支付交通费、保险费和医疗费用等。日本人精明能干、自律自爱，工作责任心强，很少迟到早退，上司常常来突击检查。因此，日本人的工作效率高，上班时专心致志，绝对没有在办公室闲聊的现象，但工作之余，很放松，晚上常常喝酒聊天到深夜，你也可以尽情地唱歌与跳舞，同事之间高高兴兴，心情松弛，口无遮拦，国内外大事与生活小事都可以自由交流，思想十分奔放。

我在名古屋大学访问时，我们所的研究生王德正好在这所名校与其妻成建华一起攻读博士，专攻区域规划与城市规划的专业技术，王德人才标致、聪明、勤奋好学，是一位很帅的江苏小伙，4 年完成学业，获得名古屋大学理学博士学位，后来又在联合国区域发展中心担任研究员，工作了 4 年多，学成回国，在同济大学城市规划系工作，不到 5 年获得教授职称，在国内已有较大的名气，并在国内承担了不少重大、重点项目与国家自然科学基金，多次获得奖项，发表了许多有独特见解的论文，为国家的建设与城市规划研究做出了很多贡献。我们在名古屋大学访问期间，他为我的学术报告做了日文翻译，并带领我们代表团参观考察名古屋城市与工业开发区、了解一些大公司的生产经营情况，我们受益匪浅。王德成才的经验告诉我们：学海无涯、唯勤是岸！

在国外留学的中国学生，每个人都有一段艰苦奋斗的经历，尤其在北美与日本等地，青年学者如果家境不宽裕，常常还得靠自己打工过日子，在美国，每小时能挣到 8～10 美元就很好了。不少学生还会充分利用学校有钱人家丢弃的自行车、冰箱、电视机与摩托车，大多是五六成新的，稍微修理一下继续用，充分利用废旧资源，节约开支，为自己的学习生活增加一些色彩，也为保护自然、保护环境出了一份力，这些具有优良传统、勤奋节俭美德的中国学生，值得我们大书特书，发杨光大。

在日本朋友家中做客

我所代表团在东京访问的最后一天，立正大学地理系主任正井泰夫教授盛情邀请我们一行六人到他家中做客。正井教授的别墅位于东京西郊一个风景优美的僻静处，附近还有田园和树林。宅院是一座两层西式的洋楼，房子很宽敞，门前是一片鲜花盛开的草地。当我们进入正井教授家里，先过一个长廊，大家入乡随俗，按照日本人的传统先脱鞋子然后进入茶室客厅，主人亦是脱了鞋光脚在门口欢迎我们进入。客厅里也没有座椅，仅有竹席铺地，席地而坐。

正井教授介绍他的太太出来欢迎我们，她穿着和服送上热茶，擦碗、倒茶、敬客，一招一式都要按照日本民族的习惯，端碗的位置、高度，送茶的方向由右到左，也很讲究。每个茶碗还有个瓷器盖子，据了解，这些茶具都是中国景德镇的名贵瓷器，非常珍贵。喝完茶后，正井教授带我们参观他书房中的著作和东京历史地图等。正井教授是日本有名的城市地理学家，20 世纪 50 年代他和名古屋大学地理系的石井照雄合作写过《日本的都市化》一书，具有很高的学术价值，也是全日本第一本日本城市化的专著。后来我才清楚，正井泰夫教授还是我在美国的校友，他是 20 世纪 60 年代在美国密歇根州立大学的访问教授，而我则是 1983～1984 年在这所大学进修的访问学者。我们交谈后真高兴，没有想到在东京能遇到我的老校友。我们赶忙放下给日本朋友的礼品，相互握手拥抱。

相互交谈一小时后，我代表南京地理与湖泊研究所向正井教授和他的太太赠送礼品、书籍与纪念品，其中最珍贵的是用中国书法书写的诗词，并裱糊起来，非常精美，正井教授很高兴并深深地向我们表示谢意。然后正井教授带领我们进入客厅宴请我们，在一条长的桌子上摆满了各式各样的菜肴和点心，还有各种名酒和水果。晚餐有牛肉、鸡、鱼和蔬菜。日本菜虽不及中国菜品种繁多和制作工艺复杂，但也有几款名菜，这就是生鱼片、寿司鱼虾饭卷、汤蘸炸虾、锄烧（素烧肉片）。生鱼片是由金枪鱼、比目鱼、乌贼等简单切制而成，味道鲜美，营养价值很高。但我们对生鱼片吃不惯，日本朋友的盛情又难却，只好每人吃一片，当正井教授问我们好不好吃时，我们都说好吃，这时正井的太太又给我们每人一块生鱼片，大家又不得不喝口酒将生鱼片吞下去了。我看看小杨、小李等我所的同事，都脸有难色，但也很高兴。除了生鱼片之外，我们最喜欢的还是寿司鱼虾饭卷，是把醋、盐等拌入米饭中，夹生鱼、虾片而成，吃起来香而不腻。宴会上还有许多精美的蔬菜，大部分生吃（经过消毒），和美国人一样。当然有些蔬菜通过腌酱炒煮等方法制成凉拌菜和清蒸菜，最大的特点是清淡鲜美。我们除了喝啤酒、饮料外，还品尝了日本有名的清酒，类似于我国南方人喜欢喝的糯米酒，他们也是用碗大口大口地喝，后劲可大了。要不是我们注重外交礼仪的话，一定会有人喝醉的。大家只得客客气气，你推我让，故意装作不会喝酒的样子，以稳妥、安全为妙。但我们在正井教授家确实很高兴，热情的晚宴一直到晚上 10 点多才结束，中日知识界的深情厚谊，我们永远都忘却不了。

我们离开正井泰夫教授家的时候，已经是晚上 11 点多了，虽然我们没有喝醉，但也有几分醉意、昏昏欲睡。汽车离开花园式的住宅区前往东京北郊的熊谷市，计划明天在那里参观东京郊区的农艺业与果蔬生产基地。等我们到宾馆时已是午夜时分，大家都十分疲倦，只好休息了。

在汽车内舒适的空调座位上，大家似乎有些睡意，但非常活跃的松井秀郎先生却妙语连珠，经过李庆忠先生（台湾朋友）的翻译，我们听着也精神起来了。其中松井先生讲到日本民族的饮食禁忌，我们感到最为新鲜，我们都有点后怕，怕在正井教授家里有冒犯之处。他认为，第一，日本人在招待客人用膳时，饭不能盛得过满，也不能只一勺就盛满，否则就视为对客人失礼；第二，在宴会上不与离你较远的人大声说话，讲话时不能动手比画，不讲令人悲伤之事，更不能口沫横飞；第三，就餐时不能口含或舌舔筷子，不能嘴里吃着食物与朋友讲话，否则就会被人认为缺乏修养；第四，宴会上就餐时不能只吃一碗就够了，第二碗饭即便是象征性的，也应要求添饭，因为日本人认为只吃一碗是象征无缘，或友谊平淡。我们刚刚离开正井泰夫家，仔细想想，吃菜喝酒都饱了，再吃哪能撑得下，可能我们中一些人吃饭后不添饭的举动会有的。同时饭店内，很多中国人大声说话，真叫人烦心的。一方面不大懂这个礼节，另一方面确实菜吃得太多了。

确实入乡随俗是不容易做到的，尤其是我们第一次在日本访问，接触到那么多朋友，参观那么多地方，难免有失礼之处，也只好说声对不起。但是有些地方，我们认为失礼之处，日本人反而高兴。例如吃饭或喝汤时发出声响，日本人就大为欢迎。因为他们认为这是对日本饭菜表示赞美或吃着可口。而在美国、加拿大这些西方国家就完全不同，喝汤发出声响，他们认为是穷酸相，是下等人的表现。后来我们多次访日，走遍了日本东西南北的20多个城市，深入了解这个国家之后，使我们的经验更加丰富了。通过切身体验日本民族固有的神秘感，将会使我们普普通通的日子升华为一种充满着深刻含意的生活情趣。

关西的城市风情

日本的关西也像关东地区一样发达，这里工业、交通高度集中，城镇分布相互连接，是经济高度发达的城市化区域。我们离开东京后，前往日本中部的熊谷、草津和名古屋一带参观访问，然后又乘新干线的高速火车，以每小时250多公里的速度前进。在最后访问日本的一星期内，我又应日中地理交流学会会长河野通博教授的邀请，到大阪、神户、奈良和京都等地参观访问，并在神户交通经济学院、大阪市立大学和奈良女子大学讲学，受到关西地区日本朋友的盛情招待，使我的旅行生活又增加了许多十分难忘的回忆。

在关西一带旅行考察，常常会发现另一种社会风貌与城市景观。大阪、神户港的繁忙景象、汽笛齐鸣，好像是一曲海上交响乐；古都京都、奈良别有风貌，这一带许多仿照唐代建筑的崇高质朴的寺院、神社和精心设计的宫殿以及大小花园，一直在吸引着世界各地的游人。

关西地区不仅是日本古代文化与建筑的摇篮，也是日本现代工业与现代城市设计的故乡。大阪是日本第二大都市，人口500多万，为关西地区最重要的工商业中心。她位于淀川河之口，在繁华的街市之中，小河纵横交错。大阪古城堡始建于16世纪，围墙是以巨石筑成，登上五层天守阁（地下还有3层），可以眺望整个大阪城。城堡内有许多美术佳作及有关丰臣秀吉家族的文件资料。

神户不仅是日本最大的港口，也是世界有名的亿吨大港。自1868年明治维新以来，神户这个深水大港发展极为迅速。神户是多山的城市，很像美国的旧金山，我们刚从名古屋乘新干线快速火车抵达，一下火车日本朋友就驱车带我们上山。在神户北部半山上的望台亭，欣赏神户港的夜景，美丽极了。有人说，最喜欢神户的，应该是美食家，因为神户的日本名酒，味道清香醇正；也因为这里许多的日本料理或中国饭馆，鲜美的菜肴应有尽有。在神户中国饭馆招待我们的是日本岐阜大学的关根清先生，他告诉我们，神户的日本牛肉，全国闻名，来过神户的旅客，谁都想去一饱口福。我们在中国饭店饱餐一顿，真是味道好极了。在东洋人的国度里品尝中国饭菜，令我们感到格外亲切。

京都从794年至1868年是日本的首都，这里群山围绕、山清水秀，有着许多历史古迹与神奇传说。京都中部有两大名胜，一是京都古老的皇宫；另一个是二条城堡。皇宫并不秀丽，只是人们崇敬的地方；但二条城堡十分富丽庄重，与朴素的皇宫，形成鲜明的对照。两座历史建筑，显示了日本民族的智慧与力量，其建筑之设计、内部装饰之技术，真是精美绝伦。京都面积不大，但名胜很多，还有一个中国人必去的胜地，那就是京都岚山，这里有我们敬爱的周恩来总理的诗碑，每一位中国人都到总理的诗碑前献上一束鲜花，别有一番深深的崇敬心情，这是多么有纪念意义的地方。

从大阪往东或从京都乘汽车往南行，不到一个小时即可抵达奈良。在8世纪之初，奈良曾是日本的首都。奈良很清静，在过去最兴盛的时代，它是日本工艺和文学的发祥地，这里有许多古庙以及其他雄伟的建筑，还保留着原来的样子。这里最值得游览的地方是奈良公园，园中林木茂盛，还有千余只驯养过的鹿来往其间，仿如美国的野生动物园，温顺的鹿儿跳跃奔跑在自然美丽的公园里，饶有风趣。日本朋友告诉我们，奈良许多寺院，特别是东大寺，建筑风格都是模仿我国唐代长安的建筑，每天到此参观的人数超过4万人。

奈良西部的兴福寺是令人神往的，它始建于710年，寺内原有的许多佛像，置于陈列馆内。附近有猿泽池，池中倒映的五层塔，悦目可爱，实在是奈良的最佳景色之一。从兴福寺徒步片刻便是奈良国立博物馆，展览着历代优秀的佛教工艺杰作。春日大社油漆着朱红的颜色，还挂着许多金属的灯笼，灿烂夺目。奈良东大寺举国闻名，这里铸有一座巨大的古铜佛像，有15米高，吸引着不少游客。奈良城市虽然不大，但确实是游人常常驻足的历史文化之城，闪耀着日本文化的历史光辉，也是日本民族的骄傲。

日本人民的家庭琐事

苔花如米小，也学牡丹开。

——清·袁枚

在科学技术与现代工业发达的日本，人民的家庭生活水平不断提高，日趋迈过高消费的门槛。有人告诉我，从总体上看目前日本人民的生活水准虽然还不及美国、德国和法国，但却在意大利和英国之上。主要家庭生活的差距，在于日本人多，住房条件不如北美和西欧，一位中年教师（大学的讲师或中学的老教师）的五口之家居住面积不到60平方米，大体相当于美国、德国同等资格的教师的一半，有些家庭还要更低一些。十年前，日本出国旅行的人数大大少于美国和西欧，最近几年日本人到世界各地旅行的人数增加了，但也仅仅限于高收入的家庭或有职有权的公务出国。例如，20 世纪 80 年代末，日本有 450 多万人赴北美几个国家旅游，到了 21 世纪初期已超过 650 万人，如今已增加到 960 多万人了。但其中到夏威夷州旅行的人数却占 70%，因为日本到夏威夷仅仅是到美国本土行程的一半，花费也少多了。

日本许多职员的工资收入和法国人差不多，但是日本的主妇多数不工作，真正是贤妻良母。日本姑娘长大到 18～21 岁，考虑个人婚事的很多，大部分高中毕业后，在大学里学一年家务常识课，学会如何服侍丈夫、做好家庭主妇、带好孩子。日本妇女一般在结婚之后就不再工作了。家庭就像旅馆、饭店一样忙碌，全部担子都压在妇女身上。日本妇女十分辛劳，每天早起打扫庭院、买菜做饭、洗衣洗物、教育子女，并将之视为天职、尽心尽力、毫无怨言，日本女性也是东方的优秀劳动者之一，像中国的劳动人民一样。

不过，由于世界交通事业的发达，各国各地方也缩短了距离。如今日本妇女受到美国妇女的影响，看到西欧妇女的奔放自由，新一代日本女青年，不少人不甘心关在家里做贤妻良母了。我在东京、大阪、广岛的许多大学和单位，看到日本妇女在教育界、科技界、公共服务岗位上挑起工作担子，参加各种社会活动的多了。经济高速发展的日本，许多家庭开始走上多元结构的社会圈内，家务劳动开始社会化了。最突出的例子是日本各大城市里正在兴起的保姆业，十分发达，影响着日本的千百万个家庭。近几年来，保姆服务公司又以新的方式为家庭服务，比如向家庭选送保姆，在饭店专门代办婴儿代管室，为年轻的母亲联系合适的保姆，为有钱人家选送高级保姆（负责教小孩学钢琴、写字、绘画或英语等）。在北京我们可以看到许多安徽、山东来的姑娘，成群结队，有组织地选送到较富裕的家庭去当保姆，除供应一日三餐之外，每月还得给保姆数千元的工资；在香港，大多数当保姆的姑娘是来自菲律宾和泰国的小姐，每个星期天休息，她们来到公园里相互“传经送宝”，诉说各个家庭的生活琐事和待遇。她们的工资待遇较为优渥，每个月有 4000 港币左右，菲律宾的女佣人还能得到来回香港与马尼拉的机票（由雇主支付）。在日本当保姆的姑娘大多数也是来自第三世界的那些经济不发达国家（如东南亚各国等）。

在东京、大阪、名古屋等大城市里，专门成立有保姆公司，为有钱人选送保姆。东京的市国饭店、京王市场等还专门开设婴儿代管处，饭店或旅游风景区也承办婴儿寄宿业务，一夜寄宿费为 2.5 万日元。此项服务主要是为远出旅行或办公务的夫妇提供方便。我在大阪市中心游览时，遇上一位五年前从香港来日本工作的广东人，她说三年前曾在一位日本教师家当过半年保姆，主要是教日本小女孩学钢琴和英语。其实她应该算是家庭教师，但在日本被称之为“教育型保姆”，每月薪水有 25 万日元（相当于当时 1.35 万元人民币）。但她每月还得在房租、饮食上花费约 14 万日元，节余却不多。她白天还可以找一点零工做，生活虽然艰苦，却很是磨炼人，这位广东小姐现在一家公司工作，不仅能说一口流利的英文，还能说一口流畅的日语，广东家乡话也挺正宗的。她说，日本人民十分坚强，工作效率很高，男人们是一家之主，妇女的贡献非同小可。日本经济近 50 年来能够腾飞，现代产业比较发达，日本妇女提供了一个牢靠的后院，使男人不必担心家庭事务如洗洗煮煮、教育小孩、接待客人等，能在外安心工作。随着大环境的改善，他们的工作效率是第一流的。目前我们国家许多单位工作松松垮垮，效率也低，不如试行一家一人工作，拿高薪，养活一家，对城市交通、环境都十分有利；也能促进我国劳动生产率的提高，促进我国每一个家庭的生活现代化，提高家庭的幸福指数。

日本人行为准则的启示

如果你们是神圣的，我会对你们讲神圣的事；但如果你们不是神圣的，你就应当知道世界上哪些事情是神圣的、超人的，这也是富国强民之本啊。

——一位日本长者

在中国漫长封建社会的岁月里，把人的锐气磨减了。就是有才学的人也有一些人不过问政治，喜欢“吟风弄月，烟霞深隐，将蕙质兰言消歇……花落重开，歌停再奏，免得费尽长舌”。但日本人在 18 世纪里，忘尽半生肠热，干事业意气风发。

两百多年来，日本人为自己的强国梦奋斗了多少个春秋，除了军国主义侵略本性外，人民的凝聚力、团结奋斗的民风是值得我们学习的，实际上这就是日本富国强民之本啊。我在日本访问考察的时间都不算很长，1988 年与 1991 年都有 20 多天，从东京到名古屋，去大阪、神户和京都，又到广岛和山口访问，后来的 1996 年、1998 年我们又访问了日本一些地方，2000 年时间最长，在京都大学任教 3 个月，接触了许多日本朋友，也考察到日本一些著名的企业公司及高技术开发区。虽然访问考察不能算很深入，但我却注意到日本人的民风、行为准则与办事效率，这实质上是我们东方民族一个伟大的组成。

在东京都地铁营团的总部里，我们觉察到日本人以不同的思维方式看待事物，他们在经济的宝座上首先放着的是生产者，而不是消费者；在他们工资名册里，工资最高的是有本事的高级工程师和职员，而不是平庸之辈；在他们地下铁路指挥网络中，强调准时安全快速，而不是金钱与利润。当然日本企业寻求利润，那是肯定的，但不是为了他们的上司、股东，而是为了自己的信誉、本公司的名声和荣誉。人们有时这么说，日本公司最大限度追求的是长期利润而不是短期利润，公司老板的"短期行为"是短命相，只不过是昙花一现的人物。

我们在东京新宿副都心一座新建的大厦里，拜访了东京都市规划委员会的官员，由于我们离开宾馆转乘地铁时迟到了10分钟，规划委员会的一位课长就在接待大厅的电梯旁等候了我们十分钟。上到54楼的办公室里，东京都十几张规划彩色图早已挂好，分送给我们的报告、材料也已放在我们应该坐的座位上了，日本人办事果断和高效率使我们感动极了。

当课长招呼我们坐下来，相互介绍并交换名片时，一位漂亮的女职员端了一个托盘进来，上面是4杯咖啡和几块饼干。端咖啡招待并非新鲜事，但她那种彬彬有礼的方式使人感动。进门后她鞠个躬，在每一位客人面前又鞠个躬，送完咖啡时再鞠一个躬，退出房门口又鞠一个躬。她轻步如云，没有声音，鞠躬的姿势与角度相差无几，端上咖啡后很快退下，没有打扰我们的谈话，这种好像受过特别训练的神圣恭谨的态度、笑容引起我们的崇敬。当我们听完计划课长的介绍后，进入办公室、计算机房参观，几乎没有日本人与我们打交道，或停下工作来看看我们，也没有发现办公室内抽烟、闲谈或看报纸的现象，日本人的工作责任心很强是世界有名的。

日本人对待自己的工作一丝不苟、认真负责的态度，早已在全国蔚然成风。这种感受只要你去参观下松下电器产业株式会社或丰田汽车公司就会一目了然，而且这种感受会越来越强。有经济学家评论道，美国的资本主义是以一种宏大的理论为基础的，这种理论开始于亚当·斯密，同时也很注重流水作业法；而日本的资本主义则没有比较理论，务实地追求新的高精尖技术。日本人自己似乎关心工作成果和效益，而不大关心理论概念。因此打造了日本企业家、职员精明能干、认真负责、务求实效的精神，经济学家布林德说过，"哪里有资本家，哪里便有日本人"。

日本人在国际竞争中是站在自己民族整体利益上共同奋斗的，不会相互拆台，更不会对自己国家的其他兄弟公司釜底抽薪。日本有稳定的社会结构和精英领导，不管在学术界、新闻界，还是企业公司或政府部门，都由真正的精英领导，他们必须言行一致，办事秉公，才能一言九鼎。

20世纪70年代末，美国摩托罗拉公司向日本阪神电气公司和日立公司提供了生产低档微处理机的许可证。后来，日本公司便千方百计抢走了美国原有的客户，以致严重地危及美国在全球市场的地位。到90年代末，日本几家公司已在芯片生产与交易方面超过美国的公司。这固然与日本人的勤奋创业、团结协作有关；但也与其在科技方面舍得花钱去投资关键设备和先进的工艺生产线有关；但真正的奥妙在于，日本与外国同行在战略上结成了一个密集的协作网，战术上又在关键技术上依托自己国内几家大公司生产。无怪乎中国台湾《天下杂志》称，"日本人具有超强的整合力，凝聚力"。集体奋斗、相互支持、持之以恒，这就是日本富国强民的行动准则，也是很值得我国学习的。

10多年前，世界上主要的五大半导体芯片生产厂家中，除了美国摩托罗拉公司一家外，其余四家都是属于日本人经营的，1994年全世界半导体的市场高达766亿美元，日本占了其中的60%；到2008年，日本产品在亚洲市场占有重要地位，质量属世界一流，而科技发达的美国却老老实实退居二位了。美国许多企业家同日本伙伴打交道时慢慢也学得精明起来，美国福特汽车公司一位分析家说过这样一句话，“与日本人打交道，我们还得留一手”。

大东京闹市区中心及其地下空间参观的情趣

自1988年起，我所由我组团访问日本东京以来，我们已经有10多次在这个世界著名的国际化大都市走访、讲学、考察与旅游了。虽然还不能说对东京大都市的历史、地理、经济与人文情况很熟悉，但从我们收集的东京的各种资料、地图、卫星照片、影像和录像等可以说已经具备了城市地理学研究的基础。

东京与纽约、伦敦一样，在世界上属于一流的国际化大都市，是国际金融中心、经济贸易中心、文化科技信息中心以及世界一级的综合交通枢纽，23个城区人口超过850万，整个都市圈人口则已经超过了3500万人。东京很大，人口密集，客流匆匆，交通繁忙，历史悠久，扩展惊人。初来东京的人们都喜欢逛逛市中心的银座、新宿、上野和皇宫那一带，这里犹如纽约的曼哈顿，是大公司、大商店、大饭店、豪华娱乐场、购物中心与银行证券股票市场的集中地。

除了在东京的繁华闹市区逛街观景之外，还应去日本天皇居住的皇宫外围看看，去二重桥、东京火车站、浅草、上野公园和东京湾转一转，甚至可以赶到差不多与东京连成一片的横滨海滨去观光休闲。横滨的中华街是中国餐馆的集中地，每天来此观光的人数超过2万人。年轻夫妻以及活泼可爱的孩童却又喜欢在东京成田国际机场附近的迪斯尼乐园游玩，或去野生动物园、博物馆、天文馆参观。最后到东京秋叶原电器街购买你所需要的物品。

我们来东京几次中，最有价值的是拜访了位于东京副都心新宿的东京都市规划委员会，全面了解整个东京的历史发展和东京城市规划与建设的过程，包括主要工程项目，城市改造、更新与远景发展的蓝图。一种全新的现代化城市风貌展现在我们的眼前；一种如何改造城市环境、保护文化古迹、教育市民、提高城市化健康生活的新理念、新思想，将会在全体市民的心中激荡。

在东京考察参观，留下印象最深的还有东京地下空间的开发与利用，当前世界上很多大城市的交通阻塞，私人小汽车越来越多，每天发生的交通事故不断，影响了全市的交通通畅与人们的安全。汽车拥堵在街上的心情十分难受，长住在北京、上海的人们都有深深的感触。然而，东京和巴黎、香港一样，在地下空间开发利用方面都是世界先进的。如今，东京地铁系统比较完善，已有 50 多条线路，总长度超过 450 公里，每天大约有 460 多万人乘地铁上下班与购物游玩等，减少了地面交通的拥挤程度，提高了地面交通的时速与安全率。东京公司企业的职员、领导、大中小学老师、政府部门的官员等，大多数都喜欢乘坐地铁上下班，这样地面交通就得到了极大的缓解，城市交通就不那么拥堵了，当然高峰时还是有不少问题的。到东京来，常常看到东京人工作生活的节奏很快，来去匆匆，时间观念很强，这也是日本人工作效率高的主要原因。东京各个主要地铁枢纽站，地下空间十分宽敞，例如市区中心的银座、新宿等站，地下空间上上下下有三四层，不仅有很大的流动休息空间，还有地下食品街、百货商店、书屋、娱乐设施和急救转运设施等，简直是一个地下迷宫，偶尔也会看到不少流浪汉用大纸箱作为休息场所，住在地铁走廊内，据说他们多是来自全国各地的无依无靠的老人与失去竞争力的中年人。

樱花时节访日本

阳春初夏的四月初，日本正好是樱儿开放的时节。日本的南部从广岛、大阪、京都，一直到名古屋（日本的中部地区）都是大片大片的樱儿怒放，大约有一个月的光阴，从南到北，到处可以看到白色的、粉红色的和紫红色的樱花，在公园里、在一些街道的两旁或田园河边，都有不同品种的这誉满全球的日本国花，吸引着万千游客到日本各地去欣赏、观察。许多摄影爱好者从不同的角度留下了人间仙境一般的樱花照片，特别是年轻貌美的姑娘们都留下了自己一生中值得纪念的美丽可爱的照片。

正是樱花盛开的季节，1996 年 4 月下旬，安徽省国土规划代表五名成员由我们中科院组团，在我的带领下访问了大阪市立大学、京都大学、神户交通大学、名古屋大学、东京立正大学和筑波大学。在日本各大学的朋友的精心安排下，我们这个赴日本考察的代表团，除了进行学术交流外，还顺访了各个城市规划部门，学习了解日本的“三全中的国土规划纲要”以及城市建设情况，总共 10 天的短期考察，我们在国土规划、城乡建设以及郊区卫星城镇建设方面得益匪浅，同时也进一步加深了中日两国规划工作者之间的友好情谊。

我们赴日代表团，除我本人和我所的党委书记范云琦先生外，大部分成员都是第一次到日本的，除了学术交流外，还访问了名古屋市郊的日本丰田汽车公司、东京地铁建设总公司以及立正大学一些计算中心、实验室等，我们深深感到日本人自明治维新之后，日本经济发展很快，科学技术很多方面引领世界，在 1985～2005 年，日本经济总量仅次于美国，成为世界上第二强国。在国土规划、城市规划以及生态环境建设方面，也走在世界各国的前列，日本人有着严明的工作作风与组织纪律、高超的技术训练与培养、严格的工作要求，专心致志搞好本职工作。在国土规划与城乡建设方面，科学合理，发挥集体智慧、创新观念，不能让领导说了算，尊重科学规划，遵守客观规律。

日本各地的城镇规划，十分注意节约有限的土地资源，保护耕地、林地，保护水资源，土地集约化利用。用地指标基本上严格控制在人均100平方米以下，有很多大中城市都严格控制在人均85～95平方米左右。我们在东京郊区参观过多摩新城建设，筑波大学校园规划以及大阪、神户的工业开发区。新城建设都是严格按照科学规划进行建设的，因此，世界上许多规划专家在日本考察访问时，都称日本各地城镇规划为：科学规划、合理建设、精明管理、优化环境。

最具有原生态的北海道

美丽的、清新的北海道，位于日本的最北端，以大自然景色和甜美的田园风光著称于世。自1988年我第一次访日以来，曾有10多次在日本考察访问，最长一次是在京都大学与金坂先生合作研究了3个月时间，但都未能到北海道一行。直到2006年8月中国地理代表团在神户参加亚洲城市化国际会议后，我与南京大学崔功豪教授、张京祥教授、朱喜纲夫妻等10多人一起到了我们多年渴望想去的地方——原生态的北海道。

我们从东京南部的羽田机场乘日本航班飞往北海道，差不多一个小时就飞抵了札幌。北海道是处在太平洋西北部，鄂霍次克海以南的一个大岛，岛屿面积约有5万平方千米，比我国的台湾岛、海南岛大一些。北海道上除了北见山地和日高山脉外，最具有代表性的，就是以连绵起伏的平缓丘陵和一望无际的缤纷花田著称的美瑛、岩内和富良野地区。

在北海道时，我们住在札幌市郊区的温泉旅馆，四周许多接近海湾的小城镇如岩内、美瑛都美丽极了，许多日本的广告和电视剧的摄制地都在这里。附近美丽如画的景点不胜枚举，乡野的丘陵上孤零零地矗立的白杨、槲树、雪松等，层层叠叠的山冈附近建造了一栋栋红瓦农舍与教堂，还有粼粼闪烁的小湖水面，宛如幻境，美丽无比。在万里无云、阳光普照的日子，还可以站在海边或山冈上，欣赏美丽优雅的绝景之地，尽享闲适美妙的时光。我们早晚都在宾馆里沐浴温泉，这里的温泉富含各种矿物质，可以治疗各种皮肤病，也可以美润肌肤。北海道各地城乡都是清新、幽静、美丽的地方，是为世界各地人们所喜闻乐见的具有原生态自然景色的旅游胜地。

有一些西方人到了北海道，喜欢自驾游，不像我们中国人那样循规蹈矩，特别是法国人、德国人与北欧人，喜欢漫无目的地驾车奔驰在北海道的海滨、山川与农庄，欣赏茫茫的大海，参观富田农庄的花海和香味浓郁的薰衣草田以及游览乱石满山的上川、岳旭山区。在北海道的富良野，每年夏天大片大片的薰衣草盛开着淡紫色的花朵，这花海景致也是日本人气最旺的旅游景点。除了观赏大自然的甜美之外，精明的日本人每年都在这里采摘花草，制作香料与香袋，放在商店与咖啡店出售。北海道很多地方发展了日本最具有代表性的特色农业与观光农业。旅游的人也常到日本农户家中做客，吃点纯自然的农家菜，也是一种乐趣。

我们在北海道的日子里，住在舒适的宾馆中，切身感受大自然的恩惠，每天可以泡温泉，满身清净、热气腾腾、舒筋活血、十分舒适，并享受地热提供的具有浓郁矿物质气味的泉水。站在丘陵山冈上，可以欣赏大自然的美丽，云海花田，尽饱眼福；玩在海边沙滩上，接受海风的洗礼，倾听海涛发出的巨响，冲击脑际与身躯，反有片刻的宁静；站在耸立的高塔上，一眼望去，札幌现代化的高楼大厦雄伟壮观，大小城镇或山冈农田中的每一个角落，都能享受到北海道天然的美丽以及日本独特的地方文化景观。从大城市札幌到西部海滨的美丽小城镇小樽，风光明媚，海阔天空，一路上我们都可以看到用大木板做的广告，大部分是宣传海边餐馆的名贵海鲜，有各式各样的海鱼或大虾，还有当地特色的名菜。在北海道旅行考察的那些日子里，我们也品尝过一些日本的名菜，但都没有特别大的兴趣，烧煮技术较为平淡，无盐无味，大不如我国的美食。不过这里清净的环境、新鲜的空气、原生态的自然景观比较引人，也使我们学习到日本人如何热爱自然、保护自然、改造自然的美德与技术。

北海道拥有辽阔的大地、广袤肥美的大草原，周围是无边无际的大海，天朗气清。我们访问北海道南部、西部沿海时，心情十分舒畅。我与南京大学的崔功豪、朱喜纲、张京祥等知名教授三天的科考与休闲充满无穷的开心与乐趣。特别是我们住在别有风情的宾馆，早晚可以泡温泉，走近大海、走近大自然时也格外温馨幸福！

由于时间少、行程短，虽然我们尚未领略北海道许多国立公园、森林公园和北海道最北的天鹅湖大群大群唯美的白天鹅；但即便浅尝辄止，我们在这几天中享受着大自然的风物，也让身心在美景和温泉的浸染下得到了彻底地放松。想必这样逍遥的日子每个人都会羡艳吧？

日本民族的兴起与发展在世界上具有引人思考的魅力，尤其在科学技术方面，在东方各民族之间一枝独秀，21 世纪以来就已经有 19 位杰出的科学家、文学家和经济学家获得了诺贝尔奖。

第2章　韩国之旅

你要看一个国家的文明，只需要考察三件事：第一看他们怎样待孩子；第二看他们怎样待女人；第三看他们怎样利用闲暇的时间。

——胡适

如诗似画的田园生活

在韩国访问考察，最使人心情舒畅的还是大中城市的郊区或远郊，那里空气清新，美丽的自然景色与如诗似画的小村庄最为引人入胜。

在首尔南部的水原一带，我们曾访问过城市化过程中郊区农村重新改造的居民点与新庄园。在韩式民居中，好几家人都拥有半排平房或楼房，高低错落、典雅别致。在由竹篱环绕的花园之中，园中植物种属之丰富，用途之不同，可以同时称之为花园、果园和菜园。站在绿丛之中，不禁让我想起了鲁迅先生幼时生活的百草园。虽然还是在北纬37度的北温带，但地处黄海与日本海之间的韩国，受暖流作用比较明显，温暖湿润的气候环境造成此地生物多样、植物种类繁多。绿篱上盛开着紫色和粉红色的牵牛花；凌霄花将红色的筒状花伸出园外；掺杂其间的是悬挂在绿篱上的一串串啤酒花。绿篱外生长着高挺的杨树、挂满花荚的槐树和依然保留着少量的紫色桑葚的桑树。核桃树上已经果满枝头，柿子树上挂着诱人的橙黄色果实，橙桑树上绿色果实个个喜人。主人家的园子里还有一畦畦的大红辣椒、西红柿、顶花带刺的黄瓜，果实累累，真是诱人流连于此。

每年鲜花旺季，庄园都吸引了不少城里人来此摘花、买种。每年有成千上万人来此观赏花果以及吃农家菜，也是多么开心的休闲之事啊！近年来，城里的环境恶化、空气污染，每年来此乡间旅游的人越来越多，农家收入也越来越高。不少国家的专家学者都在研究韩国城乡一体化以及农村现代化、生态化的问题，研究这些问题具有十分重要的社会意义。

韩国的农村确实很美，富有实在的生活内容，特别是大城市郊区、海滨城市附近以及地势不高的河谷农庄。春天的油菜花，金黄色一片；夏天各种盛开的鲜花，美丽诱人；秋天果园中果实累累，沁人心脾；冬天中农舍、山川的雪景，白茫茫一片，也常常吸引体育爱好者，到各个山头滑雪，欣赏大自然的美，增添了农村山野的情趣，强壮了自己的身体。

韩国风情掠影

战火纷飞，家园破碎，一个完整的朝鲜在 20 世纪 50 年代后分成了南、北两个部分，以“三八线”为界。韩国是军事分界线的南部，国土面积仅有 9.96 万平方千米，还没有江苏省大。韩国的人口接近 5400 万人，其经济比较发达，被誉为“四小龙”之一，为工业先进、城市发达与新技术不断创新的国家。

到韩国旅游、考察的西方人、中国人都比较多，也是由于其社会、经济与科技先进的缘由。近 5 年来，我先后两次赴韩国参观，一次是参加旅行团陪妻子旅游；另一次是赴仁川发展研究院参加国际会议，代表中国专家在会议上作中国城市发展问题的主题演讲，得到一些国家专业人员与学者的称赞。

在韩国旅行考察，重点在首都首尔（原名汉城）。一千多万人口的首尔刚刚步入国际性大都市的行列，现代化的城市、园林化的环境、社会化的生活，吸引世界上很多国家的人士来这里观光，在国际性先进城市中首尔也能排在 10 多位的了。

在亚洲各国中，首尔无论从现代化水平、城市经济实力、生态环境以及人民的生活水准看，都可以跻身于东京、上海、北京、香港、新加坡、加尔各答、曼谷、高雄、大阪与台北这些国际性的大都会行列中，甚至在某些方面还是数一数二的。首尔近 10 年的发展，具有较大的魅力，估计每年到此旅游观光的客人超过 1660 万人次，在亚洲仅次于东京、香港、上海、新加坡和北京。

到韩国旅游，除首尔外，人们还喜欢到釜山、大邱、光州、仁川以及济州岛看看各种社会人文景观和美丽多姿的自然景色，增进各国人民与韩国人民的深厚友谊。

从仁川到首尔的印记

正是秋日的阳光照亮大地的时节，我国的江南依然青绿一片，此时盛产水蜜桃、杨梅、香梨与草莓的太湖流域，丰收的硕果为当地的农户带来喜悦，农民忙碌着采摘丰收的果实，运往城里，为千家万户带来秋天的欢乐与幸福。但这些时日，我却忙碌了好一阵子，很少去果品市场购买自己喜欢吃的那些水果！为了赶出一篇英文报告，出席中日韩三国在仁川发展研究院举办的一个新兴城市发展会议，前前后后花费了两个多月的时光。

2010 年春，我十分高兴地接到一个邀请，要我在 8 月中旬赴韩国仁川参加这一个具有重要学术意义的小型国际会议，旅费、食宿等所有一切费用均由韩国仁川发展研究院负责提供。这是我们科学工作者的一种荣誉，这几年我也曾经获得德国、美国、日本与香港大学等的多次邀请，出席这些国际学术讨论会，为我国的城市地理学与城市规划学挣得了一份荣誉。

仁川，是韩国西部海滨的一个美丽的港口城市，也是韩国首都的海上门户，具有极为优越的地理位置。历史上，在朝鲜战争爆发期间，仁川是一个十分重要的战略据点。正当朝鲜人民军胜利在望之时，美军及联合国在仁川登陆，拦腰切断了朝鲜人民军在半岛南部的补给线，使得朝鲜人民军受到一些损失，也直接改变了战争的走向。仁川就是这样一个重要的军事战略据点，年纪稍大一些的人们都记忆犹新，历史的教训不容忘记。

如今60年过去，我国与韩国的外交关系建立了。改革开放后，中韩两国的关系改善，国际贸易与学术交流加强，仁川在历史发展中也逐渐变成一个现代化的工业、海港与旅游城市了。我在仁川发展研究院参会期间，韩国朋友陪同我们参观了仁川的国际机场、海上大桥、工业发展区与旅游胜地。特别是仁川松岛开发区，松岛国际展览区和松岛中央公园，给我们留下了难忘的印象。

松岛开发区与壮观的海上大桥现在是仁川城市的一个地标，也是仁川城市现代化的一个缩影。松岛中央公园是仁川城市中心区光彩夺目的自然生态公园，规模有41万平方米，另外还有5万平方米的国际展区、商务区、生态园、植物园等，吸引范围达30平方千米，既为仁川市40多万人提供了一个现代化集中办公的好去处，又为全市人民提供一个具有特色的休闲胜地。这里的规划具有新的概念，新的视角，即面向未来，又具有国际公园的风采。松岛中央公园最具有特色的是把经过处理的海水引入公园的水渠，以及在此基础上修建而成的水边风景、生态园、游乐园、滨水别墅、滨水公寓群和滨水剧场等，附近也建设了几个高端服务设施与休闲旅游中心。同时也可以看到弥邹忽号游船在人工修建的渠道河川上巡游，船上还有移动的舞台，演员们可以在这里表演，奉献梦幻般的精彩歌舞、音乐与杂耍魔术。特别是一些节假日，入夜彩灯四射与海天相互辉映，真是漂亮极了，为仁川美丽的夜空谱写出华丽乐章与生活的主旋律。

我们在仁川参观之后，又乘坐高速公路的快速巴士，约一个小时的车程后进入韩国的首都首尔。首尔与仁川两城之间距离很近，仅有80多公里，联系方便。仁川是一座中等规模的国际海港城，人口40多万；而首尔却是一个亚太地区的国际化大都市，现在的城市人口约1050万。首尔和仁川，好像是一对“母子城”，朝夕相处，永不分离。

我们乘坐的巴士由首尔的西南方向快进入市区时，首先映入眼帘的是西部工业区与森林地带，然后通过汉江上的大桥进入闹市区。首尔分旧城区与新城区两大部分。旧城区以古代“左庙右社，前朝后市”的格局营造，街区许多建筑、民居、市场、庙宇都是仿中式的建筑。特别是首尔北部城区的古代皇城，如景福宫、昌德宫、昌庆宫以及首尔大学附近的宗庙、普门寺等，都与我国的许多庙宇的建筑风格差不多，有的也具有一千多年的悠久历史了。

旧市街为首尔的城市中心，钟路、忠武路以及南大门和希尔顿国际大酒店一带是首尔最繁华的商业区，和我国上海的南京路、淮海路，北京的王府井、西单一样繁华热闹，每天都有十多万人在这里购物、休闲和娱乐。首尔火车站北面的南大门是 1398 年修建的富有民族特色的大城门，历经几个朝代的修缮，现在为首尔城市的一个象征，每天都有成千上万的游客在此照相留影，是具有历史文化价值的纪念胜地。还有仿法国凯旋门的独立门、总统府青瓦台、朝鲜式钟楼普信阁、中国式的宗庙、悬挂着关羽匾的东庙等都是首尔城中著名的游览地，也是世界上不少华人喜欢到访之地。

首尔的南市区是一个比较现代化的新城区，这里聚集着许多大公司、大企业、大商家的总部、分部，建筑风格比较奇特。形式不一样的现代化大厦大多建筑在汉江南北两岸，有如百老汇影院、现代百货公司、中央会馆、国会大厦、中央大学、圣母医院、首尔宫殿饭店以及高速长途汽车站等，这里好像香港的中环和铜锣湾一样，高楼栉比鳞次，非常奢华热闹。汉江这条城市的母亲河，静静流淌在首尔城区内，既是现代化的标帜，又有千年传统的印记。

最引人留恋的是汉江上的桥。在市区内不到 30 千米长的汉江两岸，建造了超过 20 座风格不一的桥梁，好像一道道彩虹般的跨越汉江，最长的铜雀大桥、元晓大桥、西江大桥等约有 1500 多米的跨度，加上引桥就有 3000～4500 多米长了！比较短的大桥占多数，如汉南大桥、东湖大桥、圣水大桥、江东大桥、汉江大桥、杨花大桥等，跨度不足 1000 米，加上引桥只不过 2000 米左右。这 20 多座汉江上的大桥，为首尔上千万人带来方便的联系，为国外游客增加了无穷的乐趣，同时也增添了多姿多彩、富有民族文化韵味的城市景观。

由于韩国经济发达，人文地理内容丰富，对世界各国有很开放，比之朝鲜那真是一个天上一个地下了，如今每年我国去韩国旅游的人数有 620 多万人次，约占韩国外国旅游人数的一半！但到朝鲜的不足两万人次。

到韩国的人们都喜欢到首尔、仁川、釜山等城市，我们后来还去到济州岛，行程也不长。首尔主要有五大古宫：景福宫、昌德宫、昌庆宫、德春宫和秘苑。还可以参观许多宗庙、首尔世界杯体育场、63 大厦、汉江、南山和北汉山国立公园。年轻人喜欢购物，喜欢买化妆品，请到明洞、南大门和梨泰院，还有东大门等的购物中心，绝对可以满足需求。在闹市区，还有各种小吃店，游客可以品尝泡菜、人参鸡汤等各种韩国特色美食。这些典雅的美景都给我们留下了深刻的印象！

2018 年 2 月中旬，第 23 届冬季奥林匹克运动会在首尔以东 180 千米的平昌举行（平昌小城人口仅 4 万余人）。中国体育代表团共有 181 人，其中运动员 82 人，参加了本次冬奥会，可惜所获奖牌甚少。我国在冬季冰雪运动方面有所欠

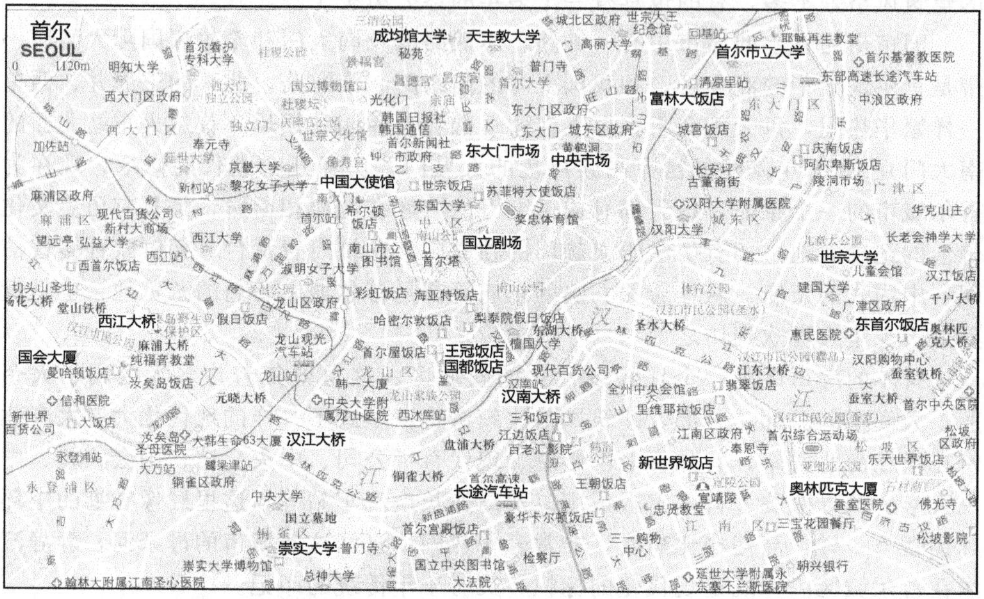

首尔城市地图

首尔曾名汉阳和汉城，是韩国的政治、经济和文化中心，人口 1046.4 万，是世界性大城市之一，交通便捷，文化事业发达

缺，运动员的水平与北欧各国、北美各国及韩国等有一定差距。今后需要得以加强。其中万众瞩目的中国女子冰壶队在本次冬奥会上 4 胜 5 负，仅取得第五名的成绩。我们期待 2022 年的北京冬季奥运会上，我国的冰雪健儿可以取得优异的成绩，更上一层楼。

济州岛海滨风情

济州岛是韩国南部最大的岛屿，也是韩国许许多多的青年人欢度蜜月必去之地。对于我们中国人来说，我们的美丽岛屿实在太多了。不过来了韩国旅游，济州岛还是大家所喜欢的旅游胜地。

美丽的海滨风光，具有天然的岛屿景观，以及原生态的山山水水与村庄，别有一番情趣。有时也可以看到岛上一对一对的青年恋人的风情以及那些惊人的举动。为此，吸引了大量的中国大陆人、港台人以及那些日本人和西方人到此一游，东南亚各国的旅游者也特别喜欢到此观光。

济州岛具有得天独厚的气候，不冷不热，每年夏秋是这里的黄金季节。济州岛的晨曦格外壮观，虽然我们未看到火红的太阳从海边升起，但我们上午八点就抵达济州岛海边的一座山，250 多米高，放眼远眺，太阳还在半空中，乌云逐渐散去，海上的雾气弥漫，赶早的航船刚刚远去。站在潮湿的海边，沐浴着曙光和清爽的海风，令人无限陶醉。我们沿着导游带领的路线去考察，一边欣赏岛屿的纯真美丽，一边又看辽阔的大海无边无际，不时海风阵阵，我们的心境十分的清爽。

将近一天的活动，爬过山、涉过水，又看云与西下的夕阳。导游带着我们参观著名韩剧《大长今》的拍摄基地，特别有趣，大长今进宫成为宫中上等侍厨的经历，是多么艰难曲折啊！后来我们又去农场看韩国农场主养殖的黑毛猪，瘦肉型的，营养价值高，我们的午餐就是吃的黑毛猪红烧肉，加上田园蔬菜、花果，味道美极了。晚餐我们又享用了韩国高丽参炖的母鸡汤，十分可口。

参观完农场后，我们又在岛屿中部的一个葡萄园考察。葡萄园种植面积不大，但我们也看到了韩国农民种植的辛劳。附近没有葡萄酒厂，大部分成熟的葡萄只作为水果出售，且价格相对便宜。当地农场的工人还邀请我们品尝刚刚从架上采摘下来的新鲜葡萄，有些乌黑色的大葡萄甜蜜蜜的，一串串的，也挺讨人喜欢。

第 3 章　东南亚各国之行

古今多少事，都付笑谈中。

——明 · 杨顺

国际性的港口花园城——新加坡

开辟鸿蒙，谁为情种？

——曹雪芹

现代化大城市是在一定的社会历史条件下，受地理环境因素（地区、用水、用地等条件）影响，在工业交通和其他物质基础共同作用下形成的。特别是现代工业社会，区域性的基础设施与市场经济体系的建立对国际化城市的成长尤其重要。吴传钧院士就认为“城市是地表空间的一物质实体，是社会经济文化发展的产物，是在一定历史过程中形成发展的”。

新加坡现在是拥有 499 万人口的国际港口花园城市，有“东方的直布罗陀”之称，也是世界性的大港与国际金融城市。每年到此旅游参观的人数超过千万人次。她的形成和发展得益于一定的社会历史条件与优越的地理区位。早在 19 世纪初，英国殖民主义者就注意到处于优越地理位置的新加坡港，鸦片战争前的 1826 年，英国殖民主义者在此建立殖民统治，开辟商埠，建立自由港，发展殖民经济。

自 1819 年起，英国殖民者通过新加坡大量购买东方（主要是中国）的陶瓷、丝绸与工艺美术品，然后运往欧洲和英国本土。实际上，当时的新加坡仅仅是南洋中国华人劳工的转运站及东西方商品交易的中心。1959 年后新加坡才摆脱英国殖民者的统制，觉醒了的新加坡人争取主权，走上独立，获得了自治权，1965 年 8 月 9 日，新加坡共和国成立。建国时人口 250 万，现在发展到 499 万人。

新加坡建国前，本国的经济带有殖民地的性质，其工业经济与城市建设是相当落后的，整个国家的经济命脉掌握在外国人手中，经济活动以转口贸易为主，几乎没有什么现代加工工业。当时城市的基础设施不完善，港口设施也很陈旧，整个国家的经济非常萧条。建国后，经历过一段痛苦的过程，由于当时泰国、印度尼西亚、菲律宾等国与西方发展直接贸易，使新加坡的转口贸易受到很大束缚。而且在当时，东南亚各国的华人大量涌入，新加坡人口增长过快，城市居民失业的现象非常普遍，严重地影响城市的成长，更谈不上现代化城市建设。

在这种逆境下，新加坡政府决定推行工业化、城市化发展的新战略。根据当时亚太地区经济不景气的情况，新加坡政府采取了进口替代、吸引外资的工业发展途径，重点发展纺织、食品、印刷、木材加工和第三产业等劳动密集型产业。到 20 世纪 70 年代初，政府又采取出口导向，融资合资的新措施，大力发展新加坡资本密集型和技术密集型产业，并致力于发展金融、贸易、保险、股票行业，促使新加坡成为亚洲的金融贸易中心，并使整个国家成为新兴工业化地区。此后，新加坡成了亚洲经济发达的国家，被称之为亚洲“四小龙”之一，现代制造业、建筑业和金融贸易发展很快，港口吞吐量和集装箱吞吐量迅速赶上发达国家的一些国际性大港，在亚洲地区与香港、神户等平起平坐，成为世界上著名的国际港口之一。新加坡的城市建设也突飞猛进，现代化、国际化水准越来越高，成为世人所称赞的赤道上的“花园城市”。从城市建筑物和自然景色的断面图分析，新加坡的城市景观确具世界一流水平，而且在城市管理政策与具体措施方面一直处于世界领先水平。

纵观新加坡经济发展的过程，也是新加坡现代化城市的形成发展过程，两者兼容并蓄，相互提携。由此可见，新加坡城市现代化发展的动力机制是十分明显的，经过仔细考察分析，可以归纳为以下几点。

一是充分利用新加坡位于东西方国际主航道要冲的优越地理位置，发挥其世界性中转港口的巨大作用。从世界石油产地与消费地来看，新加坡这个港口十分重要。高度工业化的日本及后来的中国，每年需要大量的中东石油，新加坡正好是远东和中东之间频繁国际航运的一个重要港埠与中转站，利用这一地理区位，兴建国有化的大型船舶修造业，是一项前景十分好的投资。当然，新加坡政府也意识到不能只靠自己的力量和有限的国土空间发展这些世界性的大型制造业。于是新加坡很快与美国、法国一些跨国公司联合，开发中东、印尼的石油；与日本一些大公司联合发展造船工业，新加坡这个弹丸之地正是发挥着“核能”的巨大威力，催促着现代化新加坡的快速成长。在 20 世纪 90 年代初，新加坡国际港的集装箱总量为世界第一，超过 1200 万标箱，后来分别被香港和上海超越，目前排在世界集装箱港口吞吐量的第三位。

二是努力发展现代第三产业，新加坡的商业完全是商业化的国营企业，促进了城市的中心繁华。世界上许多评论家认为，新加坡的商业经营真正是具有社会主义风格的。过去新加坡的政治历史是一部反英国殖民的斗争史。后来，新加坡政府对工业的发展不遗余力，李光耀总理和他的助手吴庆瑞副总理，十分相信社会主义用人唯才的办法，在商业和其他城市公用事业上都是这样，政府直接投资商业，并由官方挑选最好的大学毕业生，指定正规的公务员为经理，没有商业或技术训练的人不安排在商业部门。由于新加坡城市里商业化气氛很普及，政府官员中大部分也具有商业的敏锐眼光和企业家的奋进作风，非常讲求效率和务实，注意产品的质量与信誉。大部分官员务实清廉、秉公办事，为世界各国人民所尊重。

如今，新加坡是一个国际贸易港口，世界各地商品高度聚集，不论你是哪个国家的游人或购物者，在新加坡绝对不会买到假货，任何卖出的商品都能叫你放心，质量绝对没问题，具有很高的商品信誉。新加坡的商人、生产者的商业道德很高尚。除了以观光旅客为对象的特产店外，就是在唐人街、印度街、甚至越南街，也不怕买不到货真价实的物品，即便是城市中的下层人士，也可放心在商店里买些打折扣的商品，因为他们知道新加坡的法律制裁、罚款非常严格。新加坡商务中心中的乌节路（Orchard Road）可算是市区内最繁荣和豪华的购物中心，这里分布着世界著名的东陵购物中心、富临广场、威势马广场、喜阁购物中心、狮子城大厦的八佰伴、亮阁的大丸百货公司，等等。这里和香港一样，繁华的商业吸引着世界各地的游客，也促进了城市的发展。

三是加速高科技发展，加强高端产业的管理，发展特色的经济，并有严格的城市规划管理经验和处罚手段。在新加坡旅行时，千万不要随地吐痰、乱丢垃圾或开车、停车不按规定，等待你的将是大额度的罚款，甚至处罚你扫街好几天。这样优良的机制增强了新加坡城市现代化发展的活力。新加坡的裕廊工业区的建立是整个新加坡工业化进程的一个缩影。这个工业区位于新加坡城的西南海滨，距市区中心仅有12公里，它是新加坡最大和最重要的科技出口加工区。1968～1980年，在原来裕廊工业区的基础上，政府大力发展造船、石油化工、机械电器等重点企业，特别是一些高精尖的龙头企业。从20世纪80年代起，裕廊工业区进入产业升级时期，美、日、德、荷等国投入巨资在工业区内建立了一批技术先进的大型企业和新型密集型产业，重点转向高技术、高附加值的有出口竞争能力的新兴轻工业。首先，裕廊工业区继续发挥区位优势，利用临海条件，大力发展海事工业及其关联产业；其次，进一步完善基础设施，以吸引更多的外资。到现在，这里重点发展了石油化工、家用电器、军火材料、纺织成衣、汽车轮船精密部件、光学仪器、电脑元件等高新技术产业。为创办小型发明创新公司，政府还要求国家研究开发中心建立"孵化器"中心，借以孵化科技成果，使之实现商品化。为了发展高新技术，新加坡政府投资2600万美元，兴建立了计算机技术培训中心，到1990年已培养出9000名程序设计员，力图使新加坡成为亚洲软件中心，2000年后又有更大的发展。这一具有特色的新加坡工业园区，已成为亚洲地区的高新技术与高端产业的基地，某种程度上赶上了美国旧金山的硅谷，成为亚洲现代城市群中一枝独秀之花。

新加坡既无高山大川，又无历史古迹，但她的生态环境之美却是世界闻名的。现在新加坡已成为中国人去东南亚旅游的首选，往往是新马泰旅游连在一起。新加坡是一个世界化的城市国家，城市建设独具匠心，建筑风格丰富多彩、引人入胜。国家、首都、城市和岛屿组合成一个完美的统一体，其行政中心与商业中心位于新加坡主岛的南岸、新加坡河以南称之为大坡的地区，濒临海港、商业繁华、金融兴盛、人文兴旺，是国际银行与大公司的集中地，珊顿大道犹如香港的中环、铜锣湾一样繁华，为世界银行的集中地。水仙门一带为政府与文化机构的集中地，附近的滨海广场临近新加坡海峡，有大教堂、博物馆和鱼尾狮。近年来，新加坡在海滨新区兴建了建筑体量很大的现代化大厦，并在几栋大楼之间构筑了空中花园、大型的游泳池与娱乐场所，工程巨大，风格独特，又为新加坡的空间增加了一条亮丽的风景线。在这里一年四季，气候凉爽、温暖宜人，是游人最集中之地。大多数街道鲜花常开，绿树婆娑，非常美丽，为“世界花园城市”的精华所在地。

新加坡地图

新加坡国家面积 699.5 平方千米；总人口 499 万人（其中城区人口 450 万），

其中华人占 75%，马来人占 13%，印度人占 8%（2011 年统计）

印象曼谷，悠哉醉人，天使之恋

曼谷是一个多姿多彩的大都会，是一个既古老又飞速发展的城市。宁静与喧闹在这里交织，东方与西方的文化在这里结合，它是最具有东方情调与西方气质同时又时刻保守自己传统的不夜城。

赴新马泰旅游是最近几年的事，其中曼谷的印象久久不能忘却。惊人的鳄鱼表演，参观王宫、玉佛寺，坐豪华游轮游览昭拍耶河西岸、丹嫩沙多水上市场与泰国独特的水上民居，体验泰国风情，还有世界有名的人妖表演，等等，这些都是世界游客在泰国喜闻乐见之事啊！

泰国最大的工商业城市曼谷，有6个主要的工商业区，可以说这里是曼谷现代化建设的缩影。马路两旁高楼林立，很多的金融企业、商业公司集中在这里。特别是夜幕降落之后，各种霓虹灯争奇斗艳，车辆川流不息，街道上行人摩肩接踵，整个城市成了“火树银花不夜城”。在曼谷还有许多街道开设夜市，绵延数里，顾客如云，人声鼎沸，琳琅满目的商品令人目不暇接，万紫千红的鲜花更使人流连忘返。曼谷是泰国的首都，但它的全名超过100个字母，是世界上最长的城市名字。它位于昭拍耶河三角洲，市内水道纵横，高脚屋位于河川两岸，为一大特色。曼谷多数的河沟虽然已被填平，但至今还保留着十余条小河蜿蜒于市区，传说中的水上集市依然热闹如故。

曼谷的景观吸引着许多慕名而来的游客。泰国地处热带地区，属于热带季风气候，全年大致可分为雨季、凉季和热季三个季节。但位于泰国南部临海的曼谷，属于热带海洋气候，没有明显的季节之分，终年高温多雨，常年海风吹拂，即使是最热的季节，也没有酷暑之感。同时泰国各地盛产甜美奇异的各种水果，吸引世界各地的游人，曼谷是世界上著名的旅游胜地之一，它有别具特色的三大景致，就是常来曼谷的游客，每次参观都有新的印象，天使之恋，悠哉醉人。

第一，这里有别开生面的水上集市。曼谷地势低洼，河流多，在成为都城后，又挖了许多条运河，经过历代王朝数百年不断地建筑和发展，到19世纪，它逐渐形成了一个河道纵横、椰林处处、舟楫如梭的水上都城，欧洲人称之为“东方的威尼斯”。至今仍有10多条河流曲折于市区，于是水上集市作为一种传统依然保存下来。曼谷的水上市场为世界最有特色的贸易市场，具有本土化特点，沿岸的水上居民与葱葱树荫构成了一幅美妙的画卷，载满琳琅满目货物的轻舟穿梭在城市运河之中，农家姑娘雅致华丽的装扮成了曼谷水上的另一道的风景线，西方国家一些高层人士都十分喜欢早晚乘船巡游观光。

第二，寺庙遍地，建筑优美，是泰国文化的精粹。除著名的玉佛寺外，还有金亿元佛寺、黎明寺、卧佛寺和大理石寺等。玉佛寺里供奉的玉佛是由整块珍贵的绿玉雕成的；金佛寺中的金佛，高达3米，重5.5吨，这些都是泰国举世无双的珍宝。历史上保留下的300多座较大寺庙，比较完整优美，因此曼谷又被称之为“佛庙之都”。

王家田广场是曼谷城市的核心。拉玛一世就是以这里为起点开始了曼谷的历史，一向作为国王举行典礼的御用广场，现在开放为公共场所，全市群众集会都在这里举行。除了一年一度的春耕节和泰历新年由国王在这里主持庆祝仪式外，一周一次的周末集市最为热闹。一到星期五晚上，空旷的广场霎时人头攒动，货摊成千。星期六、星期天，很多市民们都要赶来这里凑热闹，甚至总理、部长、将军也来这里逛游、采购，以了解民心。这里的商品种类甚至比类似市场还要多出几倍，各种小吃摊绵延数里，丰富多彩，很有特色，还有文艺表演、耍魔术、斗鸡等助兴节目。

第三，旅游过程中，人文景观尤其是人妖表演尤为著名，这是西方暴露文化与泰国传统文化的结合，来泰国的游客多半都在寻寻觅觅，捕捉近景。泰国人妖是美丽的女人形象，其实是男人从小就开始做变性手术，说起来也挺残忍的，但泰国北方清迈一带的穷人，为了生计，帮助困难的家庭，在年少时就参加人妖训练。据说泰国目前有 40 万左右的人妖，其中清迈一带就占有 70%！在曼谷市区南部的曼谷湾、普吉岛、海滨温泉等地，除了迷人的海湾风光之外，就是各种人妖表演引人注目，来自世界各国的游客，往往在东方公主号等曼谷的豪华轮船上欣赏各种人妖表演，这是一种十分奇特的人文现象。如果你白天的参观已经满怀疲备，晚上到这里欣赏多半精神又会莫名振奋起来。如果你有兴趣与人妖照相留念，只要给这些漂亮的"姑娘"10 元人民币就可以了。

1982 年 5 月 6 日通车的达信大帝桥是湄南河上四座大桥之一，将曼谷与吞武里连为一片。"达信大帝桥"全长 1300 米，6 条车道，一天要通过 6 万辆汽车，为全国最长的公路桥。7500 辆"嘣嘣车"（三轮摩托车）是曼谷市的又一特殊景观，给城市同时带来方便和烦恼，也给塑造现代化大都市留下沉重的障碍。湄南河两岸码头延伸 20 多公里，共有 100 多个泊位，可泊万吨级轮船，年吞吐货物 2000 多万吨，占全国进口量的 95%和出口量的 75%。在东岸，一条弧形的大运河自西向东贯通全城，另有四条支运河纵横其间，又有许多渠道相连，使城区构成一个完整的水网。汽艇、木船可抵达各个主要街区，工商业货运堪称方便，可直靠仓库装卸。两岸商店林立，桥梁众多。尚存若干水上商店，但以出售水果、蔬菜、鲜花为多。市郊农妇多将自产鲜货置于船上，游荡到市内沿河叫卖，形成一个特殊的早市。郊区则保留若干大型的水上市场，犹如我国江南水乡的农贸市场。

大王宫和玉佛寺，是拉玛一世国王于 1782 年由吞武里迁都到曼谷时所建的，面积达 22 万平方米，四周高墙环护，东西两角设有城堡。当你进入这里的庭院时，只见地面绿草如茵，鲜花盛开，树木茂密，仿佛走进一座美丽的大花园。泰国政府机关就位于王宫周围。而三本华人区是主要商业区，帕蓬和佩布里是青年人喜欢的娱乐区，夜生活特别丰富多彩。

玉佛寺（又称护国寺）位于大王宫东侧，实际上是大王宫的一个组成部分。

它富丽堂皇，庄严肃穆，弥漫着浓厚的宗教气氛。玉佛寺的屋宇亭榭，高塔长廊，或玲珑剔透，金玉璀璨；或高耸挺拔，宏伟壮观。大殿的神龛里供奉着由整块碧玉雕成的玉佛，玉佛身上还披着价值连城的金缕衣。随着泰国雨季、热季和凉季的三季变化，金缕衣也更换三次，每次更换均由国王亲自动手进行，以确保国泰民安，因而玉佛是泰国最重要的国宝之一。

中泰两国人民的传统友谊源远流长，相传公元3世纪起，两国人民就有来往，如铁制农具的使用就是从中国传到泰国去的。到了13世纪，中国的烧窑制瓷的技术也传给了泰国人民。泰国盛产的大米也从海路运到了中国，再把中国的丝绸、陶瓷器和石雕人像等工艺美术品运回泰国。现在在曼谷的国家博物馆里依然可以见到这些珍贵的东西。在大王宫里至今还保存着两个200多年前从中国运来的大彩瓷瓶和几百个景泰蓝花瓶，花瓶上画的除了山水之外，还有许多是我国《三国演义》中的故事。相传在玉佛寺有一堵用彩瓷瓦片镶成的梅、菊、牡丹和飞鸟图案的花墙，是明朝航海家郑和第三次下西洋时修建的，每年都有不少西方人来此参观。至今还保留得比较完整。

曼谷的旅游业相当发达，除了名胜古迹，热带风光吸引游客之外，曼谷还具有一流的旅游服务设施，仅豪华的高级旅馆就有70多家，不少是华人经营的，具有中国南方一带的特色，尤为亲切。这些服务招揽来了大批观光游客，为泰国增加了大笔外汇收入。

泰国是一个信仰佛教的国家，大约有90%的居民信仰佛教，全国约有佛寺30000多座，其数量之多，在东南亚首屈一指。金碧辉煌的佛塔、香火缭绕的殿堂、身披袈裟的僧侣、跪拜祈祷的善男信女在曼谷随处可见，比比皆是。在曼谷市区随处都可以体现宗教文化的影响。各国旅游者都喜欢到此一游、修身养性、讲道长寿。曼谷的佛寺建筑，独具一格，精致美观，具有浓厚的东方色彩。寺庙的屋檐多为重檐式，远远望去好似几层屋顶，其上嵌着金黄色的琉璃瓦，在阳光下金光闪烁。佛教文化是泰国的瑰宝，也是世界文化宝库中绚丽的一颗明珠，为世人所敬仰。

浮光掠影访缅甸

珍珠是不会浮到水面上的，要寻找它，必须冒着生命危险潜到深水里去。

——弗洛列斯坦

巍巍的横断山脉，群山起伏，重峦叠嶂，自北而南绵亘在祖国的大西南达数千公里。在这逶迤千里的群山峻岭之中，中国地理学会人文地理专业委员会组织的缅甸考察的专家学者，乘坐着大小不等的三部客车正沿着云南西部的公路向缅甸进发。汽车内虽然坐着不少年过半百的专家们，但也有一些年轻学者，大家的心情十分高兴，一路上谈笑风生，说着天南海北话题，竟忘却了途中的疲劳。

当我们的旅行车在中缅边境高山大川中以每小时仅 30 公里的速度缓缓地爬行时，有时可以看到一片平川的云南坝子，如大理，保山一带；有时我们又看到云雾缭绕、白云皑皑的高山，特别是从保山至芒市（德宏傣族自治州州府）那 230 多公里艰难崎岖的公路上，我们的汽车翻越四座高山，跨越澜沧江和怒江，附近山峰高峻而又尖锐，怪石嶙峋，奇峰突兀，山坡非常陡峭，一些山体既与缅甸、老挝的丘陵山地接界，又与缅甸北部的三角洲平原相接，好像在一块很大的绿色地毯上高高耸起几座天然屏障，这里富有特别的亚热带自然风光。山谷中与河川两岸森林茂密，郁郁葱葱，许多山峰峭拔而又秀丽，山间流水潺潺，鸟语花香。第一次来这里考察的人们，都惊叹这一带山川如画，生机盎然，景色壮丽，使人流连忘返。

正当夏日炎炎的六月初，我们按预定的时间访问了缅甸一些地方。当我们的考察团乘船渡过瑞丽江，来到缅甸南坎码头，缅甸方面接待我们的是夏威兰旅游公司，一些穿戴特别的姑娘们在公司的大厅里为我们唱歌跳舞，我们也喊着刚刚学会的几句缅甸语向姑娘们问“美郭拉巴”（早上好之意）。

缅甸是我国的友好邻邦，与我国有一千多公里的国界，长期以来两国人民的生活习俗非常相似，尤其是中缅边界的人民。我们在缅甸考察期间，导游小姐为我们介绍缅甸人民的订婚仪式、婚礼与婚礼禁忌等习俗，引起我们的极大兴趣。

缅甸人的订婚仪式习惯在女方父母家里举行，男女青年恋爱成熟后，男方父母来到女方家，同女方的父母商议确定孩子的婚姻大事。这时，男女青年情侣不能在场，但要请一个街道上或村子里德高望重的长者作证。男方父母先对女方父母说：“鼓不敲不响，话不说不明，我们是来求婚的，请您把您的女儿嫁给我们的儿子吧”。接着把男方的情况详细介绍一番，女方家长同意的话，就会说“是呀，男大当婚，女大当嫁，我们一定认真考虑您提出的要求”，然后在证人的参加下，看两个孩子是何时出生的，是有缘分，还是会“相克”。如果条件相当，就可以拟定订婚公告，男女双方相互交换信物，这样基本上就确定了缅甸男女双方的终身大事。

缅甸人的结婚方式也具有民族和地方特色，有些习俗与我国云南省的傣族人、白族人相似。我们在瑞丽江畔的南坎镇与中缅街一带考察时，导游小姐告诉我们，这一地区男女青年结婚盛行“浸手”，新郎与新娘同把右手浸泡在盛有净水的吉祥的金盆或银盆中，并在水中把手紧紧地连在一起，表示了心愿结婚。而南坎一带，缅甸的小伙子结婚前先要当三次“和尚”，第一次是 6 岁左右，先在寺院里出家 10 天；第二次在 10 岁时当和尚两个星期；第三次在成年 16 岁时，在寺院里当三个月的和尚，然后才能和缅甸姑娘结婚。当地人称男青年为“小狗”，女青年为“小猫”，小狗、小猫结婚时，必须合手，在众人面前新郎伸出右手手心朝下，新娘伸出右手手心朝上，两只手手心对手心，上下合在一起，表示愿意结婚。缅甸人结婚大多数都有互换戒指、互戴花环、共系围巾等习俗，其中还有一个特别的方式是换衣服，洒圣水。在结婚前，新郎来到新娘家里，由新娘的父母给新郎洗澡后换上一身的新衣服，就表示新郎是新娘的房中人了。到了晚间，还得用金盆、银盆盛有加了檀香、紫檀香、洗香、黄兴香、佃蓝香等香料的水，洒向新郎、新娘的头顶上，才能表示真正结婚。缅甸人的结婚习俗繁杂且丰富多彩，有些与我国西南少数民族差不多，但在一些落后的农村，还残留着许多封建的色彩，实行土司制度和一夫多妻制；有些地区还很封闭，甚至近亲结婚，文化素质较低，人口质量也大有问题。

自我国改革开放以来，中缅边境人民的友好往来更加密切，边境贸易也不断增加。在瑞丽、畹町一带，不仅缅甸人来中国，而且还有许多印度人、巴基斯坦人、越南人和老挝人也来边境上大量购买中国价廉物美的各种产品与食物。人民币在东南亚很吃香，甚至在邻国可以自由流通、购买特产，中国的五金百货和一些机械产品在缅甸、越南、老挝都非常畅销。但金三角地区不少土匪还在贩毒，边境走私问题还有不少。据云南省政府外贸局负责人介绍，近两三年来，中缅边境贸易总额占全省出口总值的1/3，每年都超过180亿元，今年将超过350亿元人民币，赴缅旅游人数达40.5万人次，从缅甸方面来边境上洽谈贸易，购物旅游的人数也有30万人次，而且今后还有较好发展的趋势。从两国人民长期的现实利益出发，中缅边境将会世世代代友好下去，友谊之花将永远盛开在两国人民的心坎上。

越南芒街市的点滴见闻

朝阳初升时，并未卷起一天火云，它的四周是一片浅玫瑰的晨曦。

——屠格涅夫

中国沿海开放地区城市发展问题学术讨论会今年安排在广西钦州市召开(1995年6月)，会议之后安排了三天的科学考察，我们不仅访问了北海市、防城港、东兴开发区；而且还去越南的芒街市访问考察。使得我们有机会到越南一行，饶有风趣，并给人们留下一些深深的体会。

中越关系解冻之后，两国的边境贸易十分活跃，促进了两国人民经济与文化的交往，也逐步恢复了中越两国人民的传统友谊。

根据全国各地专家、学者的要求，广西政府有关部门给我们安排了一次时间短，但又内容丰富的参观路线。首先考察边界河流与边防站，从广西东兴壮族自治县出境，进入芒街市。中越两国都有海关岗哨，一座友谊桥横跨在大约500多米宽的河道上，一边海关写着中华人民共和国，另一边就是越南。出境手续极为简单，不需办护照，仅仅是中方地方政府办的边境出入卡，但需要两张半身照片。在中越边界上，东兴与芒街以东兴河为界，河岸两边杂草丛生，除了一些民房建筑外，都是农田、菜地。岗哨在东兴、芒街均有，越南人还构筑了碉堡、暗堡，布设了铁丝网。在中越两国关系紧张的20世纪七八十年代，双方的老百姓均后撤了，仅余中越两国对峙的军队。如今虽已和谈，但这场战争的“明证”依然还在。

当我们进入芒街时，越南几位导游姑娘很快就跟了上来，中国话说得不错，相互交谈后，她们都有亲戚在中国，有些还是华侨。芒街这个小城镇不大，约有10多万人，自由市场很多很活跃，而那些政府部门的百货商场、购物中心光顾的人却不多。后来我们去工业区、居住区、娱乐中心和郊区考察了一番，大致与我们中国的建设模式相仿，许多建筑风格也与我们南方城市相同，有骑楼（防晒，防雨，方便居民出行），有花园。特别是芒街市的有钱人住宅区，大部分为两层楼房，有些别墅还有汽车房、小花园与游泳池，贫富差距较大。大部分穷人住在低矮的木房子里，相当一部分人住在公寓式的五六层砖瓦结构的白色楼房内，墙上的涂料质量较差，风雨剥蚀下，显示出不规则的画面暴露在外墙上，看上去很不顺眼。

当我们在芒街郊区访问时，农田里大部分种植水稻，越南人日常的主食是粳米，部分农民还种有玉米、薯类与豆类等，副食有各种蔬菜、肉、禽、蛋、鱼等，与我们广西人民的饮食习惯差不多。导游者告诉我们，越南人最普遍的饭菜是米饭，白水焯过的蕹菜（空心菜）拌以鱼露，鱼露是佐餐必不可少的调味品。农村中还喜欢做小螃蟹汤，此外还有烩米粉、牛肉粥、鱼生粥、糯米饭与粽子，这些食物看上去晶亮鲜红、味甘且补、味道鲜美，使人喜欢。

我们还在街上许多水果摊上看到亚热带的奇特水果，有荔枝、龙眼、菠萝蜜等。越南妇女还喜食槟榔，常常看到妇女的牙齿变成黑红色，北方来的中国人看不惯，好端端的白牙齿变成又红又黑，使人吃惊！越南姑娘食槟榔时，将槟榔果切成片，与一种叫蒌的藤类植物的叶和蚌壳粉三样同时放入口中嚼，但不能吞咽。三样东西经过唾液混合，立即变成血红色的汁液，味微涩带点甜和辣，有微量的刺激感，使人感到发热兴奋。久吃槟榔使牙与唇均被染成黑红色，被越南民间视为传统美的标志之一。当我们来到水果摊前，想买点槟榔，跃跃欲试时却被同来的专家劝住了。我记起小时候在广东农村也曾食过槟榔，但忘记了它的功效与作用，

近几年来，越南也实行对外开放政策，吸引外国人来越南各地投资与观光，他们也与我们一样出租土地与廉价劳力，有些政策甚至更加开放。越南中部的岘

港，具有海滨风情，美丽又大方，当地人称之为“东方的夏威夷”。若有机会到此一游，也必是令人流连忘返之地。

亚洲最大的赌场——马来西亚的云顶见闻

从马来西亚的首都乘坐赌场专线大巴，往西北方向的高山大川，绕山公路行驶约 2 个小时，就可以看见位于大山之巅的几座豪华漂亮的大厦，高高耸立在 860 多米的高山上，这就是世界闻名的云顶赌场，也是亚洲最大的赌场兼具旅游休闲的风景胜地，每年从世界各地来此观光、休闲与娱乐的人们约有 1200 多万人次。我们在首都吉隆坡观光三天后来到这里，别有一番情趣。

来到云顶赌场的山前，需乘坐很长一段缆车，大约分为三段，长约 6.5 千米，需要一个多小时，脚下是青山绿水，头顶白云蓝天，飞入云霄，气势雄伟，十分惊险！

下了缆车，穿着富有地方特色的马来西亚小姐在欢迎我们，顿时感到云顶别墅大厦的温暖，阳光、空气也特别清新，心里感到欣慰开心。建筑别致、雄浑的三座大厦，彼此串连在一起，都在高山之巅，建筑工程是伟大的，建造过程也是特别的艰难。据说在 20 世纪 50 年代，三千多工人花了三年多的时间，才在山顶上建造了这近 6 层楼高的云顶大厦。因为一年中有不少日子都处在云雾山中，常常是白云缭绕，阳光晦暗。因此建成之后，人们就称之为“云顶赌场”，这是天道酬勤的结果。

建造“云顶赌场”这个巨大工程的是我国一位福建的侨商，他早年只身漂洋过海到马来西亚投奔叔父，艰辛地在国外奋斗并创业成功；后来他自己有了新意，规划设计了这个亚洲最大的赌场，兼做许多第三产业的事儿，成了马来西亚最富有的企业家之一，远近闻名，为东南亚各国人民办了大事业。

说起赌城，众所周知美国的拉斯维加斯，是在沙漠边缘地区建起的世界上最大的赌城，具有百万人口，每年为美国政府创造 100 亿美元的税收。当然这雄厚的财富也是来自世界各地旅游人士和参与赌博的人，美国本土人也不过占六成，所以美国人的富裕离不开世界各国人民的“扶持”。同样，马来西亚的云顶赌场，每年也可以为马来西亚政府增加 46 亿美元之多的税收；云顶赌场之外，还有许多老年人的养生养老胜地，人们可以住上半个月、一个月。山顶的白云蓝天，空气清新，高山流水，繁花似锦，都是中老年人喜欢之处，还有许多游乐场所、商店、美食、文化特色之处，也是青少年们或举家团聚购物的好地方，世界上各种名牌商品、食物，在这里应有尽有，真是一个天上人间般的好去处。

生机盎然的湄公河又获新生

秀丽多姿的湄公河，像天上散落在亚洲东部的一条银色彩带，横跨中国、缅甸、老挝、泰国、柬埔寨和越南六国，奔腾在东南亚的崇山峻岭之间，具有十分重要的国际价值。由于她特殊的地理区位、丰富的自然资源和温暖湿润的气候，由世界自然基金会规划为全球自然保护框架中的 35 个优秀保护地理区域之一。但由于沿河各流域国家比较贫困落后，水质污染，生态环境破坏，目前又成了全球具有严重洪水威胁的十大河流之一。

在第二次世界大战期间，日本军国主义占领东南亚各国之时，对湄公河采取掠夺性开发，大量砍伐湄公河中、下游的森林资源，无序开发矿产资源，破坏农作物与果品经济；加之战后各国政府又把她当做一棵天然的“摇钱树”，快速开发湄公河。在此过程中带来了诸多环境负面影响，包括森林退化，土壤侵蚀，河流泥沙沉积越来越多，生态系统的破碎化和流域性的水体污染，使野生动植物的栖息地受到严重破坏。20 世纪中期之后，秀丽多姿、资源丰富的湄公河黯然失色，缺乏生机。湄公河流域的开发与保护缺少规划，常常发生严重的水土流失与突发的水灾，使沿岸各国人民遭受巨大的损失与灾难。

近 20 多年来，由于湄公河沿岸各国人民的觉醒，加之联合国环境署以及世界其他国家的科研考察、关心与支持，湄公河的自然生态环境逐步得到改善。流域中多个国家的政府与人民视湄公河为母亲河。近期又逐步恢复了河流周边多彩的生态，修复了城镇化地区的人工环境，使湄公河许多地区呈现一派生机。

湄公河源于中国的澜沧江。新中国成立后我国政府和人民对这条国际性河流采取了多项保护性措施，合理开发，积极植树，建立了许多国家森林保护区与旅游区，如丽江、香格里拉、大理和普洱等地区，都是风景秀丽，文化历史引人的旅游区，为东南亚各国人民树立了保护自然的榜样。

近年来，我们在赴东南亚一些国家的考察过程中，可以发现不少地区在恢复湄公河沿岸的自然保护区，并在合理开发矿山中也做了大量的工作。同时采取了很多工程措施搞好水土保持，植树造林，开发名胜古迹，建立具有生态系统的旅游度假村等，得到了联合国环境署的表彰，同时也得到了一大批世界自然基金的资助。例如在老挝首都万象南部的湄公河地区，建立了许多郊野公园、森林公园；在湄公河三角洲，越南和柬埔寨亦建立了大片的湿地公园、国家级的森林保护区以及旅游度假区，吸引着世界各国的游客到此参观游览，既增加了当地人民的收入，也对湄公河地区进行了合理开发与重点保护，使湄公河下游地区充满着生机。

柬埔寨六天行

2014年8月，正值南京盛夏酷热之季，每天高温35～38℃，潮湿闷热，体现了我国长江流域“三大火炉”的酷暑实况。正好这时，江苏国旅负责人组织了我夫人单位离退休职工及家属38人赴东南亚柬埔寨六天行。虽然是夏季，但柬埔寨早晚不闷不热，气温一直在25～30℃，对于我们老同志来说还是比较舒服的。

赴柬旅游，每人支付人民币4800元，但还得交上600元的小费。日程表上写着6天，实际上仅有4天。出发的那天是晚上，飞机晚11时起飞，第二天早上4点多抵达金边。睡了4个小时就起床，8：30～18：00参观一天；第六天大清早3点我们起飞回南京，上午9点到了南京，也算入行程的一天，旅行社真是精明能干啊。如今是市场经济时代，哪一个旅行社都是会划会算，赚点老百姓的小钱。

柬埔寨国土面积仅有18万平方千米，比我国山东省的面积大一些，但是人口仅有2400万人左右，可以说是土地资源丰富，地下宝藏不少（主要是宝石），热带生物资源多样化的亚热带地区，开发潜力较大，但是目前在东南亚地区仍是比较贫困的经济落后地区。我们旅行团从金边首都到名胜古迹之地——吴哥窟，所到之处，穷苦人家的小孩上百个，紧紧跟随着各个旅行团。导游告诉我们，大家准备好零钱，一百人民币可以换五万柬币，有时候我们都给可怜的小孩（孩童，甚至10多岁的少年）一千元柬币，或者几百元柬币，也不过是相当于2元人民币甚至更少。但他们一天能“要饭”乞讨到一万元柬币就很富足了。很多好心的中国游客以及西方人都会给他（她）们一些钱或各种食物，算是做了功德、高尚的善良之人，佛经中说：“好心有好报，善心有好运。”

柬埔寨向来是中国的友好邻邦，尤其是毛泽东时代，西哈努克亲王与莫妮克公主，在20世纪60～80年代，常住北京，中国政府对柬埔寨国家与人民的无私援助很多。这次我们到柬埔寨各地，有文化、会讲中国话的金边人民与当地导游者都会提到中国对柬埔寨的援助，在我们的旅游过程中，常常收到他们表示的深深感谢。据我国新闻报道，习近平与李克强政府，这几年又帮助柬埔寨建设了一千多公里的高等级公路，使金边与国内重镇的联络方便多了，相信未来的年代，我国又会帮助他们修建高铁了。

我们在柬埔寨短短的几天中，首先在首都金边参观访问一天，主要是游览国王的皇宫，大约有300多亩地大的花园式皇宫，分为四个片区；有国王接待世界各国元首的宫殿式的大厅，西哈努克亲王住地，法国拿破仑纪念馆和金碧辉煌的金银阁。皇宫园中还有一座仅有27米高的小山丘，据说是西哈努克模仿中国的珠峰建造的2700厘米的小土堆，之上有一座神庙，供游客去参拜的小圣山。

在皇宫参观最值得我们细看的地方就是金银阁（寺），大家都得脱鞋入室，看到世界上仅有的三尊翡翠玉雕造出来的黄金玉佛之一，据说是1941年西哈努克18岁当上国王登基时，缅甸国王赠送的一尊实心的佛像，可以说是价值连城，世上绝无仅有的“镇馆之宝”。皇宫内还有大大小小的各种金银制品，有大的佛像，也有小小的佛像，地面上是用五千块银币铺设的装饰物，我们在皇宫里参观，仅能轻移莲步，漫步欣赏。每天来这里参观的有上万人次，但却十分宁静、庄严肃穆。

我们旅行团，匆匆忙忙在柬埔寨首都金边仅仅访问了一天半，住了一天，就乘着旅游大巴开往世界著名的文化胜地——吴哥窟访问。由于柬埔寨国家经济落后，发展滞后，金边到吴哥窟寺庙的公路仍属于乡村公路，等级差，好几段路还是农村土路，坑坑洼洼地走了八个小时才到这里。这个国家还没有高速公路，汽车走的很慢，整个路程仅有460公里左右。

吴哥窟又称吴哥寺，位于柬埔寨西北方。原始的名字是Vrah Vishnulok，意思为“毗湿奴的神殿”，中国古籍称为“桑香佛舍”。它是吴哥古迹中保存得最完好的庙宇，以建筑宏伟与浮雕细致闻名于世，也是世界上最大的庙宇。12世纪时，吴哥王朝国王苏耶跋摩二世希望在平地兴建一座规模宏伟的石窟寺庙，作为吴哥王朝的国都和国寺，因此举全国之力，并花了大约35年建造。我们在吴哥窟呆了三天，除了参观大小吴哥之外，还到同位于暹粒省的洞里萨湖访问一天。当地华人导游李小姐详细地介绍了大小吴哥这两个名胜，给我们留下了深刻记忆。

吴哥窟是高棉古典建筑艺术的高峰，它结合了高棉寺庙建筑学的两个基本的布局：祭坛和回廊。祭坛由三层长方形有回廊环绕须弥台组成，一层比一层高，象征印度神话中位于世界中心的须弥山。在祭坛顶部矗立着按五点梅花式排列的五座宝塔，象征须弥山的五座山峰。寺庙外围环绕一道护城河，象征环绕须弥山的咸海。与中国万里长城、埃及金字塔和印度尼西亚的婆罗浮屠寺一起，被誉为古代东方的四大奇迹。

吴哥窟是由一个叫做吉篾（今名叫高棉）的东南亚民族所建，时间大概从公元802年起，那时阇耶跋摩二世建立了辉煌的高棉帝国，繁荣昌盛达六百年之久。

在12世纪时，吴哥建筑达到了艺术上的高潮。当时建造的吴哥窟，所有的墙壁全都刻有精美的浮雕，每个平台的周围都有面向四方的长廊，连接着神殿、角塔和阶梯，即使长廊的墙上也全都刻有描述古代印度神话故事的浮雕。吴哥庙不仅本身规模宏大无比，庙宇的外面还有一条将近10米宽的堤路。直通庙宇的大门，堤路的两边也都竖立着巨大威严的那伽蛇神像。此后，吴哥王朝历代国王的建城工作就一代又一代地传了下来。一般来说，世界各国所有的庙宇都是坐西朝东，而唯独吴哥庙大门朝西，这使后来研究古代高棉的考古学家百思不解。

吴哥文明的建筑之精美令人望之兴叹，然而却在 15 世纪初突然人去城空。在此后的几个世纪里，吴哥地区又变成了树木和杂草丛生的林莽与荒原，只有一座曾经辉煌的古城隐藏在其中。直到 19 世纪穆奥发现这个遗迹以前，连柬埔寨当地的居民对此都一无所知。

按说任何一个民族的文化都应有它的延续性，何况吴哥是一个曾经繁荣过 600 年的王朝，但它的文化竟一下子就忽然中断、忽然消失在历史的长河中了。吴哥窟位于柬埔寨第三大城市——暹粒市，如今并不那么繁荣，但过去曾有一百万人口以上居住，这个民族和这些人们到底到哪儿去了呢？这真是一个无法解开的谜团。不过经专家推测，极有可能是因为外敌的入侵，但外敌的入侵可能导致王朝的改朝换代，但却无法使一个民族的人民统统消失。

柬埔寨地图

菲律宾长滩与越南岘港

菲律宾，位于南海以东，与我国隔海相望，具有重要的战略地位，历史上曾依附我国。菲律宾国土面积 29.97 万平方千米，人口 1.049 亿。首都马尼拉，人口 1200 余万，其中很多人居住在市郊的贫民窟。社会经济发展较落后，长滩是菲律宾的重要旅游景点，世界上最美丽的海岛之一。每年来此旅游、休假和疗养的人数超过千万。长滩位于菲律宾中部的阿尔坎省，班乃岛西北角 2 千米处。长滩岛仅有 10.32 平方千米，居民 1 万多。但是拥有数十家水平不一的旅馆，接待游客。长滩全岛南北长 11 千米，其中 7 千米是号称世界上最美的海滨沙滩，这也是长滩旅游胜地的最大卖点。长滩海滨沙滩沙粒细小、洁白。这里有碧海、蓝天、白沙、椰林和佩戴着一串串贝壳的美丽姑娘，吸引着众多游客来此光顾。

这里夏天白天的温度较高，一般在 30～35℃，但早晚海风从海面徐徐吹来，较为凉爽，令人着迷。长滩各处遍布各类小旅馆，位于椰林深处，有着各种美食与地方风情，吃喝玩乐十分方便，即使是有钱人，也喜欢在这里长居享受。

去过长滩的人，也喜欢去越南一游。两国相距不远，一东一西，飞机航程仅仅 1 个多小时。越南是我国的友好邻邦，国土面积约 32 万多平方千米，人口约 9200 万，属于发展中国家，社会经济发展水平不如我国。越南的首都河内，人口 800 余万。越南南部有一座东南亚地区的大都市——胡志明市（法国殖民时期称之为西贡，更被称为东方的小巴黎），西贡人口超过 1200 万，是一座旅行者不可错过的地方。随着越南的改革开放，这儿也变成了灯红酒绿的花花世界，与西方都市无二，非常迷人。

越南中部有 1 个旅游胜地，名叫岘港，是 1 个中小城市。美国国家地理杂志曾经将此地列为世界上最美的 50 个临海旅游胜地。这里的阳光、沙滩、古迹、小镇风情最为迷人，被人称之为"东方夏威夷"。岘港是越南第一个开放的沿海城市，近些年来，发展较快。历史古迹（会安古城）与灵姑湾（灵应寺）、仙沙湾、山茶半岛等都重新规划、建设、修缮一新，吸引着世界各地尤其是东南亚地区的游客。如今，每年来岘港参观游览的游客人数超过了 1800 多万，其中我国去岘港旅游的人数就有 40 余万。

越南岘港的美在于其一是天然良港，港湾的地理环境优美、景观天然；再者，岘港的旅游景观是多层次、多景色融为一体，有山、有海、有林、有城；再其次，岘港的人文环境与自然景观相互依托，每天日出日落，呈现不同特色的自然现象，给人以美丽、舒适、清新、迷人的感觉；最后，岘港城市和山村里的姑娘，打扮地着实漂亮，引人注目，她们热情大方，给到此一游的游客带来回味。

第4章 迪拜现代化建设的启示

美好的事物，永远是人们所追求的；而在沙漠海滩上建造的现代化城市，那是我们所期望的。

——姚喜玉

迪拜是全球游客们最喜欢的旅游城市之一。这里有世界最大的海底工程（棕榈岛居住区、富豪生活区和海底酒店），世界最高建筑哈利法塔（又称迪拜塔，高达828米），世界上最繁忙的、广受全球旅客喜欢的豪华机场迪拜国际机场和全球最豪华的超七星级大酒店。

近10多年来，迪拜已成为阿拉伯世界的一颗海滨明珠，也成为一个世界名城，一个现代化的大城市。在沙漠广袤的荒芜地区，严重缺水的沙漠边缘城市，能成为一个美丽、豪华、有魅力的现代化都市真使人感到神奇与惊喜！

人们都知道，迪拜是阿联酋海滨的一个大城市，城区人口已超过100多万。阿联酋有着丰富的石油资源，迪拜城市的建设资金因此有了可靠的保障。迪拜城市建设最主要的特点，是充分利用浅海滩地来围海造地，如大型住宅区棕榈岛的开发大量节约宝贵的土地资源。大量的住宅建设、别墅区以及商务用地（包括豪华宾馆、旅馆饭店、购买中心等）都建在沿海浅海地区，当然投资成本较高，工程地质条件相当复杂，每幢大厦的桩基都在海底以下10～20米左右，造价昂贵。如果你有时间，又不想在机场多停留的话，下机后可以在迪拜国际机场乘坐阿联酋国际旅行社的观光车，到市区内海滨、浅海区参观那一排排、一幢幢别具风格的公寓式住宅；或去商务中心，自由自在地逛逛五光十色、繁华热闹的购物中心；或去美丽的海滨城，沐浴清新透爽的海风，看看那些有独特风格的高层建筑。尤其是那座在2010年刚刚建成的世界第一高楼哈里发塔（原名迪拜塔），足有820多米高，从远处看去，好像一擎天大柱、高高耸入云端，这是人类有史以来的最高建筑，比纽约、芝加哥、台北等城市的最高大楼还要高出300多米，成为世界之冠。

近年来，德国一些大的投资商看好迪拜国际旅游业的市场，在迪拜浅海区建设了一座独特的海底宾馆，成为世界上独一无二的旅游宾馆，工程复杂，建设先进。如果你有机会入住这个海中建起的奇特宾馆，会使你大为惊叹与赞美。

迪拜现为世界性的现代化城市和国际旅游中心，也是世界各国经济、政治与文化科技交流的国际中心之一，迪拜的国际机场成了亚欧非三大洲的枢纽性的航空港，近年来进出空港的国际旅客每年超过 6100 多万人次，其航班的密度与流量可以与纽约、东京、伦敦、上海、北京、法兰克福等大型空港相媲美。迪拜机场候机大楼内具有较完备的现代化设施，其服务水平也是国际一流的。其中我们印象最深的是，宽敞舒适的候机楼内各种奇特的现代雕塑；供应充足的高档商场；自动伸合的躺椅，适宜长途旅客经过迪拜时休息、睡眠与休闲。而世界上很多大型国际空港都还没有供旅客使用的躺椅软座等高级设施。

迪拜虽然是建设在大沙漠与海滨之间的新兴城市，但各项基础设施十分现代化，这当然是与它雄厚的投资、精美的规划设计和政府的严格管理分不开的。迪拜城市的区位和用地资源并不优越，但人们充分利用浅海滩，向海要地，许多大型建筑（如海下酒店、超豪华宾馆、购物中心、娱乐设施以及众多的别墅、住宅）都布局在海滨、海上或海中。如今，我国浙江人也已在迪拜建造了许多购物中心，发展商贸业。那些亲水别墅、临水居所使人感到十分亲切，其环境优美、空气清新亦使人心旷神怡。水，无论是河流山水或是宽广无边的大海，都为我们提供了一个心灵的栖息之所，一个与自然交融的精神乐园。亲水所显示的灵动飘逸，让人永远保持着舒适生活的灵感和工作热忱执著的原动力，这时，我们似乎进入了人类最理想的境界，获得了最美的享受与欣慰。

迪拜现在不仅是国际现代化大都市，而且政府方面也在致力于城市环境的规划建设。去年在城市郊区建设几座大的花园城，有世界上最大的人工花市和市场，各种鲜花、木栽盆景，吸引了世界各地的旅游者前来观光、学习，并建设了培育各种花木品种的玻璃暖房，一年四季，花香四溢。

迪拜市政府还要改造市郊一些荒地、海滩，吸引世界各国人民前来观光、休假，打造一个绿色环保的智慧型生态安全城市。

阿联酋、富甲天下

中东地区的阿联酋，国土面积不大，仅有 8.4 万平方千米，人口只有 800 万人，但真正的阿联酋人也只有 120 万，其他来自印度、巴基斯坦和非洲人，都是打工的，据说在那个迪拜现代化的大都市里也有 30 多万中国人在这里工作。

其实中东地区很多国家都是“一靠石油，二靠旅游”的国家，像伊拉克、卡塔尔、阿联酋、伊朗等都一样。阿联酋的石油资源储量占世界的 9%，产量占世界的 18%，是因石油资源丰富而发展起来的国家，这些地区的城市大部分处在荒漠、沙漠干旱地区，像德黑兰、迪拜、阿布扎比等，都是在沙漠边缘上建设起来的大都市，淡水贵如油，水资源其缺。在阿联酋每升石油仅一元多（迪拉摩），而一瓶矿泉水一升也要两元多。在阿联酋当地本国人每周工作 5 天，每天工作 4 小时，月工资高达 2.6 万迪拉摩（每一元等于人民币 1.8 元）；而大多数外国人在这里打工的工资仅有 3500～10000 元迪拉摩，收入的差距很大，而且外国人在阿联酋打工每周应该劳动 5～6 天。

我们旅行团在阿联酋参观仅有两天多、主要在首都阿布扎比，现代化的港口城市迪拜和沙迦，从开罗飞行到首都还要 4 个小时，行程匆匆，时间十分宝贵。我们在阿布扎比机场下来后，从东往西大巴驶行，住在首都的五星级宾馆（索菲特），是一个伊斯兰教式的宾馆，布局在海边的一个小山丘上，风景秀丽，气候宜人，居住条件很舒适，但宾馆餐厅所吃的很不习惯。

我们在首都参观了皇宫酒店、酋长谢赫. 哈利法本比那德. 阿东那哈杨的圆顶形的大别墅。他像国王一样有 11 个妻室，小孩一大堆，都是上层统治者。因为阿联酋有 7 个酋长国组成，阿布扎比酋长国实力最强，这一小批人过着奢侈腐烂的生活；其次是迪拜酋长国，实力也很强，建设了世界闻名的大都市，酋长的名字也很难记住：谢赫. 穆罕默德. 本拉希德. 阿东马克士姆，其他的酋长国很小，实力也不大，像沙迦的面积仅有 260 多平方千米，人口 80 多万。

我们在迪拜走马观花的跑了一天半，导游人员主要带我们去看看规划建设在浅海地区的棕榈岛住宅区与商业区。参观世界上最高的建筑迪拜塔（大厦），高达 860 米，每人需要交 100 美元参观费用，大家都没有兴趣上去，使得我们的马导（北京人）很不高兴；后来去了博物馆、帆船酒店（超七星级的），还有购物中心、豪特斯特高档商店，因为大部分商品来自中国，我们也没有多大兴趣去购物，使这次旅游很扫兴，我们的导游也不高兴，仅此走马观花，看看迪拜的城市风光。过去我与我的夫人前往南非、南美旅游时也曾经在迪拜国际机场转机休息过 4～5 小时，迪拜机场的现代化设施与服务水平倒是值得我们欣赏。

阿联酋富甲天下，主要富在迪拜现代化的高楼大厦与海上酒店；富在阿联酋国小实力强。阿联酋航空公司是世界上最富有的航空公司，拥有 60 架 A380 的大型客机（世界上最多的），该飞机是世界最大的民用航空飞机，能载客 550 余人，分上下两层。阿联酋的富裕，富在阿联酋的民族自强不息，国家富裕吸引了第三世界的人民来这打工。

第 5 章　乌兰巴托风情画

不要忧郁，不要愤慨，不顺心的时候，暂且容忍。相信吧，快乐的日子就会到来。

——普希金

1989 年 10 月，正值深秋，我们的国际列车在茫茫的蒙古高原上奔驰。离开我国的边境火车站二连浩特已有十个小时了，火车一直在枯燥乏味的高原中前进。在这个缺乏绿色生机的平坦高原上，使人感到一种强烈的对比：高原是那样的宽广无边，偶尔看见一些羊群和蒙古牧民，那样悠闲自得，天空中的云絮如飞，晴朗的天空也是那样的美丽；然而这里的人太贫穷，用黄土和杂木建造的土房子，周围光秃秃的，牧民的小孩坐在黄土地上玩耍，有时还把脏手放进嘴里舔食。

当我们的列车快要进入蒙古高原上那一座明珠似的城市——乌兰巴托时，能看见连绵不断的高原和山峰慢慢向我们压来，它那雄伟，粗犷之美使人惊叹不已。天空中，偶尔看见几只凶猛的山鹰飞翔，也确实令人心旷神怡。我们把目光转向地平线，乌兰巴托郊区稀稀拉拉地种着杂粮的贫瘠梯田，一些山坡上有些杂草，更多的是光秃秃的。直到进入乌兰巴托火车站，才使我们感到充实和愉快，这里有高大的建筑物和简易的公园。据说乌兰巴托仅有 50 多万人，占蒙古国全国人口 275 万的 1/5 左右，人口规模刚刚接近大城市，市区人口密度很低，马路宽阔，行道树也比较整齐。只要在市区几条主要的大街上走走，就可以知道，这个高原城市并不那么现代化，因全国的的经济还不发达。火车站附近一些年轻人，看到国际列车上下来的游客，赶快跟上去，手里拿着卢布或蒙古国硬币，要我们用美元和他换钱。不少外国人想得到一些蒙古的硬币作纪念，用几美元去换他那一套大大小小、花纹漂亮的硬币，看到警察走过来，他们很快又散开了。

在乌兰巴托，大街上有电车、公共汽车和出租车，招手即来的小汽车是最方便的交通工具，但需付两倍于公共汽车的价钱。据介绍在郊区还能看到载着各种货物的骆驼队和马队，最使人大饱眼福的当然是那高耸着驼峰的骆驼，响着驼铃，驮着货物与人，缓步徐行，节奏缓慢使人仿佛看到了蒙古国高原上中世纪那种落后的灰蒙蒙景色。

在高原之国蒙古旅行考察，除了高原的风光，蒙古人的强悍风趣之外，更使人感兴趣的是蒙古人祭敖包保护神的风俗习惯。只要你在蒙古高原上的小镇下车或在首都乌兰巴托市区观光，都可以发现路旁或街边空地上有一个圆包状或圆顶方形的神庙，它或是用石块或沙土堆积而成，或以柳条构筑，中填沙土。上面插入若干木幡杆，杆上挂缀各色绸布条，在绸布上写上经文。敖包内常埋铜制的佛像或金属利箭。这些敖包有的是单个，有的是七个或十三个并列成一个敖包群，中间的比两侧大，为主敖包。在乌兰巴托市区的南边就有一个比较大的敖包群，建造在市区与郊区边缘区域的土地上，到蒙古旅行的人们都喜欢到这里来参观，并拍拍照作个纪念。

据传说，敖包神是蒙古部落的保护神，历史上千百万蒙古人都十分崇敬它，作为一种心灵的寄托。不论是城里人或农村人，路过敖包时都要下马献上钱财，供上酒肉，或剪下马鬃、马尾系其上面。当然场面最隆重的是在夏秋之际举行的集体祭祀，据蒙古的导游介绍，传统的习俗是，蒙古族的长者先献上哈达和祭品，再由喇嘛念经祈祷，众人跪拜祈愿，往敖包上添加石头或用一些新柳条进行修补，悬挂五彩绸布条和经幡等。

蒙古民族的习俗很多与我国西部少数民族相同，他们生活在自然条件比较恶劣的环境下，经济不发达，文化也较为落后，长期的游牧生活使得蒙古人性格上强悍、顽强与世故。他们生活中遇到自然灾害、疾病和突发事变，男女老幼都来敖包祈祷神灵的保佑，使心灵得到安慰。所以很多人都信奉敖包佛道。祭典中最隆重的是血祭，蒙古人一个家族一起来，将牛、马、羊宰杀供奉在敖包前，一家人跪拜祷告。其次是酒祭或火祭，把鲜奶、奶油和奶酒洒在敖包前后，并在敖包前点燃一堆火，人们走近火边，念着自己家的姓氏，供上祭品，把羊丸子投到火里，烧得越旺越好，说明神位高悬，老百姓会受到保护。最后一种是玉祭，是把玉石、钱币、炒米和奶制品放在敖包石堆下面，然后喇嘛念经，人们跪拜求神。每当祭典结束后，人们围坐在一起喝马奶酒，吃羊肉、奶食等，并在族长的指挥下，年轻人举行赛马、摔跤、射箭等比赛活动，非常有趣。年轻的姑娘就在这个盛会上寻找自己满意的伴侣，这种有趣的活动在各地每年都举行一次。

与那些常常来蒙古与苏联旅行者的接触，他们认为蒙古人和我国的西藏人一样，性格上好静，近乎沉言，不善于言谈；而城里的蒙古人，虽然没有牧民那样的粗犷，但非常喜欢接近外国人，尤其是西欧人。也许在蒙古这个国度里，由于贫穷封闭的原因，能出国访问的人极少，他们迫切需要了解世界，因此，有时也能碰到一些会讲英语或中文的蒙古青年人。在国际列车上也会碰上一些蒙古人，他们去苏联或东欧各国旅行，穿着华丽的民族服装，装饰很繁琐，并不时髦。就是那些年轻的蒙古姑娘，也看不到她们具有东方民族那种纤细而又白嫩的脸，她们的身腰个个都那么肥壮，是高原上的鹰，虽然性格含羞腼腆，但是属于粗放型的骑士姑娘。手上和耳朵上虽然都有装饰物，有时也挺华丽的，但她们全身散发出羊油的味道，令人难于接近，有时还可以看到她们衣服上一道道的奶油痕迹，不知是宝贵的象征，还是民族的烙印。我们的国际列车在乌兰巴托停靠了两个多小时后，又继续往北奔驰。火车轮子与钢轨铿锵的声音又使人回想起唐代诗人的诗句“大漠孤烟直”，这是对蒙古大戈壁的真实写照。九月的蒙古高原，秋高气爽、万里无云，高原上那稀疏的杂草斑斑点点，戈壁和草原混成一片，浑然一体，一望无际。火车从乌兰巴托开出抵达蒙古边境的苏赫巴托尔镇。据说，火车北上的路就是当年成吉思汗几十万大军挥戈北上的路，人们不禁会感叹，当年如此恶劣的地理环境下，成吉思汗挥戈远征确实不容易啊！这不仅需要严格的纪律和良好的素质，而且还要千军万马的后勤补给以及渊博的地理知识，才能在远征中不至于迷失方向。东亚民族真正是世界上强悍的民族。美国的考古学家有一种观点认为，北美阿拉斯加的爱斯基摩人其实来自东亚，其中一些资料已在华盛顿的史密斯博物馆中展出。在远古时代，东亚人的祖先跋涉过荒无人烟的西伯利亚，跨越冰天雪地的白令海峡，来到北美的阿拉斯加，而后在加拿大和美国定居下来，成为北美的原住民。我们从蒙古高原恶劣的环境（尤其是缺水少树，到处荒野茫茫）中可看出蒙古民族坚忍不拔的精神。

我们的列车在边境上又停下来进行边境检查，由于最近中苏、中蒙关系大有改善，蒙古兵上列车检查我们的护照、行李也较为客气一些，我们也准备了一些茶叶和小礼品（如打火机、肥皂等），如果蒙古兵要的话，就送给他们，也表示我们对蒙古人民的一份友情。暂别了，蒙古。我们的列车即将奔驰在辽阔广大的西伯利亚。蓝天苍苍，原野茫茫，蒙古高原给我们留下了深深的印象。我们衷心祝愿蒙古繁荣昌盛，人民幸福安康，待我下次访问蒙古时，这片封闭莫测的土地上能够增加现代化的美丽图案。

中蒙两国人民近年来结成了友好的战略合作伙伴关系。特别是 2014 年 8 月，习近平总书记访问蒙古国之后。蒙古国正成为中俄友好关系的枢纽，并作为“一带一路”沿线的重要国家，为全球经济发展作出贡献。往年，中国人每年赴乌兰巴托访问旅游交流的仅有 50000～60000 人次，而如今中国每年赴蒙各地旅游考察的人数增加到 180000～200000 人次。同时，蒙古一方来中国学习旅游交流的人数也比以往增加了十多倍。中蒙两国人民结成了兄弟情谊，更多的经济贸易、科技文化合作如同百花园中盛开的鲜花一样，越来越吸引人。

第 6 章　巴厘岛休闲游杂记

人在满足感很多的情况下总会想到国家与周围朋友的许多好处……总感到时代在前进，我们的困难甚至见不得人的地方在一天天的泯灭。

——一位宗教朋友

脑际中的几点联想

我国改革开放以来，经济社会发展很快，城市繁荣，人们生活日趋富裕，出国旅游已经成为我国相当一部分人的必不可少的重要事情。近几年来，有关旅游部门公布的资料可知，现在我们每年出国的人数由 20 世纪 90 年代的 410 万人次上升到 2012 年的 8500 万人次，2017 年已有 1.25 亿人次。20 年来上升到 20 倍以上。今后 10～20 年内，将会上升得更快。

2014 年我国人民赴韩国旅游的有 650 万人次，占韩国外国人赴韩旅游的 1/3 左右，赴俄罗斯旅游的我国公民也超过 180 万人；赴日本，东南亚旅游的每年也超过 850 多万人次。现在世界各地风景名胜，历史文化名城旅游的中国人已成为各个国家经济收入的重要来源。大多数国家人民都很欢迎中国人的友好行动，也为世界各国人民结下了深情厚谊。

近十多年来，我国人民除了东南亚、东亚地区、港澳台（地区）以及北美西欧、俄罗斯旅游之外，还远赴重洋，赴南美，赴澳新与非洲。不仅增进了各国人民的友谊，而且还大大促进了各国社会经济的发展以及文化的交流，更重要的也提高我国在世界人民心目中的地位。改革开放后的中国也成为世界各国人民向往旅游与文化交流的胜地了。

巴厘岛的休闲风情游

地处我国南部，位于亚洲之南、赤道之地的热带国家——印度尼西亚，国土面积有 360 万平方公里，总人口已达 1.5 亿人了，还有广阔的海洋，一共有 17 000多个大大小小的岛屿，散布在太平洋与印度洋之间。在爪哇岛的东南方向，有世界著名的巴厘岛，仅 2000 平方公里。世界上很多地理学家都认为，印尼的巴厘岛和美国的夏威夷群岛、马尔代夫群岛、泰国的普吉岛、法国的塞班岛、意大利的西西里岛等都是世界上最美丽的岛屿，每年都有几百万旅行者慕名而去。到过巴厘岛旅游的人们，都会被这里的海天一色、空气清新、园林绿化和美丽的岛屿风情所深深吸引。

每年的春夏之交或秋冬两季是巴厘岛的旅游旺季，从我国十多个大城市都有航班（或经由香港）飞往这个小巧玲珑、碧海蓝天的海岛。巴厘岛是印尼的一个省区，有 672 个大小村庄（集镇），全岛 400 多万人，房地产业、旅游收入是这里的主要经济部门、巴厘岛也为印尼人民生辉增色不少。

中国地理与湖泊研究所原所长屠清瑛教授一家人与我们一起组团参加了巴厘岛中老年人休闲游，还有南京市规划局测绘院的同事。我们基本的要求：组团人数不多，10 多人为宜，行动计划自由，慢行为主，多一些休闲休息，观赏大自然风光，享受巴厘岛蓝天白云、清新空气，多吃些热带天然食物、水果与海鲜地方特色为主。所以，我们旅行团从南京经香港飞往巴厘岛国际机场（路途需要 7 个小时左右）后，很快入住离市区不远的森林公园中的乡村别墅，不仅风景十分幽静、安闲；而且空气清新、房间宽敞，阳光充足，还有水温不冷的游泳池；虽然价格贵些，但对于老年人的晚年生活也很值得，可以延年益寿。

印度尼西亚的时间与北京时间一样，没有时差，讲英语为主，但当地华侨不少，华人总数超过 650 多万。与泰国、新加坡、马来西亚一样，华人经济在印尼占了重要地位，东南亚许多国家的经济开发、城市发展都离不开中国人的聪明才智和勤劳勇敢。在国际化的当代，中国人外出旅游，支援地方建设，都与当地人结下了情谊。在巴厘岛我们看到许多海岛开发、商业文化、贸易经济、修公路、建学校、筑新城等都离不开中国人。

在第一、二天的活动中，我们去了巴厘岛的中部市区、小皇宫、一条街、东部的海神庙、天然海湾、植物园参观，风景优美，引人入胜。

蓝梦岛点滴之行

被蓝色海洋包围的巴厘岛真是印尼的一块黄金宝地，岛上居住着 400 多万人，可以说为印尼的社会经济发展做出了重大贡献，如果按面积产值比例计算，巴厘岛每年创造的产值超过印尼许多发展较好的岛屿起码在 30～40 倍。因此，印尼政府特别注意保护巴厘岛周围的海洋水质，岛上的林地、草木与环境规划建设得十分美丽、舒适、安静与浪漫。

在巴厘岛的南面不远处，有一个称为“蓝梦岛”的小岛，大约有 20 多平方公里，居住人口不多，算入附近的渔民也不足 2800 人（包括旅游服务人员）。乘坐旅游快艇，不到一个小时就可以从巴厘岛南部的一个人工码头来到蓝梦岛，周围白色的沙滩与海潮白浪交汇在一起，我们从游艇望过去，优雅、舒适、美丽极了。不时看到一对对情侣在沙滩上，浪漫的镜头不时就在你的眼前。

蓝梦岛附近海滩，有几艘可以容纳50～60人的中级游船，固定在海上，游人上去可以滑水也可以跳入海中游泳；还可以乘坐香蕉船由一个快艇牵引，在海浪中乘风破浪，畅游海滨，身上穿着的衣服全部湿透，很是刺激，年轻人特别喜欢；或者乘坐玻璃船在海中寻找各种海洋生物、鱼群、珊瑚礁和海龟。我们乘坐的快艇不时经受海浪的侵扰，升高与降低，随潮摇晃，十分惊险。如果你是第一次在大海中乘坐快艇的话，不时会惊叫起来。你就得抓住绳子，或穿好救生衣（圈），凭海浪拍打，经受种种考验。

在蓝梦岛的海域中，如果你是老年人，经受不了惊险刺激，你可以在岛上导游人员的引领下去岛的背面、西面，踩踩几个小岛之间的大片沙滩，欣赏海景，看看简单的吊桥和岛上民居小屋，访问当地人民，寻找乐趣，建立人文感情。也可以光着脚下海去拾贝壳、海石，采摘各种品种的红树林叶片带回家作个纪念，也不虚此行。

晚上，坐在海滨沙滩上，静静听着有节奏的海涛声，海风习习，水花夹带的咸味扑鼻而来。要是躺在海边沙滩上，头顶是深邃的夜空，常常又能看到天上的星星与月亮，天朗气清、风轻月明，格外美丽。

巴厘岛南部假日度假村

人生的幸福莫过于抛开一切烦恼，在世界上寻找一个僻静处，好好享受自然，好好静养身体。印度尼西亚巴厘岛被世人称之为“神仙岛”，一点也不过分，尤其是巴厘岛的南部海滨，位于大海之滨，背靠郁郁葱葱的热带丛林或椰林。在这里的假日度假村住上一些时日，便有这样的感悟！

在这个假日度假村，有十几处建筑特别的热带风光度假村，红色的砖墙和大红色的屋瓦，像帝王生活的宫殿一般，非常辉煌华丽，配上十多根红漆浸染过的珍贵木材作为顶梁柱，豪门大厅，雕龙画凤、平缓而又宽大的石阶，漫步上去，如入仙境。宾馆附近的游泳池与海滨浴场交相辉映，由于靠近大海，入住的客人都是穿着很少，三点一式的泳装，从大堂内的居室出来，个个姑娘如仙女般穿行在大海与大堂之间，慢悠悠的仙步，光脚行走，随着海风飘来，又随着海风飘去，年轻女士们的长发也飘飘欲仙，她们喜欢男士们的回头率，使人感到昏昏然地进入美梦之乡。

巴厘岛南部假日度假村，有十多处高级宾馆、海边别墅与森林深处的假日酒店。我们入住的巴厘公主宾馆（Anaya Hotel），虽然不是最豪华的，但也是非常不一般的，拱门般的大堂，门前大片绿地，两三个台阶式的游泳池，周围又是椰林与各种高大的阔叶林，池边各种鲜花怒放，竹制的躺椅还配上柔软的木棉垫，累了躺下，十分舒服。渴了再喝上一只大椰子冰水，心底里感到冰凉，使人的身体转入彻底松弛。我们住在这里，早中晚都可以与海亲近，从午夜到天明都有海风徐来，就是酷暑时日也感到如同秋日的时光，没有烦恼地享受大自然。

巴厘岛南部假日度假村，沿着白花花的沙滩，离海不远布置了十多个高级宾馆，大部分是北美、欧洲人投资经营的，今天中国人富裕起来了，据说每年来这里旅游度假的有一半是华人，真是了不起啊。每天下午或晚上，来这里旅游的人都会安排一次巧克力 SPA（印尼式的健身养生按摩）：

第一步：用海盐水洗净脚部，可消除疲劳，促进血液循环，并软化角质。

第二步：用天然的花香精油轻柔按摩全身，在通体舒畅的感受中，享受到全身同时放松的快感。

第三步：使用特制的草药植物材料和巧克力可可香料敷身，可去除全身角质及毒素，并松弛紧张的筋骨和肌肉。

第四步：清洗全身的药草后，抹上独家的可可并包裹全身，让可可渗入皮肤，在皮肤吸收精华的同时，在柔和音乐的陪伴下，尽情展开共享空间。

第五步：浸泡在盛满海盐和花瓣的温水池内，一股温热感受沁入身心，尤其是那一种和大自然相融的感觉，令人由衷领略奇妙生命的真正意义。

第六步：疗程结束后，全身沐浴，再来一杯杯热热的咖啡、浓浓的茶，回味这奇妙的体验。

最后一天中午，我们前往最热闹的库塔海滩，这里是巴厘岛一定不可错过之处。还到印尼出名且深受各国旅客喜爱的咖啡工厂，参观咖啡的制造过程，从咖啡树—咖啡豆—去壳—晒干—烘焙的处理制造过程，现场也教授了咖啡的正确冲泡方式及冰、热咖啡的不同做法，当场亦可品尝。最后前往 polo 店，让你在巴厘岛也可以购入世界各地的名牌商品，也有一般的食物、特产等等。

第7章 印度印象

两情若是久长时，又岂在朝朝暮暮。

——宋·秦观

成长中的美少女

印度是当代全球发展战略具有极为重要的一个国家，历史上的印度与埃及、巴比伦和我国并称为四大文明古国，公元前2000年前后就创造了灿烂的印度河文明。如今在世界潮流中也是成长比较快的发展中国家，与俄罗斯、中国、巴西、南非又同称为“金砖五国”，在全球社会经济与文化发展的大家庭中是重要的成员。有12.5亿人生活、劳作在这片198万平方千米的丰饶土地上。当今的印度是一个春暖花开的大花园中的一位美少女，亭亭玉立，朝气蓬勃，妖娆显眼，前程美好。

香港凤凰电视的多次评论中都称印度是“成长中的美少女”。美国人喜欢她，印度目前虽然国力不强，但发展潜力大，在亚洲国家中，除了中国、日本、韩国外，她是发展中国家潜力最大的国家。现代服务业中，尤其是计算机、空间科学与海洋军事的发展，使美国人争取她、宠爱她，有时利用她，与其他“男人”相左。印度如同少女般那样柔情奔放、十分可爱，所以美国人一直在拉拢她。

印度为成长中的美少女，俄罗斯人更喜欢她，俄印两国在地理位置上相距不远，有着悠久的交往历史，俄印贸易十分密切，尤其在军事上合作、国防工业和海洋大国中的合作，经济贸易往来极为频繁，印俄关系十分暧昧，十分密切。印度人力资源丰富，某些尖端科学和空间科学也比较发达，高层领导人与军方人员来往密切，俄国人追求这位美少女也是为了不让她与美国上层那些臭男儿走得太近，而让更多俄罗斯强壮的小伙子给少女留下深刻印象。

印度这个成长中的美少女，中国人也想亲近她，十分喜欢她。中印两国都有着五千多年的历史文明，印度的佛教早在世界文化刚刚有交流的四千多年前就已开始流传入中国，中国和印度始终文化与科学的交流十分密切。如今印度作为中国的友好邻邦，过去虽有过一段不快的边界问题，但“远亲不如近邻”，友谊日增，已经渐渐地淡化了这段阴霾。印度资源丰富，人口稠密，劳动力丰富，市场广阔，历史上同样受过殖民主义的掠夺，与中国国情十分接近。中印的友好合作有十分广阔的空间，富有青春活力又殷勤的中国小伙子追求印度美少女，也有多种优势区位与条件，在“金砖五国”与发展中国家的合作方面有着巨大的潜力，成长中的美少女当然是我国人民和平共处、合作共赢的主要对象了。

亚穆纳河畔的泰姬王妃墓

新德里是印度人民的首都，是全国的政治、文化与科学中心，也是世界著名的国际性大都市，来过首都的人们都会以新德里具有悠久的印度文化历史深感崇敬与热爱。

新德里位于印度北部大平原恒河支流亚穆纳河的西岸，城市繁荣，人烟稠密，富丽堂皇，王宫别致，豪华夺目，是具有深厚印度文化源远流长的历史名都。几年前，我们参加亚洲城市化会议，在印度走马观花访问了一周。

如果你是喜爱历史文化并具有深厚文化修养的旅行家，到了新德里除了去参观土邦宫，总统府附近的大广场和多座王宫之外，人们最高兴来到亚穆纳河畔，一方面欣赏人文与自然有机组合的自然风光，另一方面忘不了到泰姬陵参观。这是印度莫卧儿皇帝沙贾汗为其爱妃泰姬·玛哈尔所修建的，是世界建筑的奇迹，由印度人民花费大量的血汗，在公元1632年始建，历时达22年才完工的富丽堂皇的王妃宫。它由高大的殿堂、精美的钟楼、高高的尖塔和秀美的水池等部分构成，全部用纯白色的大理石建筑，用玻璃镶嵌，各个部分富有特色，使人流连忘返，体现了印度人民和工程师们的历史功绩。1983年已列入《世界文化遗产名录》之中，如今也是历史学家们研究印度社会文化具有极为重要历史价值的文化观光胜地。

孟买大都会的贫民窟

贫民窟很多是殖民主义者给落后国家留下的历史罪恶，在亚非拉地区的一些最不发达国家尤为常见。联合国人居署通过30多年对百余个国家的调查研究，并没有给贫民窟下一个明确的定义，而是描述了一个广泛的范围，但列举了一些特征，如缺乏必要的设施、安全的水源，不合标准的建筑结构和高密度的住房(人均住房不足$10m^2$)，不安全的居住地或紧邻污染源，生态环境极差等。而大多数贫民窟百姓，经济收入很低，处于水深火热之中，生活状况极差。

南亚的印度、孟加拉国、巴基斯坦等国许多大城市如加尔各答、孟买、达卡等，还有非洲、拉丁美洲的许多大城市一样：虽然部分的城市中心区域比较繁荣，但大多数的郊区、城市边缘地区，甚至城市其他一些中心位置，都有大量的贫民窟存在。虽然印度这些国家在独立后的几十年里在经济建设与城市改造中取得了很大成就，但由于历史的原因，如基础差、人口多、资源开发利用不充分，人民生活还没有得到根本的改善，城市中的贫民窟比比皆是。

到访印度的人们，除了极有兴趣看看古代文明的许多历史文物、风俗，印度教的各种寺院、博物馆和具有浓郁风情的印度歌舞等外；不少经济学家、地理学家则喜欢研究各大都市贫民窟产生、发展的情况，了解印度更深层次的社会问题。孟买是印度西岸的大城市，也是印度全国最大的海港城，公元 1534 年，孟买被葡萄牙所占（孟买岛），而整个印度被英国殖民者统治压迫则长达 260 多年。到 2005 年，大孟买城区中（包括塔纳、卡利安）有 1250 多万人，是印度的第一个大都会城市。生活在孟买岛上近 70 平方公里的老城区人口达 320 多万，老城区人口密度达 4.6 万人/平方公里，是世界上人口最密集的旧城区。这里只有少部分人生活条件优裕，而十分之七的人们却生活、居住在贫困艰苦的状况中，市区与郊区到处都是贫民窟。和我们去过的菲律宾马尼拉一样，这里也供水系统不足、净水紧缺、卫生状况很差；郊区垃圾成堆、处理水平低、污水横流；空气质量低；更令人难以置信的是流浪人群多，打工者不得温饱，甚至一个 10 平方米大的房屋内，居住着 5～8 人，每天轮流睡觉，有些地方看着真像是个“人间地狱”。生命处于漂泊流迁之中，没有多少安全的感觉！

印度小金三角地区深度游

印度与中国一样，都是具有悠久历史的文明古国。但是历史上，印度文明多半显示出粗犷、暴露与人性化的场景，而我们中国自古相对封闭、柔情脉脉、闭月羞花，“和为贵”的儒雅时代较为长久。

2016 年夏秋季节，我们中国科学院南京地理与湖泊研究所一行四人参加了一次印度小金三角深度慢游，这次旅行以老年人为主，节奏较慢。旅程从南京出发，经停香港 4 小时之后，直飞印度首都新德里，历时 9 小时。入关后，印度当地旅游服务公司的专车载着我们，从郊区机场慢悠悠地驶往新德里北部宾馆。本来 1 个小时的车程，却慢慢开了 2 个半小时，除了驾驶员开车特别小心外，我们也发现机场一带的公路年久失修，路面颠簸难行。晚上的这种行车方式让我们每个人都昏昏欲睡。作为城市地理学工作者，我特别注意沿途景观，发现印度首都新德里的现代化城市新建筑不多，路面不平，交通混乱，郊区大部分是破旧不堪的低矮房屋，或是大片的贫民窟，另人伤感。

众所周知，印度是南亚大国，国土面积近 300 万平方千米，恒河流域是印度古代文明的发祥地。而大金三角地区主要指德里（新德里）——加尔各答——孟买，这三大城市之间的三角区域。这里人口稠密、农耕悠久、经济发达、城镇密布，为印度历史文明、经济开发较早的地区。唐代，高僧玄奘曾经到此取经，把佛教文化中的精华带回中国，并发扬光大。

然而印度的小金三角地区呢，在图上可以发现是从新德里往东到达阿格拉（泰姬陵位于阿格拉城内），然后又转向西南到达斋普尔地区，这就是印度文明的小金三角之地。许多外国游客由于时间关系第1次旅行都选择在小金三角慢游，只有10天左右的光景，待有机会时再去孟买、加尔各答组成的大金三角之游，也就十分满足了。受制于历史因素，印度是一个基础建设较差的国度。作为曾经英国的殖民地，印度的交通、环境、建筑与服务水平都远远落后于我国和其他一些中等发达国家，因此我们在印度的旅行考察时间过长也会增加许多麻烦。在印度一些地区旅游，可以发现印度的高速公路很少，城市之间的交通往往是一些一等、二等公路；而城乡间只有土路，路面质量很差。

在小金三角地区，我们的旅行大巴由新德里向东行驶4个多小时，来到阿格拉，这里是印度莫卧儿帝国的代表城市。这里有1565年阿克巴大帝建立的阿格拉红城堡，城内有座世界闻名的珍珠寺，透过奇珍异宝可以看到古代印度统治阶级奢侈浪漫的生活情调。

在阿格拉，最令人有兴趣的就是参观莫卧儿皇帝沙贾汗为先逝的王妃建造的泰姬陵。泰姬陵是世上最著名的古建筑之一，由2万名工人，花了22年建成。泰姬陵两侧还有巨大的神庙，作为附属建筑。据说，莫卧儿皇帝花费了当时印度国库财富的1/3，对印度底层人民的痛苦生活而言这是多么残忍，而难产而死的爱姬（死时35岁），却享受着人间之外的极乐世界。我们在此地参观，排队2个多小时，天气又异常闷热，在陵墓中能看到莫卧儿皇帝和泰姬两人相爱埋葬在一起的骨灰。在墓地内的亭子中，我们逗留了半个多小时，也看不到什么其他珍贵物件。

在阿格拉古城附近，还有一处引人眼球的“性庙群”，位于克久拉霍小镇，也是举世文明之地，西方人特别喜欢来此参观性庙雕塑。这个“性庙群”已列入了联合国自然文化遗产，印度雕刻家用现实主义的手法描绘世间男女情欲，多种姿态，出神入化，栩栩如生，道尽人世间各种风流情爱的终极表现。许多文人和历史家称之为最具有表现印度文明的建筑艺术之一，如果没有正确的历史唯物观，有时也给印度青年人造成很大的毒害。

我们在阿格拉旅行3天后便乘坐长途大巴从此地向西南驰行，大约4～5小时的旅途后，来到了印度历史文明的核心地区，即斋普尔。这里尽是印度古代城堡的集中地。首先我们参观了依山势而兴建的琥珀城堡，极为壮观，此地曾作为印度历史上的首都长达600多年。参观的游客一般乘坐当地吉普车慢慢爬上山，到了琥珀城堡，可以参观镶满宝石的寝宫及其镜殿，观看皇室成员的奢靡生活以及玛哈（又名万镜之宫），人如置万里云雾之中，分不清何者为虚，何者为实？使我们着迷，不愿离去。

参观后，我们徒步走回停车场，乘上破旧的吉普车。尘土飞扬的沿山公路边有不少印度人在乞讨，有时好心人也在施舍小钱给那些穷人。下午我们又在市区内参观共5层布局的城市皇宫和博物馆，展示莫卧儿皇室王公贵族的生活用具，其中2个银制水缸最为特别。这个城市皇宫建于1799年，附近还有白色的印度庙宇建筑以及建在湖上的水宫，也是引人兴趣的印度文明建筑，置于环湖绿色长廊之中，夕阳西下，霞光满天，特别美丽。

在斋普尔附近还有焦特普尔和乌代普尔等风景名胜与历史古迹，可供外国游客参观访问。前者称之为"蓝色城市"，是公元1459年由焦特哈王公所建，建在125米的巨崖之上，城堡是由坚硬的砂岩雕凿而成的，建成的城堡附近还有护城河，河畔还有一座博物馆，珍藏着古代的兵器、壁画和佛经等珍宝。乌代普尔，有16～18世纪印度历代国王不同风格，呈现不同品位和布局的城堡建筑。这里可以看到马赛克精致图案与绘画融合在一起，富丽堂皇在此尽情表现。附近一个不大的湖泊中间，是沙贾汗王的长兄——辛格二世在位时用纯白色大理石和花岗岩建筑的夏日行宫。如今改造为世界上最奢华的酒店之一，是印度贵族以及来自世界各地的富豪们最喜欢宴会与派对的场所。

在斋普尔、焦特普尔以及乌代普尔参观完后，我们又乘坐大巴车经过3个多小时，返回德里。我们在森林花园深处的宾馆午休之后，又去德里参观了印度国父莫汉达斯·卡拉姆昌德·甘地的陵墓。德里城市破旧，街道纵横交错，弯曲狭窄，到处可以看到寺庙与清真寺。市区中心大转盘处可以看到具有欧洲风格外观的印式建筑总统府，现代印度的象征——国会大厦以及中央政府大道，还有仿造法式建筑风格的香谢丽舍大道（旁边还有凯旋门），又称印度战士纪念碑。这些建筑表现了市区中心的现代化风格，展示在世人面前，表现了近代印度的文明。

最后，我们又驱车到市区南面的大公园——莲花寺庙参观，这里尽管天气还很闷热，却有成千上万的人在排队，去参观这座像尚未完全开放的莲花的神庙建筑，大约经过1个多小时，我们才进入寺庙参观。寺庙周围绿地如茵、鲜花开放，大家忙着照相，疲痨的感觉也消去不少，参观完毕后，我们乘车回宾馆休息。第二天我们平安离开德里前往香港，最后胜利回国。

由于时间短暂，在印度的不到10天，我们的旅程多属于走马观花，蜻蜓点水。如果还有机会，我们一定要去恒河流域去看看印度文明，及其风情民俗。才能更加深入了解这个文明古国的历史文化，方能如愿以偿。

第 8 章　太阳的宠儿——马尔代夫

当乘坐香港港龙国际航班的飞机，经过五个多小时的飞行，飞过印度南端辽阔的印度洋上空，就差不多要抵达马尔代夫共和国的首都马累的国际机场。这个世界上最美丽的岛国，由几十个大大小小的海岛组成，像珍珠一样洒在宽阔广大的印度洋的洋面上，这里多么的温暖、美丽、可爱，美丽的岛链一串串地结在一起组成了世界上的珍珠型小国之一，所有的小岛加在一起，马尔代夫的国土面积（陆地）也仅有 298 平方千米，全国的总人口仅有 35 万。

马尔代夫由于地理位置十分优越，位于地球的赤道地区，一年四季没有冬天，阳光充足，雨量丰富，被称为“太阳的宠儿”，自然资源与各种植物生长茂盛，引人入胜，每年到此旅游休闲、科学考察与参加各种会议、业务的人数接近一千万人次，为这个国家带来丰厚的旅游收入。改革开放后的中国，近十年来每年到马尔代夫旅游考察的人数占该国旅游入境人数的 52%左右，超过了欧洲 30 多个国家到此旅游的人数。可见，我国经济的高速发展，也为世界人民带去很多财富和机会。我们的习近平主席上台不到两年，2014 年秋就选择了出访马尔代夫共和国，可见中马两国人民有着源远流长的深厚友谊！

马尔代夫共和国，历史上曾经是英国的殖民地、保护国，称为苏丹国。1965 年 7 月 25 日才从殖民主义统治下获得独立，1972 年就与中国建立了外交关系，我们两国虽隔千山万水，但两个国家人民的友谊十分悠久，中国的华侨早在 400 多年前就参加马尔代夫岛国的开发、耕种，为马尔代夫的建设做出了巨大贡献。有史料记载，我国广东、福建省，在满清统治的中期，已有一千多中国侨民不怕千辛万苦乘坐帆船来到马累小镇，与当地居民共同开发荒凉的海岛，种植热带作物、水果，同时在岛上建立农场，开采矿产，发展经济，建设小镇。

到过马尔代夫岛国旅游的人们，都会深深体会到这个国家的温暖、美丽、可爱，空气清新、阳光漫天，环境极度优美安静，真像是人间仙境。这个美丽的岛国有三大特点：

一是阳光充足、温暖适宜。每一个岛屿在一年四季中接受太阳的洗礼，夜晚星空万里，天空清澈透明，深夜你可肉眼远望万里之外的天空，几千颗闪烁的群星尽收眼底，如仙境一般。

二是每个岛屿的沙滩海景十分美丽。湛蓝的深邃的海水将许许多多的海礁托出水面，空气清新，处处都是天然的氧吧、沙滩泳场。我们哪里舍得匆匆归家？

三是每个岛屿风情千变万化。土著居民热情可爱，又有丰富的植物资源与各种叫人嘴馋的热带水果。岛屿的居民点星星点点分布着，最大的城镇首都马累也就 10 万人不到，可是热闹非凡，各种具有地方特色的建筑、民居和博物馆也使我们流连忘返。

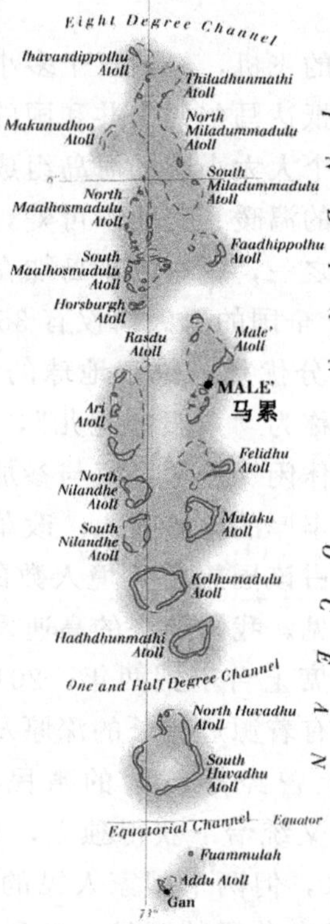

马尔代夫地图

第 9 章　港澳台之行

人民向往的美好生活，是我们共产党人奋斗的伟大目标。

——习近平

香港旅游三部曲

我参加革命，并不是把自己存进银行里，打算捞一笔优厚的利息。

——吴运铎

长期生活在大都市里的人，想在城里找块安静的地方很难，特别是居住在大城市的闹市区里，单调的钢筋、水泥、玻璃和环境与交通的吵闹之声，简直使人心烦意乱。这种心境可能随着年龄的增长而不断加重。

但城市里还有另一番情趣，要不，世界上那些超级城市的规模越来越大，人流车流越来越多是为什么？我以前在纽约、东京、香港等大城市里也问过许多亲朋好友，他们的回答大多是肯定的。城市是人类文明最精华的地方，也是现代化生活的缩影。我曾多次来香港访问、讲学或参加学术会议，面对着香港中环中区，九龙尖沙咀的许多摩天大楼，心中总会激情荡漾。香港那些现代化的高层建筑物，特别是会议中心、大型博物馆或购物中心，其内部华丽的陈设、时髦的风格、各种昂贵的装饰物，总会使人目不暇接。香港一些闹市区比巴黎更热闹，比东京更豪华，比柏林更雅致。从艺术、娱乐、时装、美食到金融、股票、购物与旅游，香港与纽约、东京一样，集全球的精华于一身，是我们中华民族的一朵奇葩。当然，香港的繁荣美丽离不开祖国的支持和厚爱。2018 年 10 月 23 日，全长 55 千米的港珠澳大桥正式通车，更加促进了包括香港在内的珠三角地区社会经济的进一步发展。

香港旅游最省钱的方式是乘坐有轨电车或公共汽车，也可以穿上一双舒适的运动鞋，步行观光。一旦像广东人一样身着短裤、脚踩木屐在香港海滨游玩或去铜锣湾、中环一带走街串巷，也就开始像香港人一样享受这一东方特殊风情的城市了。中环区中国银行大厦、会议中心一带是香港最繁华的地区，世界各地来港的游客也喜欢在这一带游玩或购物。有兴趣者也可以过海去九龙尖沙咀或坐地铁去港岛东部的太古城中心购物。香港每个地区都有自己的特点，风格迥异，情趣不一。旅游时最好先在宾馆里，详细查看香港地图，搞清楚走哪条街，坐哪路公共汽车。钱包里有足够用的钱就可以了，在人流特别集中的地方，千万注意以免丢失自己心爱之物，否则有可能被人在匆忙中拿走你的东西。

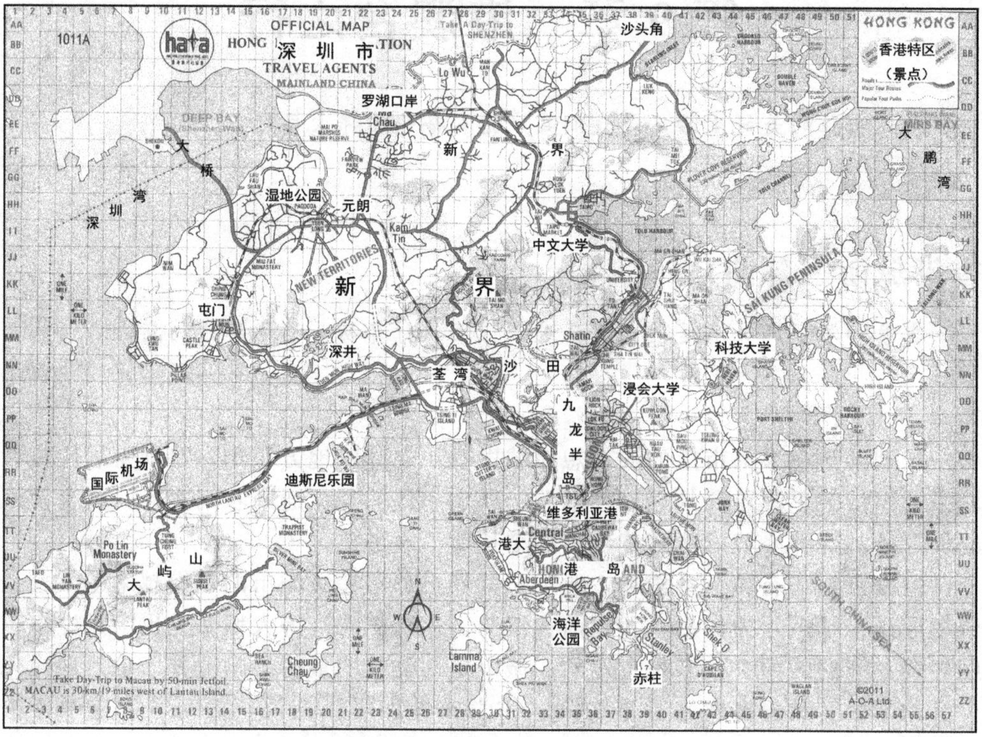

香港地图

游览香港第一步应先去港岛最高峰太平山，可以居高览胜，登高望远，香港岛、九龙半岛、大屿山与启德机场等一览无遗，气势特别雄伟壮观，美哉香港！在太平山平台上，鸟瞰港岛全城及水域，能深深体会到大厦迎风耸立的英姿。在这太平山巅，又可使人回忆往事：香港岛是 1842 年《南京条约》的割让地，九龙是 1860 年《北京条约》的割让地，新界是 1898 年《展拓香港界址专条》的租借地，三条不平等的条约形成今天香港辖区。1997 年新界租借期满，英国答应连香港岛与九龙一起归还，签署《中英联合声明》，规定 1997 年 7 月 1 日结束英国对香港的主权与治权。香港今天的繁荣是香港 710 多万中国人民辛勤劳作与经济建设的结果。

香港在英占之前，只有少数广东居民的村落，如上、中、下环，湾仔等村；有些村落在湾内平原建立，故以湾为名，如铜锣湾，土瓜湾等。居民有广府人、客家人、福佬人等，江浙人不多，主要以闽、粤居民为主。今天的香港话亦带有客家话的特点，与广州话略异。香港历史可追溯到新石器时代，今天香港各地有岩画和新石器的发现，反映当时居民以渔猎为生，因为发现有渔网、骨刺针等，年代为距今 6000 多年。

香港现为世界上著名的国际性大都市，是亚太地区的金融、贸易和港务中心之一。香港近半个世纪以来经济飞速发展的因素很多。历年来世界各地战争和动乱，使大量资金、人口、人才和技术流入，促进了香港经济的发展；加之香港有珠江三角洲丰富的物产与优越的地理位置，坐拥深水良港，交通十分便利。香港的维多利亚港区，是世界上优良的港湾与码头，港内有多个巨轮泊位，还可以提供 100 多艘巨轮入港内避风，航道水深 16～20 米，面积将近 60 平方千米，是世界上最大的集装箱码头作业区之一。

游览香港的第二步，可以在港岛、九龙老街领略香港这个人口众多、街道狭小、交通拥挤的城市景观。香港的商业中心集聚在中环、铜锣湾、湾仔一带；九龙的尖沙咀、旺角也挺热闹的。这里有许多建筑豪华的摩天大楼。商业街与金银首饰商店是人们常逛的地方，街上总是熙熙攘攘，商店里的东西琳琅满目，应有尽有。街头的小摊上，水果罐头丰富多彩，从旧式到时兴的二手衣服，体育用品，电器产品和名牌高档的物品，使人眼花缭乱。除了平民百姓或达官贵人到这些购物中心观光购物外，还有不少世界各地来港旅游的科学家、艺术家和政府官员都喜欢在这些闹市区逛逛。特别是晚间，中环一带或西九龙星光大道的海滨风光，更是引人入胜，三五成群的人们喜欢到这里聚会。该地区还有不少酒吧、夜总会与小剧院等，这儿的夜生活真是丰富多彩。第一次来香港旅游的人，担心受骗上当，但这里的社会很安全，比较曼谷来说，这里可以放心多了。

香港是世界上著名的购物天堂，这里的衣服、首饰比之德国、美国和日本都要价廉物美，讨人喜欢。而且这里的餐馆、茶楼、饭店和小食铺子多如繁星，如果您有雅兴，不妨在香港品尝东方风味的小吃与豪华餐宴。在那些高级宾馆、大饭店里有中、西餐与世界各地的名菜，当然那就要看看你口袋里的银子够不够呢！有钱的日本商人每年仲秋来香港吃大蟹，价高达 300 港元两只，一边品尝中国的特产，一边游览香港风物。西方人喜欢到兰桂坊逛逛，酒吧夜市也是香港的特色之一。

在香港旅游的第三步应当去大屿山领略一下宝莲禅寺的大佛，或者去港岛南部的海洋公园一游，这两个去处都很有特色。海洋公园是一个现代化的大型游乐园，有海洋动物园、博物馆以及大型游泳乐园，这里的门票很贵，每个人要 280 港元（尚不包括里面一些独特的游览之地），不少旅游者吃不消。记得我 1984 年从美国回来，路经香港时，在中文大学地理系邓永成先生陪同下游玩过一次，当时门票仅仅 50 港元，现在提价太快了。如今又在大屿山香港国际机场附近新建了一个青少年和儿童喜欢去的迪斯尼乐园，人们可以从港岛或九龙闹市区乘坐轻轨快线直达这里，每天有 10 多万人到此参观，为香港的旅游业增添了新的活力。

到大屿山旅游却另有一番情趣，从港岛乘船到大屿山码头，然后乘汽车两个小时可以抵达大屿山宝莲禅寺。寺中天坛大佛是1993年南京晨光机器厂用青铜铸造而成，佛像连基座高34米。寺庙依山而建，殿宇楼阁丹辉碧映，山寺浑然一体，耸立在大屿山南山顶的大佛像，挺拔而立，气势雄壮，登临眺望，海天一览，风光如画。

大屿山岛四面环海，与香港岛遥遥相望。由于远离经济活动的中心，大屿山岛历史上比较荒凉，居住的人口又少，交通不便，过去很少有人问津。如今，经过10多年的建设，这里一些近海的港湾、沙滩热闹起来了，如今也成了香港主要的旅游胜地之一。这里有湛蓝色的海湾，细软的白色沙滩和翠绿的山岭，是享受日光浴的理想地点。大屿山中有10多处居民点，大约居住着两万人口。一些天然的瀑布和河流从云雾缭绕、树林葱郁、瑰丽无比的蓝岭蜿蜒而下；山丘水库之间还有不少种植园；海边树林深处还有别致的小别墅与幽雅的小旅馆。世界上许多国家的旅游者到这里观光后，深深感到大屿山之美，使人流连忘返。

逛逛太古城

应该记住，多的东西不一定是好的，但是好的东西总有许多。

1994年秋天，我和我妻子乘泰国航空公司的波音飞机从法兰克福国际机场飞抵香港启德国际机场，经过13个小时的空中飞行，感到有点疲劳。由于时差的原因，飞机是中午2时起飞的，但我们抵达香港时却是当天的上午9点半，实际上我们晚上也不能好好休息，因为第二天有上课的任务。而抵香港大学吃过午饭后，我们又乘电车来到港岛东部英皇道的太古城中心参观。

太古城中心是香港非常现代化的一座综合性大楼，集购物、游乐、旅馆、饭店、办公等多项活动于一体的高层建筑，是香港太古轮船运输公司老板在20世纪80年代中期建造的，约有10多万平方米的大型建筑。正值盛夏未消的立秋时节，白天的气温很高，常常在32～34℃之间。香港中国通讯社总编室的李邕复主任亲自陪同我们参观。

这座豪华漂亮的钢铁玻璃大厦，好像迷宫一样，大厦地下的两层都是停放小汽车的地方；地面上1～8层是购物、游玩的地方，这里还有儿童喜欢的各种电动汽车、旋转玩具和木结构的游乐场所，也有青少年喜欢的各种电子玩具、游戏机等。二层大厅还有一个能容纳300多人的灯光溜冰场，配上音乐，那些妙龄女子简直像冰上姊妹，轻移莲步的仕女与快步行走的男士们穿插在一起，像是一个极乐世界，叫人驻足欣赏。在这里玩耍的青年人多么的可爱，每天在这里聚集的人数超过好几万。

太古城中心像香港岛的铜锣湾、中环闹市区一样，也是购物的天堂。乘坐自动步梯或观光电梯，你可以看到五光十色的商业广告与一家紧挨一家的店铺。目之所及，几乎所有的商店、购物大厅的售货员都在招呼你掏钱购物。楼上楼下各店面按照百货用品分类陈列，有食品、水果、服装、电器、高级手机、文具、钟表、金铺、手工艺品、鞋帽、手提包、餐具与办公用具等，服装还分男士的、女士的；高档的、一般的；冬令的、夏令的，真可谓应有尽有、琳琅满目。超级市场内货架上的新鲜水果、蔬菜十分诱人，有美国进口的鲜橙、车厘子、青提子、红提子、无核葡萄，菲律宾和台湾来的香蕉、龙眼、荔枝，新疆的哈密瓜，泰国的青菠萝、山竹，新西兰的猕猴桃等。饼干、糖果、调味品、方便面等，来自世界各地。饮料品种是最多的，香港人时兴喝蒸馏水、矿泉水，1.5 升水卖 6.3 元港币。维他奶实际是一种大豆饮品，由于被称为健康食品，销量在这令人眼花缭乱的商品中都属上乘。我们在这里参观，在这里漫步，就好像掉进了商品大海中一样，有时也摸不着门进出了。

太古城中心的商住办公大楼和旅馆部，都是豪华客房、大厅、中央空调、自动启动的大门、电动扶梯、升降电梯、电视监视、计算机操作，地板光可鉴人，清洁舒适，不仅建筑质量是一流的，而且服务水准也是一流的。

跑出太古城中心的北面，却是面对着港岛北部的海洋，清风徐来，沁人心脾。太古城中心的东、西两侧都是海滨小公园，布置了些亭台建筑，加上一些简朴的园林，也很别致。特别是适应附近居住区市民儿童的游乐，在太古城中心东侧建了一个别开生面的儿童游乐场，地面结构用轻软塑料地砖铺就，小孩奔跑游玩时，就是跌了一跤，也不致撞伤。其中布置一些滑梯、秋千、旋转木马与电动玩具，是儿童们的天堂。特别在夏日，落日的余晖还在西方上空，孩子们三五成群奔来这里，一直到父母叫喊之时才肯回家。儿童乐园所有游玩节目都是免费的，有人说，现在的香港真是青少年与儿童们幸福的天堂。

人间的购物天堂

美是到处都有的，只有真诚和富有情感的人才能发现它。

——罗丹

早晨的阳光透过明亮的玻璃窗儿，照射在我卧室的办公台桌上，伸了伸懒腰，从舒适松软的席梦思床上爬了起来，一看手表已经是七点二十五分了。起来吧，今天邓永成先生将陪同我去香港一些繁华的闹市区观光，有合适家人的物品也得买些。

在中环路西段的一家繁华漂亮的电器商场的大厅门前，人工喷泉和瀑布汩汩而流，十几根绿色的青枝茂竹挺拔地种植在正厅两侧，生气蓬勃。许多衣着考究的女士们、绅士们和外国旅游者川流不息，在商场上下购物、观光与洽谈。更有一些富商巨贾们在商场的办公室内悄声交谈，透过各种声响和神态，可以看出香港那些工商界精英们的新道道是如何走向世界。

香港的中环路是很美的，依山傍水，是香港最繁华、最热闹的一条街。许多豪华别致的大商店、购物中心和戏院都集中布局在这一带。大部分的马路、街区都很清洁整齐，商店、饭馆一字排开。这里的商品十分丰富，世界各地的名货、特产和时尚的服装、家具、日用百货排满了货架，应有尽有、琳琅满目。有些商店执行薄利多销的经营方针，所以价格低廉，吸引了不少收入不丰的顾客和外国旅游者。街上车水马龙，人行道上摩肩接踵，熙熙攘攘，在这里也能看到如上海南京路或北京王府井那样的人群，十分拥挤但也充满欢声笑语。据香港朋友告诉我，香港建成区部分不大，约占全市面积的十分之一，仅有280多平方千米，但却集中了大部分人口，有些老街人口密度每平方千米高达2.8至4.2万人，人的生存空间非常狭小，城市生态环境并不理想。有些小巷里的木屋楼角也住了不少市民，拥挤不堪。但近20多年来，扩大了市区面积，居住环境与交通问题有了很大改善。特区政府为了解决香港城市建设用地紧缺的问题，在港岛维多利亚港区与西九龙一带规划填海扩地的工程，到目前为止已填海67平方千米，解决了一部分公共交通、居住建筑与绿化用地的矛盾。但为了全港生态环境的保护，不能盲目扩大填海的计划。陆大道院士称香港的用地经济，是“高层、高密度、高效率”的好地方。香港的人均城市用地面积仅有40多平方米，为我国城市用地最集约化、经济效益最高的城市，我们应当很好地借鉴香港的经验。

香港的市街与大型购物商场，在南海周边的城市中显得最为井然有序、生机勃勃、引人入胜。有人评论，曼谷的果品市街最热闹，马尼拉的酒吧间最时髦，胡志明市（西贡）的码头海滩最迷人，香港的商场最吸引人，一点也不假！假如你要购买高档奢侈的消费品，香港的名货最多；如果你要购买价廉物美的一般用品，香港有成千上万的品种任你选，无论是美国人、日本人，还是西欧各国的旅游者都很愿意在香港购物。有一些报纸调查过，从香港进入大陆旅游的外国人，身上带有四五千美元的话，有一半是要花在香港的。香港国际旅游公司的经理们，个个精明能干，想尽办法把旅游者身上的钱尽量掏干，我们确实要学学人家的经营方法，生财之道。香港的商人、经纪人都很聪明能干，服务员、售货员也为一流水平的。人家说，日本人很会做生意，服务质量达世界一流水平，香港人近几十年的艰苦努力和精明增长也可以和日本人相媲美了。

香港大多数的现代化商场、宾馆、饭店、戏院和俱乐部中，每位服务员对待中外顾客都热情大方、笑容可掬。一般的商场几乎每一位售货员、店员都能用英语对话老外，用广东话和普通话接待国人。服务员学会用眼神、笑脸接待旅游者、顾客，用亲切的语言介绍各种商品，服务水平是世界第一流的。当你在华灯初上之时，步入香港几条热闹的商业街，也够着迷的，不夜城中的各种霓虹灯，五彩缤纷，使人眼花缭乱。一些装饰华丽的大旅馆、饭店，客厅门口的宫灯和装饰屋顶飞檐的彩灯交相辉映，式样各异的彩灯牌楼竞相媲美，许多商业广告与彩灯相互串联，有的甚至装饰在商业街的人行天桥上，像是彩虹，也像飞龙舞，非常美丽。香港的商业街真可谓古老的中国文化与现代化的装饰之结合，使香港的市容体现了中华民族的智慧火花与文化结晶。

我在香港十天除了几个晚上准备大学讲课的材料外，有好几天的夜晚都在香港朋友的陪同下，特别是香港大学的陈振光教授多次驾车陪同我与我的妻子到香港各处考察游览，同时也漫步中环区、铜锣湾的时代广场、九龙商业街。这里到处是我们民族的骄傲，见到的是熟悉的面孔，听到的是亲切的乡音，看到的是繁华热闹的场面。望 1997 年香港回归祖国怀抱后，祖国人民与香港居民一起，勤奋建设香港特区，把香港建设得更加美好、繁荣。

我在香港太平山巅

所罗门曾说："看风者无法播种，看云者不得收获。"只有愚者才等待机会，而智者则造就机会。

——培根

1992 年 11 月中旬，我刚刚从美国旧金山飞抵香港启德国际机场，香港大学城市规划中心的朋友陈振光教授便给我安排了一个饶有风趣的访问计划——港大讲学一天后上太平山游览。正好，这是 1984 年秋第一次访问香港时没有安排的节目，热情友好的陈振光先生驾车来接我，游览太平山。

傍晚时分驱车绕山道上山，别有一番情趣。海风轻柔吹送，绿树叶儿飘飘，我们没有像飞鸟腾空一样乘缆车登山，但从小车的车窗也能看到太平山腰一座座西班牙式的四层洋房，这些富豪别墅千姿百态，据说是香港岛数百万人中最有钱的达官贵人、富商巨贾的住地。

香港的太平山以前称为扯旗山。自鸦片战争以来，这里的海盗很多，常常为非作歹。老百姓见到海盗进港就登山扯旗为号，让港岛的人们看到引起警惕，所以就叫扯旗山。近来由于香港经济发展，海盗近乎绝迹，此山又改名为太平山，名传至今。来香港旅游的人都知道太平山的来历并不平凡。

太平山，如今是香港富有历史意义而又美丽的山峰。雄伟的太平山，在白天的阳光下呈现精致的蓝色，而在日薄西山的时候却变成为紫红色或紫石英色。沿着山间小道登上太平山巅，到处交织着各种颜色，景色之美使人难以置信。日暮黄昏，大地好像披上了粉红色的外衣，山峰和犬牙交错的山脊呈现出紫红颜色，而香港西边的天际则霞光似火。据导游小姐介绍，太平山中有司徒拔道瞭望台，附近山坡上有一块美丽的岩石，亭亭玉立有如秀女仙姑，人称为姻缘石。再问导游小姐为何称“姻缘石”，原来这巨石有一条石缝，从前不少游人在此烧香点烛求神拜天，在烟雾弥漫之中，男可见未婚妻面颜如玉，女可见未婚夫面容消瘦。难怪巨石四周香烟缭绕，红男绿女翩然而来，帅哥靓妹络绎不绝，都来这里探索人世间的机缘与追寻幸福！

我们乘的小车轻快地驶上太平山巅，如入仙境一般，登高望远，气势恢弘，心胸坦然，许多人间烦恼顿时烟消云散。这时我想起新加坡的电视连续剧《人在旅途》的主题歌“人生本来苦恼已多，再多一次又如何”。陈先生兴致勃勃驱车伴我们上山巅，山顶有个狮子亭，精工细致，古色古香。我们在这里停留片刻，并拍下许多幻灯片和照片。从山顶上我们可以看到香港岛北边九龙闹市区的万家灯火，照亮半边城区；维多利亚湾的海景尽收眼底，实在美丽极了。人们知道香港的维多利亚港，是世界上著名的深水港，当时吞吐量已超过一亿吨，进入世界大港的前列，集装箱吞吐量次于鹿特丹这个世界第二大港，当时这儿的集装箱吞吐量比我国大陆沿海所有集装箱码头的吞吐量总和还大。2006 年时，香港港集装箱吞吐量已达 1600 万标箱；2010 年上海港超过新加坡港，为世界上集装箱吞吐量第一的大港口，此时香港港名列第三，吞吐量已超过 2300 万标箱了。

从山顶再往香港岛的中心区眺望，这里是香港的城市心脏地带，世界许多跨国公司和著名银行、股票市场的分部都设在这儿，它可以左右整个东半球的经济命脉。香港中环路西侧，是世界著名的建筑师贝聿铭先生精心设计的中国银行大厦，高达 367 米，大厦共有 72 层，1989 年竣工时为港岛最高的大楼；1992 年在港岛天星码头西侧又建起了一座高耸入云的大厦，共有 78 层，楼高 374 米，这栋摩天大厦为当时亚洲最高建筑物，称为中环广场；在 2003 年，香港又建了高达 415 米高的国际金融中心二期，共 90 层；最近又在西九龙填海地区建造了环球贸易中心，高达 484 米，楼层有 118 层，为世界第 4 的高层建筑，仅次于阿联酋迪拜的哈里发塔、中国台北的 101 大楼以及上海的环球金融中心。香港这个弹丸之地，地域狭小，山地多、岛屿多、平原少，真正能利用的平地空间很少，因此在香港建设高层建筑需要充分利用地下、地上的三维空间，有效利用沿海的土地，使香港的城市用地更加集约化，发挥更大的经济社会效益。香港多山，平地少，许多街道弯弯曲曲，而且坡度很陡，但街道干道的交通管理系统却是井井有条。现在的地铁系统比较发达，运行速度快而安全。香港人绝对是遵守交通规则，就是夜深了，任何一个驾驶员都得停车等待绿灯亮了才能行驶。

据说以前的太平山顶，夜晚很少有人来游玩，有一些黑社会流氓团伙，专门在这里作恶，抢人钱财或奸淫妇女。如今太平山上的山顶公园，夜色茫茫，灯海如昼，公园里的草地茵茵如丝绒，松风飒飒似古乐，星月交辉，灯影如醉，游人不断，情侣双双。不少痴情男女，偎依于石凳石栏旁边，如今的青年人真是不顾一切，他们心目中只有自己的情人，他们低头微笑，喁喁私语，坠入情海，万种情谊，弥漫山间，也污染人世间。真的，夜色茫茫的香港岛和九龙尖沙咀地区，灯光灿然若如万顷珠玉漫地。香港岛真是一位不睡的美仙子，东方的明珠。从太平山上看这位美人，除尽览万般风情于眼下，还别有一番难于忘怀的情趣，真是使人如醉如痴。这是我对自然景物的痴情迷恋，有如欣赏价值连城的山水画。千载难逢的好机缘，往往叫人朦胧如梦，再盼第二次游太平山。

当我们驱车从太平山顶下来的时候，心中唱起了永远怀念的歌，使人心花怒放：

朵朵白云绕山腰，
红花绿树露出头；
游人阵阵行山道，
我采云霞满山跑。
太平山上太平景，
胜似港岛更细瞧；
要和神仙比高低，
声声赞语上重霄。

此后 10 多年，在太平山顶较为平缓之处，建造了综合性服务功能齐全的大酒店和购物中心，每天可以接待游客 4 万～5 万人次，成为香港一个亮丽的风景点。

走进繁荣的国际化都市——香港

城市建设要以自然为美，把好山好水好风光融入城市。

——习近平

当我们踏进这个世界著名的国际化大都市香港，
舒展开来的是一幅繁荣昌盛、日益现代化的画卷，
展现在我们眼前的是一方生机勃勃、熠熠生辉的热土，
自 1997 年香港回归到祖国怀抱后发生着巨大的变化。
香港在过去的殖民地漫长岁月中，
鸦片战争后，有她的辛酸、苦难和贫穷，
近百年的发展总是不那么平坦、顺心，
大多数穷苦人居住在破旧低矮拥挤的小屋里，
公共教育、医疗、交通与环境都不尽如人意。
仅在 20 世纪 50～60 年代工业化之后，

香港慢慢步入城市现代化的建设过程之中，
香港逐步繁荣成为了东西方交流的桥梁，
香港又迈进成为了世界级的金融贸易中心，
近现代化的建设，使香港成了世界有魅力的都市。
如今的香港，居住着七百多万勤劳的中国人，
你会理解他们在现代化都市里节奏明快的步伐。
在日新月异的发展中，你会品味到香港飞速发展的奇迹，
走进市井与大街小巷之中，看到百姓人家居住的新居。
在九龙、港岛以及那些崭新的社区与学校之中，
以人为本的商厦、幢幢新居，优美的居住环境尽在变化之中，
发达的海运、空港、地铁与公交系统联系着内地与世界各地。
现代化的国际性大都市香港在新时代中成长，
海面并不宽广的维多利亚湾更美了。
过去在铜锣湾、中环、上环那些狭窄的街道中，
建设过几十层楼高的汇丰银行大厦、中银大厦、中环广场，
现在已不是香港最明显的地标了。
2003年在中环海滨天星码头附近建筑了90层高的国际金融中心，
2010年又在西九龙岸边矗立着世界排名第4的118层环球贸易广场。
香港在回归后的幸福日子里若如雨后春笋不断长高，
在世界百名高校的排名中，香港大学、香港科技大学不断向前，
香港的现代化服务设施、公共事业日臻完善。
如今的香港，市场繁荣、人文兴旺，不断编织着新城市的景观，
在这里有着绿色瑰丽多姿的新界、大屿山与港岛太平山；
在这里有着近代技术与文化交融的海洋公园、迪斯尼乐园；
在这里有着东西方文化交织在一起的港大、中文大、科技大；
在这里有着蓝色的海洋、洁净的沙滩、翠绿的山峦、清新的空间。
我们中国人可以自由来往在港岛、九龙以及美丽舒适的公共楼宇，
可以体验市场的繁荣、山间的清幽、静谧的海滨和享受各种美食，
感悟香港科技、文化、艺术与城市风光的靓美。

东方的蒙特卡洛——澳门

袖珍城市澳门地处富饶美丽的珠江三角洲的南端，是一个常年绿茵茵的海滨花园城市，澳门素有“东方蒙特卡洛”的美誉，是中葡文化互相作用、互相融合的魅力之都。

澳门在南中国滨海处，具有优越的地理区位，北距广州 145 千米，东距香港 65 千米，和珠海市相连。这里是东西方经济贸易与文化交流的桥梁与纽带，也是我国唯一具有发达博彩业的地方，为文化娱乐与赌场集中之地。虽然特区的面积仅有 29.9 平方千米，人口 50 多万，但每年却吸引世界各地的游客超过一千多万人次！

澳门由市区的澳门半岛与氹仔、路环两个小岛组成，以澳氹大桥、友谊大桥和西湾大桥相沟通，好像海上架起了三条彩虹一般。夏秋晴朗的夜晚，三座长桥上的灯光特别美丽、特别引人。人们主要从国际机场、来往港澳间的快速喷射船以及从珠海市拱北海关的陆路进入这个迷人的澳门。

历史告诉我们，澳门在公元 16 世纪葡萄牙殖民主义者侵占之前，是属于我国广东省香山县的一个商埠，葡人占据了 400 余年之久，直到 1999 年 12 月 20 日，澳门这个弹丸之地才结束了殖民统治，回归到祖国的怀抱，成立了澳门特别行政区，得到了新生。由于历史原因，具有丰富历史文化遗迹的海上花园城市——澳门成为东西方文化的交汇点，处处体现出中葡两种文化的碰撞与并存。在澳门半岛或氹仔岛上我们可以看到受欧风影响的历史建筑与教堂，大三巴牌坊、圣保禄教堂、西望洋圣堂和议事亭等都是葡萄牙人在澳门建造经营几百年的历史遗址；当然在几百年的形成发展过程中，中国的传统文化与习俗也能发扬光大，像普济禅院、孙中山纪念馆、妈阁庙与卢廉若公园等，又体现了鲜明的中国特点以及具有南方城市特色的各种倚楼。

乘坐各大宾馆饭店免费的旅游车，可以到澳门最南端美丽的路环岛，从西岸的天后庙、谭公庙往东走走，又可以看到大王庙、妈祖雕像，这些都是中国传统历史文化的象征，此外还有近现代的娱乐设施如水上活动中心和一些自然博物馆。

游览澳门，最为有趣的莫过于在威尼斯人度假村里闲逛，在这按照意大利威尼斯水城风貌建设的现代化酒店，吃喝玩乐样样俱全。最有特色的是在酒店顶层与几栋宾馆大楼连接在一起的室内水道，流水不断，风情万种，有许多游船可供旅客休闲、娱乐。酒店里还有地上、地下百余家小吃店、小百货店及许许多多的精品屋，中高档商品应有尽有，使人眼花缭乱。

美丽的澳门城，既有清新舒适、安逸恬静的一面，又有五光十色、热闹非凡的一面，特别是旅游和博彩业，现在仍然是澳门重要的支柱产业之一，虽然澳门赌场没有像美国拉斯维加斯赌城的规模与繁华，但在亚洲地区也仅次于马来西亚首都吉隆坡附近的云顶赌场。葡京、永利、新葡京、总统、威尼斯人、银河等大酒店中常布局在低层或地下几层的赌场，每天都是熙熙攘攘，门庭若市，十分热闹，如果你钱袋子里的钱满满的，也可以试一试你自己的运气，输了几场也是为澳门特区做些小贡献。

宝岛台湾风情行

春风又绿江南岸，明月何时照我还？

——王安石

我们祖国的宝岛台湾资源丰富、气候和暖、人杰地灵，自然风光多姿多彩。美丽的宝岛从北到南，从城市到农村，都有着无比绮丽又令人向往的人文风情，到处都有鲜艳的花果、很多地方都有与广东、福建相同的习俗；文化古迹、令诗人流连忘返的旅游胜地与品尝不够的大众美食亦是宝岛的特色。

1998 年秋，我们应高雄市中山大学王铭生教授的邀请，参加海峡两岸人文环境与都市发展的学术交流会，会后在台湾各地参观游览了近 8 天。我们从高雄到台南、台中和台北，在风景绮丽、青山绿水的日月潭、阿里山以及宜兰温泉小镇认真考察，感到宝岛台湾的自然景观和文化古迹均很有特色。

在高雄时，除了乘船参观高雄港的现代化码头与港口设施外，我们在台湾朋友的带领陪同下，到了高雄茄萣的金銮宫游览了半天。这个古色古香的金銮宫创建于清朝乾隆四十二年，因当地居民靠海上打鱼为生，信赖海神显灵保佑，故设坛于社屋，祈求祷告，求得天上圣母兹念，降临驻坛，就在这里建立庙宇，雕塑神像膜拜，当时就定名为金銮宫。庙址集群峰精华，得天地钟灵，山川毓秀，台湾人认为这个庙宇神灵赫耀，节日时香火鼎盛。我们最高兴的是在台南安平这个历史古镇游览了一天。台湾地理学家告诉我们，安平镇是台湾开发最早的古镇，在那绵延久远的时光积淀下，造就了它那古朴而沧桑的历史韵味，名列台湾十大古镇之一。古色古香的安平镇位于台南市的西南，大约是明代中期，广东、福建一批移民在这里开发建镇的，随着工商业的集聚，近代文化的传播，这个小镇不断发展。到了现代台海两岸商贸不断交流，旅游观光发展很快，现在成了台南市旅游业发展的亮点。历史久远的小城堡以及富有特色的建筑，使这里也变成为台湾的历史文化的瑰丽宝地。

到了台中，我们住在台中市三尼路附近的一家豪华宾馆，接待我们代表团的台湾朋友十分热情。我们当天中午抵达台中后，仅仅休息了半个小时，就去了台中大甲的天后宫，就是台湾有名的镇澜宫，为清代乾隆年间创建，距今已有 200 多年的历史了，是福建人到台湾后与当地百姓共同建立的。与福建省的妈祖庙有着密切的联系。富丽堂皇的镇澜宫以中式建筑风格为主，在庙宇内有着众多的匾额，“保佑黎民”、“普施恩泽”、“慈云广覆”、“圣德长垂”等，可见妈祖庙在当地民众的生活、信仰与习俗传统上非常重要，每当有台风、地震等灾害出现时，台湾人都到妈祖庙中求神拜佛，祈求平安。最使人大开眼界的，是镇澜宫内的镇庙之宝，用 276

公斤黄金铸成的妈祖神像，据说这是世界上最重的黄金妈祖神像了。

在台中时，我们又到了台湾暨南大学所在地——埔里镇，这也是一个山清水秀的好地方，大学老师介绍说，埔里镇有3个“W”：Water，即泉水之美；Wine，这里仿制的绍兴酒也很甜美；还有Women，更美的是这里的山村姑娘。之后，台湾暨南大学的老师和研究生一起陪同我们游览了风景秀丽、水天一色的日月潭，同时还坐着汽车，走马观花式地参观了阿里山一些景区和居民点，欣赏了那里大自然的原生态景观。

我们来到台北市观光时，台湾政治大学、台湾大学的同行朋友们安排的访问计划令我们十分满意。最主要考察了都市规划建设的概貌，包括台北故宫、阳明山景区、文化广场、新竹科学工业园区以及台北市的地铁系统。在中华经济研究院参观时，蒋孝严手下的一位著名企业家宴请了我们，表达了同为炎黄子孙，海峡两岸将来会实现和平统一的愿望。

台北市是台湾地区的政治、经济和文化中心，为亚太地区一个重要的国际性城市，城区人口达到260多万人，其中在2004年底完工的101大楼，有106层，楼高500多米，当时为世界上最高的大厦，为台北最著名的地标。它建筑在台北信义区，具有世界观光区的形象。据说，台北的101大楼中89层为观景台，坐快速电梯上去，可以一览台北市的现代城市建设的景象，可惜在10多年前我们去时还未建成，未能亲临其境。

但我们很高兴参观过台北故宫，这里保存有中华民族几千年来的文物精品，吸引着世界各地的观光客。特别是明清那些皇室收藏的极品字画、陶瓷、扬州八怪的书画、文房四宝以及游客专门喜欢看的一块像“红烧肉”的奇石。这块奇石半肥半瘦，皮毛上的毛孔、颜色等都十分逼真，观后真使游人惊叹大自然的鬼斧神工。可惜故宫内都一律严禁拍照。

新竹科学工业园区，也是我们赴台考察中一个重要的节目。当时我国大陆很多工业技术开发区、经济技术园区刚刚起步。那时虽然两岸交流还很少，但非官方的特别是大学、研究单位的学术交流、考察已经不少了。新竹科学工业园区考察，是台北交通大学的老师陪同我们的，园区面积仅有10多个平方千米，集聚了六大产业，主要有计算机、生物工程、医药、电子机械、汽车仪表等。园区内规划布局科学合理，工厂园林化，工作、生活的环境优美、空气清新，与台北市的交通联系十分方便。世界上不少高科技工程师都喜欢在这里创业，各方面的评论认为这个科学工业园区相当于美国旧金山的硅谷，管理精明，经济效益很高，对亚洲各国的高新技术区发展起到了模范带头作用。

当我们快要离开台北桃园机场时，一位台大的老师告诉我们一个新的看法：你们知道吗？台北人有品位而无个性，高雄人则有个性而无品味。台北的青年人喜欢摆排场，买名贵的名牌货；而高雄人花相同的钱，买更多的经济实惠的东西。我们该如何选择呢，朋友？

我们在台湾考察旅游过程中，得到台湾大学、台湾清华大学、台湾交通大学、东海大学、成功大学、台湾暨南大学等单位的支持、帮助；高雄市台湾中山大学的杨婷媜小姐等作为我们学习代表团的导游。在近10天的学术交流和访问考察中，他们都十分热情，认真负责，使我们的参观学习活动获得丰硕的成果，同时也增进了海峡两岸人民的情谊，我们深深感到祖国宝岛台湾不仅物产丰富，自然风光与生态环境十分优越美丽，而且两岸的文化历史一脉相承，同属于伟大的中华民族，两岸人民都是炎黄子孙，与我们真是习俗相同、血脉相连、同文同祖、感情深厚的一家人。

台北的西门町与高雄的六合街

富有地方特色、具有深厚文化底蕴的美食街、小商品市场与特色文化街已经成为中国各大城市融合传统历史和现代人们生活娱乐需求的一道亮点了。

台湾也一样。像台北的西门町、高雄市的六合街，我们十分喜爱。2013年春天刚刚来到，我与老伴应台湾朋友的邀请，在3月中旬赴台湾自由行，就在台北市西门町附近一家中上等的宾馆住下，这是我们的台湾朋友曾隆一先生为我们预定的住所（内江商旅，在西宁南路112号；另一个住地为康定路41号的华丽大酒店）。据他介绍，我们的宾馆离台北市的美食街、文化街很近，每天早晚都可以去逛逛小街，体验台湾具有特色和民众十分喜欢到的地方。台北的西门町好像南京的夫子庙、广州的上下九路，也像日本横滨的中华街、神户港城的南京町等，到处都是小商品店、富有特色的民间工艺商店、美食店、小旅店和饭店、小商场和花市，也有豪华商店，是老少咸宜之处。

台湾南部最大的城市——高雄，是亚太地区的著名海港城，港口货物吞吐量超过一亿多吨，仅次于上海、神户、釜山、新加坡、孟买等亚洲大港；高雄还有一所国立中山大学（1949年蒋介石败退台湾，部分中山大学的师生迁到台湾高雄所办的一所综合性大学），一条闻名世界的六合美食街。过去我们两次赴台湾参加学术会议与旅游考察之时，都喜欢到高雄的六合街逛逛。2013年我与老伴从台北乘坐高铁到高雄时，住在高雄市新兴区中正四路5号中央商务大酒店，离六合街很近，步行10多分钟就可以到六合街，每天晚上6～10点模样场面都十分热闹，成千上万的人流拥入这条美食街，约有6公里路长，在马路两侧摆摊，中间走人，两旁全是各种海鲜食品、饮料、水果和各种美食。有煎炒的、有烧烤的、有蒸吃的、有水煮的、还有生吃的。美味佳肴、上乘的海鲜、牛羊猪肉、新鲜的蔬菜、鸡鸭鹅和野味、各种面食、糕点、甜食与上汤补品应有尽有。

2013年3月，我们在高雄逗留两天多的时间，两个晚上都在六合街走访店主、体验民俗、走走吃吃，并与台湾朋友谈笑风生，真是兴趣很浓、久久不能忘返。高雄的六合街跟我们很多城市的传统美食街，像重庆的磁器口，上海的城隍庙、淮海路，南京的湖南路美食街和夫子庙，西安的解放路，济南的芙蓉街，苏州的观前街等等都很类似。当然每一个城市都有自己的特色，虽然很多大路货食品有许多雷同、相似，但精品美食各不相同，清香可口的到烧煮烤煎，味道特异的到酸甜甘辣都有，特色美味各不尽同。这些地方每到夏秋之夜、冬尽春来之时，都有许许多多的中外人士，特别是年轻人、大中学生，熙熙攘攘、接踵摩肩，热闹非凡。总之，我国各地美食水平高超、颇具魅力，引领着世界美食的风骚，不论台湾还是大陆，都成为时尚全球的光鲜亮丽的人文景观。

第二部分

欧洲的没落与再生

第 10 章　俄罗斯与东欧之行

神秘的西伯利亚之行

只有人才能在自然世界上面打下自己的印记，因为他们不但变更了动植物的位置，而且也改变了它们居住地方的面貌和气候，他们甚至还如此地改变了动植物本身。

——恩格斯

提到苏联（今俄罗斯）的西伯利亚，不禁使人想到以前许多俄罗斯作家所描述的“荒无人烟”，是沙俄时代“流放囚徒”的地方，但是今天的西伯利亚却另有一番情趣，神秘还是神秘的。

1989 年秋，我接到匈牙利科学院和民主德国马丁·路德大学的邀请，第一次赴东欧和苏联访问。我 9 月 6 日清晨离开北京，乘坐中国开往莫斯科的国际列车，经过六天六夜才抵达苏联的首都莫斯科。中华人民共和国成立后，毛泽东主席第一次出国访问，便是去苏联与斯大林会面。乘火车 11 天才到莫斯科，路途漫漫。如今从北京坐火车去莫斯科也需要 5 天时间。8000 公里的云和路，苏联的西伯利亚真是无比广大啊！在苏蒙边界上的纳乌什基火车站，我们的列车在这里停了两个半小时，火车在这里换转向架，因为苏联境内是宽轨，其他国家的列车都得在苏联边境换成宽轨的转向架才能继续前进。我在火车站上发现，从这里到莫斯科还有 6700 多公里漫长的路，这样的里程碑在世界上其他任何一个国家都不可能会有的。

火车在飞奔，火车头上喷出朵朵白云，这是多么具有诗情画意的长途旅行啊。同时在一起的有加拿大两位年轻女教师，身材修长、肩披长发的玛丽小姐是在香港大学教英语的老师，工作两年了，她喜欢沿世界上最长的铁路线旅行；另一位是在南京大学教英文的帕布娅小姐，虽然肥胖一点但也挺灵活的，常常和我们吹牛，她喜欢到苏联旅行，尤其是神秘的西伯利亚；包厢中还有一位是上海同济大学的俄语教师，她是去莫斯科旅行的。我们四人在一个车厢里，度过了整整六天六夜的时光，东西南北、海阔天空的事情，我们都在议论，旅途生活十分有趣。

火车进入苏联境内已经有五百多公里了，我们一直看着西伯利亚的自然景色。火车奔驰在广阔的原野上，时值秋高气爽，天空是蔚蓝色的，地面上牧草是

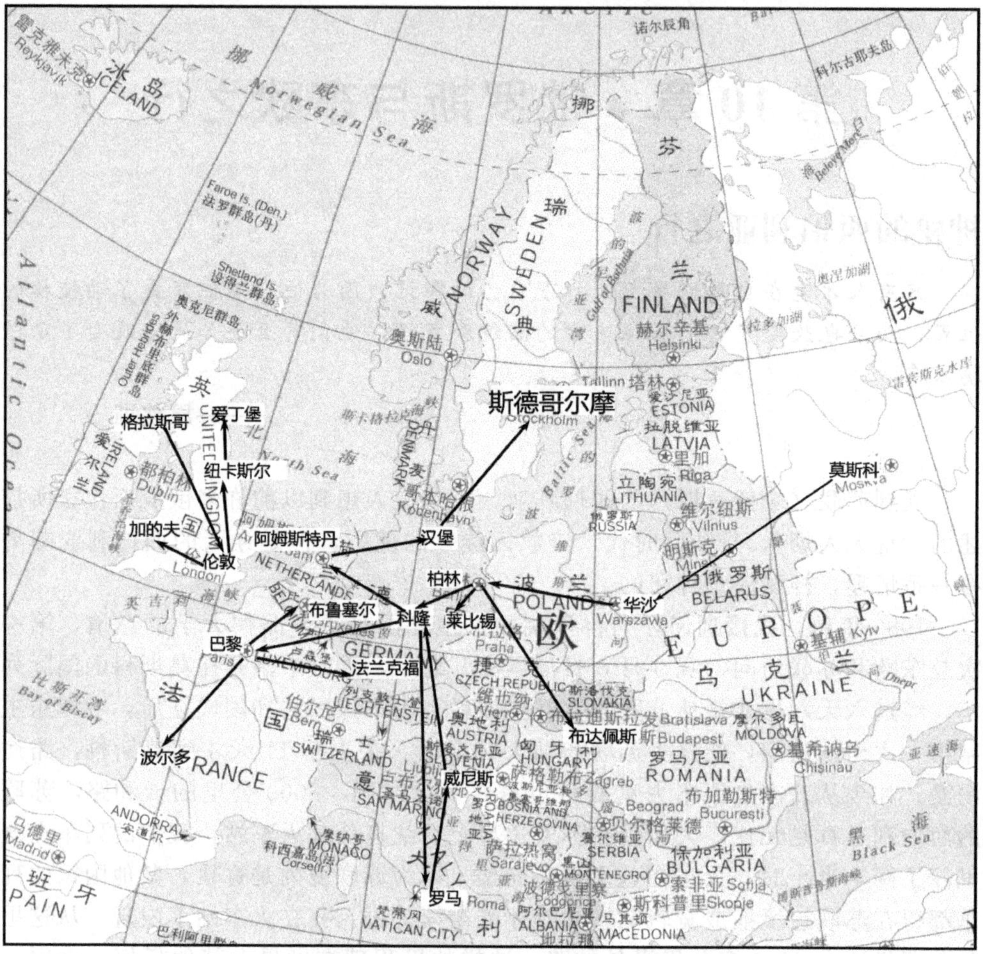

赴欧洲 10 多个国家考察路线与城市

绿中带黄，远处山边，一棵棵树干纤细、白得匀称的白桦林随风摇摆。在苏联小说和电影里相识的白桦林，活生生地展现在我们的眼前，虽不太高，却也挺直，铁路两旁尽是可爱的白桦林。加拿大姑娘不时拍下这里的自然风光，我也用不算怎么高级的照相机留下了我们的印迹。

西伯利亚广阔的土地上，在那高高的山冈上和长满着繁茂林木的森林中，偶然可以发现一些农民的老式房屋，有时也看到乡间小道上种着菩提树，还有漂亮的木结构别墅。听说这是苏联有权势的人居住的房子，是夏季在这里旅行生活用的临时性住房。西伯利亚乡村另一个显著的特色，便是集体农场的建筑，在一排排房子的背后，比较靠近田野的地方，是一排长长的建筑物，有个小窗子，这是集体农场的畜棚，附近堆满了饲料牧草。还可以看见另一种建筑物，有倾斜的屋顶，冬天不会积雪在房顶上，上面有高高的、木头的、烟囱似的通气管——这就是苏联人冬天堆放蔬菜的地方。

西伯利亚最引人的地方莫过于美丽的贝加尔湖了，我们的国际列车在贝加尔湖南岸需要奔驰整整一天。据科学家研究，贝加尔湖是世界上最深的淡水湖，占世界流动淡水的五分之一，湖中又有丰富的生物资源和各种珍贵的鱼类，苏联人称“贝加尔湖是个大的聚宝盆”。人们坐在列车窗口，可以连续几个小时遥望风光旖旎的贝加尔湖。从车窗远远望去，贝加尔湖像一块被白桦林和黑松林环抱的深蓝色的宝石；近看湖水，清澈透亮，波光粼粼，湖光水色，十分美丽。湖滨地区到处生长着种类繁多的针叶林、阔叶林。在冬春季节气候寒冷，景色比较单调；只有在夏秋两季，虽然时间很短，但红色的枫叶与翠绿的松树相互辉映，构成一幅美丽的自然景色；还有那一望无际的丛林和湖边青绿的草地，犹如绿色的海洋。从这里可以了解到西伯利亚的辽阔无际啊！

贝加尔湖许多堤岸都是用水泥砌成的，真像是个人工修建的大游泳池。为了防浪，苏联水利工程师们设计了一种防浪巨石在湖边安放。巨大的异形水泥块，好像一堵石墙。避风处还有不少苏联退休老人在垂钓，在这景色迷人的地方钓鱼，真是有趣极了。当然冬天也有人在这游玩，面对刺骨的寒风和单调的湖水，也得要有坚强的毅力和勇气。如今，人们知道，富饶的贝加尔湖盛产各种名贵的渔产，粗略估计有 80 多种，其中鲑鱼、鲟鱼、鳊鱼、鲷鱼等是最有名的，人们喜欢在附近车站的百货商店里购买价廉的苏联鱼罐头，当年不用 3 个卢布就可以买到 500 克的鱼罐头。

过了贝加尔湖和山地之后，西伯利亚广袤土地上的村舍逐渐增多，大片未开垦的处女地呈现在我们的面前。附近还是成片成片的茂密森林。据统计，西伯利亚的原始森林面积达 500 多万平方千米，这真是苏联一笔巨大的财富。苏联目前轻工业产品、食品奇缺，但他们可以用大量的木材及其林产品作易货贸易，苏联与中国近几年来的边境贸易相当活跃了。

我们的火车到达伊尔库茨克站，这里是苏联远东地区重要的工业城市，人口有 56 万。火车在月台上刚刚停稳，不少苏联妇女就做手势和耍眼神，熟悉苏联目前状况的旅客都知道，她们想与我们交换物品，买中国的东西或换外汇。有的苏联人干脆跑上车厢内拿着大把大把的卢布，嘴里叫着换外币，据说 1 美元可以换 14～16 个卢布，相当于官价的八倍，甚至十倍也可以商量。苏联年轻女子喜欢中国的化妆品，特别是胭脂口红和指甲油等；苏联青年小伙子喜欢中国的牛仔服、牛仔裤，每套可卖出 140 多个卢布的好价钱；还有不少苏联工人喜欢中国的烈性酒（北京二锅头或其他白酒），每瓶也能卖到 15～20 个卢布。要知道在苏联餐车只要花 2～3 个卢布就可以吃上一次正餐。一般中国旅客都没有卢布，也舍不得花美元去换卢布，有经验的中国旅客喜欢带一些中国的轻工业品、食品去换苏联的卢布。我几次去餐车用餐时，苏联服务员都向我要红蓝双色的圆珠笔，给他们后下次还要，后来我干脆给他们两只电子表，结果，之后我几次去用餐，他们都给我免费了，多么有意思。

西伯利亚的中部仍然是沃野千里，这里收获季节已过，肥沃的田野袒露着黑色的胸怀，人们可以看到苏联具有丰富的土地资源。苏联的农业潜力是很大的，关键在于苏联政府的经济管理体制与政策不适应生产力的发展。西伯利亚多么辽阔，多么引人，多么富饶！但这里受气候条件限制，光热资源不足，集体农场管理水平也不高，经营作物的品种太单一，农民种植农作物的积极性尚未发挥出来，许多耕地还是粗放耕作，作物产量低，品种少，商品率也不高，这样市场供应就很短缺。生活在这一带的农民还不如我们比较落后的黄土高原的农民，关键是有钱没处购物。你要在月台上仔细看看苏联的售货亭，能买到的食物极少，只有一些质量不好的小苹果、土豆和葡萄等，食品柜里有烤鸡和鱼罐头，价钱倒不贵，几个卢布可以买到两斤半以上的白洛鸡（已烤熟，但没有作调料）。有些农民在车站上叫卖，他们的塑料桶里装的是煮熟的土豆和酸黄瓜，做法简单、味道一般、也不清洁，我们看了都不敢买。但是苏联人、蒙古人一下火车就买了一大堆，也没有包装，一边买一边吃，我们感到十分惊奇！火车深夜过了几个站，我们没有下去，远远看去，在微弱的灯光下，一些身穿厚实棉袄的工人、蒙着头巾的妇女也在车站上走来走去。他们大概是火车站的工作人员，否则他们就会上车来问问我们有什么工业品可以交换。

有一次，我们在另一节车厢里碰见了一位会说英语的苏联妇女，她大概到过中国好几次，也买过很多中国的妇女装饰品。她告诉我们，苏联姑娘最喜欢中国上海、厦门和大连的装饰物，如真丝手帕、项链、耳环和胸针等。装饰别针常常戴在右胸前或左胸前，戴在夹克衫的翻领上或别在女衬衣、布拉吉的领尖上。苏联妇女一般不同时佩戴成套的系列装饰品，大个的戒指只戴一只，细而小的戒指一个指头上可以戴上两只。戴镶嵌红蓝宝石的戒指时，常涂浅色淡雅的指甲油，显得色彩艳丽；而涂鲜艳颜色的指甲油时，喜欢戴细而小的戒指，显得浓淡相宜。衣服上的饰物不多，十分别致的装饰使衣着更为得体，美丽怡人。

我们的国际列车到克拉斯诺亚尔斯克，便已经进入苏联的心脏区域，这里是西伯利亚的西部，也就是有名的新西伯利亚工业区了。沙俄时代这里处处是荒无人烟之地，草地上长满雀麦草和耐旱耐寒的苦艾，每年仅夏天有一些牧人来这里放牧。到冬天，刺骨的寒风把陡坡上的雪吹到山沟里来，那盛开的、被雨洗过的苦艾、雀麦草，大片大片地被淹埋了。一大群牲畜从一个地方被赶到另一个地方，有些游牧民族，从哈萨克斯坦和吉尔吉斯斯坦两千多公里外流浪到这里，数万人终生就是从一地到另一地，寻找那没有被践踏过的青草。如今这里全变了，森林长得更密，牧草长得更青嫩。更值得人们骄傲的是这里到处都有工业企业，高高的烟囱喷出来的滚滚浓烟，标志着新时代的诞生。虽然有人说附近的居民点好像笼罩在灰色的“蒙古包”里。全俄罗斯水量最大的叶尼塞河从城中穿过，那宽阔的河面给这昏暗的画面带来一派生机。在这个城市里，一些戴着黑皮帽子和皮手套的基层工作干部用铁锹把城里的垃圾缓慢地向卡车里装，这是列宁过去倡导的义务劳动日（星期六）。此时我和上海来的张宗英教师议论起来，现在我国许多党政机关干部不仅平时没有义务劳动，就是农村大忙季节也不用下乡帮助老乡抢收抢种了。张老师认为，毛泽东同志在 50～60 年代提倡国家干部参加一定时间的劳动，这是我党与人民群众保持密切联系的优良作风，也是列宁在苏联提倡的星期六义务劳动日的好传统，现在有许多干部都忘却了。张老师的意见我认为还是有道理的，我们的国家干部应当时时刻刻和人民群众在一起，保持优良传统。

夜幕降临了，这是我们的列车第五个夜晚在苏联西伯利亚疆土上奔驰，静静的山庄，密密的丛林，使人们感到更加神秘莫测。有人说这一带过去有很多野鹿，俄罗斯人常常带着猎犬在这里捕捉野鹿、野猪和西伯利亚麝鼠、山羊等，但他们不懂得鹿角的珍贵，常常掠取鹿肉之后丢弃鹿角。在灰暗的帐篷里，猎人们过着极其简陋的生活。在沙俄时代，西伯利亚深深的密林供给人们毛皮与兽肉，富有极高价值的各种鹿、野猪、山羊等都被无情地加以捕杀，有些名贵的野生动物已经灭绝。十月革命胜利后，苏联政府多次公布狩猎法则，禁止乱捕乱杀，保护珍稀动物，在狩猎区有计划地繁殖与捕杀动物。在许多重要的森林区建立了自然保护区，参加狩猎的人们每年向当地政府交纳税款，每年在森林里捕杀的野生动物是有限量的。但是还是有一些贪得无厌的商人，常常偷偷摸摸地深入林区，捕杀一些珍贵的野生动物，然后运往西欧，谋取暴利，当然国家对这些人的不法行为是会采取严厉的处罚措施的。现在，苏联各地政府都在严禁猎杀，很好地保护野生动物资源。

列车穿过欧亚两大洲的界山乌拉尔山脉前，我们可以看到铁路两边新兴的工业城市，如新西伯利亚，石油城秋明，鄂木斯克等，这些城市都是苏联中部地区的工业心脏。尤其是乌拉尔附近，这里矿山多，工业集中，烟囱林立，一派新兴工业城市的景象。当国际列车从乌拉尔山的山间盆地穿过时，人们可以看到在欧亚大陆分界处，有一块高达三米多的锥形水泥碑，这就是欧亚大陆的界桩。据说每一趟列车路过此界时大部分旅客都得亲自看一眼，并用照相机留下一张难得的照片资料。这也标志着神秘的西伯利亚在此告终，迎来的是苏联欧洲部分，这里由于开发历史较早，处处是工厂和农庄，神秘的色彩也自然消失了。

我们的国际列车快到莫斯科时，火车要经过浓密的树林和伏尔加河两岸广阔的平原。伏尔加河是俄罗斯的母亲河。这条河流并不宽阔，不能与我们的长江比。伏尔加河两岸长满了水草和丛林，但河水还是混浊的。河边有散乱的居民点，偶然也可以发现孤零零矗立在村子里的尖顶式教堂，常常看到大人小孩或几个戴红头巾的苏联妇女走出来。深秋时节，教堂的肃穆、森林的深邃、大地的鹅黄色和村妇的红色衣着，共同点缀着大地，美化着人间，使人陶醉。

火车穿过茂密的山林和草原，爬过山坡与隧道，经过8000公里的旅程，度过六天六夜的生活，这是我们人生的第一次。火车徐徐进入莫斯科火车站时，我们高兴极了，长途旅行终于结束，留给我的是美好的回忆与微笑。

当我们的列车停靠在莫斯科市区西南的一个车站时，月台上站有许多来接待旅客的人。我在北京时曾告诉先行来莫斯科的同事佘之祥教授和董雅文教授，他们也进站来等我了。我顿时感到亲切起来，也忘了长途旅行的疲劳。不一会我又乘坐出租车来到莫斯科大学附近的中国驻苏联大使馆，住在使馆招待所内，每天伙食与住宿费共收14美元。我在莫斯科住三天后，又乘火车往波兰和民主德国进发了。在莫斯科时，我与北京的一些同事、朋友，共同游览了莫斯科市区一些风景旅游点如红场、克里姆林宫与莫斯科大学。这时再想起漫长的西伯利亚之行“大漠孤烟直，长河落日圆”，“落日照大旗，马鸣风萧萧”的那幅荒凉、神秘的画卷，更让人回味无穷！

西伯利亚还是属于草莽未辟的硕大的处女地，她虽然富饶美丽、多姿多彩、土地肥沃，但还带着粗俗的稚气，尚未跨入现代化的世界潮流，这里的人民仍处在自然经济的囹圄之中。2012年后，普金总统和习近平主席在中俄多次会晤，两国发表关于合作共赢、深化全面战略协作伙伴关系的联合声明，加大《中国东北地区与俄罗斯远东及东西伯利亚地区合作规划纲要》的实施开放力度，签署《中俄天然气供应协议》，对西伯利亚的现代化开发与建设起到了巨大的推动作用。

莫斯科留下的深深印象

唯一办事聪明的是裁缝，他每次总要把我的尺寸重新量上一番。而其他的人，总是老抱着旧的尺码不放。

——萧伯纳

为什么我们要去莫斯科？他是许多作家与诗人口中的天堂，也是地狱；他是有过光辉岁月的“第三个罗马”；他是传承着厚重的斯拉夫文化的世界名城。我们还分明地记得哼唱着《莫斯科郊外的晚上》、翻阅着《莫斯科不相信眼泪》，还有那一句俄语：“安娜在家吗？”的时光。他太令人动心，令人神往。

1989年9～10月，我前往民主德国和匈牙利参加东欧大城市国际学术讨论

大都市莫斯科的主要景区

会，顺访了苏联五天。在莫斯科逗留的时间虽短，但由于我对莫斯科的城市建设很感兴趣，独自考察了莫斯科市政建设和城市交通问题，兹将点滴体会结合手头一些资料草就成文，与同行专家切磋。

莫斯科现在是苏联（今俄罗斯）的政治、经济、军事和科技文化中心，也是世界上著名的大都市。莫斯科作为苏联首都也和我国的北京一样，经济实力比较雄厚、工业集中，全市有 1200 多家工厂企业，主要以冶金机械、金属加工、化工、电力和食品工业为主，大部分分布在离市中心约 5 至 8 千米的环形铁路周围。大中型企业主要布局在市区东部和东南部。全市国民经济占全国十分之一强，现代第三产业也越来越发达了。莫斯科拥有众多的科研单位、百多所高校和 80 多座博物馆，集中了全国 37%的科研机构与高校、31%的科研人员和大专院校师生，是苏联的经济、文化与科技中心，也是全国综合性的交通枢纽。

莫斯科从 1156 年建城算起，迄今已有 800 多年历史了，由于她所处的地理位置十分重要，在 14～15 世纪时就聚集了大量的手工业者和商人，后来就成了俄罗斯中央集权国家的首都。当时的城市面积仅有 2.6 平方千米，人口不足 10 万人。1860 年之前，莫斯科面积不大，城市用地面积仅有 87 平方千米，1897 年莫斯科的城市人口达 100 万；十月革命时，莫斯科市区扩大为 180 平方千米，全市人口达185万人。十月革命胜利不久，按照列宁的指示，首都从彼得格勒迁来莫斯科，经过70年的不断规划与建设，莫斯科从一个破烂不堪、市容萧条的城市变成为现代化的美丽城市。在世界特大城市中，莫斯科的道路系统（尤其是地铁）和公共设施都比较完善，全市有地铁路线9条，总长度超过200公里。莫斯科的生态环境也比较优美，公园面积很大，人口密度不高，发展空间也大，空气清新，引人入胜。莫斯科人口超过1400万，交通非常繁忙。但对外的铁路交通却很方便。莫斯科有9个火车站，每天可以从城市各个方向疏散人口近500万。这比北京要方便多了。

根据我在莫斯科大学和其他一些单位里接触的苏联朋友了解到，莫斯科的城市规划建设是很有特色的，不仅有独特的建筑风格，而且其规划思想也是独具一格，建筑质量很高，大厦厚重坚固，具有俄罗斯民族的精神和文化传统。在高尔基大街、红场附近和加里宁大街上，人们常常可以看到传统的古老建筑，还夹杂一些现代派的中高层住宅区。比较现代化的高楼大厦和众多的公共建筑布局在红场两侧。在一些市区或边缘地区也可以看到英国式和德国式的乡间别墅及小巧别致的住宅，也许是沙俄时代贵族人家遗留下来的院落式建筑物，叫人惊叹不已。克里姆林宫中有葬着彼得大帝以前历代帝王的大天使大教堂。伊凡三世大钟楼高81米，是宫中最高的建筑。离钟楼不远处有著名的“钟王”与“炮王”，“钟王”重达200多吨，高10多米，可谓世界上最大的钟。莫斯科的建筑很美，市区范围很大，人口也很多，1989年正处于困难时期，莫斯科人民的生活水准有所下降。我们在市中心红场附近的几个大型百货商店考察，货架上日用百货、食品与水果奇缺，每天排长龙的市民很多，供应也很不正常，黑市交易猖獗。莫斯科人喜欢中国的烈性酒、运动衫、电子手表、热水瓶、鞋帽衣服和各种化妆品等，很多中国留学生也参与了边境贸易与自由市场的贸易活动。

从莫斯科的整体规划和建筑风格看，对新的社会主义制度的理解和艺术的追求，不仅反映在人们的思想和文化艺术等各方面，也反映到城市规划设计思想和建筑小品的构思上。据说在斯大林时代（20世纪30～50年代），苏联的城市规划思想非常活跃，出版许多杂志，举办设计竞赛，还实验性地建设了一些重要建筑物。如红场上的列宁墓，虽然构图不那么复杂，但代表了伟大列宁庄严肃穆的风格；莫斯科中央电报大楼、真理报大楼和利哈乔夫汽车厂的文化宫等又体现了苏联新时代的现代派风格。他们认为，城市建设要接近大自然的美，但不是去崇拜花园城市，或追求缺乏时代进取精神的农村田园式的建筑。他们规划思想的原则是：生产高于规划，政治高于学术流派。当然也有人持反对的观点。

莫斯科的城市规划师们在实践中也是大胆创新的。今天的大莫斯科，由单一的城市中心结构变为中心八大片的分区规划思想，早在上个世纪60年代初就产生了，后来在60～70年代逐步实践形成。八大片每片的人口规模为85万～120

万，用地规模平均为100～120平方千米。每片包括3～4个小规划区，规划小区人口为25万～30万。规划区中5万～7万人的居住区，公共设施配套、相互联系、互为整体，市政服务体系也比较完善。这种多中心八大片的规划布局，其指导思想是使每片规划区的社会协调，居住、工作和休息等方面要取得平衡，以克服大城市人口过分集中、土地过分集约化和城市交通过分饱和拥挤等弊病，使各个分区城市设施使用率提高，城市用地比较宽松，城市生态环境协调发展。各片规划区各自成一个系统，相对独立，服务半径差不多相等，每片还有市级中心和大块绿地，成为“城中之城”。每个片的核心区突出文化教育和公共行政的作用，还配备大型体育运动设施和苏联科学院的植物园系统，只要参观莫斯科的一两个片区，就可以领略到苏联城市规划师们的艺术创作和时代精神，怪不得有人说，“莫斯科的规划设计独具匠心、整齐划一、布局均衡、特有风格”，真是一点也不过分。

近半个世纪以来，莫斯科各个街区规划建设了很多公园绿地，甚至在居民小区，大型建筑物以及工厂附近，种植了各种花草以及耐寒越冬的树种，特别是桦木、雪松等，绿化范围很广，处处绿荫花香。市内还屹立着许多青铜与大理石的塑像，以及各种纪念碑。特别值得一提的是莫斯科东北郊外220公里处，被称为“俄罗斯之魂”的苏兹达里。她掩映在波克隆那亚山丘上的森林之中，建设有百余座精美的教堂、修道院、博物馆，整座城被列为“世界遗产”。游人在这里可以尽情享受俄罗斯的历史文化与艺术建筑，她是宫殿集聚之地，也是座名副其实的“历史博物馆”城市。而莫斯科也正在向着现代化的生态城市迈进！

俄国伟大的诗人普希金曾经赞美这座城市集欧洲所有城市的精妙之处，而对于人们来说它“是一座充满魔力，迷恋世人的城市”。

圣彼得堡宫城诗赞*

富有深厚俄罗斯历史文化的世界名城，
您是俄罗斯亿万人民心中圣洁的灵魂，
您是波罗的海西岸芬兰湾的一颗明珠，
也是世界各地游客喜闻乐见的历史城堡。
您曾几度易名：彼得堡、列宁格勒、圣彼得堡，
是历史文化名城的荟萃，也是十月革命的光荣之城。

---

* 本书主要作者及同事于2013年7～8月赴俄罗斯访问9天，对莫斯科、圣彼得堡和弗拉基米尔3个城市许多宫殿、教堂、博物馆、皇家花园等景区的规划建设进行了详细的考察，为本书增添了一些实地照片，并写下了这首赞美诗。

这里有着便利航运的涅瓦河川，面向着辽阔的大海，
还有四通八达的航空、铁路、公路与世界各国相连。
在这美丽多姿的不那么长的涅瓦河畔，
有着富丽堂皇的冬宫、夏宫、斯莫尼尔宫、大理石宫。
还有几百座建筑别致、典雅庄严的大小教堂、博物馆，
还有规则幽静的林娜卡列莲娜皇村花园、皇家花园。
从那华丽庄重的冬宫到简易朴实的火车站，
是圣彼得堡城市中一条最繁华、热闹的涅瓦商业大街，
夏秋两季，每天都吸引着世界上万千游客的购物与参观；
俄罗斯美丽娇嫩的姑娘们与小伙子们，
还有那些肥胖可爱的俄罗斯大妈与绅士们，
都高高兴兴与我们在一起、在赞美圣彼得堡古城的光辉。

我们在冬宫与涅瓦大街上莲步轻移

我们中科院南京地理所退休的一群人，从莫斯科乘坐着俄罗斯的老式火车，时速仅有 60 公里，经过一个晚上终于来到了我们向往已久的世界名城——圣彼得堡。圣彼得堡是沙皇时代的首都彼得堡（1912～1918 年），也是苏联时代的第二大城市，曾经被称为列宁格勒，也是世界有名的庄严肃静、城堡风格的古都。

圣彼得堡有着优越的地理区位，周围的自然环境十分优美，她位于俄罗斯的西北部，濒临冬季不冻的波罗的海东岸，具体位置在涅瓦河两岸，由 40 多个岛屿组成，城区内河道纵横，岛屿错落，有十多条大大小小的河道穿插其间。当我们穿行在涅瓦河各大小河渠去参观冬宫、夏宫和一些博物馆时，深深感到那蓝蓝的天空、潺潺的河水组成了一幅古朴幽雅的风景画。水天一色美丽的水城，特别是乘坐在涅瓦河上的游船，欣赏两岸的风光，真是美极了！

虽然我们在圣彼得堡仅有三天的行程，我们极有兴趣地参观了具有革命意义的冬宫，建筑精美、古色古香的夏宫和斯美尔宫，还有大理石宫、滴血大教堂、喀山大教堂等，尤其是因俄罗斯古典建筑享有威名的沙皇故宫——冬宫，是古典建筑中的佼佼者。冬宫为城区内现存最大的巴洛克式的建筑，内有一千多个房间，金碧辉煌，到处都能看到著名的雕塑、绘画，还有沙皇过去用过的艺术珍品等。我们跟着一大批访问的人群，排队在各个建筑大厅与房间，闲庭漫步，细心观看，有时照相，有时交谈，足足花费了一整天，才粗略地走完了冬宫的主要部分，给我们留下了难忘的记忆。

最后一天，我们又在冬宫广场上参观了曾经战胜过拿破仑的亚历山大英雄雕像以及纪念圆柱，还有十月革命的阿芙洛号巡航舰，最后行走在宽阔富有俄罗斯

文化色彩的涅瓦大街，大约有 20 多华里长。我们漫步在这条大街，深深陶醉于大街两边各种俄罗斯风格的建筑，精美灵巧的街边雕塑、装饰物和路边小凳，小型的花园，绿树丛中的灯饰和文化走廊……这是圣彼得堡最繁华、热闹的商业大街与文化街，给我们留下深刻的印象。冬天的涅瓦大街也并不寂寞，严冬的大雪并没有阻碍俄罗斯的青少年们，他们在街边滑雪，行走在各个商店、博物馆与文化活动场所之间，更有一番情趣。

我们曾经碰见过几群穿着带有地方特色衣着的姑娘们，真是美若天仙，但有人说，俄罗斯的姑娘们一旦成家之后，不要几年，就变成白白胖胖的大妈了，有些人体重超过 100 公斤啊。这些人文现象与自然景观已是这里最有特色的街边小景了。

华沙火车站见闻

你们是世上的盐，盐若失了味，怎能叫它再咸呢，以后无用，不过丢在外面，被人践踏了。

——《新约·马太福音》

从莫斯科开往柏林的国际列车，在离开苏联边境城市布列斯特时，足足停了两个小时。由于苏联的铁路都是宽轨，到了波兰边境又得换转向架，变为标准轨，才能在东欧、西欧各个国家行驶。但我们万万没有想到，列车进入波兰首都华沙时，又在火车站停了三个半小时，真使人心烦。我问好了列车何时才能继续前进的时间后，便下车来想到站外漫步散心。但车站上的服务员、警察不让我们乱跑。后来只好求助于一位熟悉波兰情况的小姐——她刚刚从加拿大学习归来，懂得英语和波兰语——带着我们在站内小百货商店、外国人娱乐室与大厅里转转，了解一下当前波兰的情况。

波兰是第二次世界大战后建立的社会主义国家，位于欧洲中部，北临美丽富饶的波罗的海，南与捷克斯洛伐克接界（当时尚未分裂），西邻民主德国（当时德国尚未统一）。波兰的国土面积不大，仅有 31.3 万平方千米，人口 4500 多万，与我国两个湖北省的面积差不多，但人口却少得多。第二次世界大战期间，波兰人民深受德国法西斯的侵略、残害，整个战争期间，波兰人死伤超过 800 万。波兰经受战争的浩劫是如此沉重，人民是如此饱经苦难啊！在车站上与火车车厢里，我们曾经遇上好几位波兰老人，看他们深沉的脸庞，眼角上的皱纹都好像说明着苦难的过去，他们一生的苦难何处诉说？我想，世界上一切爱好和平的人都会同情那些受过侵略与战争破坏的国家和人民的。

这列长长的国际列车共有 15 节车厢，平稳地停靠在华沙站台上，时间还是清晨6时左右，有些寒意，列车上静悄悄的，站台上的红灯一直在闪耀。街边的小公园夜雾未消，几株不知名的花草挂满晶莹的露珠。已经十月深秋了，下车的人深感冷清，好在没有寒潮侵袭。

华沙火车站正好建在一个地势比较高的平地上，从站台往下看，远边的街道灰蒙蒙一片一直往北部伸展。据说，华沙火车站很大，客运站每天旅客吞吐量超过10万人次，分国际、国内两大部分，其中每天到波兰首都参观旅行的外国游客也有4万多人，当然大部分是苏联人与东欧一些国家的人。此后东欧社会主义阵营解体，西方游客增多了，中国人和日本人每年也不断增加。

华沙位于美丽富饶的华沙平原中部，维斯瓦河由南向北穿越城区，两岸有许多滨水而建的小别墅、博物馆、学校与购物中心，其中古城堡皇宫特别引人，与清清的河水相映成趣，美不胜收，是游人的好去处。

火车站的西边是一座古雅的教堂，波兰人去教堂做礼拜的会众主要是年轻人。他们是一些热情的、面露笑容的年轻夫妇，有的带着孩子或怀里抱着娃娃，也有一些上了年纪的夫妇，他们希望上帝能够赐予他们和平和幸福，能否实现也只有天知道。一位和我们一起去柏林的波兰朋友对我说，第二次世界大战前夕，也有成千上万的波兰人乞求和平，乞求上帝保佑，但德国法西斯却给他们无家可归和残酷掠夺的现实，上帝为什么也这样不公平呢？他说，这些年轻人也是愚昧无知啊。在车站内的购物商场里，几位男青年，身穿西装、结有花纹的古铜色领带，向我们走来，用那不很熟练的英语问我们，“先生，你们是日本人还是中国朋友?”他们突然来到我们身边，倒引起了我们的警惕，因为在西伯利亚一个苏联火车站上，曾经碰上两个小偷把一位香港朋友腰间的钱包抢走就跑。不过，这几位波兰朋友是刚刚从北京学习回来，我们寒暄几句，他们用大拇指夸耀中国许多风景秀丽的地方，也赞扬中国近几年来改革后，商品市场繁荣，人民生活富裕。他们说北京的高粱酒等轻工产品真使他们羡慕，他们还想第二次、第三次再去中国，中国是伟大的，令人难以忘怀的，他们欢迎我们来波兰访问。我们也频频点头表示同意，但也不知道什么时候才能再来华沙。记得1988年秋，我接到国际地理联合会区域开发处主席（波兰地理学家）的邀请来华沙开会，但当时我在厦门特区搞一个项目，而且所里不能支付国际旅费，我只好作罢。当时我想以后还会有机会来华沙参观的，果然不到两年时光，我赴匈牙利和德国访问，便途经华沙，碰上不少波兰朋友，也可聊以自慰了。

华沙，你是一座英雄的城市，
波兰人民的骄傲。
虽然在二次大战中几经摧残，
饱尝了战争的创伤，磨炼，
世界人民给你投向赞美的眼光。

尖顶的西式建筑，古雅的楼房，
宽阔的市街与雄伟的广场，
记录下英雄华沙人民的史诗。
和平的象征，人民的希望，
幸福的阳光，永远在东方。

布达佩斯印象

世界上最宽阔的东西是海洋，比海洋更宽阔的是天空，比天空更宽阔的是人的胸怀。

——雨果

被称之为“东欧巴黎”的布达佩斯是匈牙利的首都，差不多有200多万居民生活在这里，匈牙利人对来访者夸耀：美丽的布达佩斯是多瑙河畔的一颗明珠。

我是应匈牙利科学院地理所的邀请，于1989年秋天来布达佩斯访问考察的。当我走下火车，踏进布达佩斯市区时，就深感这里很美，各种建筑形式的桥横跨多瑙河两岸，优美的古堡在市区的东南部散布，最著名的是市区城堡山上的一座具有古罗马风格、造型别致且面向多瑙河的建筑，这就是“渔人堡”。来东欧旅行的人都会来到此处，留下永久的纪念。

在那秋高气爽的秋季夜晚，成千上万人拥向市区的多瑙河畔，河床并不那么宽阔，辉煌的灯火映入河面，雄伟壮观的桥梁联结着两岸，景色美极了。特别是在那保持着中世纪建筑风貌的渔夫堡附近的堤岸公园，一对对情侣和游客聚集在多瑙河畔，观看锁链桥上花环式的灯火，以及多瑙河彼岸那些旅馆酒楼和教堂里昏暗幽静的灯光。即使看它千百遍，每次仍叫人迷于她的魅力，这是现代化大都市的壮观景色，然而又富有传奇的色彩。特别是布达佩斯的九座大桥，很有特色，其中最有名的是“链子桥”，始建于1839年，10年完工。其他的有阿尔帕德桥、玛尔吉特桥、自由桥、伊丽莎白桥等。第二次世界大战期间，多座大桥遭到破坏，战后于1949年再次修复通车。我的同行朋友——匈牙利科学院的别列尼教授驱车来到多瑙河畔的闹市区，我们随便走走，夜间的凉风吹入我们的心田。别列尼的助手有时用不熟练的英语告诉我，街头闹市不时传来的是吉卜赛人动听的音乐；酒吧间里一闪一闪的昏暗灯光还有伴唱女郎；街上桥旁拥挤着来自西方和东方的客人；喷水池旁和长长的石凳上，女士三三两两，衣着风流，还有几位风度翩翩的军官腰间挎宝剑，制服上镶着骠骑兵的花边。

这座美丽的城市伴随秋色的美丽与夜晚的迷人，布达佩斯似乎是无忧无虑，充满着生活的欢乐，但也有令人担忧的地方，不少年轻人似乎没有意识到潜在的危机。

布达佩斯是一个双子城，多瑙河把整个城市分成两半，南岸是富有传统、历尽沧桑的布达，它围绕着城堡山突兀而起；北岸是高楼大厦群集的佩斯，现在是市区的主要部分。佩斯大部分是19世纪以来的建筑，特别引人的是新哥特式的议会大厦，拱顶之上也像莫斯科克里姆林宫的尖顶一样闪烁着红星。多瑙河北岸的一排排别具风格的建筑物与景色的和谐使得这座城市精美绝伦，这当然也和生活在这里勤劳聪慧的人民不无关系。布达佩斯城市之美、历史之长，多多少少可以从那城堡、石块以及座座银色的桥感受到，为了这颗多瑙河畔的明珠，人民在历史上曾经付出了多少血的代价。旧日藏有稀世之瑰宝的王家城堡，今日的博物馆，在第二次世界大战之后不得不从废墟中重建起来。欧洲其他国家里的大城市，没有几个像布达佩斯这样经历了多变而又悲惨的命运，然而她像凤凰一样一次次从烈火中复生。自文艺复兴以来，布达是欧洲最繁华、最漂亮的城市之一，也是意大利人文主义者和西方建筑师荟萃之地。可惜的是，在第二次世界大战期间，德国法西斯驻防在布达的城堡山和昔日哈布斯堡王朝的卫城。经过战争的破坏和法西斯分子的捣毁，多瑙河的桥梁几乎都被炸毁，特别是在布达一边，差不多一块完整的大理石和条石都没有留下。后来苏联红军攻克布达佩斯，解放了在法西斯奴役下的匈牙利人民。如今还有些古老建筑群的石块上，隐约可见弹痕累累，那便是德国和苏联的机枪、手榴弹留下的痕迹。成千上万苏联人、匈牙利人和那些法西斯侵略者死去的地方，而今成了人们追忆历史，缅怀英雄，痛恨法西斯的纪念地。每年的节假日，许多年轻人和可爱的儿童成群结队来这里敬献花圈，思念为解放人民而牺牲的烈士。

经过了差不多40多年的建设，布达佩斯已发生了根本的变化，就像是经过神奇的手点化了似的。城市变得更加繁华，规模扩大了，城市空间变大了，地下铁道也建成了。近郊区成片成片地建设新的高层住宅以及市政服务设施。主要的干道共和国大街、十月革命大街、列宁大街等修复一新，许多百货商店、旅馆、饭店和影剧院又按照匈牙利的民族风格与西方建筑风格建设起来了，面貌全新，却使人流连忘返。如果你去主要的商业街道溜达溜达，那些精致时髦的货物和服装每天都吸引着千千万万个顾客，当然部分商店周末却是关门打烊的。在那环形和出城的大道上，拥挤着无数的人，有许多是来自邻近国家的游客，也有来自郊区的农民，他们来这个大都会或是参观游览，或是购买商品和食物。

我在匈牙利逗留的十天期间，不仅详细考察了匈科院地理所的研究动态与科研人员的工作生活状况，而且对布达佩斯的地理结构、工业经济、社会风貌、城市建筑与郊区发展也作了比较周密的了解，留下了深深的印象。从布达佩斯来看，匈牙利不仅仅是个外表兴旺、市场繁荣的国家，而且也是东欧集团经济较为发达、人民生活水平较高的国家，生活水平超过邻国的罗马尼亚、保加利亚和南斯拉夫。

当时匈牙利很注意务实，是一个注重经济效益，喜欢独立自由，保护民族利益的国家。但此后 20 年来，很多观念与价值观都西化了。今天的匈牙利改变了国家名称，连政党也易名。她强调放宽经济政策，而且灵活性很大，也不怕滑边。这样做使匈牙利人民的社会生活水准达到了比较高的程度，接近中等发达国家的水平。

在布达佩斯大多数的商店或超级市场里，食品、副食品和其他日用品均极为丰富，苏联人、波兰人、捷克人和罗马尼亚人来这里大批购买食品、纺织品和各种日用工业品等，每年来自东方集团国家的旅游者高达 950 多万人，光是到布达佩斯旅游的就有 650 多万人；还有来自西方的 480 多万游客，有的在布达佩斯观光，也有的去风景秀丽的巴拉顿湖度假。东西方旅游者对匈牙利目前的经济状况和人民的生活水平无不交口称赞。他们当中的许多人，特别是邻国的奥地利人、意大利人和联邦德国人，来布达佩斯度假、观光的目的之一就是购买富有特色的匈牙利含酒饮料、腊肠和地方性的工艺美术品。

布达佩斯各种饭店的美味佳肴应有尽有，街头小店的日用商品和工艺品也是琳琅满目，地铁车站商店的各种商品、水果和书刊画报也叫人眼花缭乱，有些地方真像巴黎闹市区一样，叫人喜欢在这里逛一逛。据说，匈牙利一般工人的月工资为 5500～6500 弗林（相当于 560～600 美元），大学教授工资每月有 9500～12 000弗林，政府机关工作人员一般收入也有 7500～9500 弗林，但关键是他们每个月的生活消费仅占工资的 30%～45%，房屋费用占 35%，还有相当一部分节余。现在全国有小汽车 210 多万辆，平均每 5 户就有 2 辆小汽车。我访问的科学院地理所共有职员 80 多人，有 16 人买有小汽车，大部分是高级研究人员和行政领导干部。市郊南部、西北部与多瑙河两岸的山野里，有成千上万幢别墅，据说都是布达佩斯有钱人家在节日时居住的。匈牙利人也和西方国家一样实行每周五天工作，周末大部分有钱人均驱车将自己家人带往森林、河边的别墅里居住，陶冶情操，生活在美丽神奇的大自然里，消除一周的劳累，享受天伦之乐。

根据历史资料，匈牙利人即马扎尔人，历史上为勇猛的亚洲骑射民族，非常强悍，勇于探索，勇于开拓，在一千多年前来这里后就定居下来。后来成了欧洲人及基督教徒。在与周围的斯拉夫人、日耳曼人和意大利人长期相处中，他们很好地捍卫了自己，并懂得将其他民族的文化与习俗加以同化，这也是匈牙利文化的一种特点，致使现在的匈牙利语，不同于俄语和德语，也不同于意大利语和斯拉夫语，而接近土耳其语、蒙古语与芬兰语。这是历史上匈牙利几百万人民能在历史长河中保存具有自己独特语言和思考方式的原因。与语言一样，虽然布达佩斯的建筑物和城堡式的住宅与维也纳等城市相类似，可是由于民族历史传统等原因，布达佩斯俨然自成一个世界。匈牙利人勤奋、果敢、诚恳、热情，也有民族的傲气，个性较强，夹杂着东西方民族的特点，又具有独特的风格与形态。

布达佩斯人了解自身的痛苦，也明白人们给了他们新规定的界限。正如当时联邦德国《世界报》的评论指出的那样，布达佩斯人既有着强悍的性格、勇于牺牲的精神，而且还有现实的理智——骑兵和法学家的品质兼而有之。除此之外，在布达佩斯和全国160多个中小城市里，匈牙利人还有一种植根很深的，攫住整个心灵的忧郁和悲哀，他们有时看起来难于控制住自己的感情。这个国家相对于邻国来说，自杀率较高，也许是悲哀的情绪或者说脆弱的感情在这里暗暗地起作用吧。近年来自杀率有些下降了，社会也安定了。稍微考察一下布达佩斯的饭店或酒吧便可以发现，匈牙利人喜欢静静地、全神贯注地聆听吉卜赛人的音乐，他们信奉基督教的宗旨和格言，而德国人和波兰人则善于交际，交谈时常常大声相随，心胸开朗。有时匈牙利人则失之武断，过于忧郁与悲伤，甚至出现酗酒而自杀的现象，这种像闪电般的一幕现实悲剧，可能隐藏着许多东西方人难于预料和理解的某种真实的感性。

巴拉顿湖览胜

天才所要求的最先和最后的东西都是对真理的热爱。

——歌德

巴拉顿湖，是匈牙利一个风景迷人的地方，也是西欧游客喜欢游玩的好去处。这个秀丽妩媚的湖区离首都布达佩斯不到150千米，每年夏秋两季都有两百多万游客蜂拥而至，他们大多数来自德国、奥地利、意大利、法国和北欧一些国家；近年来，中国、日本、新加坡等东方国家的游人也知道了这个美丽可爱的地方；北美一些游客也常常来涉足。

我在匈牙利访问期间，得到匈科院地理研究所所长的热情接待，别列尼教授亲自驱车并带了一位秘书兼英文翻译罗琳小姐陪同我去巴拉顿湖考察访问一天。我们乘坐的舒适宽敞的德国小汽车，离开布达佩斯闹市区往西南方向开去。汽车在匈牙利最好的高速公路上疾驰，时速也能达到一百多千米每小时。我的脑际里不停地翻腾，唉，匈牙利这个小小的国家，城镇建设与交通道路还是搞得挺棒的，怪不得近十年来很多西欧、北美的游客喜欢来这里观光。西欧人还称布达佩斯是东欧的“巴黎”，来布达佩斯的游客一般也喜欢来巴拉顿湖游览。

我们的汽车有时在笔直的公路上行驶，有时却在山间盆地穿行。别列尼教授通过英文翻译给我介绍布达佩斯与巴拉顿湖的基本情况。我们进入巴拉顿湖旅游区后，有时在公路两旁看到古木参天，这里的树林繁茂、溪流交汇、绿草如茵，大有我国太湖流域的东山、灵岩山一带的风味。有时看到一片清流翠峦和冷泉飞瀑的秀丽风光，顿觉耳目一新。公路两旁间或有牧场分布，悠然吃草的羊群、牛群偶尔引颈鸣声，与淙淙流水和喃喃鸟语互相应和，组成一支绝妙的田园交响曲。

巴拉顿湖区是一片富饶美丽的地方，湖水、阳光和林木花草特别叫人陶醉，匈牙利的地理学家们称之为“得天独厚的旅游资源”，每年有成千上万游客被吸引到这里来。在巴拉顿湖深阔的湖面上，碧波万顷、白帆点点，景色特别迷人。喜欢游玩的西欧人常常三五成群地在湖边漫步，在林间呼吸新鲜空气，或悠闲自得地躺在湖边天鹅绒般的草地上。有些年轻的恋人划着小艇在波光粼粼的湖中游戏，欣赏着碧水蓝天中自由飞翔的湖鸟与千姿百态变化着的湖水，大自然的美景都是他们生活的乐趣。每个游人体验着巴拉顿湖的乐趣，总感到远远胜于城市中的烦嚣市井！

如果你在绿草茵茵或落叶纷飞的季节来巴拉顿湖，会发现这里还是个鸟的王国、鸟的乐园。静坐湖滨那些精制的石凳或木椅上，遥望天际，成千上万只各色飞鸟浩浩荡荡、啾啾而过，几近遮天蔽日。飞鸟成群停落在湖边草地，也有几十只海鸥紧随游船的尾部寻食小鱼。游客有时向空中抛放面包或土豆条，白得可爱的海鸥飞快地抢吃飞来之物，盎然有趣，船上的游人非常快乐，有时使游人豪情顿生，感慨万千。在湖边、亭间、草地上漫步，听莺啼雀啭，看色彩斑斓的鸟儿上下翻飞，啄食嬉戏，给人以童话世界般的感觉，耳目清新，心境怡然。我又想起 1983 年秋天，美国朋友带我们去密歇根湖畔度假的情趣。早晚我们观察日升日落的大自然风物景象，有时也观察鸟群在湖边觅食与嬉戏的情景，多么使人难以忘怀啊！

巴拉顿湖区的鸟，数量多，品种多，不仅有冬候鸟，而且有夏候鸟；不仅有迁移的候鸟，而且还有长年居住在这里的各种水鸟。匈牙利一些鸟类专家认为，巴拉顿湖正处在北欧到南欧，亚洲到西欧的迁徙通道上，湖区自然环境幽静，气候暖和，附近又有茂密的树林与食物丰富的草地、沼泽与湖滩地，吸引了南来北往迁徙中的大量候鸟在此歇脚。冬不冷夏不热的宜人气候，也使多种鸟类选择此地作为繁殖时的栖息地。据说，在巴拉顿湖附近共发现鸟类有三百多种，其中重点保护鸟类有五十多种。各种珍稀鸟类色彩纷呈，叫人眼花缭乱。

目前巴拉顿湖区管理委员会按照匈牙利有关野生动物资源保护的法律规定，任何一个旅游者来到自然保护区内观察动物，不准捕猎，不准恐吓。久而久之，人和动物就习以为常地和平共处，互不生畏，养成了良好的习惯。当然还有少部分人不遵守规定，任意捕杀动物，但都会受到制裁。大家自觉地爱护野生动物，保护鸟类，这样它们就很快繁殖起来，更引起人们的兴趣，也有利于湖滨生态环境的保护。

在美丽的巴拉顿湖，每天清晨常常可以看到一群群的鸟儿飞到湖中或湖边滩地上觅食、戏水；黄昏时鸟儿又成群结队从远处飞回，在林中或湖边栖息。百鸟啾鸣，珍稀的鸟类低空翱翔，更增添了巴拉顿湖一带自然胜景的情趣。游人也很高兴地在湖区野餐或野营，度过这假日的美好时光。居住在城市中太久的人们，都喜欢到大自然中去旅游休闲，匈牙利的巴拉顿湖，确实是一个好去处。

第11章 德国之旅

尽管人间的字眼纷繁无比，有的闪光、有的灼热、有的燃烧，如像黄金、如像纯钢、如像宝石，但是，最神圣的还是“劳动”这个词。

——瓦西里·勃留索夫

西柏林的人间情

人很容易被他所喜爱的事物所欺骗。

——莫里哀

柏林是人们很熟悉的大都会，位于德国东部，第二次世界大战后分为东、西柏林，东、西柏林靠高约四米的砖砌水泥墙分开，两边确实是两种世界，两种景象。现在有3条航线、5条铁路和4条高速公路，保持着西柏林与联邦德国（西德）的联系，这是1971年美、英、法、苏四国过境协定生效之后，采取的缓和措施。到东柏林访问的人，自然都想通过柏林墙，到西柏林逛一逛。仅仅花半个小时，给民主德国（东德）的边防警察检查一下，在护照签证上盖章就可以进入西柏林了。在西柏林的入口处，美、英、法的国旗迎风招展，高高飘扬，这表明西柏林处于三国控制下的特殊地位。

西柏林比东柏林繁华热闹，车水马龙，高楼大厦，十分引人。而我进入西柏林游览时，途经自由大学以西，感到这里的街区也十分幽静雅致，街道不宽但也不那么狭窄，街上行人不多，但汽车比东柏林多而且很豪华，街上的商店很多，顾客却不那么拥挤，街上还看得到供人们参观游览时乘坐的马车。无论是在俾斯麦大街上，还是在选帝侯大街上，常常能看到欧式的古老建筑。尖尖的塔式房屋，尽是用一块块红砖砌起来的，疏落有致地分布在西柏林的西南部和中部街区，使人们感到好像置身于西欧一些国家的城市中心一样。

我独自一人进入西柏林闹市区时，在地铁的入口处，寻找小银行把美元兑换成西德马克，然后打个电话给自由大学地理系布朗教授，但他不在办公室。我看看日历，才知道是星期六，他肯定在家，但家中电话接通后，他的太太说他不在家，去超级市场了，让我下午2时后再联系。我看看手表，小小的指针走得太慢了，还是上午九点半，转了许多商店，觉得有点饿了，结果花了四个马克，才吃到一顿快餐，当然没有红烧肉。快到十一点时，我乘坐地铁、公共汽车去找一位

大都市柏林的主要地图

刚刚认识的西德朋友，通了电话，他在家里等我。但我找到他又经历了一番曲折与困难，急得我像热锅上的蚂蚁似的在西柏林市区团团转，真是“山重水复疑无路”了。在地铁车厢里，我心急如焚地查找地图，一位带着不足两岁孩子的年轻妈妈好像用德语问我是否迷路，我不会讲德语，用英语回答“lost my way”，但好像她也不懂，我只能点点头，表示迷路的样子。后来我将我朋友的德文地址给了她看，她非常热情地拉着我的手，带我下车，走了十多分钟的小街，来到 64 路公共汽车站，指着站上的路牌，叫我坐 3 站即下车，然后再换乘 2 站地铁，出站后便可以找到我的朋友了。还给我买了一张汽车票，我赶快给她的小孩一盒风油精，她好奇地看看，嗅了一下，并表示谢意，笑着与我分别了。我按着她的指点，乘汽车和地铁，终于找到了德国朋友。后来我回忆这段有意义的经历，想想这位善良热情的德国妇女是多么体贴人啊！德国人民也是热情友好的。

中午时分，我在似曾相识的德国朋友家休息了一个多小时，朋友在客厅里的桌子上摆上几块饼干和一杯葡萄酒，我们俩用英文交谈，倒还十分融洽。快到下午两点时，他帮我给自由大学的布朗教授家打电话，我们通了话，然后约好下午3时整在哈弗尔湖西头的码头会面，真是好不容易。

布朗教授是我们所的研究生——曹晓红的老师，前年她在西德自由大学学习一年，我这次来访，也对他表示感谢。席间，我也赠送了一些礼品和出版物（论文）给他，我们在他家里交谈约一个多小时。他提议用他的汽车带我到西柏林一些重要的文化胜地参观。

布朗教授先带我看老城区。我发现西柏林老城区房屋比较破旧，街道狭窄，路面还是坑坑洼洼的，叫人惊奇。可是一到新城区，城市景象完全不一样，几十层的大厦拔地而起，结构新颖，造型美观，布局合理。特别是公寓大楼之间都是城市雕塑、小花园、喷水池，间或还有游乐场和影剧院。街头道旁有许多抽象派的广告、画廊，别具一格，空地上种满各种花草树木，环境比较清静优美，感不到都市的喧闹。

我们的汽车来到国会大厦时正值天色阴沉，使得这座巨大雄伟的建筑物色调更为灰暗。这幢古老的大楼是德国100多年来存亡兴衰、沧桑变化的历史见证，如今修复一新。大厦四周都是树林，门前是一片广阔的青翠碧绿的草坪。这座大厦是坐东朝西的，宽约400米，长有120米，它的背后就是一条宽约30米的河流，河在西柏林境内，河的东岸是东柏林，设置了层层铁丝网，上面还有自动报警器，自动发射机，附近还布雷（1992年前）。我们在国会大厦门前徘徊漫步时，天色依然灰暗阴沉，由于时间关系，我没有要求进入大厦参观。第二次世界大战结束已经40多年了，分裂的德国目前快要统一起来了，两德人民多么高兴。但我有时独自一人苦思：今后统一的德国会怎样发展呢？是对世界和平有利呢？还是增强了北约集团的军事力量？人们将拭目以待，等待和平友好的一天。

我们还兴致勃勃地参观了夏洛腾堡宫。这是来西德访问的人都很想来的地方。夏洛腾堡宫位于市区的中西部，是腓特烈一世1695年为了妻子——当时的勃兰登堡侯爵夫人，后来的普鲁士王后——索菲·夏洛蒂建造的，是柏林城保存下来最漂亮的巴洛克式建筑物。其中收集了许多欧洲艺术大师的名画，有毕加索和达·芬奇的作品，许多名画把古代皇亲国戚的奢侈生活，画得惟妙惟肖、栩栩如生，使人惊叹不已。宫中不仅保留着许多国王、王后的稀世珍品，也保留着一部分东方文化的艺术珍品，有中国的字画、玉雕、景泰蓝以及各种珍珠、玛瑙、瓷器、陶器和翡翠，尤其是明、清两代的青花瓷器、青田石刻等。络绎不绝的游人也都很有兴趣来参观中国的古代艺术精华，有不少外国人签名留念。我心中却暗暗翻腾着，由于晚晴政府的腐败无能，八国联军侵略中国，掠夺了多少中国的文化珍宝！我们这一代人应有责任建设强大祖国，使中国人永远不被掠夺欺侮，这才是我们的民族精神啊！

德国与英国富人的庄园

情天再补虽无术，缺月重圆会有时。

——林朝崧（清）

荒凉野性的大自然曾经是人类生活原生态的家园。狩猎、采集、放牧、挑水、建造等各项劳作都离不开原始的自然界，这是我们人类最初起源的地方。

如今人类建造了大大小小的城镇，有世界一流的国际化大都市，有繁华热闹、商贸发达的商业城市，有交通繁忙的运输枢纽和港口城市，还有许多布局分散的中小城镇，甚至在优美的大自然中建造了星星点点的小别墅、休闲度假的旅游城镇和各类环境优美的庄园。今天，我们在认识自然、改造自然的过程中成了自然界的主人。

在拥有丰富的物质财富之后，日益增加着“城市病”的城市，处处有烦心之处。在生态环境质量日趋下降的情况下，繁华热闹的都市并不是人们的最佳选择，不少人想返璞归真，向往着大自然空间的优美与新鲜。于是在十九世纪中期，欧洲上层人士更愿意享受闲适的庄园生活。

20世纪90年代，我们曾在欧洲十多个国家考察，除了关注城市化、郊区化的课题外，我们还十分注意有钱人的庄园生活或城里人去农村中做各种兼职。

在德国科隆与波恩之间的莱茵河畔，或是英国伦敦周边的牛津、剑桥附近，在森林草地和山间盆地中生活的一些居民，过着即现代化又拥有优美自然风景的庄园生活。而这种庄园生活也造就了上层阶层的绅士品质。西欧那些发达国家的庄园也是上流社会精英阶层最为形象的隐喻。

不少庄园别墅建造在那些交通便利、空气新鲜的低山丘陵之间，背山面水的优美环境之中。人们可以坐在五彩缤纷的岩石上，旁边是森林草地、流水潺潺，尽情享受优美的自然景色，冥想明天，憧憬未来；或者缓步在林间深处，去观看那些奇花异草；或在小溪河畔，寻觅自然界中不断繁衍的小虫与花果。这时，容易让人们想起，浪漫主义诗人拜伦精致绝伦的诗歌对庄园生活的心灵赞美。英国、德国、意大利、瑞士、奥地利等国家的千千万万个富人庄园、农家小村不仅是赏心悦目的风景，还是一种比较普及的文化景观。最初的贵族庄园相当豪华、建筑风格也别出心裁，随着欧洲工业化、城市化的进行，富人喜欢迁至城市远郊区建造自己的安乐窝，数量也日渐增多。有些商贾巨富、名门望族获得政府赐赠土地，招引了大批建筑师、能工巧匠、艺术家和各种文化人建造了一座又一座的贵族庄园，并有着起居生活、经济事务和文化活动的综合功能，吸引着各界名人前去交流、集聚和休闲娱乐。因此，欧洲众多国家的庄园不仅是继承与发展文化产业的地方，更是许多文人诗人创作的园地，成了绘画艺术、建筑艺术等各种文化形态的集合。

从人居生态学的观念分析，英国有钱人更喜欢远离都市的生态庄园。有人认为，“英国就是乡村，乡村就是英国”，这个标准也是英国人的箴言。不同我们眼里的乡下人，英国庄园是一个空间宽大无比，贵族从容优雅地享受客厅中下午茶的地方。

不少英国作家借用庄园为题材写下了许多永留人间的故事，例如《简·爱》的女主人公简，由于她来到了桑菲尔德庄园，获得最动人的爱情，为我们年轻人所追求、所钟爱。《傲慢与偏见》作品中的伊丽莎白爱上了傲慢的达西先生，不顾家庭的反对，终于嫁到了远离繁华都市的彭伯里庄园去，让我们不少老年人为之动情。

世界著名的《飘》的故事里，有一双美丽动人的大眼睛的郝思嘉姑娘，与塔拉庄园纠缠一生，是爱情的力量鼓励她奔向心中的小天堂。

在文化浓郁、人生浪漫、城乡美丽的法国，哪里有十分清新、植被繁茂庄园，哪里就能闻到葡萄酒的醇香，哪里就有许多男欢女爱的浪漫爱情故事。在法国人眼中，葡萄美酒、洁净庄园和浪漫女郎就是法国人生中最喜闻乐见的传奇故事。

能圆的梦——欢快的旅途生活

吸附到春天的气息，感受到阳光的眩目；没有停下漂泊的脚步，踏进心情的花园。

——姚士玉

没有春耕时节的艰辛，恐难有秋日丰收时节的甜果。我们孩提时代并不是生活在铺满玫瑰的摇篮里，记得我在童年的时候，奶奶告诉我，人的一生有许多美丽的梦幻，但很多都是难圆的梦。确实在那20世纪40～50年代中，中国的生产力如此低下，老百姓终日在贫瘠的土地上胝手胼足地劳动，人民的生活却一贫如洗，纵然有许多美丽的梦，也是难圆的梦啊！1959年夏天，全国高考日期将近，我梦见在高考那一天乘坐汽车从我的故乡前往兴宁县城赴考。但第二天还是没有钱买短途汽车票，真是好梦难圆。只好与山村的五位同学带上干粮离开自己的家，踏上征途，跋山涉水，从黎明出发走那艰难崎岖的140多里小路，至黄昏来到县城，第二天就高高兴兴走入考场，经过两天紧张而又艰辛的努力，终于完成了考试。万万没有想到，我们大柘中学240多位高中毕业生，考上大专院校的竟占了40%，我考上了全国著名的中山大学，迈出了人生的第一步。奶奶和我的养母李秀花都高兴地笑了，她们说，人生难圆的梦，你还是圆了。全村许许多多父老乡亲、兄弟姐妹为我高兴，送了半新的一些旧衣服、日用品等，为我送行。

“文化大革命”期间，中科院与全国许多单位一样都要下乡搞“斗批改”。我们在70年代初与江苏省省级机关的同志去六合、金坛等县和农民结合在一起，一边劳动，一边学习。在夜深人静之时，我有一个美丽的梦，梦见终于离开了农村，回到了自己温暖的小家庭，与刚满两岁和周岁的两位女儿团圆。但此梦难圆，当时每两个月只能回家三四天。经过两三年农村的锻炼，人的意志坚强了，与贫下中农的阶级感情加深了，但大学所学的专业知识与外语几乎也忘了，想为祖国社会主义建设作贡献的梦，真难圆啊！“文化大革命”的十年，使我们这一代人破灭了多少美丽的梦！

改革开放之后的春天，每一个有着奋进理想的人都会有许多能圆的美丽的梦。记得有位诗人写过这一首短短的诗，“走进中年，别人在南山采撷硕果；我却在失调的枝头，摇晃着教训；生命没有统一的模式，只有一本本灵魂的孤本”。人生把一个契机给我，我便梦想着旅游这个偶然的世界。在深厚和浅薄的落差中求得沉淀，在理智和人生的撞击中“圆其美梦”。

又是1978年的一个秋夜，天上那飘移不定的群星与月亮，还有在天空中一闪亮的流星，引人深思。月亮与星星有大小之分，明暗之别，距太阳远近之差，就是星星与流星也有这些差别，各有各的归宿。人更是如此，弹性系数更大些，由于主客观条件不同，每人的逆境有异，万千变化，自然难以预料。想不到这一年我能参加中国科学院地理代表团第一次出访美国，而且我们地理界10人往返美国40天所有费用都是美国科学院支付的。将近38年的人生旅途上，我真像那一颗流星，一闪而过星星勾画的夜空，来去匆匆。许多难圆的梦，又有许多能圆的梦。然而这一切能忘吗？不，每当回首，情更深，意更切！

20世纪80年代初，由于美国一些教授的推荐，我申请美国路斯科学基金会的奖学金成功获批了，得以第二次来美国考察、学习，还有几次欢快的旅途生活，使我难以忘怀。美国很大，城市之间交通非常发达，但想一个人走遍美国，确实是难圆的梦。但我是城市地理学工作者，我想走访美国许多重要的城市与闻名世界的自然景区，如夏威夷海滨、尼亚加拉大瀑布、加州风光、五大湖畔、华盛顿首都风光、佛罗里达半岛和密西西比河三角洲等。不过这些初时难圆的梦，后来在许多美国朋友的热情邀请与周密安排下，大部分都实现了。后来还想访问加拿大，说来真巧，1984年中，有两次得到加拿大朋友的邀请，访问了多伦多、渥太华、滑铁卢、小伦敦和圭尔夫等地方。有一次，加拿大朋友陈国相教授亲自驾车，陪同我去多伦多和渥太华访问，可是当我们的汽车离开他家260多千米时，他突然患了肠绞痛，满头大汗，疼痛不止，可急坏了我俩，赶忙在路边小店停车，休息半天后我劝陈先生回家治病，不能冒险上路，会出大事情的，他只好驾车回家，原来我打算访问加拿大中部地区的计划中断了。在医院治疗期间，医生劝他不能外出，一定要休息。我只好孤单一人继续旅行，买了火车票从圭尔夫大学来到多伦多。经过朋友的介绍，我又找到了一位热情好客的陈金永先生，在他家住了三天后，我又继续坐火车往渥太华一带去旅行。半个月的旅途生活虽然是艰苦、孤寂的，特别是在我的英文水平比较差的状况下，但旅途的生活与巧遇，却也有许多乐趣，并终于实现了旅游加拿大经济与城镇发达的南部区域的愿望，使我这个难圆的梦又圆了，且增添了人生旅途的许多欢乐的回忆。

最令我难忘的是1989年的秋天，我踏上了访问苏联和东欧一些国家的万里征途。为了探索西伯利亚的奥秘，我决定乘坐北京至莫斯科的国际列车，在莫斯科访问几天后又乘火车前往柏林和布达佩斯。40多天旅途生活中，我有18天是在火车上度过的，虽历程艰苦，但旅途生活却很愉快。

从北京开往莫斯科的国际列车上，八千里路的单调生活，孤身一人，语言不通，头几天还好些，过上一星期就乏味了。然而，人生旅途，不能那么封闭，不能孤雁离群，不能孤芳自赏，应当像春天的小鸟飞翔在高空蓝天里，像勤劳的蜜蜂一样热爱集体共同采花酿蜜，像涓涓泉水那样流入大河大海中，吸取生活中的维生素，用流水欢歌充满人生旅途。我们的国际列车过了蒙古乌兰巴托后，我与北京电视台以及河南省围棋代表队的朋友们就比较熟悉了。由于我的兴趣广泛，围棋、象棋都能走两下子，自然很快就交上了朋友。有兴趣时与他们下围棋、象棋，共同提高棋艺，也冲淡了我旅途生活的孤寂。在软席车厢里，我的对面是两位在中国教英文的加拿大小姐，一周的旅途生活，从工作、学习、生活到中加两国的地理风光，我们都喜欢交谈，旅途中也相互帮助，相互关心，体现了中加两国人民的友谊。

我们的列车进入柏林（当时的民主德国首都东柏林）的火车站时，已经是晚上九点多，我没有人来接站，最困难的时刻出现了，使我一筹莫展。原来在莫斯科等我、曾经多次访问过东欧的董雅文教授，本来要与我一起去匈牙利访问的，但因她要在莫斯科陪同所长、院长继续访问，并做俄文翻译，故没有时间到东欧旅行考察，临时给我介绍一位在柏林上大学的朋友的女儿小廖接待我。但是我在莫斯科时没有发电报请她来火车站接我，我还为他人作嫁，带了许多书籍行李，只能深夜上门找她。当我拖着、背着超重的四件行李，问了许多德国朋友，转了三次公共汽车，终于在晚上11时左右找到小廖所在大学的宿舍时，门卫却一直不让我进去，原因是这栋宿舍是女生住的。我说现已深更半夜，我在柏林举目无亲，仅有这位朋友的女儿，必须得见她一面，由于语言不通，经过长时间的手势比划，门卫终于给我接通她住处的电话，但回话说她不在家，晚间跳舞去了，多急人啊！后来偶然在传达室碰上一位深夜归来的中国人，交谈之后才知道她是中科院遥感所来德国进修的，当知道我是第一次来德国，又是半夜找人，她请求门卫同意带我上 17 层楼她的住处，并非常友好地为我放好行李，问长问短，我这时已经筋疲力尽，想不到他乡遇故知，真是柳暗花明又一村。稍事休息后，她为我煮鸡蛋面、泡茶、倒水洗脸。老实说我那时晚饭还没有吃，仅仅在火车上吃过几块饼干，早已饥肠辘辘，这真是让人感激啊！时钟刚过午夜一点，廖小姐从门卫那里得知我来了，就急急忙忙到楼上找到了我。我想我与她们都是素不相识，只是通过同事、朋友的介绍，或巧遇才相识的，如果没有她们的帮助，这一晚在德国我只好东奔西走，漂泊他乡了。所以，有时想想，这种旅途生活的苦难真叫人心寒胆惊的。第二天，她们又为我去捷克斯洛伐克大使馆签证，为我找一位德国朋友奔忙了一整天，并请我吃了很多德国的美食，在我离开柏林时又买了很多食品与水果放在火车上。她们这种无私的精神，对于自己祖国同胞的真诚友爱使我终生难忘！在国外有许多许多看起来难圆的梦，由于得到自己祖国亲人的热情帮助又圆其好梦了。真是：

美不美家乡的山和水，
亲不亲自己祖国的故土人。

科隆街头

科隆是德国西部鲁尔工业区一个大都市。在 1994 年的秋天，当我们第一次来科隆考察时，怎么也看不到那种烟囱林立，浓烟滚滚的景象。据说这座工业城市还是德国的化工基地，汽车、机械与食品工业发达的地方。我们曾在科隆市的北部、东北部等工业区考察过几次，一些大的电厂、拖拉机厂环境是十分清洁、美丽的。不能不使人深思：工业化国家当他们经济高度发达时，十分注意区域环境的整治，特别是对重工业地区大气、污水的治理花了大力气！

星期六、日，是西方人法定的假日，城市中心许多商店除了星期六半天营业外，都关门休息了。因此想了解西方人的城市生活方式，得在工作日或星期六抽空去逛一逛城市中心才行。偶尔有一些机会，我们乘坐舒服而且不必去“抢”座位的轻轨电车或公共汽车进城。德国朋友告诉我们，上车买票自动打卡是每一位旅客应尽的义务，这里没有人售票，甚至驾驶员也不作声，静悄悄地考验着每一位旅客的品质。“节省”这点马克而逃票是极不光彩的，甚至德国那些还没有受过很多教育的小孩、儿童都是自觉买票。如果你的钱包里真的没有分文，向人家说一下，下趟乘车时补上这几块钱，这才是诚实的公民。

科隆街头并不热闹，虽然有许多珍奇的商品或昂贵的金银饰物，但在大的连锁商店、大公司百货商场里，也不是人流滚滚的。所有商店的东西都是开架的，由顾客自由挑选，里面的服务员很少，往往是买东西后，一起到门口计算机处结账。当你看到这些售货人员、服务人员面带笑容、热情周到地为你服务时，总觉得进了这家公司的商店不买点东西就很不好意思了，更不会有想占点什么“便宜”的私心杂念。其实每个商店都有电视监视系统。

科隆城市中心靠近蓝色的莱茵河畔，具有1600多年的历史，方圆10多平方千米（总城市市区面积超过150平方千米），仅有5～8条快速车道与四方八面联系着。地下是发达的地铁系统，地面上人流很少，不少东方人、阿拉伯人、南美洲国家的人骑着自行车，但没有嘈杂的三轮车、摩托车，真是人间天堂。大家都可以在这样安全、静谧的街上自由自在地行走，尽情欣赏这个现代化建筑群中所发生的一切。自行车有专门停放之处，不许进入步行街。如果你在星期六到这些步行街转一转，你会看到一些德国青年人在街头作画，作画时将自己的破草帽放在一边，旁边写着德文“谢谢你”、“给我一点钱”，他们也是自食其力的劳动者；还有中东人、印度人、俄罗斯人在街上唱歌跳舞或手舞足蹈，演奏着许多国家的流行音乐，他们一边唱，一边跳，往往吸引着一大群人在围观，唱完跳毕，人们三三两两地放上几块硬币；还有一些乞丐或无家可归的姑娘也在沿街乞讨，看样子什么也不管了，讨到钱就是他们的本事。那些乞丐的手臂文着各种文字，头发也是红的、黄的，甚至还有一些是绿头发，令人发指，但十分可怜！我们是同情这些人，但不少人却敬而远之。

莱茵河畔几座美丽的小城

2003年的初夏，在十年后，我再次在科隆大学做高访学者的时候，曾经多次在从科隆到波恩、从法兰克福到美因茨的风景秀丽、山水幽静的几个小城镇考察访问。在周末及得空之日，德国教授尼帕尔有时也与我们一起做小城市与乡村居民点的研究。实际上，我们常在德国的莱茵河两岸，带上简单的行装，放松在大学里工作紧张的心情，欣赏大自然掩映下那些乡村小镇的美。

长久在工业化、现代化的大城市里工作，常常会有郁闷的心情，如果能经常利用休假节日，远离城市的喧嚣与烦恼，来到天堂一般的美丽舒适的地方住上几天，对于城里人来说确实是一种奢华的享受。像长久居住在沪宁线上那些钢筋水泥大楼里的国人，在改革开放之后，也常常到美丽的江南小镇休闲（如周庄、同里、乌镇、绍兴以及溧阳、江宁乡下的一些名镇等），也真是个锦上添花、清新沐浴大自然的快乐时光。

在德国的莱茵河畔也有许多美丽的山乡小镇，波恩附近的艾托夫、科布伦兹附近的新维德、法兰克福附近的奥芬巴赫以及德国南部黑森林地带内的康斯坦茨、梅尔茨堡、宾根等小镇，真的像是天堂一样。在这些小城镇，天空是蓝蓝的，河水是清清的，美得自然，美得无华，美得清纯，美得令人羡慕啊！特别使我记忆犹新的，是1994年、2003年我与我的妻子曾经骑自行车从科隆到波恩走了两趟，都是沿着莱茵河畔的一些小城镇欣赏访问。旅途有78公里，来回骑自行车需要7个多小时，既锻炼了身体，又欣赏了德国许多小城镇的自然风光。

波恩这座中小城市，曾经是德国分裂时期联邦德国的首都，当时人口仅有20多万。城市位于莱茵河中游的南岸，离大城市科隆也只有80多公里。波恩城市本身也很美，居住在这里的德国人也感到很满足。不过，德国南部、莱茵河流域附近还有更加美丽的小镇，例如艾托夫、宾根等，都宁静、美丽、乡土味浓郁。大多数小镇始建于公元9～10世纪，曾经是德国南部田园牧歌式的城镇。小城内多有古朴的城堡和庄严的教堂。富有人家和乡间绅士大都有木质结构的小别墅与花园式的小庭院，屋前的河水清清，屋后是满坡森林与草地。小镇内的博物馆、小客店、小饭馆都用木质结构的建筑形式，建造小巧天然的房屋，庭院内许多儿童玩具也是木质的，展示了当地流传几百年甚至上千年的建筑文化。

在多瑙河的上游，德国南部黑森林一带，也有许许多多的乡村小镇，美丽极了。从康斯坦茨向博登湖对岸走去，附近的湖边山丘种满了葡萄。山顶上有一座建造于中世纪的古城堡，那就是位于清澈湛蓝的博登湖边的梅尔茨堡，也是邻近法国与瑞士两国边境的美丽古朴的小镇。康斯坦茨和梅尔茨堡常常吸引着众多国际游客，每年的旅游人数约有25万人次，其中大部分是欧洲各国的客人，还有不少的美国人、加拿大人、南美人和东方人等。参观康斯坦茨的小城，最引人入胜的地方是依旧华美的教堂、古朴绚丽的城门、鹅卵石块铺成的街区道路，从中可以看到这个古城悠久的发展历史。而梅尔茨堡就是一个传统的法国式乡间小堡和以葡萄酒闻名的小镇。镇区各条不宽但很有特色的街道上，有各种建筑形式布局的小巧清净的葡萄酒馆。在夏秋两季各样的葡萄酒节中，当地居民与外国游人聚集在酒馆门口，兴趣甚浓，等候美丽大方的姑娘们端出陈年或新酿成的葡萄美酒。晃动明亮的酒杯，在友好与微笑的气氛中品尝各种葡萄美酒，真是在享受大自然的仙境与人工构成的亲昵氛围，酒香四溢，令人迷醉。在西欧不少国家都有很多环境优美的小镇，有些位于山川河湖之畔，有些却布局在深山幽谷之中，这些小镇像磁石般吸引着游人！

勃兰登堡广场速写

每年8月13日是柏林墙建设的周年纪念日，第二次世界大战后，德国划分为东、西德两个社会制度不同的国家。东德为苏军占领管辖，建立了社会主义制度的国家民主德国；西德为美、英、法联合占领管辖，建立的是资本主义制度的国家联邦德国。原来德国的首都也划分为东、西柏林两个占领区，自60年代起，东、西柏林之间构筑起一座柏林墙。凡是来德国访问的人都想看看柏林墙！1962

年时，德国一位著名的摄影家布列松抓到一个令人遐想、引人深思的镜头——双手持拐杖而行的残疾者（二战老兵）和还在柏林墙边荷枪守卫的哨兵，暗示着历史上的战争和眼前两德对立的局面。

然而，天下大势"分久必合"。1990 年后，由于苏联与东欧社会主义阵营分裂解体，联邦德国凭借她强大的经济实力，将分裂了 40 多年的两德统一起来。自那年后，阻碍东、西柏林人民自由来往的柏林墙也已经拆毁了，仅仅在市区中心一段约有 500 米长的墙保留下来，作为具有重要历史意义的纪念。

勃兰登堡门过去属于东柏林管辖，两德统一之后，人们可以自由来往了。每年 8 月 13 日，都有成千上万的市民在勃兰登堡门两侧的大广场内参观游览。勃兰登堡门顶上有许多非常精美的艺术雕塑，两侧广场有莲花式的喷水池和绿茵茵的草地，外侧为森林地带和停车场，风景美丽极了，从早到晚游人络绎不绝，在这里可以回忆过去的历史事件。

1994 年的 8 月 13 日，科隆大学尼帕尔教授驱车陪同我们到勃兰登堡门参观考察，我们万万没有想到这一天下午 5 时左右，一架直升机在广场上空出现，随着人们的欢呼声，直升机上洒下很多小小的降落伞，下面吊着一块块巧克力糖，降落伞是用小型的美国国旗制作的。几万人眼睛盯着小小的降落伞，直升机来回好几趟从高空中洒下成千上万块巧克力糖。市民们、游客们欢呼着，奔跑着去接收这些很有意思的礼物。美国人认为东德市民过着比较贫困的生活，因此美军飞机抛撒这些巧克力糖是一种社会"救济"，也是一种收买人心的社会"福利"，从这点来看美国的上层人物真是别有用心啊！

在具有历史意义的勃兰登堡门，尽管两德统一了，都奉行资本主义市场经济，但原来生活在民主德国社会主义制度下的公民，却遭受到美国统治阶级的歧视与讥笑。我们在这个广场上看到美军飞机抛下大量的巧克力糖，心底里却是一种难受，一种无声的耻辱刺痛着怀有正义感的人民。1992 年前，万万也没有想到莫斯科的领导者们，如此腐败无能地把好端端的社会主义阵营弄得支离破碎！

西方人与狗

在西方世界生活较长时间的人们，不难发现美国人、德国人和比利时人，都是把狗当做家庭宠物来饲养的。我们在芝加哥、旧金山或在德国的科隆和柏林，看到外国朋友特别喜欢狗。在休息日或日常早晚，都有许许多多的外国朋友携带着狗在公园里散步或上街购物，与狗同乐，与狗同行，与狗同玩，甚至一些孤独的老人与狗相依为命。

20 世纪 80 年代初期，我在美国留学进修时，有一次在密歇根州立大学的一座大楼里，发现很多美国人带着自己的狗来到这个展示大厅。啊哟，我的天呀，几千条各种各样的大狗、小狗和老狗，在这里集合。有些狗忠实得很，跟着主人摇头摆尾的；有些狗可爱得很，靠着主人，相互亲热；有些狗可凶恶得很，仗着主人，似乎想咬人；有些狗却高贵得很，主人给它带上金项链，穿上毛呢货，化装得像“高等”走狗一样。90 年代初，我也在德国许多城市里发现德国人也和美国人一样爱狗如命。有一次电视上看到，一家女主人的爱狗病死了，她一家真是悲痛得很，为狗送终，为狗埋葬，为狗立碑，对于我们来说简直是难以理解的事啊！

每天早晨，我在科隆大学宾馆附近的一个湖边公园里锻炼时，可以看到老人或中年妇女手里牵着一条条小狗、大狗或老狗在公园散步，悠闲自得。据观察，德国人那么早就把狗放出来，都是让狗在公园里的树木下拉屎撒尿，放出来的狗都一个个蹲在大树底下撒野，然后主人牵着狗在公园里漫步、锻炼，有时一些贪玩的儿童与狗一起逗乐。特别是那些毛长长的白色狮子狗，在主人面前蹦蹦跳跳的，显得十分可爱。

有一次，我们亲眼看到一条黑毛狗走近池塘边时，气势汹汹地冲到一群野鸭与天鹅附近。野鸭被吓飞了，可是那天鹅却张着长长的利嘴与狗抵抗。黑狗猛扑过去，似乎想与那两只肥壮的天鹅比高低。这时狗的主人见到他的狗如此凶恶不听话，似乎又违反了野生动物保护条例，立即呼唤他的黑狗过来。这条狗却马上跑到主人身旁，主人非常生气，严厉地教训这条狗，狗也知道主人不高兴了，似乎低着头表示悔悟。主人命令它跪下，狗真听主人的话，乖乖地跪下它的前脚，表示“十分难过”。主人不断地教训这条狗，直到他认为狗已有悔改之意。这个公园里发生的这件事，使人们悟出这个道理来：德国朋友对于各类野生动物非常爱护，对于大自然的生命十分爱惜。因此，无论你到哪一个自然保护区或公园河湖地区，德国人都非常爱护天然动植物。他们的素质非常高，也非常天真热情，真叫人敬佩，值得我们好好学习啊！

在德国朋友家中做客烛光的联想

你应该这样做，每一件事的命运取决于你和你的行动，这是你对社会和朋友的责任与友谊。

——一位德国朋友

偶然有几次机会，在德国朋友家中度过难忘的时光。每次德国朋友请我们到他们家中做客午宴或晚宴时，餐桌上的佳肴不多，也就是色拉、生菜、煮肉或白水鱼、水果、啤酒、饼干之类，但最使我联想的还是餐桌上几根精制的蜡烛。

外国人不像我们在过生日时才点蜡烛，每当家里有重要的客人时，家庭主妇一定用各种颜色的蜡烛来代替电灯，显得古典、幽雅、高贵、深情。我三次来德国访问，1989年10月在柏林自由大学访问布朗教授时，在他家做客时点有蜡烛；1994年8月我和我的妻子，在奥斯纳布克城医院院长温西夫家做客时，也点亮了六根蜡烛；2003年，我在科隆大学访问时也参加过几次家庭宴会，德国朋友也点燃了蜡烛。这些小小的蜡烛顶着一朵朵烛焰，像一颗颗欢乐、友好而跳动的心，尤其是在温西夫家中时，院长有一位贤内助，又有六个聪明伶俐的儿女，他们用蜡烛放在餐桌的菜碟之间，照亮人们微笑的脸，点亮我们之间友谊的心扉。我们有时凝视着烛光，在交头接耳，细细闲谈；有时在相互碰杯，表示情谊。烛火也用柔和的光晕抚摸天真活泼的孩童的脸。我们又发现，虽然是世界上不同的民族，还有许多话儿不能用语言表达，但这柔和的烛光却沟通了我们的心。我们面对着烛火，任它把我们的身影一个个都印在雪白的墙上，那是人类的美好的光影。在烛火神圣的沐浴中，我们用心相互交流，这时我们都似乎相互理解。给孩子们以母爱，给老人们以敬爱，给同事朋友们以友爱，给亲人们以深深的爱。就是这样使人难以忘怀的烛光，使我们之间永远友好，烛光让我们的心与心互相贴近。

人类从蛮荒走向现代文明，从战乱走向和平，世界上大多数地方野蛮的生活方式早已被抛弃，侵略者的魔爪也被和平的车轮碾得粉碎。野火烽火减少了，而人类文明越来越多利用灯火烛光、彩虹焰火来点燃世界。并用人类文明之火、烛光之火召唤人世间的友情，这正是人类文明社会的光明。这时我想起广州文化公园的文明灯，北京天安门前的不夜灯，上海南京路和外滩的霓虹灯、杭州西湖畔的美丽彩灯和南京夫子庙、秦淮河畔的各种荷花灯、船儿灯……这些都是和平的象征，是人类文明神圣崇高真谛的体现。

德国人的啤酒节

天赋和知识是社会的产物，但一个人的天才是劳动的结晶。

——劳林

我们在科隆大学访问时，每周五晚上到街上走走，可以看到德国人喝啤酒十分普遍。街上大大小小的啤酒馆，每晚座无虚席。人们十分高兴，边喝边谈，一直到深夜。奇怪的是德国人喝啤酒时都不吃什么菜肴，仅仅是大口大口地喝啤酒，这点我们中国人很不习惯。没有一点花生，鱼肉之类，我们就喝不下去，越喝越没有劲。从这点看，我们中国人的生活是多么丰富多彩啊！现在却觉得有些奢侈浪费了，特别是地方政府宴请客人与外宾时。

1994年7月，正值世界杯足球赛在美国举行，德国足球队是世界上一支强悍的劲旅，历史上他们拿过几次冠军。这次他们非常骄傲，认为世界冠军非他们莫属了。但是后来德国队却在四分之一决赛中被保加利亚队淘汰了，未能进入决赛，最后冠军给巴西队夺走了。当时整个德国沉闷下去了，千百万个球迷失望了，当德国的足球队员从美国返回德国时，多少人流泪了，多少人悲伤极了，差不多有半个月，每个城市的青年人都很少喝啤酒了。据说在科隆、法兰克福和慕尼黑，啤酒销售量下降了三分之一。在平时，慕尼黑的居民平均每人每年要消费220公斤啤酒，可称为全球之冠，怪不得在慕尼黑街上发现中年德国男人不少是大腹便便的啤酒肚。

德国是世界上盛产啤酒的国家，尤其是莱茵河两岸和南部的几个大城市，特别是慕尼黑酿制的啤酒清纯醇香、味道浓郁、质量优良，享誉全世界。我们在德国生活工作了三个多月，几乎每天都喝一点啤酒，但没有什么酒量。德国朋友告诉我们，每年9月底10月初，世界各地的游客云集慕尼黑，分享德国人民啤酒节的喜悦，与德国人一起狂欢。

每年刚到9月，慕尼黑的居民们便忙碌起来，准备迎接啤酒节了。市中心面积达40公顷的特雷泽广场在政府的组织下被市民们打扮得焕然一新，彩色气球把广场上的草坪点缀得斑斑点点，四处林立的诱人广告和五光十色的各式货摊，更增添了节日的热闹气氛。

到了10月，啤酒节的开幕式由慕尼黑市长主持，他同酒厂厂主们一起，乘坐披着节日盛装的马车，在浩浩荡荡的护卫队簇拥下，进入最为富丽堂皇的帐篷。要等候到中午12点整，广场上礼炮齐鸣十二响，市长打开第一桶啤酒时，市民和远方客人们才可以开始喝啤酒。这时你可以听到整个广场上沸沸腾腾，人们熙熙攘攘，大喝啤酒，这也是慕尼黑啤酒节盛况鼎盛的时刻，整个城市也沸腾起来了。这时在大街上、广场内、啤酒亭中，人声鼎沸、笑语欢歌，人们欢聚在一起，又歌又舞、高兴欢腾、开怀痛饮、尽情享用。慕尼黑的人个个都有海量，特别是那些男士们，在欢快的时辰里，每人都擎一个硕大的啤酒杯，互相敬酒，互相笑语。只听得杯声叮当，好似一曲优美的多瑙河舞曲，热闹非凡，处处引人入胜。对于我们的异国他乡人来说，这是一生难以忘却的好地方。

三度在德国的心灵感受

小麦与黑麦之间，绿篱与荆棘之间，树木与草丛之间，恋人在哪里？

——歌德《五月之歌》

德国是欧洲发达国家，也是科技强国之一。然而在全球化的世界里，科学技术的进步早已不再孤立局限在某个国家的疆域之内。德国的科学技术在世界上领先的重要原因，在于有一个研发集群，在于大学、科研单位与企业工厂三位一体的携手合作。在德国无论是学校还是教授对新的创意发明总是欢迎的。因此，德国位于世界出口之前列。2005 年德国出口总值达 7861 亿欧元，2010 年超过了 10000 亿欧元，接近发达的美国。

我这辈子虽然是从事人文地理与城市研究的科研人员，但也与国民经济建设密切有关。人生的旅途有光明、也有曲折。没想到年轻时，会在国内参加各种政治运动而浪费了很多青春年华的宝贵时光（1966～1976 年十年中，大多数时间学毛主席著作，没法学习外语），然而也没有想到人生快过去一半之时，能在改革开放之初，首次去了美国。后来又三度前往德国，两度是获得德国大众汽车公司的马普奖学金（1994 年、2003 年两次在德国科隆大学与地理所所长尼帕尔教授合作研究），一度是 1989 年 10 月短暂地访问了当时的东、西柏林。在德国度过的这些美好时光，在我的心中感受很深，好像又补偿了年轻时代的巨大损失。

首先最深刻的感受，美国、德国都是世界上科学最发达的国家，他们十分重视科学研究，尤其是自然科学与工程技术。不仅重视实验室的建设与设施装配；而且重视引进外国的人才与技术。在战后的经济复苏，他们知道首先需要科学技术，所以德国是一个向世界开放的科研之邦，每年有 2 万多位外籍科学家得到德国各种机构、大学的资助，当然他们大部分属于数学与自然科学领域。像我们城市地理、区域规划学科来德国进修的人员很少，奖学金也不那么容易获得。在跨国科学交流方面，德意志学术交流中心（DAAD）给大学生、研究生、博士生及专家教授提供支持与资助，同时也可以和德国教授合作研究，工资很多，住在别墅，环境优美（我第一次在科隆大学时，月薪 3800 马克，吃饭仅需 200 马克），使外籍专家能在德国发挥自己的天才与创新成果。

第二个感受，德国人有着奔放、自由与热爱生活的优秀品格。这一直在影响着世界各地的科技人员和大学生。世界了解德国，不仅仅是因为“德国制造”的产品是高质量、技术一流的，还更因为德国人有着高品质的浪漫生活，是历史上大诗人和大思想家的乐园，并创作有丰富的音乐与戏剧。在歌德、巴赫和贝多芬的故乡，在全国 80 个大型舞台上，活跃着 135 个享受国家资助的交响乐团，全国有近 5 万个合唱队，有 1400 多万德国人参加文艺活动。康德与歌德所开启的伟大的哲学与文学的传统至今薪火相传。周末，年轻人与中年人在舞池中跳舞直到午夜之后的三四点钟；啤酒节更是人民在狂欢中度过的美好的大节日。

第三个感受，许多德国科学家一生的艰辛奋斗，才有今天德国科学发达的日子。在柏林博物馆内展出了许多美丽的瓷器，有的技术水平已超过了中国，这归功于德国药剂师伯特格尔，他于 1682 年出生在普鲁士王国，20 多岁开始模仿制作瓷器，3 年后制作的瓷器很有名气，1719 年在实验室内金属中毒，病死时年仅 37 岁，但他的生命火花却照亮了后人的青春年华。

不能老是说空话

空谈误国，实干兴邦。

——习近平

近几年来，我在西欧一些发达国家访问或参加国际合作，接触了不少西方朋友，并拜访一些西方社会的个体单元——家庭、农场和个人。从许多方面认真考虑了一番他们的价值观，对于我们中国人，对于自己都有很深刻的借鉴作用。

我国优秀的学者和诗人闻一多先生一直强调人生价值在于参加革命的实践，对人民大众做好事实事。他一辈子追求光明磊落，研究诗词兀兀穷年，沥尽心血，一辈子写了许多文稿，给后人以丰硕的成果。他常常对人说，"人家说了再做，我是做了再说。"他有时更是认为，"人家说了也不一定做，我是做了也不一定说。"这对我们、对后人思考人生的道路如何走，如何做才有真正做人的价值是很有教育意义的。我国新一代的领导人习近平，在"十八大"会议后最喜欢的话题就是"空谈误国，实干兴邦"。

适逢我在比利时乡村考察之时，碰上了几位中国留学生。他们很用功，很艰苦。在国外自费留学就是要努力去实践、去务实。学习人家先进技术不能光说不做。留学生们十分清楚，比利时无论是农村人、还是城里人，都喜欢务实，不愿空谈。在比利时首都郊区的农庄，土地多么肥沃，农作物与蔬菜长势很好，这些都离不开农场工人的勤劳呵！对于我们正在搞社会主义现代化建设的中国人来说，务实学好真实的本领何其重要啊！

中国儒家传统的人生哲学，强调个人努力以求取得有效的工作成就，坚决杜绝那种说空话的行为。现实生活中无论是东方、西方，都有这样一些人，平时喜欢评头品足，议论别人一番，你这个不行，他那个不行，说起来头头是道，做起来却一事无成。我很喜欢西方人特别是比利时和荷兰一些务实的学者及企业家，他们很少说空话，大学毕业或拿到较高的学位后，常常对自己严格要求，不空谈、不虚夸。今天我们仍可以看到许许多多的中国学生，经常为自己的前途不断锻炼自己，推销自己，为了在社会上、单位里立足，不断追求上进，要求自我完善，学习业务技术、外语、电脑，掌握各种学科动态。了解别人，严格要求、精益求精提高自己，这才是中国21世纪建设所需的真正务实有用的人才。

有人说应当学习效法那群花丛中可爱的蜜蜂，一看到有良好的机遇便纷纷忙碌去了，采集百花之蜜，吐出甜甜的液汁；千万不要像那些花蝴蝶，散发着稍纵即逝的香气，到处飞奔却留下许多无聊的话题。

西方的农民

常怀感激之情，常葆进取之心，常存敬畏之念。

——周强

几次到西欧一些国家访问，我总得到农村去走走，想深刻了解农民生活的真实情况特别是我在德国、英国与东欧一些国家的农场访问考察之时。

1994 年夏秋之交，德国朋友几次开车邀请我们一家去比利时、荷兰一带农村走走。乡间美丽的山水与清新的空气吸引着我们。我们有时到农民家做客，了解他们的生活、工作情况，感到十分亲切。

在德国与荷兰边境上，我们拜访了一家半农半牧式的家庭。全家有五口人，一位年迈的老母亲、一对年轻夫妇和两个不满 10 岁的小孩，住在一栋靠近河边的两层乡间别墅里，周围还有菜园、花园与草地，环境十分优美。房子里冬天自备暖气，夏天不需空调。这里的夏天气温平均在 20～30℃，好像我国东北长春、大连一带那样舒适自如，气候凉爽。

这一对年轻夫妻有 350 多亩地，还饲养 65 头奶牛、200 多只鸡，基本上实行粗放型的机械化耕作。还得管两个小孩，家庭里里外外的事够忙的哩，很难想象这对农民却管理得有条有理，家庭内外都搞得清清爽爽，令人佩服。这个家庭在西欧一带农村还不算是最富有的，只能认为是农民中一般富裕的家庭。有两部汽车，一部联合收割机和其他农业机器。家庭收入一般是不好问的，只有通过德国朋友侧面了解，大约也有几万美元。这笔收入当然是十分可观的，但外国人花费主要用于购买房屋、汽车、农具和旅游，这样一算他们的收入也是有限的。总之，年轻人要奋斗劳作大半辈子，往往需 10 多年的磨炼与积累才能有出头之日。西方人的好习惯，儿女长大成人后很不喜欢用家中父母的钱，他们认为通过自己的劳动，建设自己的家园才是最光荣的。

在德国、荷兰一些农村访问时发现，当地农民的生活条件相当现代化，住房环境优美、宽畅、舒适，也达到了美国农村的标准，比日本农村好多了。这些国家不仅工业发达，农业也相当发达，农业劳力仅占全国总人口的 3%～5%，机械化水平相当高，农业商品率很高。加之农村的公路系统相当发达，路面质量很高，农村每一个地区的生态环境保护合理，很少见到有泥土飞扬，泥土裸露，甚至水土流失的地方。如果我国的农村能建设得像这些国家一样，差不多就是高度现代化的社会了。据专家计算，美国一个农业工人可以养活 59 人，西欧一些国家的农业工人也可以养活 40 多人，而中国目前仅能养活 8～10 人（指他们每年生产的粮食、畜产生和水果等）。有专家预测，我们中国的农业现代化可能要经过四五代人的努力啊！

第 12 章　北欧诸国掠影

挖掘生态景观潜质，建构自然山水格局，塑造多样水岸风貌，保护特色空间环境。

——一位高级规划师

改革开放后的中国人，最近 10 多年来赴世界各地旅游的人数越来越多了。什么欧洲十国游、新马泰之旅、美国行、日本行、印度行等都极为平常了，目前有相当一部分中国人却喜欢去北欧诸国与南半球的澳大利亚、巴西、阿根廷等国游玩，至于到南极去旅行考察更是情有独钟了。

近几年来，北欧诸国之旅渐渐变得火热了，神奇变幻的北极圈气候以及随处可见的原始森林、冰天雪地引起了许多人追寻奇特的幻想。譬如，北欧的挪威、瑞典、芬兰和冰岛等几个国家，都位于人类居住的极北地区，大部分都在北纬 60～70 度之间，像芬兰的拉普兰区、挪威的斯瓦尔巴德群岛、瑞典的卡利克斯河流域都在北极圈内。这些地方每年的 10 月中旬到来年的 5 月是漫长的冬季。大部分地方都覆盖着皑皑白雪，简直就是一个冰清玉洁的童话世界。而大多数人却变成了“宅男宅女”，很少外出去玩了，除了在城里工作的人员之外。

我们生活在长江流域一带的水乡江南，在中国都见惯了红太阳东升西落，一年四季如此，就是冬天也能与太阳接触。但是到了北欧几个国家，特别是高纬度地区，每年的 1～2 月份，一天中大部分时间都是黑夜，全靠电力照明度日。仅在中午时分，大约 2～3 小时，太阳从南边升起露个脸，很快又落下去了，这样的日子，我们真是受不了啊！但是到了夏天，每年 6～8 月份，在芬兰、瑞典的高纬度地区，白天的时间很长，晚上 10 点多，太阳还是高高地挂在天空。即使太阳落下去了，天也不黑，不一会儿太阳又出来了，真有趣。在这里，如果你是新疆等地的来访者可能会习惯些，如果你从上海、广东等地来就感到很新奇了。

环保意识强的生态王国

北欧几个国家，总体来说属于地广人稀的地方，但这些国家却是资本主义发达的经济强国，为世界上经济发达、福利条件最好的地区。因为经济水平高，人们追求高端生活，加之人口不多且技术水平高，北欧诸国对土地的需求，对自然的开发也就相对较少。因此直到现在，挪威、瑞典、芬兰等国很多地方保持着原生态的自然美。国土上不仅山地高原森林覆盖率很高，原始森林等未开发的处女地很多，就是很多平原、城镇周围地区依然是树木青葱、花草遍地的好地方。

芬兰被称为“千湖之国”，国土面积有十分之一是水乡泽国，被大大小小的湖泊所占有，而且水质特别好，80%的湖水和一半以上地下水都属于优质水。2003 年联合国公布了一份关于世界上 120 多个国家的水质报告，依据水的纯净度与拥有量，芬兰在这些国家中排名第一，超过了很多世界公认的环境优美的国家（瑞士、法国、奥地利、新西兰等）。芬兰整个国家空气清新、风清林茂、城乡环境优美，空气质量非常好，居民健康长寿的也很多。

在挪威、瑞典的斯堪的纳维亚山脉的东坡、南坡以及西部沿海低地，有不少被冰川侵蚀后形成的各种奇特的地貌、河流、山谷。夏天艳阳高照、微风轻拂，辽阔的高山草甸、森林古树随着山谷的走势、光线的变化衍生出不同奇美的形态和七彩颜色。草丛中野花奔放，林中的动物四处奔走，春秋时节候鸟飞越山谷穿行在高山密林之中。原生态的动物成长、原始林木的滋生，真是充分体现了大自然的生态美、原始美，这一切为那些爱好探索追寻自然奥秘的人们提供了许多好去处。

北欧这些国家的人民，虽然有得天独厚与优美的自然环境，但他们的人民、他们的政府一向珍爱大自然。你如果有机会到百姓人家的住宅、庭院参观，那真是一种自然美的享受。优质的乡间公路两侧与村前屋后的林木、花草，每个星期都有人在种植、剪修、保护；每家人的阳台都种花栽草，美丽极了。更重要的是他们的环保意识很强，对家庭垃圾也都分类处理，不嫌麻烦；公厕处处都很卫生；在加油站内，洗车场地也十分环保，绝不让冲洗汽车的污水随地面流淌；很多汽车都安装了处理废气的设施。因此北欧大多数的城乡都低碳环保、空气清新、环境优美，非常适合人们居住、生活与工作。

栩栩如生的自然博物馆

北欧诸国不仅经济发达、生态环境优美，而且在普及人类文明知识方面作出了卓越成就，每个国家都普遍地建立了与地质环境历史相适合的自然博物馆，有着浓厚的科学文化氛围。

在芬兰北部高寒区的罗瓦涅米市，城市建筑大部分呈灰白色，多为城堡式或公寓式的风格，人口仅有 6 万。它位于波罗的海最北部的波的尼亚湾附近区域，斯堪的纳维亚半岛每年冬季运动会在此举行。

在这个具有严寒冬季、长夜漫漫的罗瓦涅米城里，除了各种冬季运动场所外，最引人入胜的地方就是芬兰的北极博物馆了。这座科技王宫建筑奇特，充满科技魅力，是 1992 年为了庆祝芬兰共和国独立 75 周年而建设的。北极博物馆的设计特点体现了这样一个理念：在气候严寒而又恶劣的北极，动物、植物只能在冻土和大雪的压迫下生存。整个建筑物使用了1000块钢化玻璃，玻璃长廊的地面全部使用来自芬兰北极圈内的红色花岗岩石块铺成。厅内使用的是松木地板，坚硬耐用且有舒适的质感，色彩采用淡雅庄重的乳白色，处处体现了北极高寒的气候环境特色。

北极博物馆主要宣传介绍北极地区的文化遗产、风情民俗和自然环境，还有一部分稀有的动植物标本与模型。这里还是芬兰拉普兰大学的一个北极研究中心，主要研究北极地区的自然环境以及如何开发利用其中的自然资源，有丰富的图片、录像与文字资料。馆内的场景布置采用景观模拟手法，进入展厅，首先映入眼帘的是一座巨大的冰山，整个展览沿着连续的冰洞展开，我们能够亲身体验北极风光的壮美，极地的寒冷气候及其充满勇气的人文精神。

在波罗的海西部海滨，有一座被称为“北方威尼斯”的水城斯德哥尔摩。她是瑞典王国的一颗明珠，也是瑞典的国家首都。全市人口接近80万，大部分是日耳曼人。每年到此旅游的人数超过1100万，是欧洲著名的历史文化名城与国际旅游城市，这里的居民大多数生活水准较高。

在斯德哥尔摩参观旅游的人，都不会放弃到瑞典国家自然博物馆参观的机会。展馆已有300多年的历史了，目前已成为瑞典科学的研究中心，拥有许多世界知名的科学家。它也是世界闻名的自然科学展示馆，馆藏十分丰富，据介绍包括450万件植物标本，250万件昆虫标本以及86万件化石标本等，在世界自然博物馆中，也占有特别重要的地位。

在这个博物馆中，大部分的展厅都给我们留下深深的印象，展览中充满了声、电、光等先进的展示水平，观众可以参观互动与体验的项目很多，也很生动，不少标本体现出活灵活现的情景与栩栩如生的景观。例如在博物馆中一个大厅里，你会发现一个原始物种始祖象在水中嬉戏的景观，电动使得这个大型动物造型抬头看观众，然后没入水中潜游。人们会惊叹展览制作者的巧夺天工和聪明才智，真是好像使人置身于原始时代人类征服自然、与动物搏斗的惊人场景。确实，这里就是启蒙与体验丰富自然科学知识的殿堂。每年欧洲、北美许多国家的学生到此参观学习，感受科学知识海洋的深厚。

北极圈内的冰岛之旅

冰岛每年大约有一半时间处于冰雪覆盖之下，人们在严寒的季节勇敢地工作与生活。夏季的阳光是短暂的，但人们的生命却青春常在，活泼顽强，敢教日月换新天，这就是冰岛自然与人文环境的写照。

从欧洲的空港枢纽法兰克福国际机场，乘坐德国汉莎航空的国际航班，仅仅

5个多小时就可以抵达冰岛首都的雷克雅未克国际机场。每一位从外国来此的旅行家都带着惊异奇特的眼光观察着冰岛的每一个地方。整个国家资源丰富，土地肥沃，物产众多。冰岛的国土面积仅有10.3万平方千米，与江苏省的面积差不多，但人口稀少，加上欧洲其他国家暂时打工的人总共才30多万人，还不及江苏一个小县的人口。其中一半的人口居住在号称“无烟城市”的首都雷克雅未克。她是冰岛的心脏，全国的政治、经济和文化的中心。

由于人口少，这里的妇女大多数都外出工作，且自尊心自信心极强，自我介绍时从不提丈夫的姓氏，名字上也从不冠以夫姓，这与其他西方国家不同，是很有个性与独立性的。

在自然地理学家的眼光中，冰岛是“冰与火的土地”，除了冰川、雪地之外，全国各地还有很多火山和温泉。它由大西洋洋中脊露出水面的部分形成，是世界上多火山的地区之一，全岛共有130多座火山。自第四纪末次冰期以来，已有100多座火山喷发过。近百年来，平均每五年就有一次较大的火山喷发。冰岛人民常年受到火山喷发的影响。

人们记忆犹新的2010年夏季，冰岛南部的埃亚菲亚德拉火山爆发，使得欧洲西北部大多数国家都受到火山灰的侵害，火山灰弥漫了欧洲的半边天。欧洲很多国家的机场停止了大部分航班。灾难性的火山爆发对人们的工作、生活产生了极为恶劣的影响。

在这个美丽而又神奇的岛国，除了火山多之外，游客最喜欢的温泉与间歇泉也很多。据不完全统计，全岛已经开发的温泉有400多处，此外还有天然温泉700多处，比任何一个国家都多。温泉的水温各地不一，主要由地下热泉流量大小决定，大部分的温泉可供洗澡，对皮肤病的治疗极有效果，对身体的调养也极为有利。每年从北美、欧洲来此度假的旅客人数超过250万，为冰岛的旅游业做出了巨大贡献。在首都附近的代尔塔顿古温泉，水温高达99℃，泉水汇成了一条热气腾腾的温泉河。至今，冰岛农业与旅游部门充分利用地热，搭上现代化的大棚进行作业，生产各种无公害的水果蔬菜与其他一些经济作物，同时也建设了一些旅游度假村，为游客提供舒适温馨的服务。

在冰岛的西部与南部，还有许多间歇泉，时而喷发、时而停息，为世界有名的自然景观。其中最有名的称为六间歇泉，即每隔6小时喷发一次，每次约5分钟光景，水柱高度超过了美国黄石公园的间歇泉“老忠实”。每年夏季，当金色阳光洒在水柱上时，五彩缤纷，水花四溅，好像是当空飞舞的彩蝶，美丽极了。我们在冰岛旅游时，都能体会到在间歇泉喷发时高兴开心的心情。可惜在冰岛旅游时间仅有三天，实在是太短暂了！

家庭环境优劣论

功成，名遂，身退，天之道。

——《老子》

寸寸河山寸寸金，唯勤尽责莫荒废。

——姚士玉

1994年，我在德国科隆大学接触过一些年轻的教师和学生，周末或工作之余也与朋友有一些闲谈，在家庭环境与个人成长的问题上不少德国朋友却莫衷一是，不过有些见解还是有真知灼见的。

逆境能使人成长，并且减少那些妨碍自己向上的娇气与优越感，他们的人生发展观应当说是对的，与我们中国人所强调的“逆水行舟不进则退”有相似处。西方人喜欢充满竞争的环境，无论是在学校中还是在社会上，他们并不欣赏富豪之家的公子小姐们的优裕生活条件。不经过自己的劳作，单纯依靠父母过日子是不足取的。我们国内不少子女的优越条件往往使他们失去了走上社会竞争的能力。社会关系是复杂多变的，社会上不劳而获与劳而不获的人形成了很大的反差，不少富豪之子与高层人士的家属最后却成了损人害己的历史罪人。

西方国家进行工业化之初，也有许多封建主义的色彩。而现在各个公司在挑选人员担任重要职位时，强调竞争，不能徇私。任用私人不仅损害了公司的形象，也磨损了个人的工作能力，不仅无法提高工作效率，也使许多人失去平等竞争的机会，使人感到社会制度的不公平与领导的无能。

竞争或考试制度的建立，也能确保社会上最有才能的人，可以得到训练，通过考试的途径往上升迁。这对于那些专门依靠自己家庭权势得到好处的人却是难以忍受的。西方现代用人制度的建立，基本破除了家庭和地缘、亲缘关系的桎梏，鼓励了西方国家年轻人各自奋斗的勇气，构成了社会民风的主流。因此，对于家庭环境的优劣也是应当正确评价、正确对待的，不能有任何偏见或歪曲之处。

家庭条件的好坏对于有进取心的年轻人来说，不是决定性的因素，关键是自己要有一个正确的人生价值观，在于自己的努力进取。叶剑英元帅曾经说过：不畏艰难，勇于攀登科学高峰的人才是世界上最值得敬佩的人。我国当前不少富家子女，贪图享乐，花天酒地，昏沉过日。到头来成了社会的渣子，国家的废物。真正具有向上奋进精神的人才会达到事业成就的顶峰，但必须在社会公平、公正的条件下。这方面东西方人的观点应该是相通的，种瓜得瓜、种豆得豆、天道酬勤就是这样一个真理！

第13章 英国旅游趣闻

我看到世界为一颗惊异的心所展示的最奇特的景象，我看到了，感到惊叹不已——在我的记忆里，房屋依然像石林一样矗立着，其间有川流不息的人群，他们的脸上散发着形形色色的激情，有爱慕、有温馨、有憎恨，显得急不可耐——我说的伦敦。

——海涅

我们所拥有的，他们都拥有过；我们所炫耀的，他们的纳税人不会答应；我们所失去的，他们都留下了；我们所缺少的，才是最能让人感到自豪的。

——韩寒《我所理解的生活》

2007年8月，我们所一行3人赴英国加的夫市参加一次有关城市发展与城市化的国际会议。这次会议是由英国加的夫大学中国城市问题研究中心召开的。当然大部分代表都来自中国，此外美国、西欧以及其他地区一些对中国城市化问题感兴趣的代表也不少。来自世界各地的160多名专家学者和研究生欢聚一堂，探讨中国与世界各国城市发展问题，讨论热烈，各抒己见。

两天的学术会议之后，会议组织者安排了参观考察英国西南部一些中小城镇的项目，参观海滨之城加的夫两天之后，我们回到伦敦，住了5天。后来我与董雅文教授、陈爽教授、广州大学的吕拉昌教授，还有同济大学的王德教授等一行又去了英国中北部地区考察，重点在爱丁堡与纽卡斯尔。我们得到了爱丁堡大学地理系黄教授的热情招待，并在他家参加了他夫人热心操办的家宴，同时他陪同我们参观访问，了解当地的风俗民情以及爱丁堡的城市发展特征，留下了较为深刻的印象。

感悟爱丁堡

晨有清逸，暮有闲悠，梦随心动，心随梦求。

——一位词作家

我们中科院南京分院的一批学者，一同乘坐英国老式火车，从伦敦北区火车站出发，经过3个多小时的行程，来到了英国另一个独特的小世界——苏格兰的名都爱丁堡。这座位于英国北部北海福斯湾边的古老城市，现在却焕发着青春的美丽。一些现代化建筑与古朴的城堡形成鲜明的对比，来自世界各地的游客在爱丁堡最重要的街道女皇街与王子街上闲逛，显示出悠闲与清静的风情。

进入爱丁堡，总绕不开城市中心那些久远的欧式建筑，其古朴气派可以和伦敦泰晤士河北岸的古建筑相媲美。特别是爱丁堡大学那些尖顶式的教学大楼、学生宿舍最能吸引我们的眼球。街上还有不少中小型的雕塑，其中一座小狗雕塑，平凡而又可爱，建在王子大街南段。据说小狗的主人去世后 5 年中，这条小狗每周都会到主人的墓碑上去哀悼。小狗死后，主人家的朋友在爱丁堡街上安放了这只小狗的雕塑，让世人知道小狗的忠诚与可爱。

爱丁堡是座海滨城市，附近有许多丘陵，也有许多沼泽地与湖泊群，风景十分优美。这里的人们，珍爱城市中的一草一木以及各种传统建筑与民居。如果在女皇街、王子街附近的一些古老街道行走，街道两旁绿树荫荫，附近的广场细草青青，一拐弯一抹角，不期而遇的古迹就这样出现在眼前。爱丁堡的历史厚重感，在这座城里显得并不那么沉重。大多数民众都有着善良而轻松的心态，无论谁来到这里，都会受到感染。一座座古典幽雅的建筑、一片片大大小小的公园以及那些华丽庄重的教堂与博物馆从我们的眼前流连而过。让我们想起英国现实主义剧作家萧伯纳在中年时说过的一句话：知识是一种对基本事物拥有的认识和积累，而智慧在于我们的聪慧与感悟。我们在英国待了一会，都感到苏格兰人、英格兰人的聪明才智。

更为有趣的是亚伯多尔镇，从爱丁堡乘火车 30 分钟，就可以到达这个美丽而又历史悠久的小镇。该镇人口不足 2000 人，但每年来此旅游的观光客超过 90 万人。亚伯多尔镇位于爱丁堡南部的滨海地区，这里有很多值得品味的地方。13 世纪的古城堡躲在一个姹紫嫣红的峡谷里，还有保护完好的具有几百年历史的步行街。中世纪的圣菲伦教堂，维多利亚时代的火车站，现代的超市和酒馆共处在一起，都能体会到英国绅士们的古板下的情趣。

泰晤士河畔的方尖碑

英国南部的泰晤士河长 346 千米，从英国的西部流经大伦敦地区并最终注入北海，这条河对于伦敦的形成与发展具有非常重要的作用，大伦敦地区的 3400 多万人也离不开泰晤士河的滋养。

我们在伦敦访问考察时，在白金汉宫看到英国皇家卫队的表演，与唐宁街首相府门卫合影过，在中国城唐人街几家中国饭店与留学生聚过餐，等候过一定时间开合的伦敦塔桥，也曾花过三小时排队乘坐伦敦眼摩天轮，在市区参观过几天，但还是满足不了我们深入考察大伦敦的奢望。几天的访问实际上仅仅了解到大伦敦这个国际性城市的皮毛。

当我们在泰晤士河畔观光时，发现了一个高耸在河岸边的方尖碑。据说这是1878年初，从埃及漂洋过海运到伦敦的，当时曾轰动了整个欧洲。这块方尖碑记载着3500年前，拥有无上权威的埃及法老下令百姓建造这块方尖碑来祭祀太阳神，奴隶们与工匠在尼罗河上游找到了一块巨大的花岗岩。建成方尖碑重达180吨，高约22米，宽约2米，竖在在太阳神庙前。后来罗马入侵埃及时，这块方尖碑作为战利品运到亚历山大港边，作为人们憧憬之神物。但由于海水常年冲击，在1500年后方尖碑已被埋在沙泥中。后来英国殖民者入侵埃及时发现了它，喜欢掠物的英国统治阶级又把方尖碑运往伦敦，在运送过程中又遇到了海上的大风暴雨，方尖碑又一次沉入海底。而后，英国人从海底捞起石碑，用一艘大船运往伦敦，为伦敦增加了一个旅游纪念胜地。游客在伦敦参观时都不会放过机会到此一游。

这块经历不凡，雕满了古埃及的象形文字和美丽图案的红色花岗岩方尖碑，远远望去就像屹立在泰晤士河畔的巨人，日夜守护着泰晤士河，俯瞰着河边来往的船只。已成为世界各地游人赞不绝口的一大奇观。

在伦敦的那些日子里

人类文明社会诞生以来，科学技术的发明创造给人类社会进步带来巨大成就与许多福祉，特别是年长的一代人，可以在现代化城市里看到更多的奇迹。例如，到伦敦旅行。一百多年前，大多数人乘坐速度很慢的蒸汽船或在陆地上骑马走路，虽然我们现代人体会不到他们辛苦、艰难的历程，但他们在当时也是最幸福的人，能从世界各地来看看伦敦城市风光、泰晤士河两岸古典庄重的建筑，还有手持弓箭、土枪的防卫性警察和士兵守卫在白金汉宫首相府一带；一百年过去了，发达的资本主义英国有了汽车、火车和飞机，世界各地的人们来伦敦旅行就更方便了。我们在21世纪初，到英国参加国际会议，走马观花地看看伦敦，虽然时间不长，我们却有许多沉甸甸的满足感。

伦敦这座世界一流的国际化大城市，在世界上也是位居一、二的，最近200多年来，这座雅致而含蓄的古典城市历经变化和辉煌。在泰晤士河两岸，从伦敦塔桥到大本钟和唐宁街，可以看到许多古典建筑与现代化的大楼并存，繁华又安静的海德公园，古老的博物馆与建筑形态很美的大剧院……在伦敦各条大街小巷里，又见证了形形色色的人，有革命斗士、皇家贵族、学海文人、电影明星、科学家教师、现代工人与资本家、卖唱艺人，还有妓女、扒手、流浪汉……凡是存在于这个地球上的任何一个角落的人都有可能在伦敦街头出现，他们也都可以看到万花筒般的世界光环，多么的亮丽！

这里的人行色匆匆，你来我往，特别是在泰晤士河北岸那些热闹的市街，是居住人口密集的工薪阶层内城区，拥挤的城市中，熙熙攘攘的大商场中，是那些下层人士在寻找折扣商品和廉价的食品，而那些汽车里带着宠物的贵妇人和公子哥儿们却在奢侈的宾馆酒店中享乐消费、花天酒地。人群中自然分成的多种社会色彩的族群，给人们种种不同的生存环境与居住景观，是我们在社会现象中最深刻的印证：最为忙碌的人，生活并不富足却建设着城市又成就了这个城市，而上流社会的所谓“精英”人群却支配着又享乐于这个城市！

当你走进伦敦的森林、草地、湖边的豪华别墅地域，会看到那些闲情逸致的人们：冬日出来在别墅小庭院中晒晒阳光的优雅老太太们，就算是头发花白了，也要化着精致的妆容，和她们的老朋友们喝咖啡或聊天度日、享尽天伦；至于那些贵妇人、绅士阶层的男人们，更是矫揉做作，穿金戴玉，强权有势，显示自己的社会地位，取悦别人。他们根本想不到街边或地铁站旁许多自弹自唱爵士、乞讨生活的社会下层人士，或者青年流浪儿和广大民众的艰辛日子。

我们在伦敦自由行的日子不多，不仅看到了社会的一个侧面，对社会深层了解甚少；但同时也看到了伦敦几百年留下来的成就与骄傲：泰晤士河东部高大的塔桥，可以自动吊起，让河上的大船穿行；地铁系统的密集发达，460 多公里长建设在地下 30～40 米的岩层之中，每天有 380 多万人在地下穿行活动，显示了现代城市的繁忙与工程的浩大。典雅庄重的白金汉宫、唐宁街首相府、灰暗的墙面却有维多利亚建筑风格的大本钟议会大厦和安静、祥和、空气清新的海德公园、皇家植物园、动物园都是人们的好去处。英国有太多的东西值得思考和借鉴：它的本土面积很小，仅仅相当于我国一个广东省（加上海南岛）24 万平方千米大的国家，却在帝国主义时代的形势下造出了世界一流的大都市——伦敦，而且还有几十倍大于自己国家的殖民地。虽然有很多国家（如澳大利亚、加拿大、印度、阿根廷等）独立了，但在历史上这样强大的英联邦（日不落帝国），却影响了全球两个世纪之久，我们不能不承认英国靠科学技术兴国、建国、强国，成为殖民时代世界强权国的那一段历史。

我们想想，在 200 多年前，是因为英国佬太精明能干，还是世界上那些被英国人侵略压榨的殖民地上层人士统治者太愚笨、太傻瓜了?！就像我国满清政府的末代皇帝以及操纵皇权的慈禧太后那样无能与腐败！

英国的王室行宫

“酒店打烊我就走”。

——丘吉尔

在大伦敦郊区西部 32 公里处的温莎堡，濒临泰晤士河南岸，是经过英国几代君王建设、修造的花岗岩建筑群，是英国规模最大的城堡，比之爱丁堡与加的夫的城堡还要大两倍。

温莎堡最初是由征服者威廉一世下令建造的一座木结构的城堡。到了19世纪又由英王乔治四世进行大规模改建，采用花岗岩石块，1917年英国王室更名为温莎王室，即由温莎堡得名。这座行宫建在环境优美、山环水绕的温莎镇，已经历过900多年悠久的历史。温莎堡分为上区、中区和下区：上区主要有13世纪的英国法庭、滑铁卢厅、圣乔治大厅和女王交谊厅等；中区是玫瑰花园围绕的圆塔，也是温莎堡标志性建筑，最初也是木质结构的房屋，后来以石材重建，过去曾经作为王室关押政敌的监狱，现在变成了档案材料保存之地，还有许多历史照片与资料；下区主要有圣乔治的礼拜堂，爱伯特纪念礼拜堂等建筑，后者也是温莎堡最为经典的哥特式建筑，以其细致的彩绘玻璃著称，教堂内忽明忽暗，气氛肃穆。据说有10多位英国国王埋葬于此，因此也是英国王室的王陵所在，为统治阶级的朝拜之地。

温莎堡行宫的周围是一片不高不低的山丘岗地，地势比较平缓，但王室行宫后面是大片草地与森林，环境优美、清静、优雅，空气清新，风景极为美丽，是大伦敦郊区最著名的旅游景点和历史文化胜地，许多历史故事以及高雅的古典建

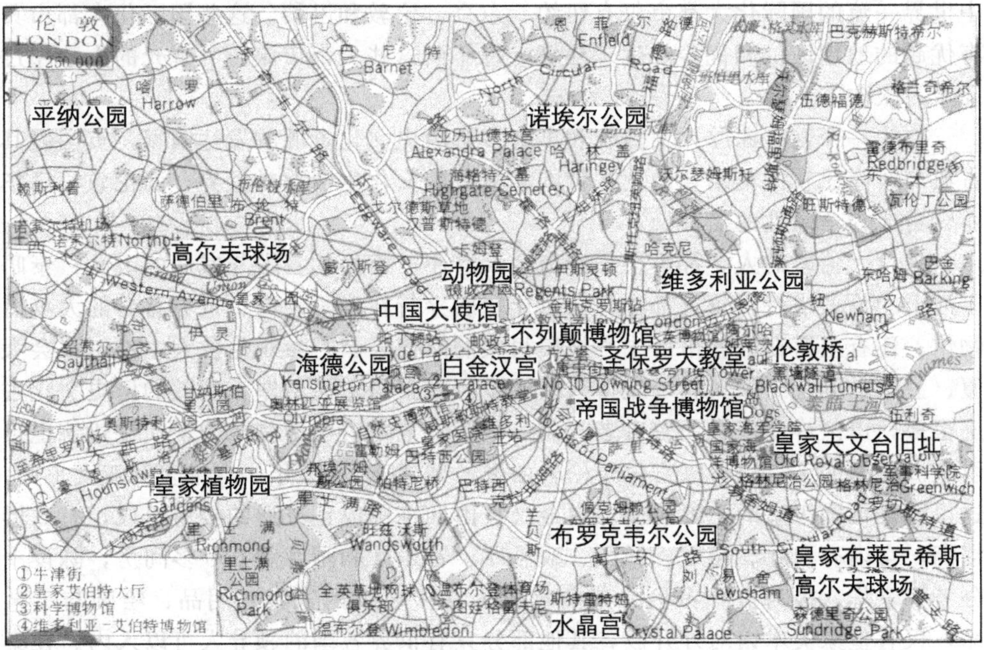

大伦敦市区主要景点

大伦敦为世界一流的国际性大都市，有800多万人口，为世界金融与贸易中心，我们曾考察了伦敦的白金汉宫、唐宁街首相府、不列颠博物馆、伦敦大学、海德公园以及泰晤士河两岸的景区

筑吸引着世界各地的旅行者，每年到此参观游览的人数超过680万人。温莎堡给世界各地的游客都留下了深刻的记忆。

国际化大都会伦敦观光的新视角

经济增长的历史模式是资本密集型，标准化生产和郊区导向的增长，从而导致了国际性大都市与中产阶级的大规模增长。

—**Saskia Sassan**

在茫茫的宇宙之中，地球是我们人类居住与工作生活的唯一星球，它的存在已有几十亿年久远的历史了，但有人类文明的历史仅有几万年。

在我们的地球上的70亿人民中，已有过半的居民生活在各类城镇中，全球城镇化水平已达到51.6%，发达国家城市化水平已达到80%。成千上万个城市中，权威专家认为仅仅有20多个国际化大都市，它们是纽约、东京、伦敦、巴黎、上海、北京、莫斯科、香港、首尔、芝加哥、新加坡、墨西哥城、加尔各答、新德里、法兰克福、柏林、悉尼、大阪、圣保罗以及布宜诺斯艾利斯等。其中世界一流的国际化大都市仅有纽约、东京、伦敦和巴黎。这些国际化大都市具有优越的地理区位和优美的生态环境，每年到这些大都市旅游、观光的人数超过几千万人次。

作为一个富有深厚人文传统和丰富多彩历史文化资源的发达国家，英国以其古典与时尚比较完美结合的艺术氛围和精致的文化生活称誉世界，而伦敦早已华丽转身成为全球性的名都。

来过大伦敦的人，都不会忘记白金汉宫庄严肃静的宫殿与威武的卫队；泰晤士河上的伦敦塔桥，每天都在开合以让轮船穿行在泰晤士河；世界著名的大英博物馆；还有坐落在伦敦市区中心规模很大的海德公园。参观伦敦大本钟、议会大厦、皇家歌剧院与摩天轮等就得乘车或步行在泰晤士河两岸。伦敦的历史文化古迹很多，市区许多建筑比较古老，而一些新的艺术宫、博物馆的现代化建筑也很引人。英国的王宫白金汉宫位于伦敦西区，始建于1703年。自维多利亚女王起，这里就是英国王室的主要居所。白金汉宫由四栋围成正方形的楼房组成，有3层楼高，宫内有白厅、蓝厅、绿厅、觐见厅、音乐厅和画廊等600多间房，陈设十分考究豪华，极为古香古色。其中收藏了许多名贵的家具、用品、绘画与工艺品，仅有皇家美术馆对外开放，其他部分只有世界各国的领导人可以入内。在泰晤士河西岸有壮丽的国会大厦，其中最显著就是高达100米的钟塔，是伦敦著名的标志，已被列入为世界文化遗产之中。

大伦敦市区周围有9个火车站，分别布局在泰晤士河两岸以及人流密集的商

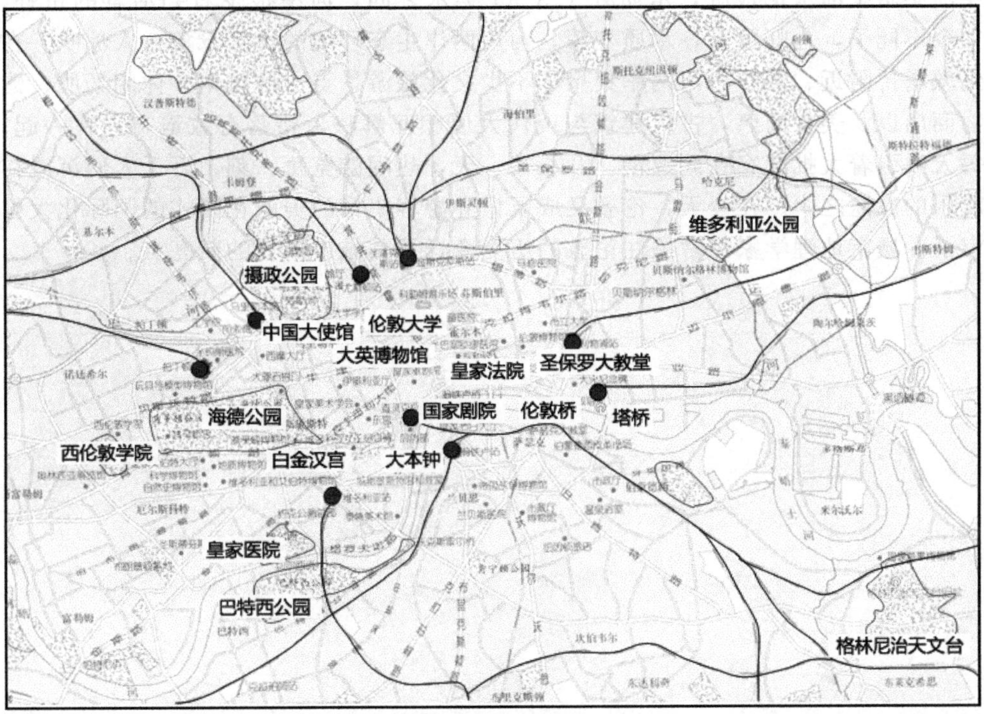

伦敦城市地图

图中黑点为火车站与铁路线，市区内九大火车站与地铁系统相连

业区、文教区内，可以疏散大城市过多的客流。它解决了伦敦数百万人与英国各地的交通问题，每站每天分别都有 5 万～6 万人次的流量，并与地铁系统、公交系统相连接，交通十分便利，市民十分满意。这样就为大多数市民节约了通勤的时间，减少了小汽车集中拥塞的现象。我们认为伦敦地面交通规划布局最成功之处，就在于 9 个火车站比较均衡的分散布局。

伦敦的城区面积很大，有 1500 多平方千米，居住着 800 多万人。但我们一看大伦敦的地图，大大小小的公园绿地有 100 多处，其中里士满公园面积超过 380 公顷、海德公园 216 公顷、皇家植物园 156 公顷、海格特公墓 110 公顷，等等。世界上那些大都市都很少有这样大规模的公园绿地，这自然是大伦敦城市环境优美、清净、舒适的一大特色，办公地点、公司场所和居民小区都处在绿色的环境之间。世界上最为时尚的购物之地在伦敦闹市区的牛津街。长约两公里左右的繁华大街上，竟然云集了超过 360 家大型商场、豪华时尚的购物中心和名牌商店，这里英式雅致的热情服务让游客体验到超五星级的待遇，就是到了夜晚时分还有万千游客停留。谁能想象如今的伦敦，过去曾为工业布局集中的地方，60

年前泰晤士河水也很脏，水质处于3～4类水之间，河中很少看到活着的鱼虾。如今不同了，鱼虾可见，水质变清，河川两岸生态环境的优美景象令人惊叹。在伦敦塔桥附近、泰晤士河两岸集聚了不少文化旅游景点、博物馆、休闲场所、购物商店以及美食商店，古代建筑与现代大厦相互辉映，错落有致地布局在一起，每天吸引着大批游客在此逗留。开心每一天，热闹游览每一刻，万千人们沉浸在欢乐的旅途之中。在今天，伦敦又成了世界游客集聚的美丽花园式的国际化大城市了。城市地理学家经常关注伦敦的历史变迁及其城市风光的新亮点。

第14章 法国与意大利今昔

巴黎几个突显的社会文化特色

以博物建筑为琴，建道路碧水为弦，保护生态美景为乐，让市民协奏华章。

——一位高级建筑师

在辽阔广大的西欧中部富饶的平原上，成长着一个令世界瞩目的国际大都市巴黎，她是法国的首都，更是世界人们所钟爱的美丽城市，正好处在塞纳河的中游，是这条河上一颗闪闪发光的明珠。

当今，世界旅游事业与现代化交通网络日臻完善，走马观花式的出国旅游在西欧、北美和南半球都逐渐逐渐地频繁起来。我国改革开放后，经济发展很快，人民生活水平也不断提升，出国旅游不仅是公费公务（考察、会议），个人自费旅行也比较平常了。因此，我们对巴黎这个世界美都并不陌生了！不少人称巴黎为浪漫之都、购物天堂、美食乐园、博物馆的世界等，说千姿百态、千面千像的巴黎是世界城市中的皇后。过去的几百多年中，巴黎无数次被绘画、被歌唱、被写作、被搬上银幕和舞台。

许多青年读者都知道伟大作家海明威的一句话，“巴黎就是快乐的同义词”，后面又写了一句：“令人只想到吃、喝、写作、做爱”。这是他在20世纪20年代在巴黎说的一句话，然而直到今天，世界各地的旅行家都喜欢来巴黎一游，以分享当年这位身无分文的美国青年作家对巴黎的深刻印记。

在美国华盛顿波托马克河畔的杰斐逊纪念堂里，有些文字资料记载着，杰斐逊在年轻时旅游过巴黎，后来留下了一句名语，他认为巴黎是“所有人类的收容院”。历史上巴黎是痛苦的，有人称之为“流氓加恶棍”。不堪重负的、被诅咒的、地狱般的、但又是情人般的巴黎，在工业化、城市化后的200多年后，经过几代人的建设，又成了文化之都、浪漫之都。天空是湛蓝的，街上行人漫不经心，官场上争斗钩心斗角，巴黎在爱蒂特·比阿芙痛苦的嗓音中颤抖；在夏尔·阿兹的纳乌法嘶哑的歌声中沙沙作响；在黑色维纳斯约瑟菲娜·贝克柔美的波动中表现，这就是成长中的巴黎的印记。

巴黎的自然美、古典美、现代美和人文精神是久负盛名的。深入巴黎社会观察，可以了解到近代巴黎几个显著的社会文化特色：

首先，巴黎是历史名都。巴黎最早成为首都是作为墨洛温王朝的驻跸之地，但巴黎真正成为法兰西王国的国都是在公元987年。巴黎历史上第一次辉煌的时期是1180年到1223年，随着腓力二世即位，法国开始修建卢浮宫，并创办了大学，继续修建巴黎圣母院。在中世纪，巴黎城郭不大，仅有数万居民；到太阳王路易十四时代与法兰西帝国的拿破仑时代，巴黎人口已达到50多万，在欧洲仅次于罗马、伦敦，为法国奢华鼎盛的光辉一页。

其次，巴黎有光荣的革命历史，也为世人所敬仰。巴黎历史是最悲惨的一页，是在1871年3月18日到5月28日的巴黎公社暴动前后。在革命烈火熊熊燃烧的日子里，许多美轮美奂的历史建筑毁于一旦，数万人死在断头台上，塞纳河的一颗明珠黯然失色，万千百姓也处于极度悲伤之中。

巴黎的第三个特色是教堂、博物馆和艺术馆。全城大大小小的博物馆、艺术宫数不胜数。世界上知名的卢浮宫博物馆，由原来的王宫改建而成，分为4层，共有数百个展厅。即使在这里静静观看三天，都还有一些艺术珍宝看不过来。这里的珍品有法国、英国、古希腊、古埃及、古代中国与世界其他地方的艺术珍品，从英国的雕塑、东方古代艺术作品到浩繁的绘画、书画、刻印等艺术品，稀世珍宝等应有尽有，构成了世界上最具有魅力的博物馆。世界有名的画家达·芬奇的作品《蒙娜丽莎》，栩栩如生、光彩四射，一直吸引世人在馆内驻足欣赏。卢浮宫还在扩大，应法国总统密特朗的邀请，世界著名的美籍华人建筑师贝聿铭为卢浮宫设计了一个大金字塔构架，非常轻盈，造型精美，为卢浮宫增添了地上与地下的相互连接。

各种桥梁建筑是巴黎的第四个特色。人们只要在塞纳河两岸走走，跨过千姿百态的各种桥，生命也变得活跃起来。有人称，在欧洲各国中，威尼斯的流水小桥很迷人，很少翻修，略显破旧；阿姆斯特丹的桥纤丽有余而气魄不足；英国伦敦的大桥比较雄伟，艺术品位不够；德国科隆的桥花样不少，但缺乏一定的文化气息。而巴黎的桥常常显得气宇轩昂，雍容华贵，悠闲自得，主题突出。在老城区一带，塞纳河上一座座老桥、新桥，增添了城市的文化气息，城市化现代化的灵气也尽在其中。贝聿铭先生曾经说过，巴黎的桥是世界永恒的美丽坐标。

巴黎第五个特征是具有历史传统的美食文化。其饮食文化与我国的广东一样有名，其菜肴色味一致、菜单丰富多样，可以说其美食与历史同步。外国人在巴黎追寻有特色的美食，不仅仅为了填饱肚子，更多的是为了探寻历史遗迹，这就是美丽巴黎的本质。

中国南方人喜欢到巴黎的中国餐馆，品尝一些法国的中式厨艺。但到了巴黎，应当更多的是在法式餐厅中度过。我们曾在巴黎城中的王室大街3号马克西姆餐厅品尝美食，更多的是欣赏餐厅壁板装饰画上仙女们慵懒的各种姿态、曼妙的身姿与妩媚的脸庞，栩栩如生，引人入胜，魔力无边！还有各种装饰、青铜壁画、大玻璃天棚以及投影出红皮座椅沙发的镜面，无一不彰显着巴黎艺术大师们毕生的风格与高超的技术，也表现了法国人那些浪漫的故事。

巴黎是世界上最美最富有魅力的城市，不仅建筑艺术、建筑质量与风格优美，而且基础设施的标准也在世界上独树一帜。其科学合理的城市总体规划（组团式发展）也在世界规划建筑史上创造了新的典范。

当代城市的发展多么深入人心、引人深省。我国的上海、北京，人口臃肿密集，缺少活动空间，缺少大片绿地草地。大小街道经常性交通堵塞，到处是工地，空气污浊，水质不佳，上下班高峰人流，如潮水般令人心烦、如洪水般令人苦不堪言，如暴雨般令人不满，而且城市生态环境质量日趋下降。相较巴黎、华盛顿、温哥华、旧金山、柏林、悉尼这些大城市之井然有序、空气清新、环境优美，确实存在差距。巴黎老城区（塞纳河西岸）古色古香，城市环境十分优美，人民生活安居乐业，很少有那些环境污染问题，这也是巴黎古典美与现代美的本质的体现。当然，巴黎的交通、卫生、居住、环境等也有一些不尽如人意之处，但是她的总体美、自然美以及人文建筑的内在美，使之巴黎市区处在一个完整的大自然环境之中，城市环境美而洁净，人与自然和谐相处，成为全球现代化城市的翘楚。

城市中的皇后——巴黎

人生意义仅在于劳作中停下来看看风景，一瞥、一笑、一声叹息。

——康拉德

巴黎誉称为城市中的“皇后”，拥有1000多万人口，城市中有博物馆、大教堂、古老的艺术文化宫以及世界著名的建筑群，充满热情的浪漫生活情趣。

当你在欧洲各地旅行访问时，在飞机上或火车包厢里，有时会碰到一些热心的朋友，他们最喜欢对中国人提出这样一个问题：你认为欧洲哪一座城市最美丽和最引人入胜？有些人认为是音乐之城——维也纳，有人认为罗马更有文化气息，也有人认为是环境清幽的日内瓦或具有特殊地位的柏林，我却认为是巴黎。巴黎这座城市确实是很美丽的，她的美并不是表面繁华或是仕女如云，而是兼具综合性的城市文化与鲜活的环境之美。我认为巴黎是完美而又成熟的，无论是从传统艺术，或是建筑构思方面考察，她是欧洲城市的典范。资本主义经济发达的欧洲，除罗马、柏林和伦敦外，还有哪个城市堪与巴黎相比？巴黎这个世人所熟知的城市，虽不是世界上最大的、最富的、最古老的城市，但其规模、历史、政治影响、金融、文化、工业、交通和娱乐等各方面都在世界上占有重要位置，而且独具风格和地方特点。

巴黎被巴尔扎克称为城市中的“皇后”，真是受之无愧的。首先从地理环境来说，巴黎没有什么不寻常的特点，它位于一个又大又平坦的盆地，横跨在弯弯曲曲的塞纳河及其支流马尔河上，四面八方来的旅客，都认为来巴黎很方便。它是法国几乎所有活动的中心，也是当代欧洲文明与现代化的中心，更是陆运、水运和空运三个交通系统的枢纽。恩格斯说过，“只有法国这样的国家才能创造巴黎”。巴黎的老城区住着250万人，每平方千米约为2.4万人，但还没有纽约曼哈顿区/平方千米的密度高（2.9万人/平方千米），也没有我国上海老城隍庙一带的密度高（4.8万～5.6万人/平方千米）。由于巴黎的人口密度很高，不少人就全家搬迁至郊区，城区内不但私人小花园很少，而且连公园绿地也不多了。结果使得巴黎人每到周末和假日就成群地涌向风光明媚与空气清新的乡村，享受田园风光，食用农庄的新鲜产品，在郊区度过一周中最愉快的两天。

其次，巴黎城市的区域空间集聚和建筑物与自然环境和谐的组合很具有吸引力。有人说，巴黎的城市形态和总体布局与北京很相似，这仅仅是就一些古老的建筑物和道路轴线而言的。北京以景山、天安门和前门为轴线，是南北走向的；而巴黎的轴线都是东西走向的。北京城是中国文明古国的象征，她有着悠久的发展历史；而巴黎在欧洲也是法国文化与经济现代化的缩影，也有着较长的城市发展历史。北京在东方世界是那么引人入胜；而巴黎确实也是西方世界妙趣横生、富有吸引力的城市。

在公元5世纪时，巴黎起源于塞纳河中的西岱岛上的一个小渔村，著名的巴黎圣母院就建立在这个岛的东南端。由于生产力的发展，巴黎早期成为欧洲许多国家的经济贸易的交往中心，在公元9世纪中叶，欧洲各国许多富商巨贾云集这里。巴黎城以西岱岛附近向外扩散出去。到了1790年前后，巴黎又向外扩散，形成现在的近郊区即第五区到第十区。这期间先后建起了卢浮宫、协和广场、香榭丽舍大街和巴士底狱。到了1845年整个巴黎城二十个区才建完，后来又修建了凯旋门、埃菲尔铁塔、歌剧院和圣心堂等。这些世界第一流的建筑群聚集在巴黎市区这个显著的区域内，吸引着千百万人的敬仰与虔诚，集中反映了欧洲的文明荟萃，世界上有哪几个城市堪与伦比？被称为法兰西民族圣地的卢浮宫，是从1190年由腓力二世开始建造的，后来一直为法兰西王国的王宫。从其广阔的空间考察，卢浮宫是世界上最大的美术馆，占地面积达45公顷，参观的人们要把卢浮宫的全部文物珍宝浏览一遍，起码要走几十里路。谁也不知道一共有多少人参观过这座美术馆，工作人员告诉我们，从20世纪60年代以来，每年大约有450万人次穿过数百个大厅。有时就连那里的工作人员也难详细地知道某些作品放置的确切地方，因为卢浮宫确实太大了，从20世纪80年代起只能借助于先进的计算机技术进行电子化管理了。

卢浮宫是一座包罗万象的艺术宫，共展出30万件作品。对每个来访者或艺术家来说，都能留下极为深刻的印象。这里最多的是油画，但卢浮宫也拥有许多古埃及、古希腊、古罗马和古代东方的艺术品，以及中世纪的象牙、银器、首饰、珠宝和古中国的陶瓷、丝绸，等等。卢浮宫是一座巨大的综合性的建筑群，在风格上是对过去的模仿，富丽而又不雄伟，精细而又不入微。有些观众认为，它给人的印象就像欧洲中世纪的教堂，带有许多深沉的灰暗色彩。

卢浮宫最古老的部分要算是圣日耳曼奥塞尔教堂的塔顶。16 世纪，弗朗索瓦一世把一些古希腊和古罗马的雕像和十二幅画（其中有《蒙娜丽莎》）收藏在这宫里，为此花费 4000 金币。在大收藏家路易十四死后，卢浮宫的画幅已超过 2500 件。直到法国大革命后 1793 年 8 月 10 日，王室的收藏品才决定向观众开放，这一天也算作是美术馆的诞生日。后来在 1810 年，拿破仑与奥地利的玛丽·路易莎公主在卢浮宫内举行结婚典礼，这里又为世人所赞叹！从此之后，天天都有众多的游客云集于卢浮宫的画廊，陶醉在诗情画意之中。如卢浮宫珍藏的《维杰·勒勃兰夫人及其爱女》这幅画，惟妙惟肖地表现了动人的母爱，也激发了成千上万子女对自己母亲的敬爱之心，产生了很大的社会影响。据说，有一次《蒙娜丽莎》运往美国展览时，法国有上百万人感到忧虑，因为他们获悉华盛顿和纽约天气又潮又湿，怕这位“贵妇人”从美国回到巴黎时失去美的神采。因此在运往美国的船上，布置了一套豪华的客房，住进这位“贵妇人”，恒定温度与湿度，在房间旁边有 4 位全副武装的法国警官守卫着，绝对保证这位“天之娇女”的安全与娇艳。

能与卢浮宫相媲美的还有位于塞纳河畔的巴黎圣母院，这座哥特式的建筑物始建于 1163 年，差不多花了近百年才基本完工，以后还不断修复、装饰，到 19 世纪才建成今天这个样子的。巴黎圣母院一年难得使用几次，过去仅有法国统治阶级达官贵人的子女结婚才能到这里举行仪式。

巴黎是欧洲的明星城市，也是世界的花都，没有来过巴黎的人都知道，巴黎是花花世界，其实花花世界即是文化艺术的贬称，也是那些达官贵人花费水平的高度概括。巴黎那么大，到处都有夜总会、酒吧间、舞厅、乐池和容易失足悔恨的地方，意志脆弱的年轻人和那些中下层人士极易受到诱惑。进入 20 世纪现代化城市建设以来，巴黎还有另一个令人担心的方面——市内交通和人流过于拥挤，给市区内数百万人出行带来许多不方便。巴黎人每年由于乘车而浪费在路上的时间达到数千万小时，市区内 150 万辆汽车的嘈杂喧闹使人心烦、干扰着市民的生活，只要你一打开窗户，各种车辆的噪音立刻向你袭来。巴黎全城还有 16 条地铁路线，地铁总长度超过 210 千米，地上地下每年的客运量超过 10 亿人次，世界各地来巴黎旅游观光的旅客，每年大约有 3000 万人次，巴黎的承受能力已到达了临界点，市区不能再拥挤了。

坐落在塞纳河左岸的埃菲尔铁塔是法国人引以为荣的标志，也是巴黎的骄傲。第一次来巴黎的人都会来这里参观。这个铁塔是由著名的工程师居斯塔夫·

埃菲尔设计，为庆祝法国大革命 100 周年，花了两年时间建成的。铁塔重达 7000 吨，高约 320 米，巨大的塔身分为三层，每层都建有平台，上下有梯级可走和电梯可乘，中间平台距地面 115 米。塔顶上建有气象站、无线电站和电视转播天线，登高一望，整个巴黎尽收眼底。我们在这一带游览时，往往流连忘返，参观完毕还不时掉转头来多看一眼，就怕下次来不了啦！

在巴黎十三区的舒瓦齐大道附近是巴黎的华人区。据法国地理学家的估计，这里居住着大约 9.5 万名亚洲居民，其中大部分是中国人。虽然这里没有建立起像美国许多城区中那样的“唐人街”，但在巴黎十三区，随处可见到许多中国商店、饭店和公寓大厦。舒瓦齐大道的福禄居、月亮厅、亚洲之花厅、金筷厅、天堂之岛馆、唐人街馆、亚洲客栈等中餐馆可能不下百余家。还有其他超级市场、珠宝店、书店、五金店、肉店和儿童玩具商店等也不少。这里许多珠宝首饰来自东方，特别是中国大陆和中国香港、中国台湾。法国人戏言巴黎十三区已成了“塞纳河畔的香港”。可见，勤劳的中国人，在世界上只要找到立足之地，就能在

大巴黎的主要景区

艰苦的环境下求得生存与发展。巴黎的华人区虽然不大，但却别有情趣，许多中国人聚集在一起，就能不断生根、成长与壮大。

我们在巴黎的时间太短，虽然也访问过几次，但想要参观考察的地方很多，总是安排不过来。1978 年中国科学院地理代表团第一次访问美国时，途经巴黎 3 天。我们跃跃欲试，想跑遍整个巴黎去领略这里的历史文化与风光胜地。虽然不熟悉异国风情，却也如愿以偿地跑了不少地方，特别是那些具有很高文化价值的艺术胜地，如各类博物馆、艺术宫与教堂等，至今在我们的心灵中留下了极为美好的记忆，这也是我们人生中极有意义的片断。2003 年春，我们再次访问了巴黎，而且步行了几天，走遍了大半个巴黎老城区。

法国醉人之都——普罗旺斯

位于法国西南部，靠近地中海的普罗旺斯，是法国著名的文化旅游胜地与休闲重镇，不仅是法国最迷人的醉人之都，也是驰名世界的花园城市。著名的法国诗人罗曼·罗兰曾经说过："法国人之所以浪漫，是因为它有普罗旺斯"。

这个法国的醉人之都，之所以浪漫、休闲、安静，不仅附近的地理环境、山河村庄优雅美丽，更令人陶醉的是，每年七、八月间，广大平原、大小山丘和岗地上长满了大片大片的薰衣草，紫色的小花漫漫开着，它的花语是"等待爱情"。普罗旺斯这座山城小镇，每年夏秋时节，蓝天白云，透明清彻，空气清新，沁人心脾。漫山遍野、河傍平原的薰衣草迎风绽放，紫艳的色彩装饰着绿色的山谷和弯弯曲曲的小河两岸，浓郁的香味混杂着青草芬香，交织着普罗旺斯特有的气息。特别是每年的薰衣草盛开时节，那一片片的紫色小花和青青的叶子不知迷倒了多少青年男女，尤其是从巴黎、马赛、里昂和波尔多等地与城里来的情侣，在大自然中，格外甜蜜。人们在小镇中饮酒、看书、休闲或骑马缓行，简朴而缓慢地生活着，典型的法国南部小城悠闲生活随处可见，平和、安详的气氛令人陶醉。

普罗旺斯有很多小镇市民保持着法国中世纪质朴风格，在这里没有大都市中豪华的建筑和夜色中跳动的霓虹灯，也没有画面暴露的招贴广告，人们行走在石子老路，田间小径，游人可以走进半山坡上的古村，当地居民喜欢坐在树下的石桌旁，吃着乡间的水果、小吃，自由自在、谈笑风生。有些地方的居民还保持着古井汲水的传统习惯，从国内外四面八方来的客人都十分喜欢与他（她）们一起交谈、一起玩乐、一起照相。

普罗旺斯附近还有温文尔雅的艾克斯名城，还有教皇之城亚维农，都是国内外游客常到之所，近半个世纪以来，据法国旅游部门的统计，每年都有 560～850 多万游客来这里参观游览，是法国南部最有名气的小镇名都。

西方年轻人怎样潇洒

你多做好事不殆，无顾忌，无怯懦。你的事业无比高尚，你努力奋进，别无他求。

——一位科学家

近几年来，由于重要的国际学术会议与合作任务，时常奔忙于美国、日本与德国之间，工作之余有更多的时间与国外朋友和我国的留学生交谈，有时也在热闹的街头、商场与酒吧之间观察西方年轻人的一些生活爱好与习惯。虽然说不上考察细微、丝丝入扣，但也能从深一层次分析认识他们、理解他们，并有所收获。特别是国内近年来甚为流行潇洒走一回，而西方年轻人是怎样潇洒的呢？我们又如何对照、借鉴呢？

前些年在日本东京地铁站前，一批又一批潇洒英俊、西装革履的年轻人，手持公文包，匆匆而来、匆匆而去。他们对工作尽忠职守，就怕赶不上车，误了上班，许多人都是争先恐后，在地铁车厢关门的一刹那间溜入车厢去的。他们工作的态度、遵规守纪的精神令人敬佩。但后来我又在日本的大阪、广岛与美国的拉斯维加斯、大西洋城的一些夜市与赌场中发现不少日本与美国的青年人在老虎机里赌钱或在裸体舞厅中醉生梦死，毁灭自己。显然前者是潇洒的真谛，后者是潇洒的败类。

一次我在旧金山参加一次国际会议后，去西雅图、盐湖城访问观光。在不同场合里碰到一些中国学生，闲谈之中，他们告诉我一些事情后倒来反问我：国内一些生活目标不高的青年人是否常常用羡慕的目光盯着舞台上那些港台歌星，认为他们很潇洒？如今有的青年人像一些放荡不羁的美国青年一样终日我行我素，蔑视一切所谓“清规戒律”，甚至背着行装企图浪迹天涯，不敬父母，更有甚者在高级饭店里装“大款”挥霍浪费，在迪斯科舞厅中将自己的青春疯狂耗尽。

另一次我在德国科隆大学工作、生活三个多月，有较多的时间接触社会，并得到德国朋友的邀请，到他们家做客。我们曾在鲁尔地区北部一个小城镇，访问过诺伯特·文柯夫先生，他和他的妻子共同抚养六个小孩，大多已经成长，但他们放学后很多时间花在计算机和绘画方面。他父亲告诉我们，男孩子除了参加学校足球比赛外，几乎每晚都在家里学习，从没有去参加过城里的舞会。

我想：任何社会、任何国家，都有人想潇洒，都有人在潇洒，都有人不愿意毫无意义地潇洒。潇洒与否，首先是对基本成熟的人格而言的。无知的幼年，任性的少年，迷茫的青春期，可有一二看似潇洒的举动，但不会有或难以有真正的潇洒。因为真正的潇洒是一种内心的状态，是内心的坚定与主动，反映了精神世界的健康与能量。它是需要一定的生活积累，需要身体与心理达到成熟的境地。其次，对于我们青年人来说，不能过分地追求外表的潇洒，如果这个人工作毫无责任心，处处贪求享乐，追求美女金钱，过着骄奢淫逸的生活，每时每日在消耗自己，毁灭自己，外表再潇洒也如空蛇皮一样，终究会被生活所抛弃。

我们的社会生活是一幅多姿多彩的现实主义画作，既有人们追求生活的激流、浪花，也有大多数人们所厌恶的暗流和阴影。但我们前进的时代是一个全方位奔放的多棱镜，又是能穿透层层云雾的超音速飞机。她能展示生活的目的，潇洒的内容，懂得生命的珍贵与增厚做人的底蕴。随着急流而进的那些懂得生活目的的潇洒人，不用狂欢来麻醉自己，而善于在似水流年中汲取生命的精华，不断提高自己的心理素质，提高勇气，增长干才，古人云“将相本无种，男儿当自强”，我们都要为建造和欣赏到更高层次的人生风景而自强不息。

西方的情人节

入则恳恳以尽忠，出则谦谦以自悔。

——张养浩（元）

爱情正像一首优美的歌儿，但这首歌却不容易谱写。

——施企巴乔夫《爱情要懂得珍惜》

世界真是一个万花筒般的大舞台，万千变化，异彩纷呈，魅力无穷。我们在西方国度日常生活中最容易受到感染的就是各种民风习俗。无论是像古老的英国，意大利以及比较现代化的澳大利亚与南非，民风习俗中最浪漫的日子都要数男欢女爱的情人节了。

早在 1984 年 2 月 14 日的前几天，我在密歇根州立大学亚洲研究中心做访问学者，在住地的教师宿舍里聚会时，好几位美国朋友就与我们中国人商讨如何快乐地过好一个西方人的情人节，那时我们还很幼稚、腼腆、不入风俗，似乎一切都听从他们的摆布。后来我们又去了西欧一些国家以及南半球的南非与澳新等国家，时间长了，对这些节目也习以为常了。其实，情人节又作“圣瓦伦丁节”，最早过这个节日的还是古罗马，人们为了纪念牧神的功劳。在中世纪的英国，每年的这一天，青年男女要举行各种游戏与舞会，每一位男子都可以在游戏中从一个签筒里抽出写着某个女孩名字的签片，男的抽中的那个女的就成了他那天的情人，以后也不一定就成为终身伴侣，于是这一天就成了青年恋人的节日了。

我们在英国参加国际会议时，去伦敦游览，曾经参观过大英博物馆，博物馆内的文化珍藏品与史料都十分丰富，有些也是价值连城的。在这个知识的海洋里，虽然仅有一天观看的时间，可能仅及其 1/5～1/4 的展馆。但其中，我们看到了英国人在莎士比亚时代有关情人节的一段描述，那时英国青年深受基督教的压制，许多节日青年人都十分拘束、压抑，仅是在每年 2 月 14 日的情人节中得到尊重与快乐。后来，这个节日带着它所有的浪漫色彩，传到了北美的加拿大与美国，后来又漂洋过海传到了澳大利亚与新西兰，这个节日慢慢地就成了世界情人节了。特别是那些感情丰富的青年男女很早很早就盼望这一天的到来。

国际情人节是一个充满了快乐、柔情与幻想的日子，姑娘们可以像天使一样开心，小伙子们可以幸福地追求美丽的姑娘。情侣们成双成对，开开心心用各种不同的方式表达自己的感情，度过这仅有 24 小时的情人节。

在这一天，在英美等国的各个大学、中学和社会团体、俱乐部都要举办各种内容丰富、形式多样的音乐会、舞会与家庭聚会等。青年男女可以互赠一件小小的礼物如鲜花、饰品、食物或文具书籍等，表达埋在内心深处的感情。因此，情人节是青年人谈情说爱的欢乐节日，也是青年朋友结交知己、开始友谊的节日。

世界历史文化名城——罗马印象

西谚有云："条条大路通罗马"。人们怀着不同的目的来到罗马，画家和雕刻家来罗马欣赏各种教堂、博物馆中大师们的不朽作品；诗人和音乐家来罗马寻找最辉煌的舞台和最动听的乐符；规划建筑师们来罗马看看威尼斯广场和斗兽场的精美设计。2003 年春，我和我妻子乘飞机从科隆来到罗马，参观了罗马的许多广场、教堂、博物馆和火车站等。我们也像音乐家、诗人、画家、建筑师和旅行家一样，都不忍离开这座伟大的城市，他们也和我们一样，最终都会臣服于罗马的博大与完美。

罗马是世界闻名的历史文化名城，为意大利的首都。市区人口超过 270 多万，市区内有大大小小的教堂（其中天主教堂 300 多所、修道院 200 多所，城西北的梵蒂冈为世界天主教的中心）、博物馆、文化艺术宫达 1000 多家，来到罗马的人一定会深深感受到罗马古城深厚的文化氛围。

在德国科隆大学访问期间，尼帕尔教授就告诉我们，每年的夏秋两季欧洲各国旅游城市人潮如海、异常热闹，旅行路线、旅馆安排也特别困难。因此我们在 2003 年 3 月中旬，就在互联网上查找合适的旅馆，提前一个月预定住宿地，订购机票等。4 月中旬，我们轻装旅行，去法国、意大利、比利时、荷兰等国。首先访问考察了法国巴黎之后，便来到意大利的首都——罗马。

人们常说，到欧洲旅行，最喜欢的几个城市就是巴黎、罗马、柏林、伦敦和维也纳。巴黎是个花都、时尚之都，体现了法国人的浪漫情怀；罗马是意大利的建筑之都、殿堂之国、世界天主教会的中心，整个罗马大大小小的教堂有数百座；柏林是欧洲博物馆，宫殿与街区富有特色，也是欧洲文化、科学的中心；伦敦是世界一流的国际性大都市，世界金融中心，这里的富人与纽约一样，掌握了世界金融、证券、股票的大权，是具有特殊魅力的城市；维也纳是欧洲的名城，音乐之都，为世界文化人所向往，这里的许多古典音乐影响着整个世界。

罗马位于意大利中西部台伯河下游的丘陵地带上，地跨台伯河两岸。因为城市坐落在七个山丘上，历史上曾经称之为“七丘之城”。城市面积约 1200 平方千米，人口有 270 多万，每年来此地旅游的人士多达 1000 多万。古罗马城始建于公元前 753 年前后，公元 754～1870 年为教皇国的首都，又是世界天主教的中心。

《罗马假日》里漂亮可爱的安妮公主，在罗马游览之后感叹过：“我游历过许多城市，可以说各有千秋——但是我最喜爱的，仍然是罗马”。我三次旅欧（访问、讲学与合作研究）游历过 10 多个国家与地区，从科学角度探究，罗马是世界著名的历史文化名城，博大精深，文化古迹甚多。为什么罗马如此引人入胜？①古罗马历史悠久，有许多精美的建筑艺术仍然保存完好；②市区内有一条弯弯曲曲的台伯河安闲地穿过，河两岸公园、居民区环境幽静，保存着原生态城市的风貌，美极了；③众多教堂如拉特朗圣若望大殿、圣母大殿等著称于世，众人仰慕，美轮美奂，引人入胜。

在罗马市区中心，穿过繁华闹市区的科尔索大道就到了威尼斯广场。广场中央是罗马地标性建筑——维克多·埃曼纽尔二世纪念堂。这座新古典建筑有许多华美的装饰，精微的雕塑，诱人的喷泉，正面还有 16 根爱奥尼式的圆柱所形成的弧形，是威尼斯广场最精美的建筑了。威尼斯广场是世界各地游客最感兴趣的地方，人们可以在这里进行科学研究与历史考察，可以自由散步、欣赏古建筑之美。这里的环境是闹中有静。广场左侧是图拉真广场的遗址，这里曾经是罗马时代市民的生活中心，交易与购物天堂，现在每天都有成千上万的游客在这些残垣断壁间凭吊历史，追索古罗马人的聪慧与劳作。学历史或是建筑规划的学生、工程师和行政管理人员，从这些历史遗留下来几个破砖、几根石柱、半截方碑中就能抒发对古罗马的怀想。关于古代罗马奴隶与奴隶主之间的历史故事，及其引起人们对于民主社会的向往与梦想，是很发人深省的故事。

我们在许多古罗马的历史遗址中走过，游览了火车站广场、特雷维泉许愿池、卡拉卡拉大浴场、西班牙广场等地，以及许许多多其他的教堂、神殿与古建筑，而最引人的地方还是万神殿。

万神殿始建于公元前 27 年，正面几根圆柱让人联想到古希腊建筑，内部圆形穹顶上开有直径为 9 米的天窗。米开朗其罗曾经赞叹万神殿是“天使的设计”，这真是建筑艺术的精湛之作。从天窗透进来的光线照射在马赛克的地板上，有一种庄严肃穆的气氛，被墙围着的祭祀诸神的圣殿，如今为拉菲尔等一代伟人的陵墓。我们在这里游览、漫步、仔细思考，好像走进了古罗马最高的艺术殿堂。万神殿是罗马时代建筑物中保存的最好、最完美的建筑珍品了。

罗马游记写到最后，还得告诉人们，从火车站步行到特雷维泉，只需要40多分钟，对于喜欢健步旅游、观赏罗马大街小巷的人们是很便利的。在这个仅有400多平方米的小广场中，有一个泉水潺潺的许愿池，很多游客在这里排着队等着往喷泉里抛硬币。一位仅仅能讲一点英语的罗马姑娘告诉我们：硬币抛到许愿池里，会有很多好运，会有机会再次访问罗马。这也是每个喜爱罗马的人的真实愿望。我和我妻子、我的博士生三人游览此处时，也将几枚硬币抛入许愿池中，但愿我们以后会有机会再访罗马。

罗马不仅是意大利七千万人的首都，也是世界人民的艺术殿堂和天主教的中心，许许多多古老而又精美的建筑永远永远地印记在我们的心中。

古罗马的辉煌岁月

有了深厚丰富的历史文化的积累，才会有今日引人注目的时代光芒。

——一位历史学家

在欧洲众多的明星城市中，最具有辉煌岁月的城市要属意大利的罗马了。罗马比伦敦、巴黎、柏林等大都会具有更深厚的历史渊源与文化人文根基，这从罗马城中许多博物馆的史料中可以得到证实。

从公元前8世纪初在意大利半岛中部兴起了古罗马的文明，历经了罗马王政时代、罗马共和国时代，最终于公元前1世纪扩张成为地跨欧、亚、非三大洲，独霸地中海的庞大的罗马帝国。后来到了公元395年分裂成为东、西古罗马帝国，而最后到了公元1453年，东罗马帝国即后来的拜占庭帝国被奥斯曼土耳其帝国所灭。

2003年的一个春天，我们从德国科隆机场乘飞机来到罗马旅行，我们在罗马城中许多古罗马帝国遗留下来的那些壮观而又令人悲怆的废墟中，回味了古罗马帝国的辉煌岁月。

我们在罗马城中，选择了步行游览罗马各处的风景点，最后从最远处乘地铁回到住地。经过了三天的步行漫游走访，既领略了罗马历史名城的风物，又锻炼了身体。

我们从罗马中央火车站出发，经过了圣天使古堡、圣母大殿、许愿池，跨过市区西北的台伯河西岸，那些美丽、舒适、雅致的公园与众多的现代建筑并不十分吸引人，我们还是对古罗马的历史遗址最感兴趣。如不十分宽阔的图拉真广场，能容纳5000多人同浴的卡拉卡拉浴场等，到最后我们参观了保留比较完整，最具动人历史故事的古罗马斗兽场。

罗马城市地图

罗马是意大利首都和最大的城市，位于亚平宁半岛的台伯河下游平原的七个小山丘上，有“七丘之城”之称，是一座历史悠久的城市

2003 年 4 月中的一个黄昏时刻，我与妻子陶玉美和博士生房国坤，一起坐在古罗马斗兽场的台阶上，好像有一种幻觉，看到那强壮的斯巴达克斯与凶猛的野兽搏杀的影子，斯巴达克斯胜利了，成千上万的民众在欢呼。同时又看到那些拼斗不过野兽的瘦弱奴隶，一个个被野兽撕裂身体，鲜血流淌的悲惨情景。辉煌的历史和灿烂的文化就是劳苦大众不断在腥风血雨中流汗牺牲创造的。

古罗马斗兽场在公元 1 世纪由韦斯巴芗皇帝开始建造，可容纳约 90 000 人，地上三层，地下两层，有 16 个关野兽的大房间，为世界上最大的斗兽场之一。其附近的其他古罗马遗址、古建筑、古农贸市场与旧时代的别墅等建筑，有很多已难觅踪影，但古罗马斗兽场却比较完好地保留着，成为当今意大利人所敬仰的具有辉煌历史的地方。

闻名于世界的水城威尼斯

这里是水的世界，又是水的都市，到处都是船与房屋的天地。

——一位诗人

在经济发达、工业化起步最早的欧洲旅行，除了英法德荷比等国外，意大利和奥地利也是不能忽视的地方。一谈到意大利，很多人都知道“言必称罗马”，古罗马时代的辉煌以及意大利文艺复兴时代的艺术、绘画等珍宝，早就闻名于世了。我们到意大利旅行，罗马、米兰、佛罗伦萨和美丽的水城——威尼斯等地，是最有魅力、引人入胜的好去处。

威尼斯是世界上著名的水上城市，她位于意大利的北部，亚得里亚海北端。从大比例尺的地图上看，全市有 150 多条大大小小的河川，将城市分割成近 120 多个“岛屿”小区，由 400 多座各式各样的桥梁相互连接，整座城市就像浮在水面上的宫殿。她那妩媚、细腻和独特的自然地理风貌和建筑风貌构成的美丽“水都”，500 多年前就闻名于世了。

水城威尼斯与我国的苏州市已结成友好城市，苏州虽然在我国的江南水乡，各种园林与建筑也著称于世，但威尼斯才真的是名副其实的水上之城，全市 40 多万人出门旅行、办事在市区内没有汽车，没有自行车，只能靠水中各种各样的船只与外界相通。家家户户，出门见水，购物探友，只有轻舟。水上行驶的除汽艇、摩托艇之外，还有一种黑色平底的小木船，只能坐 2～3 个人，当地称为“贡多拉”。船的头尾尖翘，船头有手工的雕刻，船上设有舒适的座位，铺着鲜艳的地毯，十分雅致，别具风格。第一次坐贡多拉，还有些担惊受怕，特别是刮风的日子里。威尼斯主城外，还有 10 多个美丽的小岛，每个小岛上都有古代的教堂，都是十分美丽的旅游胜地，而最著名的，还是莫过于主城那个实际上不那么大的圣马可广场边的圣马可大教堂了。

2003 年 4 月间，我们在意大利罗马访问考察时，顺访了威尼斯水城，并在这里住了三天，参观了很多有特色的建筑与水景。白云蓝天，清新的空气，处处美景，美不胜收，都给我们留下了深深的印象。威尼斯水城的魅力使我们久久不能忘却。水城在白天，水天相连，一片蔚蓝色的天空和洁净的河水十分迷人；晚上，城里灯火通明，水面上波光粼粼，彩色的灯光映着碧水，就像一串串连缀起来的明珠，绚丽夺目，陆上水中全是“繁星”点点，构成了一幅美丽的水城夜景，使人流连忘返。威尼斯水城的许多建筑更有特色，无论是钟楼、教堂、商店与民居均各有特色，还流传着许多美丽动人的故事，格外引人，在那些热闹的旅游景点，近处远方都可以看到圆顶建筑、拱门尖塔以及圆柱回廊，真是鳞次栉比，十分壮观，美不胜收，光彩照人。在威尼斯旅行的日子里，我真不敢相信那些是真的：水天一色，建筑如魂、小船如心、路人皆靓……威尼斯对我来说，是诗，是画，是梦！它有永恒的魅力，特别是在那些浓淡相宜的季节！

世界上最小的国家——梵蒂冈

你像是一滴水，畅快流动，哪怕是小溪泉水，也能体味开怀；人家说我很渺小，但我活在世间也是珍宝。

——一位宗教活动家

罗马城中偏西北的一个弹丸之地有一个梵蒂冈教皇国，这里是世界上最小的国家，国土面积仅有 0.44 平方千米，全国总人口也不超过 1000 人。与世界上一些大国相比，这真是一个很小很小的袖珍国家了，但来罗马旅游的人都会喜欢到梵蒂冈走访一天。

正是春暖花开的季节，我们走马观花地在这个小国家里访问了 4 个半小时，基本上大部分的街道、教堂都走遍了。初春时节，罗马城区台伯河两岸花红树绿、青草茵茵、空气清新，使得我们这些喜欢漫步旅游的人，心情格外高兴。我们从威尼斯广场来到圣天使堡，穿过了庄严雄伟的意大利法院，在圣天使桥旁的水面中，倒映着罗马城的许多古建筑，过了这座桥就到了另外一个主权国家，就是小小的教皇国了。

梵蒂冈是世界天主教的中心，为特殊形式的政教合一的国家。公元 754 年前后形成教皇国，1870 年后大部分土地为意大利所管辖，1929 年意大利和教皇签约，梵蒂冈成为主权国家。梵蒂冈虽小，但每天来这里参观访问的游客平均有 2.5 万人。

人们来到梵蒂冈大公国，最主要的是参观圣伯多禄大教堂、圣伯多禄广场和其他建筑物。大教堂和广场集中了意大利文艺复兴时期的艺术精华，由米开朗琪罗、拉斐尔、贝尼尼等建筑规划大师共同设计，于 1626 年建成。广场两侧半圆形的长廊里有 4 列共 284 根多利克式的圆柱，圆柱上面是 140 个圣人像。广场中央矗立着高约 25 米，重达 320 吨的方尖碑，是公元 40 年从埃及运来的一个宏大的圆柱，真不愧是著名的传世之作。

那华丽、庄严、圣洁的圣伯多禄大教堂内部宽大无比，加上两侧空间可以容

大都市罗马的主要景点与大公园旅行路线→

纳 4 万人在这里集会或祈祷做礼拜，大厅两侧也十分明亮、舒适，每天都有万千游人在此欣赏历史上留下的各种文化艺术珍品。其中一座巨石雕刻的圣母，抱着死去的儿子耶稣，这便是米开朗琪罗 24 岁时雕刻的艺术杰作圣母哀悼像，将一位母亲的悲痛表情刻画得淋漓尽致，非常感人，我们参观后心情十分沉重，叹为观止。

在这个宽阔雄伟的圣伯多禄广场，到处都是人山人海，来自世界各地的游客，兴致勃勃，排着长长的队伍，购票参观梵蒂冈博物馆和大教堂，门口可以看到那些英武帅气的瑞士雇佣兵，手执长矛、身穿古典的服饰来回巡逻。在博物馆中，人们极有兴趣地参观了梵蒂冈收藏的传世珍品，包括价值连城的安杰利科、达·芬奇、梵·高和拉菲尔等大师的杰作。太多艺术珍品展现在人们的眼前，人们最喜欢观赏米开朗琪罗花了 9 年时间完成的品位很高的艺术珍品《最后的审判》巨作，画作十分逼真，手法极为细致，欣赏这样的艺术品后的激动之情久久不能平静。

第 15 章　荷兰比利时旅行杂记

走马观花考察比利时

我两度在科隆大学合作研究期间（1994、2003 年），都在欧洲中部与西部几个国家考察、访问过。真诚热情的地理所所长 J. Nipper 教授为我们安排了周密的访问计划，其中一半是坐火车、大巴公交车去法国、比利时、荷兰；另一半计划是乘坐飞机，到较远一些的国家访问，比如意大利、匈牙利、波兰等国。由于还有语言的障碍，访问考察这些国家都不是那么深入的，仅仅是从自然景观、历史沿革、城市发展的观点来看看这些国家，只有等待将来的机会，再度深入地了解这些国家。

2003 年 4 月，欧洲中西部地区还是初春的日子，阳光暖洋洋的，早晚还有七八分的寒意，大地草木初青，各种鲜花刚刚怒放。城里百姓人家，窗台上、庭院里的鲜花开得特别美丽，发达国家的人民，生活水平很高，居住条件优越，屋前屋后的环境特别安静、舒适。我们在科隆大学时，常常骑自行车到郊区转转，大部分人住的别墅，低层公寓都是这种布置的。

初春刚至，我和妻子以及我的博士生房国坤，按照原计划，在访问法国之后，又从科隆乘坐火车到比利时的首都——布鲁塞尔访问两天。

比利时是欧洲中部的小国家，国土总面积仅有 3 万平方千米，人口不足两千万人（差不多相当于我国的台湾省）。但这个国家属于发达国家，人均 GDP 达到 2.8 万～3.2 万美元，比我国现在的水平高出 3～4 倍，同时也是一个福利国家，老百姓安居乐业、幸福美满，百姓看病、教育与老年人的保护都有政府的保障，退休后的日子也是无忧无虑的。

当我们的旅游列车从德国跨入比利时国境时，不长的旅途中，我们可以看到比利时的农村，到处绿油油的，老百姓住宅前后环境优美，绿树婆娑，活泼可爱的孩童身影显现在眼前，农村中呈现一派生气勃勃的景象。最令人喜欢的，还是火车奔驰的两边土地，黑黝黝的、松软肥沃的土地长满了各种农作物、瓜果，没想到比利时的土地那么肥美、那么富于吸引力，从身旁附近一直到比较遥远的地方，都是一片黑土，这个国家风调雨顺，自然条件十分优越。

当我们乘坐的火车进入比利时的心脏——首都地区，又是另一番城市现代化的景象。比利时的国家不大，但首都布鲁塞尔的名气不小，是欧盟总部所在地，国际金融中心之一。我们从首都的中央火车站下车后，经过中央大街、步行街，来到了布鲁塞尔东部城区，在一家并不算豪华的宾馆住下，但好在交通方便，位置很好，很清洁，卫生设施与房间的舒适将我们的旅途疲劳驱散。我们在旅馆附近吃过有地方特色的牛排、沙拉蔬菜之后，开始对布鲁塞尔的城市景观、名胜地方步行考察，重点在三个地方，一是建筑风格的比较特别的国会大厦及其广场，大部分建筑都是红砖为墙，有很大的窗户。具有斜坡的屋顶，是欧式建筑的特色，与我国的建筑具有很大的反差，建筑质量优秀。

另一个吸引人之处是国会大街上的撒尿儿童的塑像。这一铜像建于 1619 年，称为“布鲁塞尔第一公民”，历史上外国入侵者要炸掉市政厅大楼，有一位名叫于连的小孩，见到导火线正在燃烧，他急中生智，朝着正在燃烧的导火线撒了一泡尿，结果导火线被熄灭了，底下一大堆炸药没有爆炸。他挽救了该城市成千上万的人民，后来的人民称于连为小英雄，并塑造了铜像纪念他。这位小于连的英雄行为具有特别重要的意义，为后人所敬仰，每一个来布鲁塞尔旅游的客人，都会到这个地方参观、照相，表示对儿童英雄的崇敬心情。

第三个是离首都不远的郊区，有一大片树立着密密麻麻墓碑的地方。这是在第二次世界大战中，美英法盟军反对法西斯战争中牺牲的八千多士兵英雄尸骨入土的地方，也是世界人民敬仰、纪念英雄们的地方。当时多少青年壮年为了保卫祖国、反对法西斯入侵而英勇抵抗；今天，欧洲各国平静了，和平地建设自己的国家。当我们来到这个英雄壮烈牺牲的地方，永远值得我们纪念的就是他们用了年轻的生命保卫了自己的故乡、自己的祖国，也保卫了世界和平。

阿姆斯特丹剪影

阿姆斯特丹，她是与巴塞罗那一样，是西欧两座极有个性魅力的城市，它让人相信世上会有奇迹存在，也是世界上最美丽的城市。

——塞万提斯

我在德国科隆大学的时候，工作、学习并不算忙，会有一些时间到邻近国家去旅行、访问。2003 年 4月间，我与我的妻子和学生一起去了法国、比利时、荷兰等国考察各地的自然风光和城市建设的景象。由于时间不长，每个地方只有两三天左右。阿姆斯特丹是我们参观访问中的一个重要城市，但也只能是走马观花地在这个荷兰的水城走走看看。

阿姆斯特丹是荷兰的首都，为全国最大的城市与第二大港口（仅次于鹿特丹大港）。荷兰是个经济发达与城市化水平较高的工业国家，国土面积不大，仅有 4.15 万平方千米左右，但人口却有 1600 多万人，她是世界上位于海平面以下面积最多的国家，几乎 1/4 的国土低于海平面，还有 1/3 的国土高出海平面仅一米左右。因此，荷兰这个国家也是世界上水利工程、海洋工程最发达的国家之一。阿姆斯特丹作为首都，仅仅是国王王宫的所在地，而国会、政府机关和外交使团都驻在 60 千米以外的海牙，所以阿姆斯特丹市区显得安静、平和，市内交通十分畅通，很少有汽车拥堵的现象，市民生活安居乐业，幸福指数很高。

阿姆斯特丹是一座美丽而又富有特色的水城，人们称之为像一座被海水包围的"海底城市"，大部分市区处在海拔 4 米以下，房屋几乎全以坚实耐用的木桩为基础。全市 160 多条大大小小的河川将整个城市分割成千百个小岛陆域，一千多座风格迥异的桥梁联络各个城区，万千条各式各样的船只穿梭其间，构成了一个海天一色、水乡城区相连的图案。如果站在市政厅附近的蒙特广场，可以看到 10 多条河川围绕着纪念碑、博物馆和歌剧院，这 10 多条河道与街区相互联连，交相辉映，在这片水城中显现出美丽的城市风光。阿姆斯特丹有几千幢不同时代的古建筑，荷兰王宫富丽堂皇、豪华典雅，为巴洛克式的美丽建筑，王宫北面的新教堂与旧教堂并排，也是庄严典雅的古老建筑，十分引人。

新教堂是荷兰近代君王举行加冕登基大典之地，每年都吸引万千游客到此观光。阿姆斯特丹是一座历史文化深厚的世界名城，城区中有 40 多家博物馆，其中国家博物馆藏品丰富，附近还有世界著名画家梵·高的博物馆以及冯德尔公园都是游人喜闻乐见的地方。荷兰后印象派的著名画家文森特·梵·高，是表现主义的先驱，至今仍深深地影响着欧洲乃至整个世界的艺术家们。他充满幻想，也很极端，生活中屡遭挫折，甚至没有女人走近他。但他的作品充满个性，绘画中浓重亮丽的色彩达到极致，有如火的燃烧，激情奔放，有震撼着千千万万人的心灵。参观梵·高博物馆，会让人联想到西班牙美丽的海滨城市巴塞罗那的毕加索博物馆。那是一座建于 15 世纪的优美宅邸，有幽静的庭院、华丽的墙壁、精致的窗棂，还有馆内珍藏的毕加索蓝色时期许多的作品无不令人难忘。毕加索和梵·高，他们都是西方世界最具创意也是最伟大的画师。

阿姆斯特丹市街繁荣热闹，各式富有特色的建筑和水城之美，吸引着世界各地的游人。这里着实是个神奇的地方。来到这里会不禁怀疑：这到底童话王国还是现实世界？人居水上，水入城中，人水相依，景自天成。很多水上人家大门造得小小的，窗户却开得大大的。但在市区有多处红灯区、黑市夜总会，据说是有着世界上最大最忙碌的红灯区，可以和东京新宿的红灯区相比，散发出资本主义的腐朽之气。

阿姆斯特丹南郊与西郊种植着世界闻名的荷兰郁金香。400 多种颜色各异的名贵品种，每年 4～6 月吸引着世界各地游人来此欣赏。荷兰的农业生产集约化、专业化种植郁金香，机械化水平很高，同时非常注重郁金香优良品种的培育与研究，现在花的产量与品种居世界第一。荷兰农民也很富裕，年均收入很高，是世界上最富裕的农民之一。

来到这个海平面下的国家，走过荷兰各地，看着水乡阿姆斯特丹，写下万千风流之事。乡村原野遍地的郁金香、精巧的木鞋、古老的风车、悠闲自得的农夫与奶牛，构成了梵·高笔下的道道风景。崇尚自由、热情奔放的荷兰人，一直以来以进取的品质，敢于尝鲜创新的开放精神，在很多方面书写了他们那风情万种的生活史与现实的奋斗史。

阿姆斯特丹城市地图

郁金香、风车和自行车的王国

你像一条彩色的海鱼，安心在大洋深处游曳，从不羡慕鸟儿的高飞。

——一位诗人

许多年长的荷兰人，随着岁月的逝去，都想远离喧嚣的闹市，寻找那环境优美、空气清新的住所，过着中国古代诗人那种“采菊东篱下，悠然见南山”的安闲清静日子，那该多美好啊！

大多数人都知道，郁金香是荷兰的国花，每年 4～6 月就是郁金香花绽放盛开的季节，这一段时间内整个荷兰都是花海如潮，游客万千。人们常说，世界上最美的郁金香在荷兰，荷兰最美的郁金香就在阿姆斯特丹西南郊区的库肯霍夫。

10 多年前，我们曾在这里参观郁金香花展，那天人海如潮，我们参观后还买了20 多个郁金香球茎带回国内，但我们缺少经验，种下的球茎很少发出来。据资料证实，这几年荷兰的郁金香鲜花销售到全世界，从荷兰几个大城市的国际机场出发，当天就可以把鲜花航空运输到美国、日本、中国、印度、东南亚以及南美、澳新等国。荷兰的郁金香产量占世界市场的 1/3，其农业集约化、专业化培育世界级名花，因此荷兰农民的收入也很高，大多数农民的生活水准都比城里人高一些，休闲季节也长一些。

除了郁金香称誉全球外，荷兰人的风车、木鞋、自行车和足球也是世界著名的。在阿姆斯特丹或海牙周边许多美丽的水乡小镇旅行，可以看到郊区许多乡间别墅和安闲的农村小房子，不少外墙都涂成红色、淡红色，像安徒生童话故事里的小楼一样。阿姆斯特丹大学一些好心的老师推荐我们去“风车村”看看，那里不仅有古色古香的各种风车、木鞋，而且老百姓都过着慢悠悠的田园牧歌式的生活，还保有五六架古老的风车。现在荷兰的风车都很少使用了，仅仅是保留下来作为旅游景点让世界各地游人参观。荷兰的风车是现代化大片农庄中一种特有的历史景观，让后人知道荷兰人的历史与文化。

荷兰城乡人民大多有自己的小汽车，但富有的荷兰人还是很有理智的，他们充分利用自行车出行，既清洁了城市的空气，又锻炼了自己结实的身躯。荷兰这个“郁金香王国”、“风车王国”实际上还是一个“自行车王国”，在这个美丽富饶的国度里，总人口刚刚超过 1600 万人，至少有 2160 多万辆自行车，自行车的数量是汽车的三倍多，使用自行车的时间又比汽车多四倍。在荷兰旅行，最好租用一辆耐用的自行车，一周内就几乎可以走遍荷兰。这里无论是城里还是乡间都有专门规划建设好的自行车道，来去自由，十分潇洒，绝对安全，富有深深的生活气息。

第 16 章　地中海上豪华邮轮的五国之行

天地之大，多彩地球，异国风情，豪华邮轮，浪漫舒服，陆海之接，更显宽容。这是 2018 年夏季，我们乘坐神曲号（MSC Divina）豪华邮轮游览地中海时的深刻印象。如今，中国强大了，人民群众走出国门已经十分平常。250 多名南京人空中飞行 12 小时，直抵意大利米兰，行程绕地球将近一半，虽然长途坐机辛苦，但大家的心情异常舒畅快乐。十天的旅途生活收获颇丰，每个人的心中都在默念：人生不虚此行。

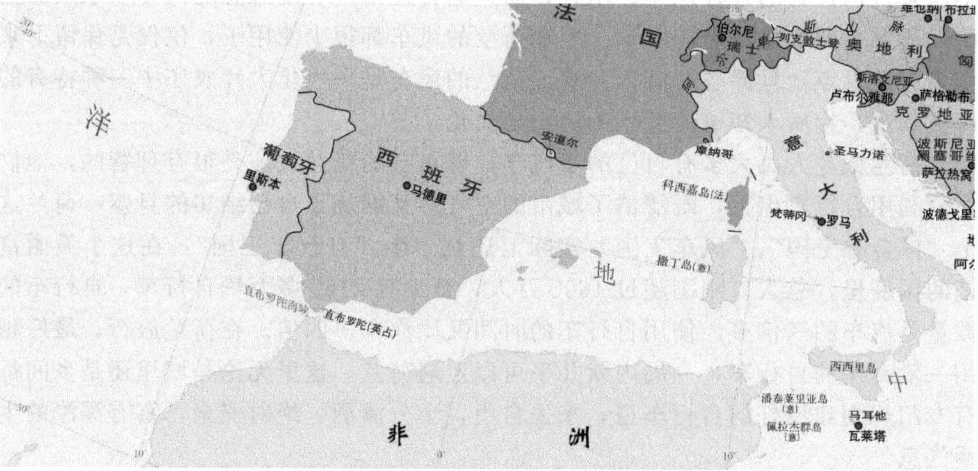

人文地理学家心中的时尚之都——米兰

多次在欧洲飞来飞去的人文地理学家都知道意大利的第二大都会——米兰，是世界知名的时尚之都。虽然没有纽约、伦敦、东京和巴黎的名气大，那样的风靡全球，但也是国际性大都会。米兰在欧洲乃至全球和香港、新加坡城、悉尼、巴塞罗那、法兰克福、迪拜等一起齐名，访问过这些城市并有深度了解的人也算是个成功的旅行家了。

米兰位于意大利西北部，是一座历史名都，地理环境优美、人文荟萃，是物产丰富、土地肥美的波河平原上一颗明珠，市区人口 180 多万，城市发展历史超过 2000 年。源起古罗马时代，米兰与附近几座名都（都灵、佛罗伦萨和热那亚），同样具有意大利历史文化名城之称，其中米兰的名气更大一些。

米兰时尚之都充分表现在如下 3 个明显的特征，并体现了其建筑风格的典型性。

一是在米兰的市区中心，有世界著名的维托伊曼纽二世拱廊和米兰大教堂（天主教），附近精美建筑大部分始建于 400 年前，东西南北四大长廊呈十字型，或哥特式，或巴洛克式的古典风格建筑，这些建筑用透明的玻璃覆盖着，冬暖夏凉。街面广场也大有文章，地面采用名贵的大理石铺成马赛克图案，充分体现了意大利文艺复兴时期的文化、艺术、科学、工业技术和高超的建筑水平；广场上北部还有米兰大教堂，高 150 余米，最宽处达 92 米，建筑面积 1.17 万平方米，可同时容纳 3.5 万人，是世界著名的大教堂之一。教堂用白色大理石筑成，有 135 个尖塔，浓密的塔林刺向天空，塔尖上雕有神像。教堂内有 6000 个雕像，造工精细，鬼斧神工。广场南部也有一座英俊的 50 多米高的骑士骑马的大理石塑像。

二是米兰的时尚表现在现代工业化和城市化。百年潮流时装衣着的更替，女人魅力所体现出来的人文社会时尚，世界最有名气的时装艺术会展就常在米兰演示，吸引着世界上最为富贵的权势名人来此观光，华贵的女人身穿名贵服装，背着名牌箱包，配着珠光宝气的首饰，在米兰充分显现。米兰是世界上富人们眼中的一朵花。

三是米兰具有各种文化艺术产品，例如意大利的皮革产品，皮鞋、皮包、皮箱和一些食品，名酒、饮料驰名于世。在维托伊曼纽二世拱廊的各大街小巷中以及米兰市区的名店中都有名贵的皮革制品，那些财大气粗、衣着名贵的公主哥儿和土豪们都常常来这儿光顾，掷之千元，挥金如土的时尚女人也是这里的常来客。在这些名贵商店里，Prada、LV、Gucci 等几乎世界上的所有名贵产品、金银珠宝、时装礼品都应有尽有，成为世界名流购买各种时尚产品的好去处。我们在这里参观后，依然是这样的感觉：富人一席酒，穷人半年粮；朱门酒肉臭，路有冻死骨。西方世界那种贫富差别的社会仍然是千城一面的人生命运的写照。

世界上最优美的海岛——西西里岛

从热那亚港口离岸后，我们的神曲号豪华邮轮驶向意大利首都罗马，每天上午 8：00～9：00，我们可以离船上岸参观。在罗马，我们的游客参观了世界著名的古罗马帝国建筑，如斗兽场（英勇的斯巴达克斯与凶猛的野兽厮杀的场所）、西班牙广场、许愿池、圣保罗大教堂以及梵蒂冈大公国（世界上最小的袖珍国家，仅有 0.44 平方千米和 1000 多的人口，可是每天来此地参观的游客超过 10000 人，梵蒂冈大公国主要收入靠旅游）。我 10 多年前就曾经到罗马旅游访问 3 天，但这几天腰部扭伤，在船上休息，未能与家人、弟妹们及同行的友人们一起游览。

我们乘坐的豪华游轮有18层楼，长800多米，宽150米，船内设备精良，结构坚固，满载旅客5500多人，服务人员、工作人员还有1350人，吃喝玩乐各种设施齐全，整个游轮好像漂浮在海上的一座现代化小城镇。在茫茫大海中平稳行驶，使众多的游客过着舒适、欢乐的海上生活。白天，如果不下船，你可以在船内参加各种各样的活动（如游泳池、健身房、博彩中心、活动照相中心、电影院、舞厅、咖啡厅，也可以聊天与观赏世界杯足球比赛……），多么丰富的海上生活及娱乐活动。

我们的游船从罗马港向南行驶，一个晚上的光景到达了美丽富饶的西西里岛。这个岛屿不大，仅有2.5万平方千米，比我国的海南岛还小些，人口却有500多万，但这个离意大利本土很近的岛屿，在地中海的航线上非常重要，海峡不宽广，战略地位十分重要，它与世界上重要的海峡（如新加坡的马六甲海峡、巴拿马海峡、苏伊士运河等一样重要），是世界上各国间航行路线最短，国际大宗货物，巨型海轮与军舰通行的重要海峡。因此，西西里岛的海峡也是亚洲许多国家通往欧洲、北非诸国的必行之道。

西西里岛海峡同时也是世界上最美丽的海峡之一，意大利向南发展的毕竟之路，历史上曾经为希腊人、法国人、西班牙人所青睐，侵略的魔爪也曾伸过来。美丽的海峡，海岸线曲折，白色的沙滩，土地肥沃，物产丰富，人杰地灵，旅游胜地众多。我们在西西里岛游览1天。但是，在欧洲不少国家的城市，缺少公共厕所，给外国游客带来诸多不便；有些地方只有你购买咖啡或饮料才给你使用。

靠近海峡的西西里岛首府是巴勒莫，也有2000多年的历史了，是1座风景优美、建筑密集、人口众多的海港城市，全岛居民（包括近郊区）130余万，主要为意大利原住居民，历史上也有不少阿拉伯人、法兰西人、西班牙人移居于此，多数从事农业、牧业生产。岛上气候属于地中海气候，湿润多雨、阳光充足，适宜种植各种农作物、水果。世界上有名的橄榄油多数生产于此，岛上的水果也特别甜美，一年四季供应不断，这里成了意大利的宝岛。

巴勒莫也可以说是一座地形复杂，岗地丘陵起伏的美丽山城，除了沿海平原居住地密集外，山地上的许多居民建筑了大大小小的街区，大型建筑少，街道不宽，仅有12～16米的红线，现代生活的日子里，汽车成了主要的交通工具，因此，常常交通阻塞，影响市民的生活和工作，旅游车辆也行驶很慢。

市区有一座欧洲三大古老的戏院之一（其他2座建在巴黎和维也纳），建筑非凡，建于1861年，能容纳3000人同时看戏和表演，附近各种建筑风格集聚的大街小巷也是这个城市的传统街区，每当节假日，人流万千，熙熙攘攘，十分热闹。但街道两边很少种植街道树，夏日阳光暴晒，对于旅游者来说也有许多不便之处。

在西西里岛上，我们驱车到了巴勒莫郊外一个小镇，参观了一座具有久远历史的天主教堂及美丽山村，古老的街道和庄重的教堂相得益彰，每天到此的游人不少，但由于市区通往小镇的街道不畅，常常拥堵在路上，也有许多不快的事发生。

撒丁岛上那些动人的故事

地中海中部撒丁岛，是意大利的第二大岛，大片美丽的草原生长在低洼积水的湿地公园，远处也有一些山地，但是都是不高的山丘、树木葱丛，环境优美。全岛面积仅有 2 万平方千米，比西西里岛小些，历代也成欧洲强国争掠的一块黄金宝地。最初是原住居民卡利亚里人的独立王国，后来被西班牙人、法国人和德国人侵占过，但最后被古罗马帝国所征服，成了意大利美丽的海岛——撒丁岛。现在撒丁岛有 160 多万人居住在这里，首府正好是卡利亚里港口，人口仅仅 23 万多。

美丽的海滨，白花花的海滩，牧草青青的湿地和绿色一片的山丘，构成了撒丁岛原生态的自然美景。每年夏秋季节又成千上万只麋鹿奔跑在山边草地，湖上有几万只火烈鸟、野鸭、白鹭、海鸥和天鹅等悠闲自得。意大利政府近百年来设立了水上国家公园，特别保护这些远方来的“宾客”，原生态的景观吸引着世界上万千游客到此参观休闲。

我们下了神曲号豪华游轮，坐在舒适宜人的大巴，从岛的南端一直往北驶去，岛上居住人口稀少，公路两边尽是绿树婆娑，水天一色，山村安静的使我们难以相信，好像到了仙境一般的世外桃源。如今，撒丁岛这个长寿之乡更是成了各国政要和大佬们休闲娱乐的好地方。我们住在撒丁岛首府郊区靠近海滨和湖岸的优美胜地，在万绿丛中可以看到一些高级的乡村别墅以及一些度假公寓，这些地方就是那些统治阶级上层人士花天酒地的好地方，随着时间的推移，时代的进步，各国各地腐败人物的胡作非为越来越暴露在人民群众之中。

最后，我们在撒丁岛西北参观了 1600 年前腓尼基人的古城遗址，这是在 1950 年时，考古学家在这片海滩的荒墟上发现的，我们现在能看见的一片瓦砾和几根大理石的柱子，在残垣断壁中可以发现古城的布局，有王室居住的小王宫，简单布置了住房、温泉泳池、会客室，士兵住的简易客房，还有一些古代王室的佣人住地和厕所等，古城范围比较大，约有 10 多平方千米，海边还有西班牙人建的塔楼，岗哨所和一些城墙、道路。在这里缺乏历史研究，所以导游的介绍也很简单，犹如我们在新疆内陆沙漠中发现的楼兰古城一样。但是，从这些古城的遗址中，也可以窥见意大利撒丁岛上腓尼基人的伟大业绩和动人故事，一直流传，使我们现代人永远不能忘怀的……

西班牙海滨之城瓦伦西亚的风貌

我们的游轮在深蓝大海中稳步行驶，每天都是那么平静，就是向阳的房间中也很少听到海浪冲击游轮的声音。今天是我们乘坐游轮的第 5 天了（2018 年 7 月 5 日）。游轮航行在地中海西部海域，昨天晚上从西班牙的拉帕尔马群岛驶到了西班牙东南部，到达海滨城市瓦伦西亚，这是西班牙的第三大城市（仅次于马德里、巴塞罗那），如今有 80 多万人口的大城市，面积约 135 平方千米，同时也是西班牙十分繁忙的 1 座海港城市。

退休后，我和老伴曾经几次到访德国、法国、意大利、俄罗斯和欧洲其他一些国家。我在德国科隆大学留学与合作研究时，深深感受欧洲许多古老国家教堂广布、城堡街巷的清净。如今在西班牙海滨的瓦伦西亚却看到新时代创新城市的风貌，古老的钟楼、城门与教堂融合在一起，和谐之处的现代化新城，这是在欧洲各国不多见的，瓦伦西亚的科技新城如同巴黎莱方斯新城般映入我们眼帘，一种全新的感觉。第一次到欧洲和地中海旅游的陶筑平、陶骏奇、杨清合、束雅萍也深感惊奇。

我们的旅游大巴离开豪华的游轮停泊的港口码头，行走近 1 小时候我们到达瓦伦西亚的科技新城，新城基本与老城连接在一起。首先，我们看到的是一座建筑风格奇特的现代化新城，从南到北排列着水族馆、科技馆、天文馆、时代大戏院和拱廊式的植物园，每座大型建筑都是滨水建筑，周围人工建造的大型湖泊把建筑物建设在水中央，特别引人入胜，让人感到环境的优美清静，以及水天一色的美丽壮观新景象。这 5 座新时代建筑的风格、造型与外观都不一样。有圆面包形建筑的水族馆，钢架结构像似鱼骨形状的科技馆，蘑菇形状的天文馆以及近似于悉尼歌剧院的瓦伦西亚大剧院，以及与这些大型建筑并排着的比较修长的长廊式拱形门植物园，让我们感觉是一个全新式的富有现代意义建筑的博物馆，深深地体现了建筑大师们的智慧与匠心。这些建筑不仅反映了现代城市的象征，同时也反映了现代城市设计大师们追求现代建筑文化的高超创造力。

我们参观了瓦伦西亚新城区建设景观之后，又回到 14～15 世纪的瓦伦西亚老城区观光。老城区有相当一部分古老建筑与民居始建于 500 多年前。我们通过古老的城市，首先看到一座八角形的城楼，高有 170 多米，但城门比较狭窄，反映古代具有防御性的建筑，城门上有碉堡式的窗户，大大小小有 10 多个，这是很久以前为反对外族人入侵，建造的坚固的拱门建筑。进入老城区，我们在圣母广场参观，周围有几栋大楼和教堂，中间一个小小的喷泉广场，和平鸽在广场中间觅食，不少游客会带来一些食物投喂，广场上的人群悠闲自得。

我们穿过圣母广场，沿着小巷进入老街区，游人不绝，特别是在市区中央，很多人排队进入圣母玛利亚大教堂参观，教堂内灯光昏暗，参拜的人庄严肃穆，在这些天主教堂内表现出虔诚及膜拜。

西班牙的瓦伦西亚古城，游人往来不绝。各种街心商店，尤其是咖啡店门口，常常摆着 10 多张小桌椅，三五成群的当地人谈笑风生，享受生活。走过好几条街区发现了多座天主教堂，都是八角形的塔楼，外型美观、环境清幽，教堂大部分是罗马式、巴洛克式和哥特式的古老建筑，和谐地交融在一起，建筑物之间并不拥挤，商店门口大部分有 7～10 米的人行道，中间是出租车、公共汽车道路，约有 12 米宽，人车分流，十分合理，显示出瓦伦西亚的近代城市风格，表现出西班牙具有较深的文化底蕴，展现了西方文化人权主义的民主精神。

巴塞罗那——世界闻名的城市，与巴黎齐名的，有着世界各地爱好文艺的人向往的凡高名画博物馆。可惜这次时间匆匆，不能前往，只有等到下一次的光临参观了。

马赛港风情

我们的神曲号游轮从西班牙瓦伦西亚港经过 1 夜航程，第二天中午停靠在法国南部最大城市马赛。马赛港宽阔的码头上堆满了集装箱，码头上各种吊车非常繁忙，远近都能看到许许多多巨型货轮停泊在港口，从各地驶来的大型货车集结在这个现代化的港区，货物来自全球各地，包括亚洲地区，今天亚洲欧洲各国之间的交往越来越密切了。

马赛港不仅是法国最大的港口，也是欧亚非三大洲货物运输的重要港口之一。全年货运量超过 5.8 亿吨，仅次于荷兰的阿姆斯特丹和鹿特丹港。由于这次环地中海游时间紧张，我们在各大小城市走马观花，在很短的时间内要走访 4～5 个景点。我们在马赛的广场可以看到法国人坐在各小商店、咖啡店门口凳椅上聊天休闲，一对对情人们在港口岸边悠闲自得。我们特别参观了市区内的火车站和 100 多年前建设的龙骧宫（longchemp），一个是老式火车站，建筑平淡；另一个是现代化的雄伟大厦，高低错落，共 11 组具有特色的建筑群。后来我们爬上百米高的贾尔德圣母大教堂观看马赛港区与远在天边的高山大海，风雅至极，笑声爽爽。后来我们又在不高的山丘海边，看到了法国著名作家大仲马笔下基督山伯爵被囚禁的伊夫岛，可以想象茫茫大海中，伊夫岛上的囚犯生活多么悲惨，在度日如年的苦难日子里煎熬……。

最后我们环绕着老港口与老城区驱车漫行，欣赏马赛港口的风情。1870 年，法国大革命爆发，很多工人、革命者与青年学生惨死街头，具有世界意义的巴黎公社运动波及全国，其中在巴黎、马赛、里昂等大城市中最具有影响力。今天，世界各地人们来到这些地方都不会忘却这些历史事件，永远怀念那些争取自由民主的先驱们。

瑞士的小城风光

地中海豪华游轮生活在第七天结束了，我们期盼着离岸登陆的日子来到了，游轮从马赛港来到意大利的热那亚港。清晨5点多，我们在游轮的甲板上看日出，大海的朝阳从东方海面升起，几分钟时间，天际线上红彤彤的太阳多么引人，多么的美丽的时刻。

上午9点，旅游大巴带着我们中国南京旅行团第一分团的23人，穿行在意大利中都、北部的山区平川，3个多小时后来到瑞士边境风光旖旎的山城——卢加诺，大家高兴极了。瑞士是欧洲小国，仅有4万多平方公里，人口800多万人，经济发达，人杰地灵，人民生活水平极好，具有很高的福利（人均GDP高达5.8万美元）。卢加诺小城，位于阿尔卑斯山南麓，夏秋阳光普照，冬春雪地茫茫，山城环境优美，空气清新迷人，小城的东北方向还有迷人的卢加诺湖，山城依山傍水，湖面足有100多平方千米，水质优良，万顷碧波，十分引人，适宜居住。

来到这个瑞士南部的山城，看到湖对岸小山上建满了星星点点的山间别墅与简易民居，掩映在青山绿水之间，一条条可以行驶小汽车的山路，从湖岸直通千家万户，居住在这里的人多半是富豪门第，中国人在这些地方旅游观光，往往也会想到在中国一些滨海山城居住的富人们，真是“贫居闹市无人问，富在深山有远亲”的景况。近日的世界，各国各地区也有类似的情况。

瑞士是世界上最自由、幸福指数最高的中立国家，因为是小国，在强国包围之下，他们走出了一条富于生存的特色道路，不结盟，不参战，过着真正的世外桃源的生活，国土虽小，但人民很富有，国家经济发达，产业精细化，高科技，生产着世界上最有名的手表（欧米茄、劳力士、浪琴等）。旅行团中的一些同志买上几只手表，原装的，带回国内，真是具有价值的纪念物，永世保留。

虽然，我们在这座瑞士小城仅有1天的时间参观游玩，但我们看到了欧洲发达国家城镇布局的风貌，具有特殊的规划布局模式……

瑞士的大大小小的城镇，多半是“一城一山一水”，布局精美，临水建筑，空气清新，水质优良，很适合人居，也是欧洲白领阶层有钱人的休闲旅游好去处。瑞士是个多山的国家，位于阿尔卑斯山的山脊，高山雪水为众多的城镇提供了充足的水源，也是城镇环境优美的重要因素。

此次地中海环游陪同出访的有我所杨龙元研究员和他的妻子以及杨清合、陶筑平、陶骏奇、束雅萍亲朋好友。此次旅行，我们和一同出行的友人们结伴而行，和谐可亲，体现了新时代中国特色社会主义大家庭的精神风貌。每天大家都高高兴兴、笑声多多。丰富多彩的旅游生活也体现了当下中国人民日渐富裕的生活，越来越甜美。

第三部分 南北美洲掠影

America

第 17 章 美　国

醉在君王怀，梦回大唐爱。

——李玉刚《新贵妃醉酒》

美不美家乡水，亲不亲故乡人。

——老中国人

大自然的壮观奇景

凡到过美国东北部的人，都要到布法罗市北面的尼亚加拉大瀑布去参观，这里有世界驰名景色壮观的瀑布奇景。在旅游季节，景区的波涛翻滚，气象万千，给人们留下了极为深刻的印象。

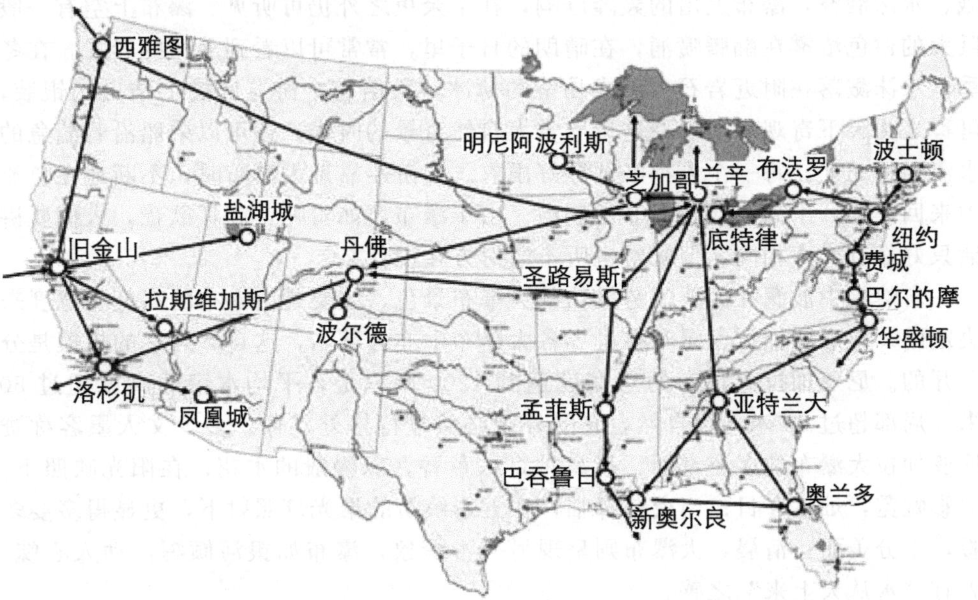

1978～2013 年，7 次赴美国各城市访问、考察路线图

尼亚加拉大瀑布位于仅 56 公里长但流量却很大的尼亚加拉河上。这条河发源于伊利湖，向北流入安大略湖，两大湖之间由于地形地势的关系，水位差有

100 米。尼亚加拉河上游地区是波状起伏的高原，高原的北部发育构造断崖，断崖下面骤变成比较平缓的地形。水量丰富的尼亚加拉河通过这段宽大而又壁立的断崖，形成了世界著名的大瀑布。这个大瀑布的形成与附近地区的地质构造和岩性特征有关，尼亚加拉河上游流经由坚硬的灰岩与白云岩组成的波状高原，而在瀑布下方却是脆弱的页岩与砂岩。尼亚加拉河河水不断冲刷软弱岩层，形成大自然的壮观美景。

尼亚加拉河从伊利湖流出时，河面宽达 240～270 米，水流平缓，还可以通航；但河流通过瀑布后，便流入两壁陡峭的峡谷中，流速迅速加大。

尼亚加拉大瀑布的上端部分被戈特岛分成两股强大的水流，美国和加拿大边境正好从河中心穿过。因此，这两股强大的瀑布分别属于美国和加拿大。左侧的水流是加拿大瀑布，因其形状好像一个马蹄，所以称之为马蹄形瀑布，它水流冲击的高度为 56 米，瀑布宽达 675 米；右侧的水流是美国瀑布，即亚美利加瀑布，高达 50 米，宽 305 米。尼亚加拉河的水流十之八九是流向加拿大的马蹄瀑布，所以，加拿大那边的大瀑布最为壮观，最为精彩。

人们到这里参观，只要登上 160 米高的施格林瞭望塔眺望，那两股大瀑布的壮观景色就可以尽收眼底。尼亚加拉大瀑布有如万马奔腾之势汹涌澎湃。浪花飞溅、水沫洒空，瀑布发出的轰隆巨响，在十余里之外仍可听见。瀑布上空有一股巨大的白色浓雾在翻腾喷涌，在晴朗的日子里，常常可以看到美丽的彩虹。在冬季，水沫溅落在附近岩石上结成晶莹的薄冰，又给整个游览区披上洁白的银装，可称之为天下奇观。人们在这里欣赏大自然奇景的时候，还可以乘船沿着湍急的水流逆行而上，每一个人都必须穿好雨衣。当游船靠近大瀑布时，不断地在急流中来回摆动，十分惊险，但非常刺激。由于瀑布声如雷鸣，震耳欲聋，人们要讲话只好靠近大声相问，但常常也听不清对方在说什么。

自然界中波澜壮阔、气势雄伟的大瀑布景色，主要是由瀑布的高度与宽度来决定的。但尼亚加拉大瀑布在世界各大瀑布中亦为著名，这自然与它的规模是分不开的。尼亚加拉大瀑布的总宽度达到 1200 米以上，平均水帘的高度超过 50 米，局部超过 80 米，很自然，它的外观必然显得格外雄伟。多少文人墨客称赞尼亚加拉大瀑布的多姿奇丽、迷离神奇。黄昏，珠幔般的水花，在阳光映照下，七彩虹霓，灿然夺目；当夜幕降临，在五彩缤纷的聚光灯照射下，更显得多姿多彩，十分美丽；清晨，大瀑布则呈现另一番景象，瀑布如银河倾泻，动人心魄，大有“水从天上来”之感。

然而，在新大陆未被欧洲人发现前，北美洲以外的人们对尼亚加拉大瀑布是不熟悉的。1678 年，法国传教士路易斯·亨尼平第一次看到了这座大瀑布，他细心地记述了自己的见闻，广为传播，才使大瀑布名声远扬。现在，我们所说尼亚加拉系从英语读音而来，实际上，在部分美国人中仍保留有法语的读法，即

“莱亚加拉”，不过与现在的读法相差无几。在过去生产力水平不高的时代里，北美洲许多原住民常常到这里来顶礼膜拜；而在工业时代以前，人们对大自然种种现象不能作出科学的解释，对于丰富的水力资源也不能充分利用，常常望河兴叹，束手无策。

壮观的尼亚加拉大瀑布，其形成原因除了断崖的高差外，另一个重要原因就是河流水源极其丰富而又稳定。尼亚加拉河最大流量为每秒6700立方米，旺季平均流量约为每秒5000立方米。河流水量大且稳定主要是因为苏必利尔湖、休伦湖、密歇根湖和伊利湖拥有大量的淡水，对尼亚加拉河起着良好的调节作用。如庞大的水量从几十米高的断崖倾泻下来，自然要形成这种罕见的奇迹。因此它吸引着世界各国的旅行者，可以说，凡是到美加两国去的人们无不向往，每年的游客多达1300万人次。由于旅游事业的发展，大瀑布附近已经形成了一个8万多人口的瀑布城，修建了一系列设施。例如专供游人眺望全景的瞭望塔，有电梯可以直升顶层，居高临下，一饱眼福；如果想俯瞰大瀑布的四周，可以乘上小型直升机在尼亚加拉河上空飞行；如果想仰望巨大的水帘，不妨下河乘船。在大瀑布水帘下的漩涡急转、浪涛壁立中，可以见到几艘游船逆水而上，在大瀑布的急流中来回游动。据说，从前有的美国青年，曾冒险呆在密封好的铁桶里，由上游直滚下来。随着瀑布的巨大冲力，在深渊中翻腾十多次。最后，铁桶冲到下游，有的人死了，有的人受了重伤。

尼亚加拉河，不仅是个很好的风景游览胜地，它还为人们提供巨大的能源。早在18世纪中叶，经过三年的考察、实验与设计，美国人民就开始利用瀑布河段巨大的水力资源进行发电防洪，19世纪80年代建立了一个小型发电站，并兴建了几座小型加工厂。到1895年加拿大在尼亚加拉河上建立了亚当斯水电站，这是当时北美最大的发电站。随后美国与加拿大两国在尼亚加拉河上修建了一系列水电站。从1909年到1950年，美加两国缔结了一系列关于共同开发尼亚加拉河水力资源的协定，根据协议，多余的水量由两国平均分配。

目前，美国在尼亚加拉大瀑布附近建有两座大型水力发电厂，在20世纪60年代共花费了7.3亿美元，发电能力共达219万千瓦（最高可达250万千瓦）。这两座现代化水力发电站，每一个都有大型的电脑设备和自动调控作业线，在那洁净宽敞的中心控制台上，工程师们指挥着13台大型发电机组，从而使大瀑布周围一些用电量较大的工业部门得以迅速发展，如炼铝工业和电化学工业等。现已在美国东北部波士顿、布法罗和纽约等工业城市与许多中小城镇架设了30万伏的超高压电网，强大的电流源源不断地输送到美国东北地区每一个城乡，加快了城镇工商业与旅游业的蓬勃成长，促进了这一地区工业和现代化交通方面的繁荣发展，一定程度上缓和了能源危机，增进了本地区社会的和谐发展。

话说全球最大的国际机场

在美国纽约的肯尼迪国际机场以及世界其他许多现代化的国际机场（如东京的成田机场、伦敦的希思罗机场、巴黎的戴高乐机场、香港机场、北京的首都机场以及上海浦东机场等）中，我们都可以享受到当代世界第一流科技与先进设备装配起来的国际机场中的各项现代化设施。机场的繁荣，客流、货流的复杂系统以及机场内各种先进的现代化设施，令人叹为观止。

随着现代科技的不断进步，特别是大型民航客机的飞行，各国各地区间的距离也似乎缩短了。方便、舒适与快捷的现代航空业为我们的工作、生活与繁忙的公务带来了极大的方便，赢得了具有现实意义的重大效益。各国都在集中强大的人力、物力并投入巨资建立了一批又一批的国际机场，并设计有现代化候机楼，快捷舒适的国际机场也为各国上层人士与旅行家们所青睐。现代化的国际航空成了我们在全球各地考察、旅行与参加国际会议的首选。我第一次感受现代化的国际机场，是在芝加哥奥黑尔国际机场。1983 年 8 月我从上海乘坐国际航班，经过旧金山转机，15 小时后才到达奥黑尔国际机场。它不仅在美国，而且在世界上也是著名的国际空港，有 3 条 3600 米以上的主跑道，并还有一些附属跑道、现代化设施以及大型机库。20 世纪 80 年代每年进出的旅客运量达到 4500 万人次，每年的空运货物也在 160 万吨以上；到现在每年已经超过 7000 万人次，为全球十大国际空港之一，现代化程度高，综合运输能力也十分发达。

在这个国际机场庞大的候机楼中，处处都是现代化的设施，如先进的雷达系统与指挥塔、信息网络、自动步梯、自动传送带、豪华的餐厅与休息室等。美丽而又大方的美国姑娘为世界各地来访的旅客奔忙着、招呼着、快步行进，令人感到格外温馨与舒适。1983 年 8 月正值盛夏的一天，我第一次到美国密歇根州立大学进修学习一年，身边带有三大件行李，上机下机十分麻烦，语言还不能那么通顺，正好有略懂中文的美国女服务员，带我办理各种手续，东奔西走的，我有时还赶不上小姐们如云的轻步。这座大型现代化的国际机场规模之大，景象之繁忙引起我万分的兴趣。

在以后的日子里，由于个人的勤奋与执著，我先后获得过德国马普奖学金两次（1994 年、2003 年）。到德国学习与合作研究之时，几次途经法兰克福国际机场，都给我留下了深刻的印象。德国法兰克福机场也是世界十大空港之一，是欧洲仅次于伦敦希思罗机场、巴黎戴高乐机场的第三大的现代化国际机场，每年进出空港的旅客接近 5400 万人次，空港的各项现代化设施也是世界一流的。1999～2000 年冬春之交，我又获得日本京都大学人文与环境中心的奖学金，在京都大学为研究生上课，讲述亚洲与中国的城市规划与城市地理发展的概况与问

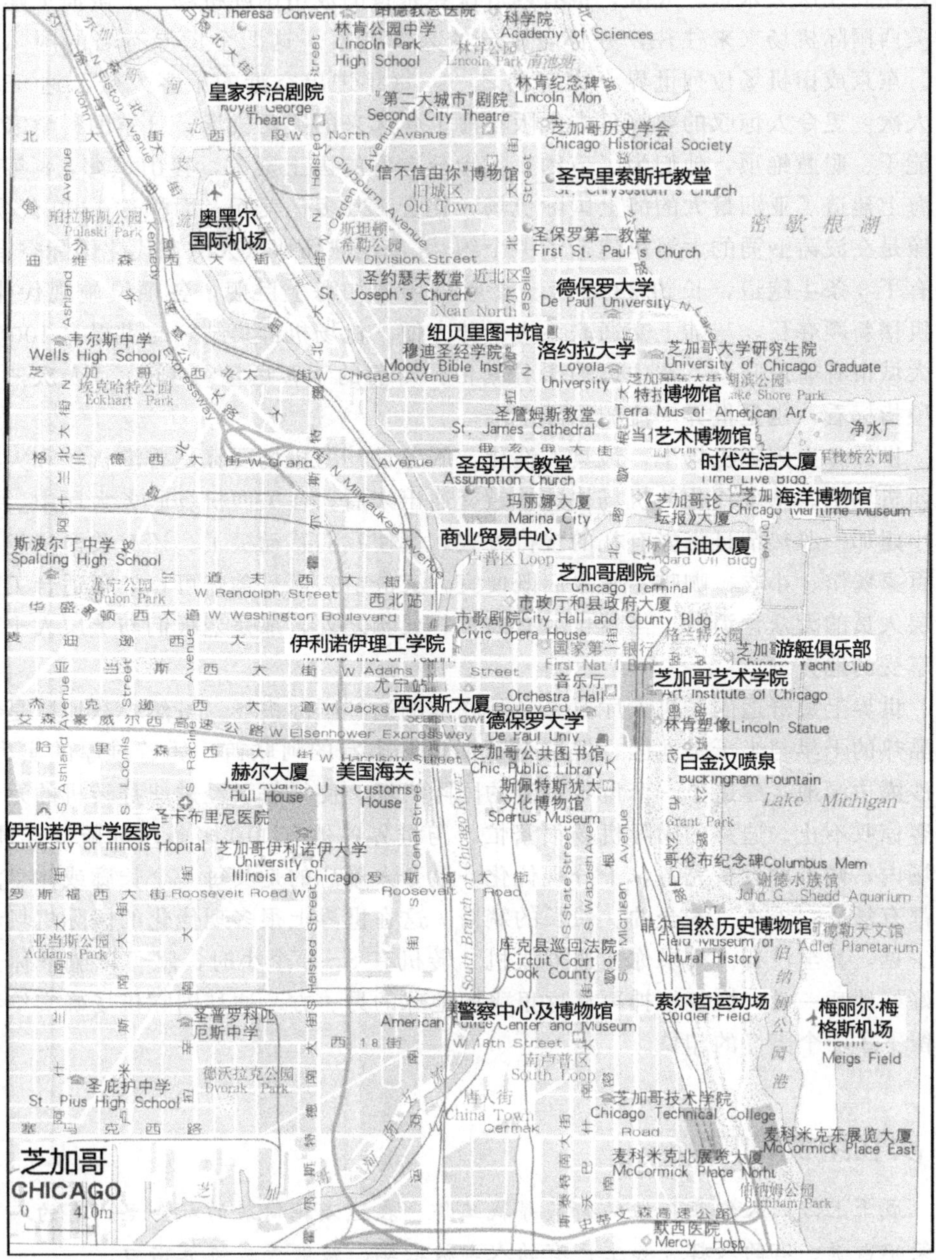

芝加哥城市地图

芝加哥是靠现代化农业养肥的美国第三大城市，也是美国最重要的工业城市与铁路枢纽，它位于密歇根湖西南端，大都市区包括周围众多的卫星城镇，市区人口 280 万，包括周边地区共 800 多万

题，期间几次去东京、大阪，也有四五次在东京的成田国际机场与大阪海上建造的关西国际机场来来往往，并怀着十分的兴趣考察了这两个世界有名的国际机场。东京成田机场位列世界十大空港之一，每年进出空港的旅客人数已达5600万人次。更令人惊叹的要算日本大阪在海上建起来的关西机场，日本的科学家精明能干、聪慧绝顶，他们为了节约日本十分宝贵的国土资源，移山填海，8年内在海上建造了亚洲最大的海上国际机场，耗资120多亿美元，面积达1300公顷，好像是在波涛汹涌的大海里建造了一个约28个足球场那么大的现代化国际空港，并有了3条主跑道，长约3800米。整座机场若如海上巨舰，各项设施现代化，候机楼新颖夺目，与陆上交通联系也十分方便。机场机群集结，与世界上100多个大城市有航班联系，空中运输十分繁忙，目前的年客运量约4300万人次，从各项指标看，也是世界一流的国际空港。

世界各大国际机场中，最具人性化、服务最佳的机场要算是香港机场和大阪关西机场了。从现代化的机场快速轨道交通出来后，在关西机场服务大厅中，日本小姐那一股热情且彬彬有礼的接待方式，真使我们感动极了。还有关西机场内上百家餐馆、小吃、咖啡、水果店既便宜，又舒适，而且美味可口，很适合工薪阶层人员的大众化消费，当然也另有高档、典雅之处，那是老板们与上层人士奢华享受的地方。

世界上最舒适的候机大厅要算是阿联酋的迪拜国际机场。虽然中东地区是气候酷热的干旱与半干旱地区，但这个石油资源丰富的阿联酋，凭着雄厚的实力，在沙漠边缘地区建造了一个世界一流的国际机场，使得每天经过迪拜转机的万千旅客惊叹不止。迪拜的国际机场很繁忙，与世界各地有110多条国际航线连通。机场内，候机厅设备完备，十分现代化。最令人难忘的是其每一个长廊或休息大厅都有舒适、干净、安全的、长长的躺椅。这在世界上很多现代化的国际机场都很少见，甚至没有。如果你在迪拜候机、转机有6～8个小时，就可以躺下休息或好好地睡一觉，恢复精神再从这里飞向地球的另一方。迪拜国际机场确实给我们留下了一个美好的印象。

四次在纽约的时光

成千上万的人们正在纽约街头寻找工作。在这万花筒般的社会里，有的人享尽荣华富贵；有的人挥金如土；有的人却被欺骗、被毁灭或流落街口。

——罗林·拉斯金与我的交流

纽约是世界著名的金融、贸易与商业中心，国际一流的大都会，市区人口800多万，如包括郊区超过1800万，是联合国总部所在地。我们曾多次考察与旅游这个城市，主要参观过曼哈顿区、哈德孙河附近、布鲁克林区与长岛地区，大约共20多处景点。

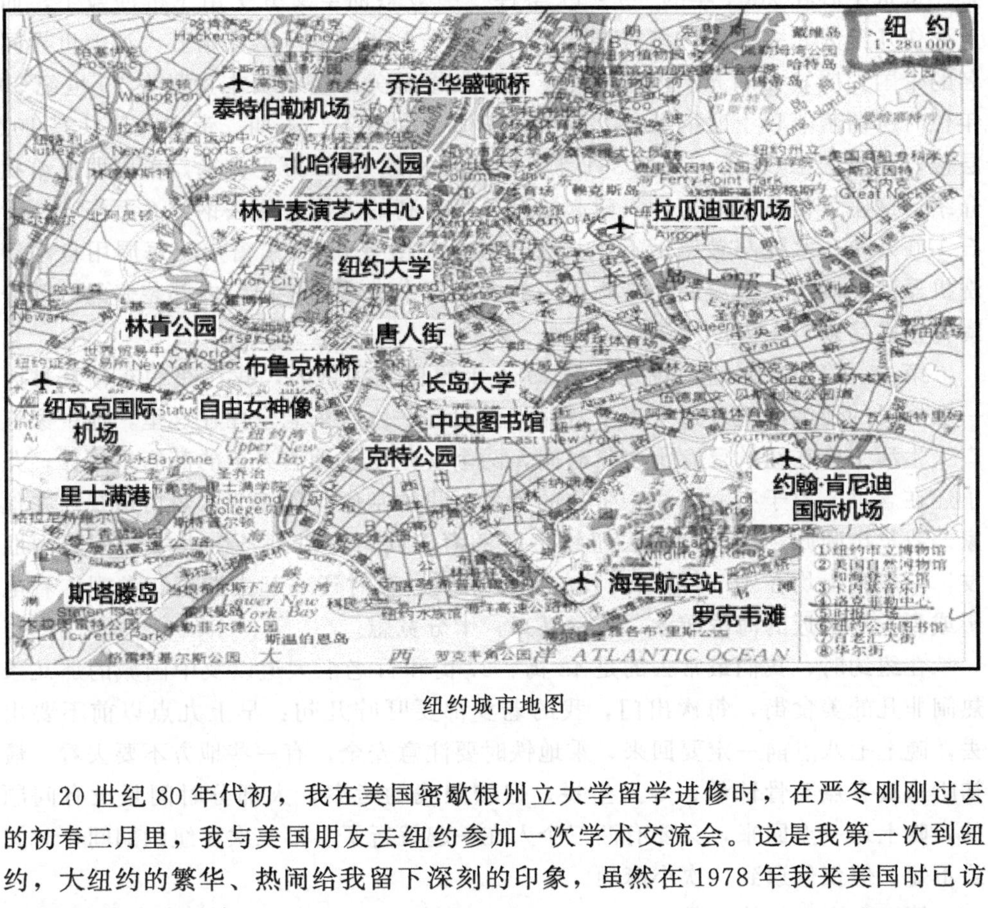

纽约城市地图

20世纪80年代初，我在美国密歇根州立大学留学进修时，在严冬刚刚过去的初春三月里，我与美国朋友去纽约参加一次学术交流会。这是我第一次到纽约，大纽约的繁华、热闹给我留下深刻的印象，虽然在1978年我来美国时已访问过25个大中城市。

第一次到纽约有什么感觉呢？当我们乘坐的“灰狗”汽车公司的巴士，奔驰在美国经济最发达的东北部时，这里公路密如蛛网，铁路线也很密，处处是城镇、工厂、车站、码头，好像到处都在城市化的区域里。特别是快到纽约的时候，我不断地向窗外看，不断地查阅大比例的地图，不断地询问在我身边的美国朋友。美国朋友热情地告诉我，纽约是世界名城，历史上又称为“流亡者的母亲”，又像一个冒险家的乐园，是一个万花筒般的社会。只要亲身在纽约各个地方跑一跑，就会深深感到现代化大都会的繁华与财富集中的特征，当然也能尝到这里的甜酸苦辣的滋味。

当我们的汽车从纽约市西郊进入市区时，跨过华盛顿大桥，来到曼哈顿岛上的都市区，往南看去，远处高达410米的世界贸易中心高耸入云，两根笔直的灰白色的四方形大楼好像擎天柱一般支撑在纽约城区的上空。据说，大楼里每天都有十多万人在上班、办事或观光，附近交通的组织、人流的集散输送是何等的复杂。世贸中心在2001年的“9·11事件”中被恐怖主义分子用飞机冲毁了，而且死伤几千人，多悲惨，多可惜呀！但还有令人惊叹的座落在第五大道上世界闻名的帝国大厦，在阳光下闪闪发光。这座大楼是美国垄断资本主义在20世纪30年代时所谓蒸蒸日上时的象征，建成时正值“大萧条”末期。帝国大厦共有102层楼，建成于1931年，高达381米，建筑面积超过20万平方米。美国朋友给我介绍，这座大楼是当时美国人建起的世界第一高的大厦，用去钢材6万多吨，砖石100万块，水泥与玻璃钢不计其数。整个大楼有6500扇窗户，每周用自动清洗机器清扫两次，大厦底层走廊使用的大理石来自欧洲各国，内部装修的一部分陶瓷艺术品来自东方的中国。

第二、第三次来纽约观光，是1984年的夏天和秋天，我在纽约布鲁克林区一般居民的住宅区里度过了半个月时光。我有一位广东老乡住在这里，他一家五口人生活工作在纽约已有十多年时间，两个女儿在纽约唐人街的商店里工作，儿子还在念书。由于有一点沾亲带故的关系，我的堂侄、侄媳非常热情留我住在他家。我早出晚归，白天有时去纽约市区考察访问，有时到各个大学访问美国朋友，一般晚上均在10时前回到我的堂侄家里，有时还一起去游览、参观、看电影或到长岛附近的海滨游泳，非常高兴，十分宽慰。

在纽约时，我们最常去的是42街、27街和百老汇大道以及中国城的那几条热闹非凡的美食街，每次出门，我的老乡都要叮咛几句：早上九点以前不要出去，晚上七八点前一定要回来，乘地铁时要注意安全，有一些地方不要去看。最初听来真有点毛骨悚然、令人生畏，但按照我的考察，大部分时间是没有问题的，晚上迟一点回来，只要有两三个人在一起就行了。第三次在纽约期间，时间虽不短，但仅仅遇到一次小麻烦。

第四次去纽约旅行是2000年的夏天，我与妻子在美国各地旅游时，从底特律坐晚上的火车到纽约，住在纽约郊区一位学生家里，他在美国已经有8年了，在一个研究所工作。李建仁博士很热情并陪同我们在纽约市区、郊区的一些景点与文化社区访问参观，留下了深刻的印象。一天晚间，我刚刚从波士顿乘汽车回到纽约车站，从地下车站转乘地铁准备回我老乡的家中。由于时间太晚，已经是十点半左右，我在车厢里看见几个年轻人在吵吵闹闹，双手叉腰、无所事事，忽而目光炯炯地盯着一个姑娘，我认为这几个年轻人心怀鬼胎，用心不良，在第五个地铁车站我下车转乘了下一班地铁。但刚刚下站就碰上一个黑人青年，跟我说要点钱买东西吃，我说身上仅有七块美元给你吧，这个黑人青年还说声“谢谢”，并把我的七元拿走了。后来我思想上有些紧张，把仅有的三张百元美钞整钱藏在鞋里的袜子内，并拿出两张十元的美钞分别放在两个口袋里，随时准备应付有其他不测之风云的情况。后来回到我的老乡家里，他们正准备睡觉，十一点才回来使他们大吃惊。以后我再也不敢单独一人外出了，尤其是夜深人静的晚上。

20 世纪 80 年代末期，纽约市的建成区总面积将近 960 平方千米，差不多有当时 3 个上海市区的面积大（如今上海的建成区面积已经超过纽约了），市区人口已有 800 多万人，加上流动人口超过 1200 万人了。纽约时报曾经描写过美国人如何管理好现代化的大纽约，真不简单。就是国会议员也曾议论过，当一个纽约市的市长，相当于美国半个总统的权力了。无怪乎，纽约的下城区部分是纽约最摩登、最繁华的闹市区，大银行、大的保险公司和证券交易所、股票广场都集中在这里。特别是在曼哈顿岛中央公园以南的市区、大商场、大旅馆、大饭店窗明几净，街道宽阔清洁整齐，大公司的职员西装笔挺，行色匆匆。尤其是时代广场、曼哈顿的金融中心一带，入夜便灯火辉煌，霓虹灯五光十色，引人入胜，在华尔街一带高层大厦内通明透亮，真是显示了资本主义社会的奢华与能源的浪费。但是，如果游客到达纽约市的上城区部分，即哈莱姆非裔区，布鲁克林工人住宅区或新泽西那边的码头作业区，便是另一个世界。这里不少街道狭小，路面也不整洁，不少商店橱窗外安装着落满灰尘的铁栅。低级酒吧、性商店、夜总会、黄色书刊与影院充斥街面。还有一些青年人不学好，三五成群，有时充当扒手小偷，出没于街头商店内外，甚至还有阿飞、流氓、黑社会等浪迹街头，使人担惊受怕。深夜如果一个人在街巷里穿行，会感到不甚安全。

在纽约时报总编辑办公室秘书梅林小姐安排下，我们有一次在世界贸易中心第 110 层楼参观。之后，她带领我们参观林肯艺术中心时，曾说过一件十分悲惨的事情。她说在 42 街北面一家意大利饭馆的地下室，若干年前曾发现三具女尸，都是不满二十岁的小青年，据后来地方法院证实，这三位姑娘是纽约市上城区部分无家可归的流浪女郎，被一伙流氓骗来轮奸之后杀害的。三位姑娘的脸已无法辨认，被这些犯罪团伙在脸部划上几十刀，血肉模糊，惨不忍睹。

长久生活在纽约的人们，会熟悉街上的夜总会、酒吧间或黄色电影院。许多书刊或街头的电影广告上常常有这个醒目的记号，有的是 G、有的是 R、有的是 X。G 是一般电影；R 是限制性的，儿童需家长陪同才能看的电影；X 常为半裸体电影，也有全裸体电影，都会令人作呕，不堪入目，对广大的美国青年有很大的毒害。无怪乎高尔基在他的作品中把纽约称之为“黄色恶魔的城市”。当然纽约市也有许多代表现代化、城市化，表明社会进步发展的地方。这里不仅有世界上第一流的高层建筑，也有第一流的科技水平和雄厚的经济实力。只有经济发达的国家方有这个实力和技术，人们十分清楚，无需着墨。

纽约的林肯艺术中心，是纽约市文化艺术的一个橱窗，那里有许多现代化歌剧院、芭蕾舞剧院和音乐厅，自然是富商巨贾和上等人的好去处。在那里常常演出法国、意大利等国著名的歌剧如《莎乐美》、《蝴蝶夫人》、《费加罗的婚礼》

等。这些歌剧院非常精美、设计豪华、别具匠心。我们在林肯艺术中心观看过亨利·路斯基金会的芭蕾舞节目，真叫人陶醉。那些天女般的芭蕾舞演员与自动化表演舞台的精美布景，真是千载难逢的最高享受。

纽约很大，进入任何一个现代化的设施内（如肯尼迪国际机场的候机大楼、股票交易所、哥伦比亚大学图书馆和大礼堂、地下车站和地铁系统等）都是一个迷宫，如果你来纽约没有一张详细的英文地图或美国朋友在身边，那肯定会迷路的。就拿纽约地下铁路来说吧，其总长达 400 余公里，地下路线十分复杂，有的深达三层，转换不同路线的列车也容易迷路。纽约地铁每天客运量超过 400 万人次，上下班高峰时全市的交通流量十分之七是靠地铁解决的。纽约的地铁运输密度（每公里全年通过的旅客人数）仅次于莫斯科和东京，居全世界第三位，每年达 300 多万人次每公里。纽约号称世界性的大都会，每年从世界各地来纽约的人数超过 2100 万人次，纽约市每天的交通繁忙，其拥挤已达到了饱和的程度。全市的公共汽车从 20 世纪 80 年代初的 4600 多辆增加到现在的上万辆，每天运送的客运量超过 300 万人次。此外市内还有 750 万辆私人小汽车和出租车。因此市区交通特别拥挤，虽然已经建设了不少现代化的高速公路和立交桥，但仍然会出现交通阻塞和意外的交通事故。由于市区中心高层建筑密集，形成了城市峡谷式的街道，光线阴暗，白天大部分办公室和高楼大厦内都靠灯光照明，又由于房屋密集、大厦林立、人口集中，市中心地价高昂，在曼哈顿岛南部的街区，每平方米的地价高达三四万美元，停车场也不易解决，造成了许多城市交通问题以及汽车尾气的污染问题，恐怕近期亦难解决。

佛罗里达半岛上的奇迹

无与伦比、独一无二、举世无双，像一座灯塔和一个榜样在地平线上闪闪发亮。近半个世纪以来，美国人就是这样看美国在世界上的地位的。他们相信事实是这样的，他们创造了这个事实。

——卡伦·潘内尔

佛罗里达半岛地处令人向往的美国南方温暖地带，它位于北纬 31～34 度之间，西临墨西哥湾，东南为浩瀚的大西洋。其地理位置优越，自然环境优美，气候温暖，阳光充足，是美国其他任何一个州都不能相媲美的。美国人所以称佛罗里达为“阳光带”，其主要含义有两个方面，一是这里的确阳光充足，特别是冬天，美国北方早已是千里冰封万里雪飘，而这里却气候暖和宜人，每年冬季半岛大部分地区还有 70％的阳光天数（即全天晴日）可以充分利用，就是在佛罗里达半岛北部地区也有 50％的阳光天数。二是这里被美国人誉为冬季的“避寒胜地”，成为全国冬季旅游活动的基地。据统计，从1980年到2000年每年到佛罗里达半岛来游览的人数平均超过4000万人次（其中外国旅游者平均超过460万人次，外国人中加拿大人平均超过290万人次，其次为西欧人）。从20世纪90年代起，每年这里的旅游业收入达数百亿美元，促进了美国社会经济与旅游业的发展，这是一笔十分可观的经济收益啊！

今天，佛罗里达半岛成为美国的一块宝地，它拥有优越的天然环境，海滨沙滩洁白柔软，有好几十处美丽的海疆和千姿百态的海景山色。旅游业发达兴旺，先进科技带动产业蓬勃发展，经济发展蒸蒸日上。美国人非常自信地对我们说过，佛罗里达阳光带发展前景十分美好。

尽管佛罗里达半岛的自然地理条件十分优越，但这里经济与人口一直到美国内战之后才较快地发展起来。19世纪时佛罗里达半岛大部分是传统性的种植园经济，种有不少棉花、柑橘和柠檬等，后来又大量种植各种蔬菜、瓜果与鲜花等，商品经济还很落后，大部分是手工业操作的小农经济，当地人民的生活水平比较低。

进入20世纪，由于铁路建设与内河蒸汽船的大量使用，加快了这一地区的经济发展，人口也逐步增加起来。尤其是连接美国东北部经济发达地区的铁路通车后，可以从坦帕市到达杰克逊维尔，过亚特兰大直至费城、纽约。之后大量修建高速公路与机场，促进贸易、商业发展，使这一地区的商品经济逐步发展起来。佛罗里达南部、中部和沿海地区，有质地良好、排水畅通的沙土，使这里成了柑橘、柠檬，瓜果等许多种水果的生产基地，湖边、山边的平原地中，蔬菜生产也大大发展起来，供应全国许多城市。

整个20世纪，佛罗里达半岛的经济与人口增长都很快，最重要的经济部门是农业经济（主要是水果与蔬菜生产）、制造业和旅游业。虽然发展的基数很小，但实际上佛罗里达发展的绝对数比其他一些州都要高，特别是20世纪50年代后，佛罗里达人口发展与经济增长速度都是在全国各州中各列前茅的。20世纪初期时，佛罗里达最大的城市是杰克逊维尔，当时人口仅有2.8万人；经过80多年的发展，迈阿密人口达到40万（实际上从西帕海滩到迈阿密南部海滨，长约155公里的阳光带城市中人口超过140万人），杰克逊维尔人口达65万人。近年来，佛罗里达半岛上各个风景秀丽的地方，有不少人来这里休养与安度晚年。

最近50多年来，佛罗里达州除了农业经济十分发达外，制造产业部门以及其航天工业部门也发展起来了。这里的造纸工业、食品工业、船舶修理及其轻工业部门具有一定的地位。半岛中部发现一个美国最大的磷酸盐矿，使这里的化学工业也发展起来了。由于这里是北美洲、非洲与南美洲的交通要冲，佛罗里达半岛的南端距古巴仅有150公里，这里自然也成为美国重要的空军基地。州内还有14个空军机场分布在半岛各部分，每年运送相当数量的军人与装备。此外，还有发射宇宙飞船的科研中心，这对于佛罗里达的经济发展，特别是军事工业与旅游事业具有特别重要的意义。佛罗里达半岛最南端的迈阿密，是全美第六大城市，以迈阿密为中心的都市圈，是美国东南部最大，也是全美四大都市圈之一，它的规划建设十分繁华，近十年来，市区南部的海滨地区相继建起了六七座豪华酒店，其中一些客房每晚价格甚至过万（人民币），环境十分优美，服务达顶级水平。

近30年来，佛罗里达半岛的旅游事业已成为州政府经济发展的主要支柱，这里已成为全国最重要的旅游中心之一。旅游事业与旅游经济发达的前提条件有三个重要的方面：

首先，这里具有优越的自然条件，其中最引人的自然景色是海滨风光，湖光山色，奇特的山泉和亚热带林木。佛罗里达州全州面积为17万平方公里，与我国的山东省面积差不多。但有7712个大大小小的湖泊，湖泊水域面积共达1.2万平方公里，其中6000亩以上较大的湖泊有611个，大部分开辟为旅游性质的湖泊公园与湿地公园。由于佛罗里达州85％的州界是濒临海洋的，形成了长达3500多公里的海岸线，其中已有数百公里的海岸线开辟为各种美丽的海滨浴场、游乐中心或疗养胜地。佛罗里达半岛像美国的一条巨大肥美的大腿，长长地伸展在辽阔广大的蓝色海洋中。同时在半岛内山区或平原中，开辟了各种季节的森林公园、国家公园与州立公园等，为美国人民和外国旅游者提供现代化或古老探险式的旅游活动，人民可以在这个旅游天地里打猎、钓鱼、划船、野营、游泳、放鸟、参观各种自然科学博物馆或在海滩上组织形式多样丰富多彩的活动。州内所有公园的总面积达1.85万平方公里，占全州总面积约10％，每年的经济收入达数百亿美元，每年还为州内980万人提供120多万个工作机会。大学生、中学生在暑假或寒假经过短期训练，也可以为游客当导游，或者加工各种旅游工业品、手工艺品，抑或在各种旅馆、饭店、游乐场所当服务员，为全州的旅游事业贡献力量。

其次，发展形成与全国联系密切的交通运输系统，加快本州经济与旅游业的发展。到2006年年底为止，佛罗里达州已有高等级公路1.25万公里，其中属于州际性质的高速公路5100公里，几乎每个县、区都通有高速公路，比较适应在旅游旺季时的游客要求，并促进旅游业的高端发展和全面发展。

最近30年来，佛罗里达州的航空事业发展很快，已在全州各个城市、港口或旅游区修建了现代化的机场130多个，还有属于军事系统的军事机场24个。佛罗里达州重要的航空中心是迈阿密、杰克逊维尔、奥兰多和坦帕市。迈阿密的航空港设计新颖，设备现代化，飞机起飞降落由航空指挥中心电子计算机控制，每年来往于各地的旅客人数达到3500万人次，是北美地区最大的航空港之一。1990年时，在美国有35％的国际空运物资要从这里输送。坦帕市的现代化航空港每年来往的旅客人数也达到960万人次。1981年，奥兰多现代化的航空港建成使用，这是为世界最大的游乐中心“迪斯尼世界”服务的，每年来往于奥兰多机场的旅客人数也有3500多万人次。乘坐汽车来这里的旅客更是数不胜数。

佛罗里达半岛成为美国的旅游胜地之一，还有一个重要的原因是在这里兴建了一个现代化的世界上最大的游乐园，每年都吸引了千千万万的游客纷至沓来。

佛罗里达半岛中部奥兰多市南面28公里处，原来是一大片林地和农田，1964年被迪斯尼电影公司买下，他们在这里建造比洛杉矶“迪斯尼乐园”规模更大、设备更加完善、参观项目更加丰富的新乐园。经过4年多的资金筹集、规划设计和2年多的建设与旅游设施的完备，这个世界上最大的“迪斯尼世界”终于在1971年竣工开业。这个方圆约109平方千米的森林公园式游乐园，共分为6个大区，60多个游览项目，内容大多取材于神话与童话，还有不少是属于自然科学和现代电子技术、宇宙航空方面的游玩节目。包括“明日实验性样板中心”、“世界橱窗”、“魔幻王国”、“未来世界”等等。还有许多豪华的旅馆、餐厅、商店、书店、运动场和可以容纳6.5万辆汽车的大型停车场。这里树木翠绿，绿草茵茵，湖波滟潋，具有各种风格的千姿百态的建筑物点缀其间。人们来到这里好像是进入一个迷宫，又像是进入一个大型博物馆和自然科学馆。“迪斯尼世界”中各种游艺设施奇妙新颖，引人入胜，每个游玩项目各具特色，富有浓厚的趣味性、知识性和科学性。负责管理门票的美国朋友告诉我们，自1971年营业以来总共接待了来自美国各地和世界上100多个国家游客3亿人次。如今，这里成了美国一个财源滚滚的好地方。

我们在佛罗里达半岛考察与参观访问一周，印象最深刻的是佛罗里达“迪斯尼世界”中的“未来世界”和“明日实验性样板中心”。我们从几公里远的地方就可以看到一个巨大闪光的银色圆球——太空船世界馆。这个高约65米，直径50米左右的大圆球是用无数的三角小物块镶嵌而成的，重达上千吨，坐落在5米高的三脚架上，内部结构十分精密复杂，分为18层。我们乘坐小电车，沿着曲折蜿蜒的轨道，上上下下地颠簸前进，可以看到从原始人生活的石器时期到现代电子计算机时代人类通信的发展历史。这里拥有当代信息行业最先进的各种设施与研发中心，科技成就十分辉煌，各项节目非常生动活泼，令人惊叹，发人深省。

世界各国人民还可以在佛罗里达“迪尼斯世界”看到中国古代的建筑、中国风光以及悠久的文化历史。1982年10月才开放的“中国馆”，正好位于“世界橱窗”令人注目的地方，这个正在兴建的具有民族特色的“世界橱窗”大型博物馆，包括了美国、加拿大、中国、俄罗斯、日本、英国、意大利、墨西哥、德国、法国等十个国家的展览馆。“中国馆”的入口处，建造了一个古色古香的“朝阳门”牌坊（仿照北京颐和园前的牌坊），进去又可以看到仿照北京天坛祈年殿的主建筑。这里还有亭台楼阁、假山、石狮，在小桥流水河边，垂柳袅袅、翠竹挺拔，浓缩了中国庭园建筑的精华与多彩的形式，人们可以在这里欣赏中国风格的园林建设和丰姿多彩的中国文化。在这个中国馆内人们可以尽情欣赏画艺高超的中国国画，如黄山春晓、万里长城、长江三峡、桂林山水、武夷山风光等。在圆形馆内参观的外国朋友可以看到雄伟壮观的中国风光 360 度电影，虽然只有 30 分钟左右，但这部立体影片把千姿百态的桂林山水、云南石林、长江三峡与新疆、内蒙古和东北的风情都一一反映出来。人们犹如置身其中，亲临其境，感受到中国各地的自然风光，美丽富饶，令人难以忘怀。

佛罗里达的"迪斯尼世界"确实是令人流连忘返的科学世界和神话迷宫，设计者和建设者们别具匠心，创新能力强，发挥了丰富的科学想象力，精心建造了这个巨大的游乐园。如今，世界上东京、巴黎、香港与上海都先后在建设"迪斯尼乐园"，以满足更多的青少年、儿童以及中老年人的旅游休闲生活，让他们的旅游生活丰富多彩，幸福指数不断提升。

记一家华人在美国的创业史

要每天每日去开拓生活和自由，然后才能够作自由和生活的享受。

——歌德

从密歇根州的首府兰辛乘坐美国西北航空公司的飞机，不要一个半小时就已经降落在纽约肯尼迪国际机场了。我们的飞机抵达纽约正好是晚间九点多钟，机窗外夜空浩瀚，烟霭缥缈。我们从窗口的座位上向外俯瞰，只见万家灯火闪闪发亮，犹如夜明珠撒遍了纽约市区，十分美丽，这就是世界上第一大的全球城市的壮观景象。

在纽约这个国际大都会中，来自世界各地不同肤色的人们，工作生活在一起，这里的城市天地真不简单。有人说，纽约是联合国总部所在地，但纽约市本身就是一个世界各地人集聚的巨大的联合国，由 100 多个国家的 1800 万人生活、工作在一起。过去的二百年间，从欧洲、亚洲、南美和非洲几十万受苦受难的贫民和奴隶来到纽约，在这个"自由"的天地里，又经历着种种辛酸。纽约南端的一个孤岛上立有自由女神巨大的塑像，历史上美国人就称之为"流亡者的母亲"，实际上自由女神就是历史上美国人民开拓的见证，今天自由女神像也成了纽约市人民争取自由的象征。

历史上，许多中国人为了摆脱国内封建地主和官僚政客的残酷压迫，离乡背井，远渡重洋，从广州、香港、上海、温州、厦门、泉州、汕头与梅州等地来到美国。目前在美国的华人（包括已经加入美国籍的华人后裔）超过 360 多万人。在一百多年前，哪个华人没有一部历尽艰辛的创业史呢？华人在美国的西部加利福尼亚州，南部得克萨斯州和路易斯安那州等地艰难创业，有的华人参加开发西部，筑铁路，挖黄金；有的在城里修建大楼和挖水沟修马路；有的在城中心开饭店、洗衣铺等。老一代华工的劳动贡献自不待言，新一代华人也在学校、公司、商店和研究机构里努力勤奋工作，为美国的现代化建设作出了很大的贡献，付出了艰辛的劳作。

刚刚改革开放的20世纪80年代初，我第二次来到美国。学习工作之际，有时参加学术会议并去各地考察。我喜欢到纽约去，最值得我回忆的也是在纽约生活的那些日子。我有一位老乡居住在布鲁克林区的城市边缘，这里是纽约大多数劳动人民与青年人居住的地方，居住环境还好，他一家五口在美国奋斗了十多年，要是连同他家的上一代人那就已经工作生活了差不多半个世纪了。

据说，我的那位老乡的上一代人，30年代就离开广州，他在美国时一贫如洗，孤身一人先在加州一个山区参加修建铁路、公路。与他同来美国的十多位乡亲，有5位早已离开人世。由于劳动过度，攒的钱又不多，难以维持生计，生活更加困难。我这位老乡的岳父，初到美国纽约这个花花世界，举目无亲，寄人篱下，饱受辛酸，一次想向一位店主借350美元，非但遭拒绝，还受到白眼斥责。人情冷暖，世态炎凉，使他身心留下许多伤痕，在异国他乡社会底层苦挣生计真不是人过的日子。到了50年代，他在纽约中国城的一家饭店里做跑堂，经过20多年的奋斗，披星戴月、苦苦积攒，终于在70年代初自己开了一家饭馆，生意渐渐兴隆。他开辟了自己的事业，为下一代人积攒了一些钱，70年代末才把自己的儿女带来美国，到了美国他们一家五口人生活还是紧巴巴的。

我的这位老乡一家五口人，已有两女一男，妻子在纽约中国城一家缝纫店工作，当时每月工资（计件）580美元；大女儿在纽约的中国城上海中药店工作，当售货员，月薪460美元；小女儿还在学习，有时跟着妈妈学缝纫；最小的儿子在纽约郊区中学上高中，人很聪明，来美国不到两年，英语已经讲得非常流利，计算机也学得挺好的，家里买了一部小型多功能的苹果牌计算机，他每天晚上自学练习操作计算机，算是全家最有前途的人了。我的老乡在纽约中国城一家公司工作，月薪750美元，另外还有一些报酬，每天早出晚归，乘坐布鲁克林至纽约中国城的地铁，大约每天来回花在路上要花2小时40分钟。他们全家人刚刚到美国立足，还不到五年时光，没有汽车，他说买了车还不容易找到停车的地方，尤其是在纽约城中心。按他的计算，因此每年节省的停车费与汽油费等，大约只要8年就可以买到一部新型漂亮的汽车了。

我的老乡在美国已经工作、生活了五年时光（到1984年止），他们一家保持着中国人勤俭持家、省吃俭用的优良传统。我曾两次在他们家食宿，每次都有一星期左右。在异国他乡遇故知，感到更加亲切，格外难分难舍似的。我的这位老乡，质朴大方，为人忠厚，待人诚恳，但他对子女教育十分严格，决不在些小事情上含糊过去。有一次，他的女儿不愿意吃前一天的剩菜，本来家里有冰箱，今天吃不完的饭菜，第二天热一下还可以吃的，但儿女都不喜欢吃陈旧的饭菜，父母却非常严格，他们认为儿女这样的举动不是中国人的本色，应当有一个好的传统习惯，“须知盘中餐，粒粒皆辛苦”。我有时为他们教育子女给予帮腔，细细地解释，同时每次吃饭炒菜时尽量做到适当，减少过剩，这样矛盾也就解决了。其实子女不吃的还是很好的饭菜，重新做一下，我们还是把它吃完了。老年人对子女的浪费行为很生气，以行动感化儿女后，小侄儿侄女们也晓得这些道理了，慢慢也养成了好的习惯。

由于老乡一家省吃俭用，多方赚钱，积累了一段时间，他们已经预买了一栋三层八房的公寓，其中有中间的二层一套（三房一厅的）租给美国人，每月房租1500美元。他们自己这套房间一共要75000美元，先行付款34%，其余的每年再付5000多美元（包括欠的利息），十年内这套房子就全归自己所有了。以后每年只交少部分的房产税。这套房子位于纽约布鲁克林区边缘，靠近长岛，离海边仅有1500米，环境还是相当安静，附近也有海滨公园，夏天可以在大西洋岸边游泳，冬天还可以滑冰。附近大约住了百多户的中国人，实际上也是一个小小的城市化的“中国村落”。附近有不少市政公园设施，购买食品、日用百货与娱乐也挺方便的。这家人确实是中国人的一个缩影，他们对生活享受不过分苛求，对待工作认认真真，政治上与世无争，与邻居、朋友和睦相处。他们一家待我非常热情，过去我们完全不相识，只是我们的长辈是远房亲戚，我一提起我的奶奶朱维坤，他们都很尊敬她老人家，说姚海珊公公一家以前待他们家很好，我祖父海珊先生是孙中山先生辛亥革命时的手下大将，而他的祖父是广东北伐军总司令，国民政府第四军军长姚雨平，我祖父在姚雨平军中担任第四军军需部长，他们都是同盟会会员。因此，我们一提起往事，都很有兴趣。我们有时谈得很投机，总是回忆往事，思念着万里之外的广东平远县丰光村这个山水秀丽的故乡，真是“美不美家乡水，亲不亲故乡人”。

我们家乡的华侨与许多美籍华人，他们真是一片真情实意。如李嘉诚先生这位闻名世界的富豪，对广东梅县许多公益事业慷慨贡献。李嘉诚先生捐助的嘉应大学、汕头大学等早已家喻户晓，有口皆碑。而我的老家那些热心家乡建设的旅美侨属，也为家乡的建设作出了积极贡献，他们修建中小学校、幼儿园、敬老院并奖励家乡优秀中学生，还有帮助文物古迹的修葺重建。近几年来，纽约的客家人同乡会为梅州市一些县的公益事业赞助了四十多个项目，总数已超过人民币3800万元。在家乡，他们所做的好事随处可见。在这里我们极其真切地感受到许多海外赤子对于故园的拳拳之心，也感受到故乡父老弟兄们对这许多海外赤子的眷眷之恋。是什么爱得这样深沉、这样醇厚呢？按我们老乡心声就是祖国之情、赤子之心把他们深深地系在一起了。我们商量着，盘算着，也许再过两三年，我的老乡回祖国、回家乡旅行一次，我一定在南京或在家乡热情欢迎他们。我想他们虽然喜欢生活、工作在美国，但年纪大了之后，也许会“叶落归根”，终会还乡的。

1984 年冬，我在美国学成回国了，临行前他们一家专门打长途电话向我送别，他们还十分诚恳地挽留我，如果还有机会来美国一定要来纽约。两位小侄女十分可爱，电话里不断表示离别之情，说得我心里也难过。虽然我在他们家仅仅十多天的时光，但他们的热情、欢笑与话语却深深铭刻在我的心中。只是由于我要回祖国工作，与亲人团聚，否则我还想在纽约这个小小的公寓里共度更长一段的美好时光。往后的 10 多年，我的这位老乡带着全家从纽约回到了广州，同时我们又一起回家乡看看，真是格外的亲切啊！

世界上最美丽的群岛风情

人生在世，真正重要的是领悟到有一件事是自己真正要去做的，有一个人是自己真正要去爱的。

——**蒙马特遗书**

富饶美丽的夏威夷群岛是美国的第五十个州，也是世界上数一数二的美丽群岛。这里的海景水天一色，辽阔壮丽，波光闪闪，趣味无穷。岛上不仅有自然美丽的海岛风情，也有现代化富有特色的人工画面，当人们来到这里参观访问，似乎最有意义的便是参观 1980 年在珍珠港内建成的亚利桑那号战列舰纪念馆。这个乳白色的长方形纪念馆正是建造在亚利桑那军舰沉没于海洋中的地方，人们来到这里隐约可见巨大的船体沉在海洋之中。

在年长者一代人的记忆中，都不会忘记第二次世界大战时，发生在夏威夷群岛的日军偷袭珍珠港事件。这是当时震惊世界的一次突然袭击。

1941 年 12 月 6 日正是美军官兵的周末。当夜幕降临，檀香山市内的游乐场、夜总会、影剧院、桥牌中心等到处闪烁着迷人的霓虹灯，官兵们沉浸在灯红酒绿、纸醉金迷之中，整个檀香山市和其他夏威夷群岛各处都呈现一派歌舞升平的景象。就在这个周末，珍珠港美军各个舰队都派了乐队参加市里的演奏会，活动很晚，军官同意士兵们第二天可以睡懒觉。

可是第二天（星期日）早上，180 架日军飞机分两批从停泊在太平洋上的航空母舰起飞，向着预定的目标上空飞去，而此刻正在甜睡的美国军人却毫无所觉，一切如常。7 时 55 分，如同晴天霹雳，突然出现的轰炸机群俯冲轰炸扫射，五分钟内，岛上的美国空军混乱一团，立即陷于瘫痪。几乎同时，大批的日本鱼雷轰炸机，使美国海军的庞然大物——太平洋舰队也大为遭殃，整个珍珠港内最大的军舰亚利桑那号沉没，美国海军 2400 多人死亡，美军飞机损失共达 100 多架。纪念灵堂墙上刻着亚利桑那战列舰上美军死难者 1177 人的名字，这是日本军国主义留给美国人民最沉痛的教训。经过这次的沉重打击，美国停泊在珍珠港的太平洋舰队和檀香山空军几乎全军覆没。

美国海军与空军在这次突袭中蒙受的损失比第一次世界大战中所受损失的总和还大。日本军国主义偷袭珍珠港是应当受到国际谴责的侵略行径。这也与当时美国政府执行的绥靖政策有关，结果却搬起石头砸了自己的脚。70 多年过去了，事过境迁，惨重的教训永远值得记取。但今天美国政府那些右翼人士，仍然与日本军国主义相互勾结，妄想在亚太地区建立他们的军事同盟，企图在海上包围中国，破坏亚太地区的永久和平。

美丽富饶的夏威夷群岛位于浩渺无际的太平洋中央，夏威夷离最近的大陆也有三千多公里（美国的加利福尼亚），它扼守亚、澳、北美洲海空航线，不仅经济地理位置十分重要，而且向来是个军事上的战略要地。由于它地处太平洋上重要的“十字路口”，美国著名的作家马克·吐温曾经描述过夏威夷群岛是“停泊在海洋里最可爱的岛屿舰队”。夏威夷州的首府设在檀香山市，在这个背山面海的海滨城市西北 11 公里的地方，就是闻名世界的珍珠港。珍珠港的出口形如瓶颈，港内深静辽阔，十分壮观，每天往来的军舰非常频繁。人们称它为“太平洋上的直布罗陀”，经过近几十年的现代化建设，已经成为美国重要的军事屏障以及世界上最具历史价值的游览胜地。

马克·吐温称夏威夷群岛是最可爱的岛屿舰队是有一定理由的。从形状上看，由大大小小 20 多个岛屿组成的夏威夷群岛像一串 2500 多公里长的珍珠链，由东南向西北伸展散布在太平洋的蓝色海面上，每一个岛屿都像在海洋上巡逻的一艘巨舰，20 多个大小不一的岛屿就像是一支威武凛凛的巨大舰队，捍卫着美国的领土安全。另外夏威夷群岛附近还有许许多多的礁石和浅滩，还有火山的活动，它们宛似一颗颗晶莹的珍珠点缀在太平洋的万顷碧波之中。

由于夏威夷群岛地处北回归线以南的热带地区，介于北纬 18～28 度、西经 154～162 度之间，这里热量条件优越，冬天无积雪，四季常绿，是美国热带资源和热带作物最丰富的地区。曾经有人赞美过这里是“红云带日秋偏热，海雨随风夏却凉”的好地方。

这一支可爱的岛屿舰队在辽阔广大的洋面上是很渺小的，全部岛屿的面积只有 16700 平方千米，仅为我国台湾省的面积一半大。夏威夷群岛中比较大的岛屿有夏威夷、茂伊岛、欧胡岛、考艾岛、你好岛、莫洛凯岛、拉奈岛和卡胡拉威岛等。大部分的岛屿都具有自然美，其中夏威夷像一朵最艳丽的鲜花，立于百花丛中。这个大岛除了火山地区外，周围地区美丽极了，真像一座美丽的自然公园，四时草长青，无树不着花。飞机刚飞到岛屿北部上空，美景就会呈现在你的面前。整个城镇云遮树掩，若隐若现。当飞机徐徐降落在希洛机场时，眼前又是另一番景象。飞机场跑道内侧的叶子花伸出红、白、黄、蓝、紫等各色花团锦簇的枝条，迎风起舞，婀娜多姿，令人怡然陶醉。

美丽富饶的夏威夷岛又是怎样形成的呢？根据科学考察，原来这里是一群火山岛，绝大部分地形是由火山活动所造成的。所有岛屿总面积中山地占 46%，丘陵坡地占 20%，其余是沿海地区狭小的沉积平原和山谷盆地等。一系列的火山呈线状分布，由东南到西北一直延伸到洋底，从而形成了一系列珍珠串式的群岛，它们被蔚蓝色的汪洋大海所环绕。在夏威夷群岛中最大的岛屿夏威夷岛上有世界上最大的活火山——冒纳罗亚火山，海拔高度有 4205 米。在茂伊岛上也有一个较大的火山——哈里阿卡拉，海拔高度有 3055 米，那些喜爱探险的科学家都喜欢到这里来考察。

在那个世界上最大的活火山——冒纳罗亚火山山顶，人们常常可以看到火山附近白云缭绕，似缕缕轻纱飘拂，把整个火山装扮得像身着新婚礼服的姑娘，娇态可掬，令人倾倒。这里云丝瞬息万变，时疏时密，使得冒纳罗亚火山的风姿忽隐忽现，仿佛这位妙龄姑娘在故意遮遮掩掩，逗人情思。但是人们没有忘记，在那 1859 年的 11 月，这里发生了历史上最大一次的火山爆发，熔岩流及火山灰的覆盖面积达 84.7 平方千米，喷出的熔岩流达 7.85 亿立方米，从火山口流进海里的熔岩流长达 56 公里，十分壮观。它像一条巨大的火龙直奔茫茫大海，当时的火山岩流前进的速度达每小时八公里，附近地区所有的动植物化为灰烬，荡然无存。历史上的冒纳罗亚火山大约每隔不到十年就喷发一次，流出约 700 万立方米的熔岩流。由于长期的火山活动给附近地区带来厚厚的火山灰，天长日久，越积越厚，这样便形成了腐殖质丰富的土壤，为今天夏威夷岛上的居民开垦种植提供了优越的条件，特别是夏威夷各个岛屿、平原种植了大量的甘蔗和热带作物。

夏威夷群岛还具有阳光充足、温和湿润、全年气温变化很小的明显特点。在一般情况下，夏威夷群岛只有两季，每年的 5 月到 10 月是夏季，这时太阳接近头顶，天气温暖而干燥，信风持久，天气晴朗。冬季是从 11 月到来年的 4 月，这时太阳偏南，天气比较凉爽，信风受到其他风向的干扰常常很微弱。事实上，夏威夷岛全年没有真正的严冬，这就保证了热带作物生长，这里的草木四季翠绿，百花终年盛开。万紫千红中，人们最钟爱的是夏威夷大学美丽校园中的木槿花，有红有白，高雅洁美，姑娘们都喜欢在耳边戴上一朵。1984 年 9 月初，我们在夏威夷大学访问时，专家与师生们常常按时在早晚出来在幽静的校园散步，欣赏美丽的木槿花，同时又锻炼身体。校园空气新鲜，繁花似锦，就像公园一样美丽。

1984 年秋，章生道教授邀请我在夏威夷大学访学一周。

现今的美丽富饶的夏威夷群岛，实际上是世界上不少国家移民共同开发建设的乐园。根据历史记载，最早来这里定居的人要算是太平洋上的波利尼西亚人，他们大约在一千年前或更早一点时间就乘船来这里定居了。“夏威夷”这个名称来自波利尼亚西人的语言，意思是“原始的家”。之后欧洲一些国家的探险家相继来到这里。之后世界各国的移民、商人和传教士接踵而来，特别是欧洲殖民主义者，他们认为这里是另一块值得探险的新天地，也许可以找到黄金，掠夺香料和珠宝，移民种植，妄想大发横财。

19 世纪后期美国资本主义工业生产迅速发展，美国的势力开始伸入夏威夷。1898 年夏威夷诸岛成了美国的属地，开始与美国本土发生比较密切的政治和经济联系。从此，夏威夷群岛就逐渐成为美国控制太平洋的一个重要战略据点。直到 1958 年 8 月，这块宝地获得了美国国会的批准加入美国联邦政府，夏威夷就成为美国的第五十个州。

现在居住在夏威夷岛上的居民，除了六分之一是欧洲和美洲各国移民外，其余大部分是亚洲各国的移民，尤其是日本、中国，菲律宾和朝鲜等国。人们来这里访问考察，无论是在檀香山市内，还是在农场、集镇或是大学里，都会碰见许多日本人、朝鲜人和中国侨民；也可以看到许多街道和饭店、旅馆、商场的建筑形式都保持着东方民族的风格和传统。现在夏威夷群岛全部居民有 139 万人，人口密度很低，平均每平方千米仅有 83 人。其中日本人有 18.5 万，中国人有 5.5 万，菲律宾人有 19.8 万。从移民的历史来看，中国移民来这里较早，是从 1852 年开始的，日本移民是在 1868 年明治维新之后来这里的，葡萄牙移民是从 1878 年来这里的，波多黎各人、菲律宾人、朝鲜人和其他地区的移民大多是在 20 世纪之后才来这里的。此外，各个岛屿上还有相当一部分夏威夷原住民和其他混血人种。这说明了夏威夷群岛的居民同亚洲与太平洋地区各国有着密切关系。有些美国学者认为，今天夏威夷群岛这样富饶美丽，是与世界各国移民的勤劳开发与辛勤种植分不开的，夏威夷各个已开垦种植的农场都有亚洲人的足迹。第三代华人代表邝友良先生是美国国会议员，在夏威夷购置 4300 亩土地，种植水果、花卉，是美国农业典范。接见过多位中国领导人。和张学良交往颇深。

夏威夷群岛不仅仅是美国重要的军事基地和海空交通枢纽，而且也是美国经济发展的一块宝地。人们常常称旅游、甘蔗和菠萝为这里的三件宝。夏威夷群岛附近的海滨富有特色，不仅那碧绿的海水、蓝色的天空与不断变化的景色很吸引人，而且海滨附近五光十色的珊瑚贝壳、翠绿的椰林以及各种名贵的海产珍品也为旅游者所喜爱。在夏威夷群岛上火山口所造成的幽洞深谷引人入胜，那千奇百怪的奇珍花木和热带植物更是旅游者向往之处。不仅欧胡岛的檀香山市建设得十分美丽，而且欧胡岛的北部及其他岛屿也建设得十分迷人。各个岛屿上的风景区、城镇附近都建设了许多现代化的旅馆、高级饭店、超级市场和活动中心，各个海岛上也建设了许多现代化的高速公路、登山公路和大型海滨浴场，增加了大批服务人员和旅游设施。据统计，20世纪80～90年代每年从世界各地来夏威夷旅游的人数高达620多万，现在旅游访问的人数每年超过1000万。其中从美国本土来的有280万人，从日本来的有60多万，其他是从加拿大、欧洲、亚洲、大洋洲、南美洲和其他国家来的旅游者。2005年全岛的旅游总收入达20多亿美元，2010年增加到50亿美元，如果加上与旅游业有关的其他收入就更加可观。旅游业在夏威夷群岛的经济发展中占有十分重要的地位与作用，为美国人增加了大量的财富。

夏威夷群岛还是美国甘蔗和菠萝的生产基地，这两种作物也是该岛人民最主要的种植作物和经济收入的重要来源。甘蔗在这里种植的历史已超过180年了。1998年整个夏威夷群岛有700多个甘蔗农场，分属26家糖业公司，全岛种植甘蔗180多万亩，当年糖产量超2100万吨，全岛已建设有18个现代化糖厂，每年大约能提供美国26%左右的食糖。甘蔗除了在欧胡岛肥沃的沿海平原带种植以外，在考艾岛的东南部和茂伊岛的沿海平原等地区也大量种植。当地的农场很注意用科学方法培育甘蔗的新品种，每年都选择硬秆的品种种植，以防止暴风来临时大面积的倒伏。这里的农业机械化水平很高，甘蔗田的喷灌系统在所有的甘蔗农场均已形成，从种植、施肥、除虫害到收获、运输全部实现了机械化操作。

在欧胡岛西北部的丘陵坡地上，有惹人喜欢的菠萝田从眼前一直伸展到山边，到处可以见到青翠的叶尖和累累的果实。目前全岛的菠萝农场有80多个，分属五个公司，一共种植68万亩菠萝田，每年的产量大约有450多万吨，生产价值达10.5亿美元。从事菠萝生产的农场工人也有2.8万人，大部分从事机械化操作和运输，劳动生产率相当高。从全岛的经济收入来看，菠萝生产总值仅次于军事工业、旅游业和蔗糖业。夏威夷群岛是世界上最重要的菠萝生产基地之一，20世纪90年代中期的菠萝产量一直占世界总产量的三分之一。菠萝的种植除了在沿海平原外，还集中分布在欧胡岛低山丘陵之间的盆地上，莫洛凯岛的西部、茂伊岛的西北部和拉奈岛的中南部地区。夏威夷群岛除种植甘蔗和菠萝外，还生产珍贵的香料、咖啡、水果和蔬菜等，比较重要的有夏威夷岛的番瓜（已种植9600亩）、欧胡岛的香蕉（面积有5800多亩）、香甜可口的鳄梨以及柑橘、番石榴和西番莲等果品，产量也十分可观，不仅供应本州人民需要，有些水果还远销国外。

富饶美丽的夏威夷群岛，有一座美丽的海滨城市，它就是位于欧胡岛南部偏东的地区，科劳山山脚下的檀香山市。市区北面有蜿蜒起伏的山峦怀抱，景色明秀，绿翠一片；市区南面是波涛汹涌、广阔无边的大海。这里背山临海，风景优美，是世界各国旅游者向往的游览胜地。檀香山市历史不长，市区内有许多新的建筑物，特别是一些大型旅馆和超级商场，装饰别具一格，内部布局也十分豪华。这些建筑与热带的天然景色交相辉映，给人们以清新、舒畅和宽敞的感觉。

檀香山市由这里出产的檀木而得名，亦称火奴鲁鲁，现在是夏威夷州的首府，全市人口约40万人，市区面积有220平方千米，范围很大，公园绿地大约占其一半。城市沿着海岸线呈长条状向东西侧扩展，有两条重要的高速公路穿过市中心。市区东北部的夏威夷大学是全岛最高学府，学校内有一个世界闻名的东西方研究中心，每年来这里研究进修的学者、留学生有3000多名。富饶美丽的夏威夷是世界各国人民向往的游览胜地，每年乘飞机到达檀香山市的游客人数高达800多万次人。如今，檀香山装扮得更加美丽、更加多姿多彩，更加富饶且现代化，逐步成为了一个国际性的生态城市。

食在中国城

是什么造就了一个杰出的成功者？幸运？才华？献身精神？它们都是帮手。然而在生活的每一个领域内获得成就的明星们，他们具有某些共同的思想技能和习惯，这是我们都能学会的。

——莫顿·亨特

在美国的大中城市里，差不多都有中国城（又称为唐人街），在中国城里最引人注目的就是饮誉全美的中国餐馆。美国的中餐业是华人在美国的传统行业，180年来经久不衰，为众多的美国人、华人所钟爱，其经营前景仍然十分广阔美好。

具有色、香、味、形四大特色的中国美食，在美国各个大中城市里早已兴旺发达。早在19世纪中叶，西方记者就在北美许多报纸上为中餐作过介绍，他们发现了中餐业的优秀传统和荟萃精华。经过100多年来的发展，目前全美国共有一万多家中国餐馆，遍布于美国180多个大小城市，其中以旧金山、纽约、芝加哥、洛杉矶、波士顿、费城、华盛顿、底特律、西雅图、明尼阿波利斯——圣保罗和丹佛等大中城市为多，中国餐馆最多的旧金山市，全市大大小小的中餐馆共3800家，在这里聚居的华人也有40多万人。在纽约市平均每千人就有五家中国饭店，在百老汇东街的中国城，方圆不过3平方千米的面积，中国饭店就有760多家。

华人在美国经营的中国饭店，大多数位于美国各个城市的中心闹市区。在钢筋水泥的高层建筑的包围之中，又在车马人流喧闹的市尘里，乍然来到别具风格的中国饭店，人们会觉得有无限的乐趣和慰藉。如纽约城中心的大三元酒家和广东菜馆，芝加哥城的上海四五六菜馆和喜临门饭店，布法罗的梅苑，波士顿的京都酒楼和会宾楼酒家，华盛顿的皇后饭店以及檀香山市的翠园等，甚至城市人口仅有10多万人的兰辛城（密歇根州首府）也有北京大饭店、汉宫饭店等10多家中国餐馆。以上这些中国饭店，我都在那里吃过饭，有时也请美国朋友一起吃过。这些饭店建筑别具一格，外形古色古香，许多中国饭店的陈设都很俊美秀媚、雅俗共赏。内部饭厅的布置常是画栋雕梁，有些厅堂如龙楼凤阁，实有一番情趣。美国的中餐业，大都以广东、上海、四川、浙江、山东的名厨为招牌，源源不绝地供应中国各地的名菜，如正宗粤菜、京川名菜、省港小菜、京沪名菜、山东菜式、苏杭美点和各种南北筵席。每天来中国饭店光顾的各国朋友总是熙熙攘攘、座无虚席。特别是在美国的犹太人，他们大多是银行家、金融界人士，很有钱，又大方，也特别喜欢吃各种各样的中国菜。尤其是在20世纪初，很多中国饭店发明了不少中西结合等菜式之后，中餐不胫而走，西洋客人到中国酒楼饭店的越来越多，于是中餐业在美国各个城市的饮食行业中美名远扬，凌驾在法国、意大利、西班牙的餐馆之上，生意兴隆、历久不衰。我们中国人不仅以烹饪技术见长，而且具有艰苦奋斗的精神，每天营业十多小时，甚至星期天也不休息，这是享乐主义的西方同业所无法较量的。在纽约曼哈顿百老汇附近的几条大街上，中国饭店越来越兴旺，至使附近十多家爱尔兰人和法国人办的餐馆不得不关门、溜之大吉。虽然这是30多年前的事，但现在中国餐馆仍然为各国旅客所喜欢。

到了20世纪60年代，一些中国饭店的菜式花样起了变化，过去主要是以粤菜居多，其次为川菜、湘菜和淮扬菜系，随着中国许多省市的新移民旅居美国，京、沪、鲁、杭等菜式纷纷上市，而有千年历史的广东菜的花样也大有革新，各省名菜也呈缤纷之状，各个中国饭店门庭若市，受人欢迎。在芝加哥、旧金山和洛杉矶的大中餐馆，有的一次可开几十席。周末、节假日更是熙熙攘攘，不少顾客只好在门口排队候席，希望能在工作之余饱尝美味可口的中国饭菜。特别是70年代初，尼克松总统访华前后，美国各地掀起了吃中国饭菜的热潮，2006年胡锦涛主席访问美国时又掀起了另一个高潮。在纽约、旧金山、芝加哥这些中国餐馆里，更是顾客盈门、络绎不绝。

美国人和其他各国人民都喜欢到中国城里品尝中国菜饭，除了美味可口、鲜嫩酥香的美食外，还有一个重要原因是中国人招待热情，且各家饭店又具有浓厚的东方色彩。特别是那些没有访问过中国的外国朋友，来中国餐馆品尝中国饭店也作为一种猎奇。例如在美国中西部地区科罗拉多州首府丹佛市市区西部，宽阔笔直的科尔法克西大街上，有一家醒目的金字招牌为重庆楼的中国餐馆，其建筑外形在这个五十多万人的城市中并不豪华别致，没有倚楼只有两层楼高，但室内陈设特别雅致，具有浓厚的东方色彩。除了宴会厅内柔和的彩色灯光和西式餐具，餐桌上摆满了具有中国风味的佳肴美点，各个餐桌凳椅均用名贵的木料制作，壁上疏落有致挂了几幅名贵的中国山水画，感到格外具有中国气派。许多美国朋友特别喜欢品尝鱼香肉丝、油爆虾仁、辣子鸡丁、北京烤鸭、豉汁排骨、蘑菇鸡片、葱爆牛肉、四川牛柳、云南白肉、香酥卤鸽、香酥鸡、酸辣汤和什锦砂锅等中国名菜，还有春卷、锅贴、河粉、蒸饺、鸡汁炒面、茶和咖啡等，真是琳琅满目、丰盛非常。尤其是那些早已向往中国烹调技术的美国朋友，哪怕他们是多次来丹佛旅游的人们，也常常是一家人来重庆楼就餐。外国朋友总要饱尝一番，满足口福之后才欣然离去，但过了几天，仍然很有兴趣再来品尝。

20世纪90年代初，美国的纽约时报、太阳报曾以“哪个国家的菜谱最丰富、哪个国家的菜肴最好吃”为题，作过几次民意测验，大多数的投票者总是对中国饭菜表示赞许。不少美国朋友认为中国在烹调技术方面的成就，可以说是世界饮食业中的一枝独秀，任何一个国家都难以匹敌比美的。

但是，目前在欧洲，中国饭店却竞争不过美国的麦当劳、肯德基、必胜客等快餐店。这三家饭店都有共同的特点，一是快，冷热食品服务方便，一般从购票交钱到吃完只需要30多分钟；二是便宜，适合人们吃快餐，一顿饭菜的价格约15～20元，也不需要付小费。三是味道鲜美，虽不是山珍海味、上等佳肴，但也是适合大众的口味，多数来往旅客喜欢光顾。前几年我在柏林、莱比锡、巴黎、大阪、东京和香港等城市里，常常看到这些饭店相互竞争的现象，尤其是麦当劳、肯德基在美国任何一个城市甚至小镇上都有。改革开放后，我国北京、上海与全国很多城市都有美国快餐店，但目前许多人认为这些外国的快餐食品有些是垃圾食品。

如果比速度，许多快餐店真是一手交钱一手交货，东西全是机械化成批生产的，往纸盒里一放或用纸袋包装就可以了。我国的中餐盖浇饭也不慢，事先做好的饭、菜放在暖锅里，顾客来了，将热好的香喷喷的菜浇在热饭上就行了。一般东方人都喜欢吃中国饭，不愿多吃面包与沙拉之类的生菜。必胜客的比萨，我在美国吃过好几次，不怎么样，但我问美国人、德国人，他们喜欢吃这种西式饭菜。比萨是一张大饼，上面加上奶酪、虾仁、火腿丝、咸鱼条、橄榄和各种青菜，放上一点点盐与辣酱之类的调味品。在西欧，人们常说“法国人有一百种奶酪，而意大利却有一百种比萨”。没有尝过这种食物的中国人，到了意大利或美国，都会光顾一下他们的快餐，吃过之后，留下一点点印象，要常常去光顾那就完全西化了。

现在欧洲、北美许多城市的中国饭店都是小本经营，独自谋生，缺乏社会化、机械化的经营方式，因此只能赚赚小钱，没有多大的利润。而美国的快餐店已经走上世界了。虽然麦当劳千篇一律地供应热狗——长面包夹香肠，汉堡包——圆面包夹牛肉饼，加上点青菜，炸土豆条，但人们喜欢快、便宜。因此，麦当劳几乎是走遍天下，为东西方人所青睐。中国的饭菜过于复杂，过于奢侈豪华，只登大雅之堂，不能走出大城市的闹市区，因此数量有限。同时，中国的快餐——盖浇饭或面食等都是手工操作、独家经营，没有进行机械化的大批量生产，也没有组成市场经济的现代化销售网络的经营方式，也缺乏联合经营垄断街市的气魄，所以，我们的餐饮业也常常面临国际化的挑战啊！

无论是在东京、横滨，还是在纽约或旧金山，都有上千家中国饭店，但他们之间很难联合起来，甚至在一条街上两三家中国饭店也达不成联合经营的协议，喜欢独家经营。由于中国人几千年来传统观念的约束，饭店老板大多考虑安排自己的亲戚来经营，他们怎么也信不过外来人来当伙计，更不用说当经理了。而美国的麦当劳公司不分种族、亲疏，只要你有能力有气魄有技术、工作责任心强、为人热情、勤于企业，公司就大为重用你。为什么我们不能学习人家的长处，抛弃自己的短处呢？我们的民族确实有许多优秀品质，勤俭持家、热爱祖国，为世人所钦佩。不少华人的一颗赤诚的心常常催人泪下。1991年夏季，我国东部几个省区发生百年未遇的洪水，几百万人无家可归，几千万亩农田被洪水冲垮、失收；2008年我国四川汶川发生大地震，死伤10多万人，损失惨重，世人震惊，此时我们的海外华人热情捐赠、赞助灾区。他们热爱祖国，热爱中华民族的精神使我们每一个人都深受感动。但是在异国他乡，往往各自奋斗，缺乏团结奋进的精神很值得我们深思。看来，我们的民族要适应大千世界的环境，就要学习世界上优秀民族的团结友爱的精神，敢于携手同行，面向竞争的世界，创造光明的未来。各自为政是难以适应当前世界新潮流的，也不符合当前国际化新形势的更高要求。

记一位老知青在美国奋斗的经历

世界上有一件事是肯定的，那就是我们每一个人都会遇到困难。

——诺曼·文森特·皮尔

在旧金山访问考察的十多天中，我认识了一位刚刚从江南秀丽的苏州城到美国工作的老知青，她是1968年高中毕业的学生，在太湖流域一个农村中度过了她美好的青春年华，结了婚，已经有了一个儿子，后来她一家到苏州城里工作了四年多。1978年后，由于改革开放政策，她与在美国的舅舅联系，准备出国，舅舅作为她的经济担保人。经过一番曲折与努力，她终于在1982年冬奔赴大洋彼岸，先在旧金山半工半读，开始了她艰苦奋斗的生涯。

在伯克利大学亚洲研究中心杨教授家中，我认识了她，由于我们都来自江苏，还有点“乡亲”的关系，我们认识后交流都很投机。她来美国也并不一帆风顺的，首先碰到语言问题。她出国前，几乎花费了三年的业余时光，每晚学习两小时英语，由于在农村艰苦生活了六年多，过去那种青春年岁的记忆力衰退多了。一个女人，既要忙家务，带孩子，烧饭洗衣样样都干；又要参加劳动与工作，为了生活，为了自己的前途，每天疲于奔劳、苦读。只有在1978年后，她心里才充实一些：与美国的舅舅联系上了，自己下决心还是要去美国的大世界里闯一闯。

在杨教授家的宴会之后，她主动邀请我到她家中做客，由于她住在舅舅家，离伯克利大学较远，当天我没有去，两天之后才去的。我在美国虽然跑过许多地方，考察过美国几十个城市，但旧金山我还是第一次来。虽然在旧金山我还有两位朋友，但他们白天上班，晚上社交活动又忙，只有很少时间陪我到旧金山各地旅行，仅仅在伯克利大学附近考察过三天。这位来自苏州的女同志，既热情又大方，后来她亲自陪同我参观了旧金山市区中心、唐人街、码头区、植物园和博物馆，彼此了解得更多一些后，我下决心回国后把她艰苦奋斗的一些经历写成文章，以便让同辈人知道生活的甘苦，但她一再声称不要将她的名字写出来，仅仅是作为老知青的一个代表来叙述。认识她的三天后，我乘旧金山海湾地区的快速运输干线，实际上是旧金山的地铁，其中三分之一在地下（市区），三分之一在地面上（郊区），三分之一在高架铁路线上（近郊区），从伯克利大学到她家中。她怕我迷了路，在站门口等我。上了地面还走了半小时的路，才到她舅舅家。一看使我吃了一惊，她住在舅舅家的地下室，终年不见阳光，房子十分简陋，一张小床，一张书桌，两个带有旧色的箱子放着她一些衣物。她舅舅虽然有钱，但他从来没给她买些什么。只是大约每个星期能与舅舅一家人吃一次饭，其余时间她自己在学校、在工作地点吃饭。她上的学校是一个普通的大学专科，每学期要交2000美元学费，第一年是舅舅支持的，以后就靠自己奋斗了。她告诉我，以后这两学期的学费还是要还给舅舅的。她现在每天上午在学校学习，下午两小时自习，然后到旧金山市市区一家台湾人经营的饭店工作，干的是跑堂（即送茶水，送饭菜给客人），有时还洗洗饭碗，每天差不多工作六小时，星期六、日也一边劳动一边学习。这是许多中国学生在美国城市里的工作、学习与生活的写照。记得我在密歇根州立大学生活工作时，也见过一些台湾学生、泰国小姐在美国人经营的商店工作，当然大多数家境比较贫穷的学生都得走这条路。密歇根州大学一位年长的美籍华人梁文卿教授讲过，只有面对着崎岖的大道，甚至陷于困境，一个人的思想才会升华，行动才会变为开拓生活的实践。工作与生活的困难是一个人生活的磨刀石，生活道路是曲折的，我们每一个人都会遇到前进道路上的各种困难。只要有信心，有毅力，持之以恒，任何困难都是能克服的。

我在她家里呆不到一个小时，趁着阳光满天的好时光，我们乘坐公共汽车到旧金山金门大桥一带去观光。这位老知青对着她熟悉的每一块地方，兴致勃勃地为我指点江山，她很有礼貌地称我为“姚先生”。今天我们是祖国的亲人，能有这么好的机遇在旧金山市参观，也是十分难得的。我为她充沛的精力、战胜困难的勇气和对生活乐观的精神所感动。当我们跑完这座雄伟壮观的金门大桥时，我真是够累了，但她的气色挺好的，满面春风，秀发飘飘。有时也感慨万千，她常常对我说：无论是在国内或国外，如果一个人的生活太优越了，就显得很平庸，毫无生机。整天糊里糊涂混日子，那是猪一般的生活。一个人整天生活在衣来伸手，饭来张口之中却毫无意义。她认为：困难与逆境可以砥砺人们的勇气，也是唤醒人们潜在高尚品质的号角，人生本来就是在与困难作斗争中成长的，越是艰苦的环境越能锻炼培养一个人的意志。

后来我们到旧金山市区中国人聚居最多的唐人街，品尝异国他乡的广东菜，有无限的乐趣。这个市区里的中国城，面积大约有两个平方千米，是中国食肆开设最多的市井，从东到西有沙加缅度街，华盛顿街，布律威街，广东街和孟金街等。这一地区有着浓厚的东方色彩，中国饭店、酒家和商店鳞次栉比，街上行人熙熙攘攘，一片热闹的景象。真有如是一个“小广州”，置身其间，不知身处异国他乡。我这位旧金山认识的朋友又告诉我，她曾在广东街一家咖啡馆服务过三个月，后来由于路途过远，骑自行车得穿过闹市区，绕过许多小巷才能来这里，实在太辛苦了，就辞退了这边的职业，到其他地方工作去了。这位受人尊重，引人喜欢的老知青在旧金山工作、学习与生活了三年多，后来认识了一位台湾朋友，由他介绍转学到威斯康星州，在威斯康星州大学城市研究中心攻读硕士。但她在旧金山自费上的大学尚未毕业，仍需有一年的时间在这里学习。虽然我回国好几年了，但是她每一年仍有一些信件告诉我关于她的近况。

她告诉我，从旧金山转学到威斯康星州，最好是乘飞机，从旧金山到芝加哥，再转到孟迪逊，得花费400多美元买一张机票，但她不想花费这一笔钱，自己乘坐美国“灰狗”汽车公司的汽车，仅要90美元花两天多即可抵达。途中为了省钱不住旅馆，昼夜兼程赴到学校。如果在途中住两晚，最低廉的高速公路路边的小旅馆每晚还得花费40多美元，吃掉20多美元，她从超级市场买点面包、水果、香肠等，作为途中的午餐与晚餐，从中一共省下300美元。这一切都体现了中国人俭朴持家的优良传统。虽然到了资本主义发达的美国，挣钱花钱都比较容易，但是我国东方人的本色还应当发扬光大。记得1983年秋，我头一天乘飞机抵达兰辛城，然后美国朋友接我住进学校的宾馆。由于是星期六，找不到人，学校又不办公，我一个人食住在学校宾馆两天，花费了300多美元，到了星期一我才搬出来住进学校的教师宿舍。每当想起这件事，都有点后悔。后来许多中国学生对我说，“姚老师，你早点发电报，写信告诉学校的联谊会，中国学生一定会来机场接你的，并可以安排住在学生公寓，不必花费这么多的钱”。中国人向来都是以勤俭持家为荣的。

这位江南水乡城市的老知青，转学到达威斯康星州大学后，食宿仍很艰苦，为了攻读硕士学位，她和三个学生合住在一间仅14平方的学生宿舍，很少参加各种社交活动和看电影，并仍然一边学习一边找工作做。她来信告诉我，无论在美国什么地方，困难都是五花八门的，没有一种安逸的方法能够对付所有的困难，也更没有什么能轻而易举地对待困难的灵丹妙药。面对着生活，工作与学习的困难，首先要认真对待，不要回避问题。有勇气的美国人也曾告示她，那种把被子拉起来捂住自己的头，希望困难自己溜走的做法是不足取的。其次，要敢于正视自己，面对各种困难敢于采取行动，也许结果不尽如人意，但是它总比坐以待毙好得多。她从学校到孟迪逊郊区一家日本公司去应试职员的工作，深夜一人独自驱车回学校，正巧碰到公路上发生车祸，她的汽车差点出了问题，幸亏她眼明手快，很快刹车准备停在高速公路的边上。突然后面一部美国人的小汽车撞上来了，她说时迟那时快，汽车向右拐了一下，美国人的汽车从她的汽车左侧擦过来，震坏了她的车门两块玻璃，但人还是安然无恙。这次应试未能获得如意成果，又碰上汽车出事，使她心惊胆战，好久未能平静下来。她很有感慨地说，在美国寻找一份满意的工作真不容易，有时还得作出牺牲。

她虽然买了一辆美国的汽车，但属于二手货，而且美国买汽车是十分容易的，1000 多美元能买到七八成新的汽车；有时几百美元也能买到五成新的汽车。老知青学习生活在美国已经 10 多年了，生活虽然一天天过得去，但还没有站稳脚跟，并常常会遇到不可预测的风波与曲折。她仍然坚信：社会为每个人铺设了一条崎岖坎坷的道路。但是对于那些充满勇气、坚忍不拔和具有冒险精神的人来说，它也是一条通往成功的大路。

这位老知青在美国艰苦奋斗的历程发人深省，虽然生活较为艰苦，但她有着一份强烈的事业心，想学习好一手本领，服务于祖国人民。她那一份赤子之心难能可贵，虽身居国外而不媚外，虽人在留洋而不崇洋，对西方社会能作出客观分析，对祖国的兴衰能够不时去思索，而且有不少真知灼见。她自己的亲人还在祖国，事业还在祖国，祖国的一山一水，一草一木还时时刻刻萦绕在她的心头，我也深深地体会到：只有懂得或经历过艰苦奋斗的人，才能有无限的深情去热爱自己的家乡，热爱自己的祖国。

西方世界的一些女性

尽管时代在变，某些传统习俗和道德标准也在变，但是有些品质却是永远不可缺少的。生活瞧着你走来，生活在那儿等待着你，你要珍重自己永恒的价值。

——阿迪斯·惠特曼

当代西方世界社会最突出的特色就是社会人群的极大流动性、多面性和个人的独立性，美国社会是世界上较为突显的。

在美国社会里，由于人们的生活水平大大提高，全国 3.25 亿人就有 2.15 亿辆小汽车，几乎是每三个人中就将近有两部汽车，有人称之为“车轮上的国家”。人员的流动性很大，从东部到西部，从北方到南方，有人称之为“屁股坐不住的美国人”。在美国，男女彼此认为是朋友的关系，比其他许多国家的朋友关系都随便。因为美国家庭中男男女女从小所受的教育是依靠自己，又生活在一个流动性很大的社会里面，以及其他种种原因，美国的女性倾向于避免与人深交，但喜欢泛交、广结朋友。有一次，我从密歇根州立大学到明尼苏达大学讲学后，乘火车离开明尼阿波利斯前往芝加哥，在火车上认识了一位年轻的女性，她是从旧金山来芝加哥的。由于我们彼此都是一个人独自旅行，相互认识后大家还谈得挺投机的。她就很坦诚地告诉我，去年在旧金山一次偶然的机会认识了一位芝加哥大学社会系的小伙子，两人情投意合，很快就成为一对热恋中的人了。在火车上她还将男青年的照片给我看，他们彼此通信半年后就亲密无间了，所以这次她千里迢迢来这里找她的心上人，爱情力量真是伟大。我听了之后，很高兴地祝贺他们成功，她激动得站起来一再表示感谢我，还说愿上帝保佑他们爱情永在。但是半年后这位小姐从旧金山写信给我说，他们告吹了，各奔东西。信中说他们还在芝加哥大学里共同生活了一个多月，也有些甜蜜的日子，但后来只当作一般的朋友分手了。也许他们仅仅留下美好的回忆，各人又有各自的心上人了。

还有一次，那是 1984 年的夏天，我得到美国朋友热情帮助，搭乘他暑假搬家的汽车从底特律到南方新奥尔良，然后我到风景秀丽的佛罗里达州在奥兰多城郊的迪斯尼世界游玩。第二天晚间我独自一人乘美国的长途汽车从奥兰多回到密歇根州立大学去。一路上舟车劳顿，一千八百多公里的路程大约花费一天多的时间（夜晚汽车仍在行驶）后，我才回到密歇根州的首府兰辛。

在这个漫长的旅行中，许多事情使人记忆犹新，尤其是当我们的汽车途经佐治亚州的亚特兰大时，中途上来两位较为腼腆带着稚气的小姐。她们最初坐在前排的空位子上，汽车开不到一个小时，坐在汽车后面的两位青年小伙子前来邀请她俩到后面空位子上去坐，两位小姐很快就答应了他们“别有企图”的请求，我从一位德国旅客（他会说点英语与我坐在一起）的分析中知道他们原来根本就素不相识，完全是萍水相逢。而到了第二天清早，我跑到长途汽车后面去上厕所时发现这两对青年男女好像恋人一样拥抱在一起了。天啊！这两位自作多情的姑娘竟然成了感情的俘虏，爱河中的牺牲品。她们的感情如此脆弱，如此随便，对于禁锢了半世纪的发展中国家的人来说，是多么令人费解呀！我的朋友请记住：当你来到美国，尤其是在美国生活相当长的一段时间后，当遇到这些热情奔放的女性时，更应当好好思考，我们和她们的价值观、社会习俗是殊为不同的。我们应当分清什么是泛泛之交，什么是兄妹式的友谊，什么是带有爱情成分的结交。我们大多数中国人的头脑是十分冷静的，也许美国人认为是呆板的，没有激情的，老实巴交的，不可理解的。

美国和日本很不相同的是，日本社会女孩子长大了，父母很关心自己的女儿能否找到一位称心如意的郎君。日本姑娘先考虑男方的金钱地位，嫁出之后能一辈子享福不受人欺，然后在家里做一个贤妻良母。大多数日本妇女都不参加社会工作，日本的男人大多数都会风流，而日本女人却比较保守。而美国却迥然不同，美国女孩子一般认为依靠自己才是理想的个人品质。因此，大多数女性都把自己看作单独的个人而不仅是家庭的代表。许多美国女孩子长大后性格很倔强，不喜欢依赖别人，也不喜欢别人依赖她，尤其是那些"窝囊废"丈夫。不少外国朋友有时认为美国女性有些"自私"，另一方面也可能是摆脱家庭、家族及社会阶层约束的一种健康的自由的表现。

我在密歇根州立大学亚洲研究中心学习与工作时，相识了一位亚洲研究中心的研究生兼职秘书丹娜，她很可爱又很和气。她已经在这个学校上学两年，还差一年就可以拿到硕士学位，但她没有钱交学费不能再读下去了。有一次，她妈妈从底特律来我们这个学校看她的女儿，据丹娜说，她妈妈在底特律一家大的公司任职，家底子很厚，却不愿为女儿交纳学费，要她自力更生、半工半读。丹娜也有一股倔强的志气不愿在妈妈面前伸手要钱。美国人有这个传统习惯，子女长大到十八岁或二十岁后一般就不依赖父母了。有些会离开家庭，自己到社会上去闯、去开拓、去谋生。不过我们几位好心的中国人却在丹娜妈妈面前说了许多好话，动员丹娜妈妈给她的女儿一年的学费3000多美元。丹娜妈妈说，钱可以借给女儿，利息可以比银行的低一些，丹娜很有志气说，明后年我工作了，妈妈借给我的钱连利息一起还清。我们总算做了一件好事，丹娜终于在她妈妈那里借到了一笔钱作为学费。她非常用功读书，有时还到学校外面去打工，半工半读、勤俭刻苦。前几年她获得了学位，并在1987年和她的丈夫一起来到中国访问，很高兴地到南京我们家里做客。见面时，我提到1984年秋天她妈妈贷款给她攻读研究生一事，丹娜一再地感谢我为她做了一件终身难忘的好事。当我们也称赞她是美国的"女强人"时，她欢快地微笑了，并用那种刚刚学到的中国话说"我还不行"。

在西方社会里，不少妇女喜欢独自生活，活跃在商业贸易战线的女性不乏其人。在美国、法国获得工商管理硕士学位的毕业生中，女性占将近40%，在比利时和英国也有36%左右，新一代的女性公关小姐同身着条纹服的男性一样在争取各种机会方面毫不示弱，很快打入曾经男性的天下。西方不少女性认为离婚是社会进步的表现，是妇女在争取自己的个人自由、家庭地位与社会地位。

但对于新一代美国职业女性来说，在繁华的都市里穿梭活动，在夜色迷茫中单独旅行意味着困难重重，时有粗鲁的服务以及越轨男性的野蛮骚扰，还有令人讨厌的恶作剧。在美国的西北航空公司、太平洋航空公司的飞机上，航空小姐常常忙于讨好那些有地位的男性旅客，而冷落了女性乘客。美国密歇根州一家汽车分公司的女副经理林娜回忆起她曾遭遇的两次令人烦恼的经历。一次是在华盛顿希尔顿酒店里，在半夜她被一位与她同机到达华盛顿的独身男人喊醒。他不知怎地从酒店接待处查到她房间的电话号码，半夜里老是打电话给她，并提出种种不合情理的要求。后来有一次她去旧金山，一家饭店的高级经理也在深夜里打电话给她，提出了挑逗性的要求，令她惊恐万分，因为饭店经理手中持备用钥匙，而房间门上没有安全锁链。多年从商的职业女性只得谨小慎微，以求避开那些令人讨厌与不愉快事情的发生。

米老鼠、唐老鸭走向世界

我们今天从事的科学是一面魔镜。在这面镜子里我们将看到将来要捕捉的图景。

——加塞特

美国从20世纪50年代中期在加利福尼亚州洛杉矶城区东南建起了世界闻名的“迪斯尼乐园”，后来又在佛罗里达半岛的奥兰多城郊建立了另一个规模更大、设备更加完善的“迪斯尼世界”，每年大约要接待世界各地的游客近2000万人次。两个游乐园都是美国好莱坞著名的动画片大师兼制片商沃尔特·迪斯尼设计制造的，人们也知道在他的妙手下米老鼠、唐老鸭赢得了全世界几十亿人的欢心，从此世界上许多地方都建立了以迪斯尼的名字命名的乐园。

美国这两个最大的、现代化水平最高的游乐中心，我在1978年秋和1984年夏天都去参观过，确实给我留下了十分深刻的印象。为了招揽世界各地游客，迪斯尼的设计师们确实花了不少心血。游乐园在布局与处理手法上很有特色，在洛杉矶的迪斯尼乐园一共布置了三十多个惊险或有趣的活动节目，而在奥兰多的游乐园更超过这个数目。这两个游乐园都有许多共同的特点，他们从地上、地下和空中都安排设置了永久性的游乐场地，运用光学、声学和生物学的知识设计各种游乐场面，如“太虚幻境”、“宇宙飞船”、“古代城堡”、“神奇王国”、“加勒比海盗”、“雪山”、“野营地”、“水上运动场”、“购物村”、“未来世界”、“亚马孙河热带雨林”，等等。在佛罗里达的迪斯尼乐园还有“明日实验性样板中心”，人们从入口处几公里远的地方看到一个巨大闪光的银色圆球——太空船世界馆。世界各国人民还可以在这里看到美国、加拿大、中国、俄罗斯、日本、英国、法国、意大利、墨西哥和德国等十个国家的展览馆，看到这十个国家的古代建筑及其文化历史、风景名胜。人们来到这里游览，犹如置身于十国之中，令人难以忘怀。

迪斯尼乐园中，每一个节目或游乐场所都是采用电光布景、电动模型和一些现代化的仪器设备进行表演的。有些节目采用立体、全景或布景的手法，配上电子计算机、激光仪器或现代化机器，搞得非常逼真，达到以假乱真的地步。成千上万的游客一天到三天的参观过程就是一个学习的过程，当然也是人生最大的乐趣了，甚至20世纪90年代以前有人说“不到迪斯尼，不算到北美”，一点也不夸张。在这个乐园中，人们流连忘返，可以看到许多远古时代的景象和未来世界的科学技术，从而增长了人们（特别是青少年）对天文、地理、人文、历史、地质、生物、航海、航天和计算机系统等方面的科学知识。负责佛罗里达迪斯尼世界管理的美国朋友告诉我们，自1971年营业以来，至1986年总共接待了来自美国各地和世界各国的游客达1.6亿人次；到20世纪90年代中期超过2.4亿人次，21世纪初已接近3亿人次了，可见这个有趣的乐园受到世界各地人民的欢迎。

迪斯尼乐园不仅在美国风行50多年，而且米老鼠、唐老鸭开始在欧洲和日本闯出新天地。在巴黎以东35公里的一片满是泥泞的甜菜地里，一批批大卡车和巨大的推土机正在加紧工作。在这些隆隆巨响的机器背后，一些人们早已熟悉的景物出现了轮廓。它们中间既有典型的美国小城镇，又有加勒比海盗造型以及灰姑娘城堡等。巴黎的迪斯尼乐园已在20世纪90年代建成，这个欧洲规模最大、最为壮观的迪斯尼乐园在欧洲创造了一片乐土。迪斯尼公司已在欧洲成立，它通过电视和游乐园的广泛影响使自己成为欧洲最大的娱乐业巨头之一。一家国际商业管理杂志在1991年第2期一篇文章中评议说：过去几年中，迪斯尼公司在欧洲的广播节目以20%左右的速度逐年递增，现在它已经赢得了每周固定的播放时间。

在世界的东方，日本人民用他们的智慧和力量在东京市东北成田机场附近的千叶县境内建造了一个与美国相似的迪斯尼乐园。由于日本是个人多地少的岛国，平原很小，沿海狭长的平地内人口稠密、城镇相连。东京迪斯尼乐园占地两万多亩土地，耗资7.5亿美元。在游乐园周围60公里以内的地区居住着日本居民3500万人之多，这个数目比美国洛杉矶的游乐园附近的居民人数高出两倍。日本资料表明，游乐园每天游客有70%是东京及其附近的日本人。1982年东京迪斯尼乐园的落成之时也正是日本开始进入富裕和休闲新时代之日，它为日本人提供了一种消费金钱和消磨时间的独特方式，可称是生逢其时了。2000年4月，我在京都大学合作研究时，曾与我妻子一起到东京游览了这个迪斯尼乐园，给我们留下了深刻的印象。

东京的迪斯尼乐园确实让日本人着了迷，日本人对于这座现代化的游乐园的着迷劲却是没有人能够否认的。灰姑娘城堡耸立在从东京外的一片新乐土之上，它的光彩富丽的外景与依稀可见的东京那些高楼大厦的天际线遥遥相对。来东京访问的都很想去迪斯尼乐园逛一逛，但是对于每位游客来说参观一天就得花费约6000日元（相当于约400元人民币）。在20世纪90年代中，我两次访问过东京，但都没有去参观，认为在美国看过这些节目，再去东京的乐园就没有多大兴趣了，其次一个人去花这么多的钱也是很乏味的。东京迪斯尼乐园是1982年营业的，第一年就吸引了近千万的游客，入园人数几乎超过美国洛杉矶的乐园；

1987 年有 1100 万人入园游玩，总共在这里花掉 500 亿美元；1991 年入园人数增加到 1430 万人，交通费，游园券和饮食居住的收入高达 534 亿美元；2006 年参观人数高达 1615 多万人次。

游客最热闹的是每年元旦前后的那几天，尤其是新年前夜，那天 15 万日本人冒着几近结冰的低温，围着焰火与全身着和服的米老鼠一起彻夜狂欢。日本一本名为《东京迪斯尼乐园》的书中认为：“对美国的文化，法国人可能抱将信将疑的态度，可是日本人对它却是心仪已久”。日本人对迪斯尼每一个节目和人物的确是由衷地喜爱。东京都有一位年轻人木村幸之在乐园里参观过三回了，他仍然是感慨万千地说：“我第一次进到这个乐园的时候，简直惊呆了，这儿有那么多我在日本的游乐园中从来没有见过的新鲜东西。我想这大概就是人们常说的美国人的生活方式吧。”东京迪斯尼乐园的管理者为了保持每年至少 1400 万游客来这个开心世界游览的目的，打算在游乐园四周空地上增加新项目，特别是那些魔幻世界、三维电影和海底世界等，并争取更多新的广告和投资，现在建有环形铁路，耗资 1000 万美元的新景点已经经营开业，其他如美国佛罗里达那座“星际旅行”乐园之类的新玩意也将移植到这里。

米老鼠、唐老鸭以他们高昂的身价逐步迈向世界，有专家分析，澳大利亚、南美和中国都有规划设计迪斯尼乐园的方案，在 21 世纪中，设计者和建设者们将更加用心，发挥丰富的想象力，建造更具有吸引力的巨大的现代化迪斯尼乐园，丰富亿万人民的文化生活。香港在 2005 年也已建成了新一代的迪斯尼乐园，而上海已经在 2011 年开始计划建设一个“上海迪斯尼乐园”，能不叫我们的下一代不雀跃欢腾、高兴万分吗？

在美国一年多的独身生活

如果你还稚嫩，也即在发展。如果你已成熟，就要衰败。人总是要面临各种复杂的社会生活环境的挑战。

——雷·克拉克

生活如同一缸香味浓郁的醇酒，如果不珍惜她，让她跑了气也会变成一缸清水。

我从第一次美国留学回来已有 30 年光景了，在工作之余或与朋友家人聊天时，回忆起 1984 年我在美国有意思但又是甘苦并存的生活时光，也算是一生中难忘的重要事件。虽然我是一个人独身在美国度过了难熬的十四个月光阴，但我却是非常珍惜、非常合理地利用这段时间，参加各种会议与社会活动，使自己的学业与研究工作越来越充实。

到美国学习与工作的人，一般心理上都会发生几个变化。最初几个月（也许是半年）从陌生到攻关，下决心“闯”入美国社会。刚到美国，从飞机场出来就好像异乡漂泊，人生地不熟，一切都得从头学起，到处问人，有时求人，日子很难过。这一年一个人生活，一个人工作，一个人独自处理各种社会问题，有时也很想故土家园，但出来的压力却把这些“私心杂念”压下去了。

到四五个月后，语言慢慢熟悉，人头也认识一些。我在美国密歇根州立大学亚洲研究中心工作，与办公室内八位外国朋友（主要是美国人和一位日本人）也熟悉起来了。因为我是高访学者，学校校长分配给我的一位秘书，此时也熟悉起来了，这时进入了比较适应的阶段，几乎每个周末都有美国朋友到我的宿舍（也算是个家）来做客，当然还有一些中国进修老师与留学生，大家熟悉了常常在一起聚会吃饭或包饺子、做中国菜。美国朋友也有时请我去他们家中做客，我也能用简单的英语介绍我的家庭、单位与南京方面的一些情况。

最后的几个月（就是回国前的两三个月），有时心烦意乱，学习工作并不那么专心了，也常常逛逛超级市场、购物中心买些便宜货，为了孩子，为了家人。此时我想念自己的亲人，美国人看得出来，他们认为我们的“思乡病”越来越严重了。在1984年年底我快要回国时，1978年秋访问美国时认识的朋友都来请我，因此在最后两个月中，我访问了芝加哥大学、威斯康星大学密尔沃基分校、阿克隆大学、明尼苏达大学、夏威夷大学等等。在这些大学地理系或城市研究中心讲课，使我又增添了工作生活的情趣，有时也冲淡了回国的念头。这个时候家中妻子女儿都来信，叫我早点回国，与家人团聚，但自己还想在一些大学讲讲课，挣点钱，令生活更充实一些。

密歇根州立大学虽然是公立学校，教学质量却不如部分私立大学的强，但这个学校名气还可以，特别是农学院，据说是美国仅次于康奈尔大学农学院的水平，在全美居第二位。这个学校有4万多名师生，是一个很大的大学，不仅人多，而且占地规模确实也很大，大约比国内广州的中山大学要大两倍多。这个大学有台湾来的学生240多人，从大陆中国来的学生（包括进修教师）也有130多人。像我这样获得美国路斯科学基金会资助来做研究的学者仅有两名，另一名是中国社会科学院历史研究所所长王庆成教授。我刚刚到这个学校不到一个月，学校的报纸就专门介绍我的简历，校长表示欢迎中国学者来密歇根，我真是成了中国留学生与教师中的“有来头”的人物了，感到有些“鹤立鸡群”，使我的压力更加加重。

来美国前，很多人以为我们到美国后，英文一定会有很大进步，因为美国有个学习好英文的社会环境。其实不然。有一些美国朋友劝我，在美国不要过多地接触中国人，可以把英文学好，但天天一个人独身生活，不去深入接触社会，不与中国人交谈思想是很难设想的。到了美国后很多人都会发现，大部分来自中国内地的中国人，尤其是中年人英文都不熟练，上课不能发言，下课后也很难和美国人说上几句话。有一些中国的教师或博士生和美国人住在一个宿舍，满以为能有很多机会说英语，其实不然。美国人和我们的生活习惯不一样，时间观念和生活节奏也很不相同，美国的青年人勤奋用功的不多，而夜间活动很多，花钱如流水，我们却“陪”不起，只是每天早晨说声“你好”，或叫一下“嗨!”就匆匆而去。我们有时想与美国朋友谈谈专业或其他情况，由于英文水平低，也只能是几分钟的谈话。晚上几乎很难见面，往往等我们睡醒一觉后，美国人才笑哈哈地进入宿舍，看看手表，令人吃惊。美国青年人多是“夜猫子”，经常是清晨三四点钟才回宿舍，甚至有时我们早上起床时才回来，美国人的生活习惯使人感到难以理解。

我在密歇根州立大学时，先后与我在一起的有四川大学外语系的向晓华，清华大学的研究生闵小毅、广西大学物理系的梁老师，还有内蒙古呼和浩特市轻工研究所的关加怀同志等。广西的梁老师懂得电视机的修理与装配，有些学生从学校的马路边上拾来的旧电视机，请梁老师修修又能用，有些同学却花几十美元在旧货商场买台旧彩电，主要是为了看看新闻节目，同时也是为了学习英语。但美国的新闻节目说得很快，听了几个月进步也不大，再去看电影也只能是看看画面，几乎一半是听不懂的，这样下去也是好尴尬的，但也没有办法。有人说，年龄越大学习外语的细胞越来越少了，可见“少壮不努力，老大徒伤悲”。

为了学习英语、练习口语、提高听力，我参加了美中友好协会会员露西娅小姐创办的东方人夜校英文学习班，每周三个晚上到学校俱乐部练习，从简单学起，相当于英文九百句。露小姐是个热心人，很关心我们英语水平的提高，每晚教一个小时，余下一小时就是问话、讨论、每个月还组织我们去参观，游览一次，在这个学习班，我们的英文水平有些提高，就是人多了些，都是英文水平不高的学生，如日本人、菲律宾人与南美人，水平高低不一，难以在短时间内见效。

我不能忘却的一位美国朋友，是学校银行里的一位职员巴布拉女士。在美国认识女士后不要问她多大年纪，妙龄多少，拿多少工资。我猜她的芳龄已近24岁，眉清目秀，身体丰满。认识她是在一次感恩节的晚会上，我们在一张桌上共进晚餐，她为人热情随和，落落大方。我们认识后不久，在我的邀请下，几乎每个星期都有半天她都会来帮助我学习英语，尤其是纠正我不正确的发音，虽然每周仅仅是一次相教，却留给我深深的印象。有时我为了报答她的诚恳与热情，邀请她来我的宿舍里做客，我亲手做的中国饭菜她也是很喜欢吃。每次煮饭炒菜时，从各种蔬菜的名字，到各种餐具用具等，我都向她学习英文名称与发音。她有时也叫她的男女朋友一起来我宿舍度周末，给我留下难以忘怀的镜头。在一个圣诞节后的晴天，她专门开车来请我，她说她妈妈很欢迎我到她家中做客。我带了一把比较名贵的檀香扇和其他礼品送给她的一家。她高兴得跳起来，连声称谢并且非常天真地亲吻了我几下，使我进退两难，其实理解了美国人的社交习惯也就习以为常了。

最理解我的要算是密歇根州立大学地理系威廉斯教授以及他的台湾妻子一家，他们有两位心爱的女儿，也挺聪明伶俐的，我几乎每个月都要到他家做客吃饭、参观游览。在我到美国的第一天和离开美国的最后一天（在兰辛城），威廉斯教授都开自己的小汽车来接我、送我。我们平常也有很多机会交谈，使我在美国一个人工作、生活增添了无限的乐趣。在芝加哥、华盛顿参加学术讨论会或去加拿大多伦多访问时，我的秘书与他都是陪同我前往的。有时他自己开车几百公里，不怕旅途劳累，不怕会议忙碌，很热心地安排我的食宿。当然后来我们成了知心朋友了，与他一家分别时，我们的眼眶中都很自然地流下暂别的热泪。分别虽然数十个年头了，但我们的书信往来并没有间断，“但愿人长久，千里共婵娟”。2000年后，我们又在香港大学见过好几次。

在纽约时，我有两位值得怀念的好朋友。我在纽约旅行、开会与学术考察一共两次，时间前后有一个月左右。第一次是1984年3月间，我去华盛顿参加美国地理学年会，会后我独自一人前往纽约，到我的一位老乡家居住。姚迈先生是1979年秋从香港移入美国纽约的，他知道我在密歇根州立大学进修，曾经三次电话邀请我来纽约。华盛顿会议之后，我十分高兴地到纽约来。他一家人均非常热情，安排我的食宿和旅行考察。从纽约到波士顿并不远，我从他家转乘长途汽车去波士顿考察两天；又从纽约到大西洋城（美国一个著名的赌城）考察一天，给我留下了深刻的印象。我的老乡为人大方，诚恳热情，他的两位千金小姐和一个儿子也十分可爱。他们一家常常陪我去纽约市区游玩，有时也到纽约长岛海滨去游泳，晚间我们一起吃饭，一起看看香港的录像片，使我的独身生活充实起来。

第二次来纽约参观是1984年的夏天，美中友好协会与美国卢斯科学基金会组织我们来纽约参观，并到费城、巴尔的摩、威廉斯堡和华盛顿一带考察，又增加了我的生活情趣。在十多天的城市考察与名胜古迹的参观过程中，我认识了一位路斯科学基金会的秘书艾丽莎小姐，从她那温柔可爱的脸蛋儿来看，正值青春年华，妙龄不到三十，是我们全队陪同的美国小姐中最年轻的一位，她为人热情大方，常常为我们解决路途中的问题并当导游。艾丽莎小姐也懂得一点中文，但更多用她那娇柔的语调、流利的英语介绍美国各地的民族风俗与城市风光，有些中国学者不容易听懂。我却喜欢拿出美国地图与一些美国地理书籍向她请教，尽管她是穷于应付，但倒是十分认真地回答我提出的许多问题。在纽约市的参观活动中，她为我们导游，参观了大都会博物馆、百老汇闹市区、洛克菲勒艺术表演中心和联合国大厦，并陪同我们观看了美国芭蕾舞团的艺术表演，使我们的旅途生活丰富多彩。临别时我们十多位中国学者都给美国朋友，特别是艾丽莎小姐送了礼品，她依依不舍地与我们道别，眼角上似乎流出了热泪。后来，我又回到纽约市东南部地区我老乡家里再住了七天，有一次我打电话给艾丽莎小姐向她表示谢意，她却热情地挽留我能否在纽约多玩几天，我说我回密歇根的飞机票已订好，仅仅是最后一天可以相见。由于她的热情与诚恳，我在她的陪同下到纽约市郊罗斯福总统的家乡去参观总统纪念馆，这一天我非常高兴，从她那热情的介绍中学到了许多历史知识。她不仅善言谈、懂情理，而且说她也喜欢中国。这一天的参观游览中她为我破费了一些，同时也花费了她整整一天的光阴，临别前，她说希望下次能在中国见面，我也表示欢迎她能来中国观光，最后我又赠送给她两条真丝手帕与头巾作为纪念品，以永远珍藏我们中美两国人民的友谊。

五角大楼（国防部）参观记

在过去访问美国的30多年中，曾经三次访问过美国首都华盛顿。位于美国东部居中的华盛顿，是一个美丽引人而且适合人居的大城市。虽然是仅有80多万人的政治性首都，近40年来城市人口增加很少，几乎每年不足一万人，但是每年来华盛顿观光旅游的人有一千多万人次。美国在世界上是一个年轻的国家，但又是一个国强民富、独立自由的国家。你如果是第一次来到美国，都要考虑去纽约、旧金山、华盛顿、芝加哥、奥兰多、洛杉矶、西雅图这些美丽而又具有文化底蕴的城市参观考察。当然，来到华盛顿，若没有一个星期的时间，华盛顿那么多的自然景点、历史文化古迹和博物馆等胜地是看不完的，往往会留下很多遗憾！

我在美国留学进修与科研的时候，我们曾很多次在华盛顿参加学术会议、考察、访问、见老朋友。在华盛顿多条主要大街如宪法大街、独立大街闲逛过多次，并去林肯纪念堂、杰弗逊纪念堂、华盛顿纪念塔、白宫、太空博物馆、自然博物馆、贝聿铭先生设计的现代美术馆参观过，同时也很难得的在2000年8月的盛夏时光，与我们所的朱海虹教授等去参观了美国国防部五角大楼。虽然仅仅只有半天时间，亦属于走马观花，但给我们留下了深深的回忆。

从华盛顿地图可知，美国国防部五角大楼位于市区左下角，坐落在美丽的波托马克河畔，它是当今世界上最著名的建筑之一。作为国家最高军事机构的所在地，它已成为国际公认的美国武装力量以及威慑力的象征，在那些严密守卫的高墙深院中就是美国国防部的总部，这些头脑人物的思想中“弱肉强食”是首要原则。半个世纪以来，人们没有忘记朝鲜战争、越南战争、伊拉克战争，无辜的平民百姓，在五角大楼的“高层们”制造悲惨世界里遭受苦难！当然他们现在也在鼓吹反恐，也在高谈保护美国人和世界人民的利益。

众所周知，五角大楼是美国建筑大师乔治·伯格施特姆前后共用三年时间规划设计的。他沿用了过去许多军事堡垒五边形的设计思想，精心设计了这座五边形的军事大厦。建筑工程是在 1941 年 9 月动工的，最初一年仅用 4000 名工人三班倒进行施工；第二年增加到 15000 名工人，到了 1942 年 4 月基本建成，到这一年的圣诞节全部完工。由于当时处于第二次世界大战紧张时刻，日本军国主义又偷袭珍珠港。五角大楼用的建筑材料与钢材量十分大，所用的钢材可以建造一般排水量 8～10 万吨的航空母舰，还有许多水泥与木材。到 1943 年 1 月中，五角大楼建成并细致装修后才正式公开使用，当时是美国历史上也是建筑史上的大事。如今，我们所参观的整个大楼总体建筑面积大约有 50 万平方米，占地总面积（含公园、天井、道路）达 2.36 平方公里，超过了美国各政府大楼占地面积 1.26 平方公里的一倍多。铺设出入交通道路 48.3 公里，地下停车场面积 27 万平方米，可容纳 9500 辆大小汽车。工程建筑费用达到 4970 多万美元，十年后又增加 2400 万美元修缮，大约可以容纳雇员 32000 多人工作，战后减少到 23000 人工作。

参观五角大楼手续并不那么复杂，每周大约有 4 次（工作日的下午），外国人凭个人护照排队进入大楼，当然还得经过安全检查，并有国防部大楼的警卫的陆军、海军、海军陆战队、空军和海岸巡逻队仪仗队的队员们陪伴我们参观并作为向导，向我们提供资料以及讲解，有些地方可以照相，核心部分我们是看不到的，同时也有持枪警卫的严格把守。据说五角大楼是美利坚合众国两百周年国庆节（1976 年）之后才对公众开放的。

2000 年 8 月初秋的一个晴朗的中午，我与我的妻子还有同事在一名落落大方、身穿警衣的白人姑娘陪同下，我们十分高兴的在这个五角大楼里参观了将近三个小时，了解了不少历史情况。美国国防部的五角大楼的整体运营犹如一座小城市，不仅因为大楼的形体庞大，同时，整个大楼各项设施自成系统，楼内有自己的发电站、供水和下水处理系统，有一位行政管理的“市长”，有警察部队和消防站，有一所医院，有一所幼儿园，有餐厅饭店，有一个比较充足的购物中心与娱乐中心。在第二次世界大战期间，餐厅与宴会厅饮食外，还要准备 17500 多份的饮食。1943 年五角大楼工作高峰时，大约有 33000 多人在这里工作，后勤供应，各项设施是十分紧张的。战后大约还有 23000 多名工作人员，还得接待多个兵种的来访人员，每天也有 1800 多人，大楼内现代化设施是相当高的。

美国首都华盛顿特区旅游的游客都喜欢在市区中心的国会大厦、白宫、林肯纪念堂、华盛顿纪念碑等处参观，需要花费一些时间排队。2000 年 8 月中旬，我和老伴住在朋友章以本先生在美国的家，他们给我们做了相关的安排。但是我们还是在白宫门前排了两个多小时的队，才进去参观。这是世界最强大的资本主义国家的心脏，历任美国总统曾在此处工作与居住。

白宫的选址是美国第一任总统华盛顿亲自决定的。从 1792 年开始建设，到

1800年基本建成，白宫是爱尔兰建筑师詹姆斯·霍本的作品。风格参考了英国乡间别墅的风格，同时结合了意大利的欧式造型，主要原材料是白色的石灰石。白宫的名字是西奥多·罗斯福总统在1902年起的。第一位入住白宫的主人并不是华盛顿，而是第二任总统约翰·亚当斯。因为白宫的建设时间很长，期间华盛顿总统就已经去世了。

由于按规定，白宫每周仅对外开放3天，而慕名而来参观的人又多，我们在白宫里仅停留了不到2小时。我们就在二层总统的办公室大厅、图书馆以及椭圆型外交接待大厅转转看看。白宫严禁拍照，我们看到了历任总统的画像、中国古瓷器、国画等等。白宫的一楼是总统办公室工作人员、管理人员办公的地方。

这次参观，虽然时间短，但是极有意义。白宫的建筑内外都显示出尊贵、质朴的风格，与历史交融，具有纪念意义。

美国四大城市的唐人街

二十多年前，我国著名的经济学家费孝通先生曾经写过一本小册子，记述他在美国各地的见闻，其中谈及美国国家的形成发展时说过：美国是一个世界各地民族的大拼盘。美国的人种，大多数（70%左右）来自欧洲，尤其是英国、德国、意大利和北欧国家；还有30%左右来自亚洲、非洲和南美各国。可见，美国的人口集聚与分布也很有特色。人种复杂，风俗多元，历史渊源深厚，文化底蕴各不相同。在这片得天独厚、自然环境优越的土地上，三四亿人发挥着他们的优势与特长，将迟迟才开发的大半个北美洲建设成为一个富饶美丽的国家，可以说是“世界人民”共同努力的结果。目前美国的经济实力雄厚、国防军事强大、科学技术高超，应该说是超一流水平的，没有一个大国可以与他相匹敌。

美国的富裕与强大是世界各国民族集聚在美国共同奋斗的结果，其中也有我们中国人民辛勤劳动的伟大功绩。19世纪50年代到20世纪初，成批的华人来到美国进行国土开发，挖黄金、筑铁路、建设大小城镇。尤其是无地少地的广东人首先到夏威夷群岛，后来又在美国的加州、旧金山、洛杉矶以及纽约、芝加哥、底特律等地，与其他国家的人民一起，开发了美国西部广大的国土，建立农庄、开发森林与矿藏，流下了无数血泪。如今留下来的痕迹，最有说服力的是发展了美国的第三产业，特别是饮食业，创建了世界有名的美国四大城市的唐人街，这是任何一个国家都不可媲美的。

早在1978年，我随中国科学院地理代表团访问美国时，美国的地理学家常常在唐人街宴请我们；后来我在1983～1984年留学美国密歇根州立大学时，也曾多次在纽约、芝加哥、旧金山等地的唐人街观光旅游，与美国朋友共同品味唐人街的各种美食，考察欣赏唐人街多种富有特色的建筑与民居。

从历史发展分析，早期华人移居国外，成为当时劳动阶层的少数族群，面对当时复杂的城市环境，为寻找生活出路，需要同舟共济，美国的唐人街（Chinatown）就是这样形成的华人集聚地带。当时的中国人，因为共同的语言文字、文化习性，聚集在西方世界大城市的一些角落里，随着时间的变迁，中国在世界上的崛起，华人社会地位逐步提升，很多唐人街已经没有了华人聚居的本意，而是逐渐发展成为中华文化的展示区和华人的社区中心。按照中国的传统习俗，每年重要的节日（如春节、中秋、端午节等）都有中国的传统文化向世人展示，如舞狮子、龙灯、赛龙舟等。现在的华人社区、唐人街有很多中国商店、古玩店、饭店、茶楼、宾馆，都承载着中国商品的出售、文化交流、学术活动的功能，都成了中国人与世界各民族人民和平共处的好去处。

根据美国人口调查局资料显示，现在全美总人口有 3.45 亿人，城市化水平接近 80%（2012 年）。目前在美国的华人大约有 310 多万（包括改革开放后在美国的留学生、研究生），其中 68%以上的中国人都是居住在 50 万人以上的美国大都市中。几乎每个城市都有中国饭店与中国超市（不少是我国台湾同胞经营的）。自从第一次世界大战之后（1915 年），中国华人主要集中居住在纽约、旧金山、芝加哥、洛杉矶、波士顿、费城、底特律、华盛顿、丹佛、休斯顿和西雅图等大城市。其中前 4 位的国际化大都市中，每个城市居住的华人超过 16～25 万之多，尤其是纽约城有 86 万人。因此，美国四大城市（纽约、旧金山、洛杉矶、芝加哥）的四大唐人街，可以说是全世界比较著名的华人集聚地区，很多风俗习惯都保留着中国人的本色与特征。如果你在美国工作、学习、旅游没有一个亲戚朋友的话，你可以在唐人街走走，也许会找到几个真心实意，肯帮助你解决困难的优秀华人朋友，你也不用那么客气，甚至住在华人家里，也十分有趣。

离我国上海最近的美国城市旧金山，是美国华人最多的聚居地，从上海乘坐直飞航班仅要十一个小时就可以抵达这个美丽的港湾城市。自 1983 年起我赴美学习、工作以及参加国际会议，有六次在旧金山停留，也有不少中国朋友（包括台湾的）热情接待过我们。旧金山的许多著名的景点我们也常去参观、游览。1860 年起，旧金山的唐人街就开始形成，目前已有 45 万人之多的华裔居民生活、工作在这里。当年中国人开发美国西海岸，参加筑铁路、挖黄金以及城镇基础设施的华工，大多数来自广东、福建、台湾和浙江。华工初来异国，人生地疏，言语不通，因此他们便常常集中在一地，团结互助，休戚与共。起初，他们开设小茶馆、小饭铺，接着是开办豆腐坊、洗衣店、小客栈等，逐渐形成了华工生活区。长此以往，来的人多了，便集聚在旧金山的斯托克顿街、萨克拉门托街等，开设了很多中国商店、饭馆、戏院与娱乐场所，不少亚洲人、南美人、非洲人也常来光顾，同时开办华人学校、中国古玩店、服务中心会所。经过 100 多年的发展便形成了今天热闹非凡、具有中国民族特色和文化氛围的华人聚居地。每逢中国的传统节日，华人、艺人都在这里耍龙灯、舞狮子，爆竹声声除旧岁，老人小孩乐开怀，因此，旧金山的唐人街在美国享有盛誉，闻名世界。

纽约的唐人街为全美规模最大的一个。纽约是世界顶级的国际化大都市，也是联合国总部与美国最有钱的富人集聚之地，国际金融业、证券、股票市场为世界一流水平。当然中国人也从各地来这里经商，参与国际贸易市场的竞争，不少中国人也经历过“从奴隶到将军”的发家致富的过程。

纽约的唐人街给我留下了深深的印象，我在1983年、1984年和2000年三次在纽约参观并购物，和我家乡的大侄子的两个女儿，常常在这里自由自在地闲逛与品尝各种广东小吃和甜品。现在居住着86万华人的纽约唐人街是美国最大的华人社区，这里距纽约市政府仅一步之遥，还邻近世界金融中心华尔街和世界著名的表演中心百老汇，每一个到美国旅游参观的中国人，多半都会到纽约走走，都会到华尔街、百老汇、世界贸易中心和自由女神像参观。纽约最早的唐人街是1890年形成发展的。1848年，有两男一女三位广东台州人乘坐“流浪之鹰”号帆船到达美国大陆，后来从广东、福建来的华人最多，到1851年移入美国西海岸的广东台山、思平、开平五邑人已有2.5万人，以后逐年增加。这些华侨的先辈们经历过千辛万苦，他们在农场、矿场、雪茄厂、木材厂等地打工，做美国人、欧洲白人不肯做的工作。广东华侨最初在纽约东南区（曼哈顿）的丛林街、公园街落脚，之后逐步扩大到纽约的中区、布鲁克林区等地。华人自己开饭店、洗衣店、药房、娱乐会所等，形成了规模较大的华人集聚，街区内有几千家小店，有吃有玩的，如缘波餐厅。华人的聪明才智、勤劳质朴，对于纽约的城市发展与港口码头建设起到了重要的作用。

除了旧金山和纽约的唐人街外，我国华人在美国的洛杉矶和芝加哥两大城市，也有相当规模的唐人街。虽然后两地的唐人街开发建立较晚、规模不大，但在美国许多城市中的中国城，也算有一定的地位了。

位于洛杉矶城市中心区东北部的唐人街，最初在24号街区，在20世纪40年代曾经是最热闹的一个场所。我深深地记得，在1978年秋，中国科学院地理代表团第一次访问美国时，华人联合会曾在这个街区的一家中国大饭店内热情地招待过我们。当时我们十位地理学家尚年轻，真切地感到“宾至如归”，我们代表团团长黄秉维院士甚至站在桌上发表了讲话。由于来人太多，华侨过于热情，很多华人一定要我们的团长站在高处来演讲。到场的华人代表超过300多人，那次也是自中华人民共和国成立快30年来第一次有来自大陆的代表团在洛杉矶中国城观光，他们感到格外亲切以及难能可贵。

洛杉矶的华人集中居住在唐人街一个面积较大的闹市中，有22个华人社区，分布在洛杉矶东北部40条街道内，大约也有20多万华人了。这里的唐人街大部分商店比较古典，有着浓郁的东方人生活的气息，与美国现代化城市相映成趣，凸显我们中国的传统特色。唐人街充斥着艺术画廊、阁楼风情，又有体现着亚洲时尚的服装店、点心铺子、美食餐馆、咖啡屋、古玩小店、卫生院、奇特庙宇和许多中药铺子等等，像是在美国重建的香港模式，素被称为“西方的小香港”。

走到美国最大的工业城市、密歇根湖边上一颗明珠城市——芝加哥，人们同样会感到亲切的地方，就是芝加哥的唐人街。离中心区不远处的克拉克街，这里原是广东四邑梅姓华侨开辟的，称为“第一唐人街”。40 年后又在永洁大街，建设了第二个唐人街，并在大街的入口处建立了如旧金山唐人街那样的中国牌楼，雕梁画栋、色彩鲜艳，正面刻着孙中山先生的手书“天下为公”；背面又写上了“礼义廉耻”，成为芝加哥华埠的明显标志，凡到芝加哥唐人街观光的东方人、外国人都喜欢在这一巨大的牌楼下照相留影。我在密歇根州立大学留学时（1983.9～1984.10）曾经两次到芝加哥大学讲学与参加学术会议，也曾在台湾朋友的陪同下参观过芝加哥的唐人街，都留下了深深的印记。

追忆克雷森特城与尤里卡——往事如烟的小城

美国大陆处于地球上两大洋之间，是世界上最具有地理区位优势的国家，很多地理学家都如是说。多次访美期间，一些中国留学生与美国朋友也经常陪同我们在太平洋和大西洋的美国滨海地区驰车参观，特别是那些海边小城，风光旖旎，海风习习。遥望大洋的彼岸，往事如烟。

记得 2007 年的夏秋之间，我和夫人住在西雅图北区舒适优美的小区，与刘塔博士和他的妻子侯晓虹，曾多次驾车到西雅图北部的海边三岛旅行；2013 年 10 月，刘博士一家又和我们驾车南行一个星期，沿着海边的高速公路从西雅图到波特兰，又从纽波特经过奥福德港，到了加利福尼亚州北部边界克雷森特城和尤里卡一带考察世界上最大的红杉树国家公园。红杉树有高大的树冠，宽大的树围，生长历史有 800～1600 多年，树高达 100 多米，是美国一处难得的国家公园，美国人的管理水平与技术栽培水准都很高。这里的山，那边的水；这边的高大古老的红杉树，那边的海涛巨浪，美国的西海岸自然风光格外美丽，令无数游人流连忘返，尽管海边许许多多的小城并没有像中国、印度那些古老的城市留下丰富的人文遗迹，但现代文明和美国人、中国人、欧洲人开发加利福尼亚的历史却历历在目。

加州北部的蒙特雷，是一个美丽的海滨小镇，1602 年西班牙商人塞巴斯蒂安第一次踏上蒙特雷半岛，并用当时新西班牙总督蒙特雷伯爵的姓氏正式命名这个小城，随后很多西班牙和墨西哥人来此定居，开发美国的西部地区，后来大批欧洲移民到达美国本土，还有亚洲人，他们都为建设加州立下了很多汗马功劳。

在蒙特雷小城东部，有几条铁路通过这一地区，150 多年前，我国的广东中山、开平、恩平县人和浙江福建一些山区人士，乘着大木船，漂洋过海，来到美国西部，开金矿、修铁路。当时有几万华人分散居住在加州，参加美国西部开发，在当地劳动，受伤病死的人数超过千人。19世纪后期，一些风格独特的艺术家和作家也曾来这些小城寻找灵感，中国著名的国画大师张大千也曾住在蒙特雷半岛的卡梅尔小镇数年，并将自己的住宅命名为“可以居”。至今，在当地的博物馆史料中还保留了一些中国人珍贵的足迹。10多年前台湾朋友曾隆一先生也曾带我们在这一带海边驱车旅游。

世界上著名的大学花园城

从1984年至今，我利用各种机会来旧金山访问、讲学、旅游与参与国际会议已经有六次之多。人们常说，华盛顿、旧金山、迈阿密、西雅图和波士顿等都是美国最美丽、最适宜人居的风景名都，每年到这些城市观光、旅游的人数超过一千万人次。旧金山不仅有着十几处的海湾、沙滩和著称于世的金门大桥，而且旧金山的人文地理与历史文脉也是极具魅力的。其中，旧金山的加州大学伯克利分校、斯坦福大学久负盛名，具有高水平、高质量的教学与科研。我曾经在旧金山的台湾朋友家中和伯克利校园里度过一段美丽的时光，大学校园里的学术氛围和美丽的大学花园城给我留下了深深的印象。

加州大学伯克利分校位于旧金山市区东北角的奥克兰小城中，而斯坦福大学则位于旧金山市区南部的丘陵山野之中。这两座大学都是没有围墙的校园，古老的庭院、教堂、长廊、钟楼和现代的楼宇、实验室、别墅和花园错落有致地散布在这两座郊区城镇。在众人的眼中，斯坦福和伯克利像两座异彩纷呈的艺术殿堂和科学文化的博物馆。

漫步在斯坦福大学美丽优雅的校园里，你会发现美丽的大学校园简直就是花木与草地交错成绿茵一片的植物园。别具风格的教学楼、实验室和师生校舍、教授别墅都掩映在绿色的世界里。斯坦福大学校本部占地有100多公顷，全校师生共有3.8万人。学习、生活在美丽的校园中，师生们都知道校园里有“四多”：花草多、树林多、果树多、小型建筑多。在斯坦福大学的校园里，楼前房后，大小广场，实验室前，到处可见盛开的鲜花，品种繁多。由于旧金山冬季并不寒冷，日照强，雨水充沛，附近的洋流给内陆带来暖和湿润的气候，因此，校园里一年四季都生长着众多的树木、花果，冬季也是一片青绿，鲜花盛开，校园就像风景区一样，异国情调，美丽动人。

在斯坦福大学椭圆形广场上，古雅又庄重的主方院耸立在美丽的校园中央。由12栋建筑围成的主方院是斯坦福最早的校舍。主方院的后院，有一座装饰华丽的纪念教堂，这座教堂建立于1903年，是为了纪念斯坦福大学的建立者建造的一座富有人文特色的纪念性教堂。教堂内丰富的历史资料和各种照片、实物都深深印记着斯坦福大学一个世纪多的历程。

在这富有特色的斯坦福大学校园中，我们在感受美丽的自然和人文环境的同时，也可以欣赏各种建筑风格的博物馆、纪念馆、图书馆和宽敞明亮的教学楼。斯坦福大学的校园中，有一个高科技建设的坎特视觉艺术中心，包括艺术博物馆，罗丹雕塑公园和一个九层高度的胡佛塔。斯坦福大学艺术博物馆两层大楼共有 24 个别致的展厅，除了常年展出的自己收藏的世界各地的艺术珍品外（包括中国明清时期的陶瓷珍品和皇宫中的用品等），还经常组织各种艺术展，如画展、民间艺术展、建筑艺术展等，使得艺术博物馆成为旧金山吸引人们纷至沓来的艺术殿堂，成了一座在现代社会中接受高端品味的科学文化熏陶的圣地。艺术珍品的魅力和科学文化知识的感染使人感受到心灵的震撼和精神上愉快。

波士顿的历史风物

2017 年春，我与老伴从加拿大多伦多乘飞机来美国波士顿看望我们的外孙女文思，我们访问了哈弗大学与美国东北大学。

在美国与加拿大的国土边境上，波士顿应当是历史最悠久的城市，早在美国十三州沦入英国殖民统治时，英国人的五月花号船只首先是在波士顿港口登陆的，当时的波士顿已是一定规模的城市了，也可以说波士顿是美国最早的一个港口城市了，保留了很多英国殖民时期遗留的风情。

今天，我们在波士顿港口。那些旧式码头、帆船模型或是博物馆许多历史文物都反映了波士顿过去的殖民主义时代，留下了许许多多英国殖民主义的烙印。我们可以乘地铁从绿线转到红线（都是四站路），可以到哈佛大学走走，世界各地的游人都喜欢来哈佛大学几个校园参观散步，都会了解哈佛大学建校的历史比美国建国的历史（1776 年）还要长啊。可见英国人在美国进行殖民统治时非常重视教育事业，殖民主义者也懂得教育为先才能得民心。

在波士顿休闲旅游之时，我们住在市区中心的四星级 The Colonnade Hotal 宾馆，设施还可以，服务态度非常友善，大部分是黑人男女服务员。我们住在 1040 号房间，共 3 天晚上，收费比较昂贵，每天 430 美元（相当于 3000 元人民币一晚），快赶上了国内五星级宾馆的大套房。而且早餐还需要再付费，需要 30 多美元。可见美国商人很会管理，价格之高让世界各地游客感到吃惊！

但我们住在市区中心，靠近波士顿的东北大学，可以走路到学校去看看自已的外孙女和她的同学，也是比较方便的。每天早晚的散步锻炼，所走过的街区、绿地公园、教堂与小广场也很有特色，使人留恋。在市区中心，我们早晚均可以走路参观多种建筑风格的商场，到波士顿的最大购物中心（THIS IS Boston），十分方便。但在这个大的购物中心里，有时会感到迷失方向。它是将附近8栋大楼的第二层用天桥、回廊与步行街的方式串珠式的连接起来，每个回廊有180～200米长，两边尽是时尚现代化的商场，以及各个国家的特色餐厅、小吃店等。回廊之间还有室内花园，走累了可以坐下来休息，附近有各种冷饮、咖啡店等。我们每天一有空都会在这里走过1～2小时，感到十分舒畅开心。

在这个方圆20多平方千米的市中心，在东北方向还有一个约1平方千米的广场。周围主要的建筑是市立图书馆，四栋高大的写字楼（约有30层左右），还有著名的基督教堂、天主教堂以及大大小小沿街设立的小吃店、咖啡店以及销售各种小商品、工艺品、西洋画派作品的商店。每晚都十分热闹，周末更是吸引着世界各地的游人以及当地居民到此一游，陌生人见面也会讲句问好的流行语：how are you?

最有吸引人眼球的地方还是哈佛大学和麻省理工大学。那些古典式的建筑，分散聚落在绿树丛中的校园里，每栋建筑物都各具特色。有尖顶式的钟楼、教堂，也有红砖平顶或维多利亚式的教学大楼与艺术中心，还有较大体量的图书馆和博物馆。我们在这里散步式的考察大半天，有时候坐在艺术殿堂或公共活动场所的地方，喝点茶水、饮料，休息半个小时之后又轻移莲步，好想走遍哈佛大学的每一个角落。在这个世界一流的大学校园里，可以看到那些日夜埋头攻读的莘莘学子，哈佛大学是私立学校，来此念书的要求很高，英文水平一流，但应交的学费也很高，每年超过40000美元，不是一般人所能负担得起的。来自世界各国的青年人，他们的未来无可限量、前程似锦。在这里将会不断成长着伟大的科学家、发明家。我们希望他们有一颗为人类和平去发挥他们的光辉，贡献他们的毕生力量。

滑雪场有着迷人的魅力

我们长期生活、工作在美丽温暖的江南水乡，对于北国风光、千里雪飘之地缺乏深层次的了解与鉴赏。虽然也曾去过世界上几处滑雪的场所，但心中还是没有深深地爱着它。

第一次出国的时光是1978年秋冬之交，那是中国科学院地理代表团访美的日子。十一月初冬，在美国科学院地理学家的陪同下，我们从科罗拉多州的博尔德出发，前往落基山脉海拔4344米的朗斯峰，但我们的越野车仅能开到朗斯峰海拔的3800多米处。一路上来，我们都看到不少滑雪场地有很多美国人在滑雪呢。然后我们穿上登山服与高级运动鞋，美国朋友和我们20多人又向上爬了240多米。天呀，很显然，中国来的著名地理学家如黄秉维院士、吴传钧院士当时已经50多岁了，身体并不健壮，登上了近4000米的高处已经十分疲惫了。当时我是代表团中最年轻的一员（仅有36岁），在雪原上爬了200多米的高度，却花费了将近3个小时，而且异常吃力，上气接不着下气，心跳很快，胸口压抑得很，好像有些喘了。当天下午5时左右我们才回到科罗拉多州立大学的休息营地，后来几天我们的腿都酸痛得不能走路了！许多美国地理学家都感到奇怪，中国地理学家的身体、耐力、勇气都不如人啊！我想这说明中国的知识分子大多数都缺少锻炼！

在科罗拉多州，有一个称之为范尔（Vail）的滑雪胜地。范尔的地形坡度不大，但起伏较大，附近有一块较倾斜又有下坡的地方很适合滑雪。由于我们没有滑雪的本事，对美国朋友的热情邀请，我们都很可惜地婉言谢绝了。每当北风开始呼啸，寒流从加拿大长驱直入，美国西北部的许多州县都覆盖着厚厚的积雪，尤其是科罗拉多州几处大的滑雪场。人们穿着鲜艳的滑雪服、背上自己的心爱的滑雪板，来到范尔等处的滑雪场尽情地驰骋，非常狂热与惬意。对于那些每年都痴迷滑雪的青年人来说，大自然形成的天然滑雪场所就如同天堂，能够让他们飞跃巅峰，放飞他们的激情与梦想，升华着他们战胜严冬的热血与刚强。

爱好滑雪的行家都很清楚，世界上有着许许多多的滑雪胜地在吸引着他们。当你在西欧各国旅行时，你会想到瑞士格劳宾登丹州的达沃斯（Davos）滑雪场，它是欧洲顶级的大型滑雪场所，每年从世界各地来此参加滑雪或比赛的人群可达20多万人次。达沃斯既有乡村的恬静美丽，又有城市的繁华热闹，旅游者可以参观保留着16世纪室内装饰的欧式邮局，还可以乘坐华丽的马车在雪岭林木间穿行。饭店、宾馆、商场也特别多，来此滑雪的人都流连忘返。世界驰名的滑雪场所还有瑞士的采尔马特（Zermatt），奥地利西部蒂罗尔州的圣安东（St. Anton），加拿大不列颠哥伦比亚省的惠斯勒（Whistler）和阿根廷的著名滑雪中心卡特德拉尔（Cerro Catedral）等。这些世界著名的滑雪场，不仅是体育爱好者的人间天堂，也是旅行家喜闻乐见的旅游胜地，每年吸引着万千游客，促进了世界旅游业和体育事业的蓬勃发展。我们东方人应当好好学习西方人喜欢刺激的体育锻炼的精神，增强我们的体质，延长我们的生命。

世界最有名气的那些大学

赠人以良言，胜过赠人以珠宝。

——《哈佛家训》

我们在美国与欧洲一些国家的名校作访问学者时，感到格外的荣耀与欣慰。名校古老的历史、浓厚的学术氛围与精美的教学大楼，实在太有魅力了，令人百来不厌。

众所周知，一个国家的高等学府往往是科学技术发明的诞生地，也是文化知识的传播地。世界有名气的大学更是集中了人类的最高智慧，同时也为世界各国培养了一大批优秀的工程师和杰出的科学家。一般的民众可能没有多少机会去上名牌大学，也不能有机会在那些世界一流的实验室里做各种科学实验，研究那些比较复杂而深邃的科学发明。但有时候，我们可以利用旅行考察的机会去访问这些名牌大学，可以到波士顿的哈佛大学，或去新泽西州的普林斯顿大学，了解过去美丽的历史故事；也可以在美国西北部的西雅图，逛一逛美丽的华盛顿大学的校园，特别是初夏季节，可以看到几千棵日本樱花的绽放，整个校园都处在万花丛中，使人心情格外舒畅。

如今不是“言必称罗马”的时代了，工业城市化的浪潮席卷了全球，知识化时代、信息化时代已经到来。从历史发展过程与历史成果积累来看，哈佛、斯坦福、剑桥、牛津、普林斯顿、麻省理工、加州大学伯克利分校、密歇根、宾夕法尼亚和日本的东京大学等，位于世界名牌大学的前列。至于我国的北京大学、清华大学、台湾大学和香港大学，相比之下还有不小的差距。

美国的名校普林斯顿大学建校已有260多年了。她坐落在美国东北部新泽西州的特拉华平原上的小镇普林斯顿上，东滨卡内基湖，西临特拉华河。校园的景色十分幽静、美丽，四周绿树成荫，青草丛生，百花争艳，气候也十分宜人，师生们学习工作在美丽的校园中，心情格外舒畅。小镇人口3万多，其中大半是普林斯顿大学的师生、员工及家属，市民生活富裕，交通方便，大学城离纽约、费城也只有一小时的车程。人们称这个小镇是世界大都会郊区的一颗明珠，是美国许多先进科学技术的发源地。

美国的哈佛大学、普林斯顿大学、麻省理工学院、芝加哥大学、加州大学伯克利分校、华盛顿大学以及密歇根州立大学等都是世界有名的大学，学术交流的气氛浓厚，创新发明的成果很多，同时也是美国一些政治家、经济学家活动的场所。例如，哈佛大学建校370多年来，培养过许多杰出的政治家、科学家以及文化名人。哈佛曾出过8位总统，数十名诺贝尔奖获得者。历史学家称：先有哈佛（1636年建校）、后有美国（1776年建国）。英国的剑桥、牛津大学也曾培养出多位英国首相、数十位诺贝尔奖获得者，在这些名校学习、交流才真正能体会“知识就是力量”这个道理。如果能来这些名校学习、深造、进修，确实是人生的一大幸事啊！

我在美国访问时，特别访问过哈佛、芝加哥、加州大学伯克利分校、斯坦福和华盛顿等大学，虽然时间很短，但这些名牌大学给我留下了深刻的印象。1984年和2007年我在旧金山做短暂逗留期间，访问过加州大学伯克利分校和斯坦福大学。当你到达旧金山南部，靠近世界有名硅谷之时，可以看到斯坦福大学的校门，虽然简单不奢华，但确实气势恢宏，门前一大片高大的棕榈林迎面欢迎你。一进校门，又是一大片辽阔的绿树青草组成的花园式的大校园。即使是冬天，也依然一片葱茏可爱。满眼的绿色之中，很多学生躺在柔软如被的草地上面晒太阳，也有学生穿着轻便的运动服在打篮球、排球，这些慵懒和活泼的学生，互不干扰，吸引了很多游客在这里不断按快门，拍下那些校园中的情调。

斯坦福大学始建于1891年，校园内的罗丹雕塑和胡佛塔也是世界有名的文化胜地，你可以在那些英文简介中了解许多历史故事。有不少文化名人评论说，波士顿的哈佛大学代表着美国传统的人文精神，然而，斯坦福大学则是21世纪科学文化的象征。它的专利发明与科学技术的成果，位居全美大学之前列。斯坦福大学每年培养了大批的科学家和工程技术人员，为美国的社会经济发展作出了卓越的贡献，也为世界科学技术的殿堂增添了时代的光辉。

世界一流城市纽约最深刻的印象

将相本无种，男儿当自强

——汪洙

曾有人称巴黎为“城市中的皇后”，那么纽约就是世界城市的“皇冠”了。过去纽约曾经为美国的临时首都（1789～1796年）和最大的工商业城市；现在为联合国的总部和全球最大的金融中心。有人很形象地说，纽约那些金融巨头打一个喷嚏，东京、伦敦、香港和法兰克福等地的金融资本家就要感冒了。

众所周知，纽约的金融、证券与股票，时刻影响着世界的金融走势与经济行情。在华尔街附近的纽约证券交易所看看，那些金融商客来去匆匆，精神高度集中，不少人好像是疯子那样。也有不少人的确是痴迷于金钱的“精神病患者”，天天梦想着发大财、走好运。这里的行情确实牵动着整个美国乃至全球各大城市的经济神经。

在英国殖民者占领以前，纽约是荷兰人的殖民地，称为“新阿姆斯特丹”。大纽约包括周邻的26个县，是世界上最大的都市区之一，市区由曼哈顿、布朗克斯、布鲁克林、皇后和斯塔腾岛五区组成。大都市区的总人口有1800多万人，总面积30670平方千米；市区人口有820多万，市区面积约1200平方千米。大纽约交通十分便利，铁路、高速公路成网，并与发达的地铁系统紧密相连。世界一流的国际空港在全球发挥着枢纽性作用，纽约肯尼迪国际机场每年的吞吐量超过4900万人次。

我们曾4次去过纽约考察、开会与旅游。纽约市很大，并有很多著名的人文景点与自然景区，给我们留下深深的印象。去纽约旅行的人，最喜欢参观的景点主要有曼哈顿区（称之为纽约的心脏）、自由女神像、时代广场、长岛富人别墅区、中央公园、哈德孙河、威廉斯堡大桥、大都会艺术博物馆、洛克菲勒中心、帝国大厦、世贸中心（2001年9月11日被毁）、林肯艺术表演中心和华盛顿纪念碑等，还有数以千计的艺术馆、博物馆、图书馆与教堂。其实到纽约旅行的人们，由于时间太紧，每次只能安排5～6个景点，也许要有3～4次的旅行考察才能好好体会纽约这个现代化大都市的全貌。就拿大都会艺术博物馆来说，它是世界上最大的博物馆之一，与伦敦的大英博物馆和巴黎的卢浮宫齐名，建馆历史悠久，馆藏极其丰富，有古罗马、古埃及、古希腊、古代中国与古代印度等国数以万计的艺术珍品。过去在八国联军侵略中国北京时，美国也掠夺占有了许多中国古代的艺术珍品，包括陶瓷、国画和历代一些皇帝曾经用过的稀世珍宝等。可以看出，在弱肉强食的殖民时代，中国人深受帝国主义、殖民主义的压迫、掠夺，我国许许多多的历史文化珍宝，也流失到世界各地的博物馆。看看纽约、巴黎和伦敦各博物馆里的中国珍宝，使当代中国人深深感到内心的伤痛。21世纪后，中国人要发奋图强，自力更生，努力建设强大的中国，实现中国梦，走出一条有中国特色的社会主义道路，使中国永远屹立在世界强国之林。

洛杉矶大都会的乡情与城市布局

美国西海岸都是那些风水宝地、人杰地灵的地方。南面有温暖如春、阳光普照的海滨城市洛杉矶、圣地亚哥；北部有海湾曲折、气候宜人的西雅图。加州的中北部有享誉世界、华人集聚最多、美丽舒心的旧金山，这些城市我们都访问过多次了，印象特别深刻。

洛杉矶大都市地区约有1000多万人，市区面积超过3500平方千米（比上海市区大一倍），现在为美国仅次于纽约的第二大国际都市，也是世界上面积很大的分散性布局的组团聚居的城市。1978年10月下旬，我随中国科学院地理代表团访问美国时，在这里住了3天（主要在市区活动，好莱坞、华人区、迪斯尼乐园和UCLA（加州大学洛杉矶分校，访问了几个学院），然后我们从这里飞往美丽的夏威夷州，然后，回国去了。2007年，我们到旧金山参加美国的AAG地理年会，路过这里去美国最大的赌城拉斯维加斯考察，仅仅是在国际机场转机候机而已。洛杉矶很大，城市分散，几天时间很难了解全貌。

2017年春天，我与老伴制定美加访问计划时，就研究第一站应该先到洛杉矶。过去了解不深，这次我们住在和蔼可亲的表妹家，妹夫是电子科技大学毕业生，后在英国留学。1998年来到美国开发研究，现在为美国希捷公司某部门高管。一家都很优秀，儿子毕业于哈佛大学，现在纽约工作。表妹夫也是才智超人，热心细致之人，我们在他家，细小周到，几次长途开车，带我们到远处旅游，介绍了很多故事，临走之前，帮我们在美加旅行的飞机票在网上提前预定好，常常提示我们出行的时间、地点。我们在他们家时，表妹十分热情地款待我们，几乎每天都开车出去走走。老城区、中国城、好莱坞、高级住宅区、尔湾海边、冲浪地区、长滩、老人养生地，还去了圣地亚哥（美国西海岸太平洋最大的海军基地），参观了二次大战胜利归来的中途岛号航空母舰。曾经击败了日本军国主义的海军，为保卫世界和平立下了赫赫战功，值得我们书写的光辉一页！这艘航母是美国1930年制造的中型体量、吞吐量约60000多吨，底舱能存放60多架飞机，跑道约有800米左右，我们在舰艇上参观了3个小时，留下极为深刻的印象。我国目前海军力量不够强大，仅能制造2—3艘航母，而美国已有14艘航母了。也许还要半个世纪的努力，才能像美国那样在海上称雄。

在表妹夫家居住了10多天，后来他辛苦开车2个多小时找到了洛杉矶市的东部郊区农村High Land，钟钢博士家。离市区中心大约有150千米之远，但附近有大的购物中心，还有东部机场。她是我们中科院南京地理与湖泊研究所1998年毕业的学生，我们在她家住了4天，他们每天热情友好陪我们游玩，她的父母也成了我们的好朋友，常常一起谈心；周末我们又去东部地区，在山区大熊湖、农场与小区住地参观，特别是她的那两位可爱的女儿，一直与我们相处很好，后来回国时的印像很深。一直记挂着我们南京来的奶奶爷爷。她们的学习很棒，特别是国际象棋，近年来参加全国比赛，均取得了很好的成绩，各种冠军、亚军的奖杯放在大厅里，我们不时为她姐妹俩的成绩感到骄傲。两位千金不仅学习优秀，还参加许多活动，如游泳、滑雪、爬山、跳舞等，很有成就，儿女的成就来之不易，父母付出了多少心血啊！（钟钢与她的先生都在美国西部GIS开发研究中心工作，负责软件开发，做出了很大成绩）。

我们短期在洛杉矶生活与参观了10多天，虽然不那么深刻细致了解认识这个城市，但总的建成区、市区布局十分的分散，老市区日益衰落。洛杉矶城市除主城区外还有6个比较分散的新城区，市政设施齐全，居住环境优美，形成组团发展。每个组团约60～80万人，全市区还有5个中小型机场，主要是国内航线，国际机场在市区中心的西部，与世界上140多个城市相通，都有航班联系，年吞吐量超过6500万人次，为世界上十大国际机场之一。市政厅周围还有很多流浪汉的简易账蓬，散乱差，很不卫生，市政府也管不了这些懒汉、穷人。附近的老中国城正在衰落，每天来这里吃饭的人也不多了。新的市区、富人区在离城市60～100千米的南面建立起来，特别是尔湾区、长滩、新港富人区，环境十分优越，海风徐来、蓝天白云、空气清新，涛声依旧、游人不绝。由于洛杉矶气候干燥，年雨量少，常常在春季两三个月内都不下雨，附近的山林、草丛常常干枯而死。盛产甜橙的加州，不少地方也是不毛之地，每年依靠利用大量的自来水浇灌，水费对于每户人家也很昂贵。目前加州的淡水资源主要依靠科罗拉多河的胡佛大水库供水，解决洛杉矶大半的城市供水，由于城市分散布局，地下水、自来水管线过长，城市建设成本也是很高的。

洛杉矶十多天的逗留，表妹夫与钟钢一家的热情、真诚与友爱使我们的旅行充满快乐时光，永远难于忘怀。

西雅图风情画

美国的西海岸是具有奇特景观、美丽的，也是漫长多情的幽静海滩。有些美国朋友告诉我们：你可以自己驾车从洛杉矶出发，沿着美国的五号高速公路前进，是一条晨穿山越岭、远离海边的大道，最好沿着国家一号公路（准高速）紧靠着太平洋海边，那海岸边的海潮，两岸的自然风光，特别是曲折崎岖的岩石山坡，沙滩与美丽的小镇风光历历在目。我们可以驾车到旧金山，最后到达美国西北角，最美的城市——西雅图。

我曾 4 次在西雅图参观、生活，因为这里有我的学生刘塔与晓虹，毕业后在这里工作。我们多次住在他们家，他们的真诚与热情让我们感觉好像住在自己家里一样。每次的相见分别都是热情相拥、依依不舍，眼泪暗暗流下。从 2000 年、2007 年、2013 年和 2017 年，比较长的时间与他们生活在一起，他们也多次驾车在附近的中小城镇、奥林匹克山区、北方三岛、农场葡萄园和市区海边旅行参观。我们有说有笑，一起到超市采购，一起煮饭，一起观看足球和欣赏音乐会，2013 年还开车带我们外出一周，海边野餐，并参观了世界上最大的红杉树国家公园。使我们增长见识，更进一步认识美国社会，了解美国的历史文化与民情风俗。同一年夏天，我们的弟弟吕文加、女儿吕星劼、女婿李嘉也从波特兰开车来西雅图陪同我们去奥林匹克国家公园游览了两天，一路舟车劳顿。我们一起走遍了西雅图西部海岸山区，留下了深刻的印象。

西雅图的名字并不陌生，城市不大、海湾曲折、有山有水。从过去 50 多年前的 60 多万人，已发展到现在的百万人口的大城市了。众所诸知，西雅图这个城市有世界上最大的、为美国创造财富的两大公司。一个是技术先进的波音公司飞机生产地，为全世界提供 65% 的波音飞机，飞行在全世界 190 多个国家 358 个百万人口的大城市间；还有一个世界首富比尔·盖茨的微软公司（过去一直在这里，这几年迁往芝加哥）。可见，西雅图为全世界所知名，为美国创造亿万美元的财富。还有市区几座超豪华的酒店宾馆，中国领导人胡锦涛和习近平访问美国都曾经下榻的宾馆，也是中美两国人民的友好城市。其实西雅图市区还有许多值得游人光顾之处，有渔人码头、特殊的海鲜市场（里面有卖鱼人的高超表演，并聚集了大量海鸥）。市区有建筑风格独特的图书馆、华盛顿大学的樱花十分美丽。华盛顿大学地理系陈金永教授热情接待了我们。

熟悉西雅图海湾地形的地理学家，都知道每个海湾都深入到陆地内，构成一道道弯弯曲曲的风景线，像是个宽大的河面，其实是个海湾；又像细长的小溪小江，其实又是海湾的尾巴；像是广阔的湖面，其实又是海湾的伸展空间。在华盛顿大学的西边就是美丽的港湾，在市区南北最深之处，无处不是海湾。城市坐落在海边，与每一个海湾都相连，给人们带来海的生活、海的景色与夕阳西下的美景。加上一阵阵海风的吹拂，一对对情侣的光顾拥抱，一片片云彩的飞过，我们在这里有无限的感情在表达，这就是我们对大海、对自然、对西雅图深深眷恋的情怀、永远思念。

密西西比河畔一明珠，圣路易斯巡礼

圣路易斯位于密西西比河中游的一个大城市，约有百万人口，新兴发展中的河港城市。历史上美国东部发达地区向中西部进发的一个重要的中转站，1965年建成的位于圣路易斯城西部，紧紧靠近密西西比河右岸的拱门，是一个210米高的大门，表示美国人向中西部开发的一个出发的大门。高耸入云的拱门很多游客可以乘坐，电梯4分钟可以达到顶端，有8个小的窗口。从210米的高处俯瞰下来，可以看到6000多千米长的密西西比河的一个平面，这条繁忙的运费低廉的长河担负着美国许多笨重的货物运输，一条长河的运输量相当于12条铁路的运量。比我国的长江作用更大。

从圣路易斯新建的拱门，可以看到美国中西部发展的里程碑。美国人非常熟悉圣路易斯在历史上起到巨大的作用，这个伟大工程——拱门，就是一个历史的见证！我们在拱门附近考察，可以看到圣路易斯市形成发展的过程，城市中心的一些旧式建筑，美式足球（橄榄球）球场，附近老式的旅馆、饭店火车站依然保存，还有圆顶的法院、图书馆、博物馆以及艺术中心等等。都反映了200多年前美国建国后在这里开发建设的历史画面。

我和老伴在圣路易斯市西南部分一个社区别墅内居住了一个星期，完全依靠我的硕士生许秀敏一家人的热情款待。小许毕业于南京大学地理学系，1996年考入中国科学院南京地理与湖泊研究所，在我的门下完成了3年硕士学位的课程。她在学习期间非常用功，利用一切课余时间参加了全国会计师美国德勒会计师的资格考试，在二年级时完成。1999年硕士毕业，她得到美国德勒会计师事务所的招聘，在那里工作了两年后，又考入香港浸会大学经济学系，又多读了1个经济学硕士学位。两年毕业后又考入美国密苏里大学博士（经济学），三年毕业后，她自已又争取到圣路易斯市的华盛顿大学工商学院工作。她的勤奋学习、她的聪明伶俐、她的自强不息，才有今天的成就啊！我们师生之间大约也有近20年未能见面，我们今年能在美国见面并住在她家里，她的先生是美国人，Dr. Sam善良细心、智慧胜人，在医院工作，十分热情友好接待我们，我们都感到十分高兴难得啊！

除了高大而又有历史意义的拱门，我们沿着密西西比河访问了一些地方，城市中的森林公园、富人住宅区以及城市博物馆等等。最引人兴趣的还是城市中宽大的森林公园，还有几个不大的人工湖泊与湿地，多为人工修造，绿地与森林布局精美。

在圣路易斯市区东南部，靠近湖边，森林深处的豪华别墅区，是城市中最有钱人家的居住胜地。与洛杉矶的尔湾、旧金山海湾区与西雅图的华盛顿湖的富人住宅区一样，每户人家占地约 1～2 亩地，门前与后院都是大片草地与森林。别墅有 1000 多平方米，宽大无比，有私人游泳池、键身房与佣人居住地，房价高达上千万。有些地方的富人区，别墅的建筑面积有 400～550 平方米，房价也在 450～600 万美元，例如洛杉矶的好莱坞明星住地也是够豪华的。在美国许多城市的郊区大多数中产阶级居住的别墅大约 250 平方米左右，2005～2008 年时卖价也在 40～50 万美元，我国大多数 20 世纪 90 年代末出国留学人员，工作 15 年左右也能购买得起。但美国的穷人还是少数，他们居住在城市中心地区，大多数人住在 6～8 层的公寓房中。

美国的富人与穷人的差别仍然是比较大的，由于历史原因、工作机会与环境问题，以及个人奋斗的历史长短，贫富之间的差距还是较大的。人们常说：“富贵本无根，全在勤里长”，这说明了人的一生，应当靠自强不息去奋斗，不必去依靠父母，应独自创业，努力奋斗拼博。像我们的表妹、表妹夫一家以及一些学生们都是靠自己的勤奋、智慧、聪明才智去创家立业，在国外奋斗了 10 多年，有了自己的新天地，他们都是我们学习的好榜样。这样的人生才是光彩的、具有历史价值的和社会实践意义的，反映了天道酬勤的真理所在。

在美国的思考之一——美国资本主义的发展历史

每一笔巨大财富的背后都隐藏着罪恶。

——巴尔扎克

小生产是经常地、每日每时地、自发地和大批地产生出资本主义和资产阶级的。

——列宁

1992 年 10 月，美国国家科学基金会亚太区主任章以本教授推荐我参加在旧金山召开的“世界超级城市发展与环境协调”国际学术讨论会，来回的国际机票得到资助，会后又访问了美国西部地区 4 所大学和 5 个中小城市。当时我已是第 3 次访美，自然感受颇多，特别是对美国社会发展的思考一直萦绕在脑海中。

当今世界，美国是社会生产力高度发达的资本主义国家，不仅拥有雄厚的物质基础、发达的科学技术和强大的军事实力，而且在人均国民收入、国民教育水平以及城市现代化、社会化、信息化水平上举世瞩目。每当我从非常繁忙、现代化的旧金山国际机场过境时，我就十分注意美国人的办事效率和礼貌待人的作风；每当我乘坐在高速公路上奔驰的汽车时，使人想到美国人的速度；每当我参加各种美国式的宴会时，又使人想到美国人的生活方式并不像中国人那样复杂和浪费。最近10多年来美国的国债高达数万亿美元，有人认为是过去老布什总统发动的海湾战争造成国内通货膨胀，很多工人失业，年轻人找不到合适的工作。怪不得国内经济问题成为克林顿与布什竞选总统的尖锐矛盾。今天的美国，其综合国力、经济实力已经达到世界一流水平。2015年美国国内生产总值已达到15万亿美元，中国约10万亿美元，日本和德国也有6万亿美元。人均GDP美、日、德均在3.8万美元，而我国仅0.82万美元。拿全国现代化的交通运输体系来说，美国全国营运铁路有22万公里，而我国仅有10.5万公里，印度6.5万公里；当然我国的铁路已越来越占据速度上的优势，到2015年我国建成的高速铁路长度达2.15万公里，成为世界上拥有高铁运营线路最长的国家。全国的公路密如蛛网，已有650万公里；美国的航空港全国大大小小的有一万多个（其中不少是私人机场），其中最繁忙的如纽约的肯尼迪、芝加哥的奥黑尔、达拉斯、旧金山和亚特兰大等国际机场，每年输送旅客达数千万人次，每3～5分钟就有一架飞机在起降，国际国内的航班非常繁忙，机场内部与外部的运输系统、自动步梯与各种方便旅客的手推车以及电视信息，也使人眼花缭乱。芝加哥国际机场的占地面积之大与候机楼的现代化程度，真使人惊叹！如果你是第一次在这个大楼内候机的话，上百个进进出出的自动门和通道以及检测系统，简直像个深深的迷宫，也像一个人口稠密的大市场，十分热闹！

这样高度发达的美国，如果我们不作历史的回顾和国情的分析，会使我们缺乏全面的了解与辩证的认识。美国1776年前深受英国殖民主义者的掠夺与压榨。独立后，美国人和世界各地迁入美国的亚洲人、非洲人和欧洲人大力开发美国荒凉的西部地区，发展机械化农场，改造传统落后的手工生产，依靠科学技术革新落后的设施，改革管理系统，发展市场经济，使美国的资本主义得到长足的发展。具体分析其发展的种种因素，可以概括为如下几点：

（1）美国是一个能够吸收世界各国先进经验的多民族国家，在美国历史上，东方人最为吃苦耐劳，在美国找金矿、筑铁路和建造城镇。在美国西部地区，“CHINA CAMP”的字牌仍可在许多城镇附近看到，那就是百多年前中国劳工集中居住的小村落。

（2）美国地处在大西洋与太平洋之间的北美大陆，地理位置十分优越，两次世界大战中不仅没有受到侵略，反而在战争中获利颇丰。

(3) 美国是世界上资源丰富，气候条件得天独厚的国家。美国的国土与我国差不多大，但他们的平原多、耕地多、森林多、矿产多，有丰富的石油、煤、铁、森林、水和其他矿产资源。

(4) 美国政府很重视收留世界各国的工程技术人员和科学家，提供高质量的居住条件与生活设施，给科学家的福利待遇奖金都很多，这样很自然地吸引着世界各国的高技术专门人才与管理精英人才。

(5) 今天的美国是世界上拥有最多财富和最强军事实力的超级帝国，但为了更多的利益和权力，他们仍然在推行霸权主义和强权政治，过分干涉其他国家的事务，是影响世界和平的明流也是暗涌。

总之，美国的强大与富裕是在一定的历史条件下形成的，我们是历史唯物主义者，应当对美国的发展采取一分为二的方法进行恰如其分的评价。历史辩证法就是这样，美国的富裕与发达，是与世界各国人民支持分不开的，相应的美国政府应当以友好的态度，用感恩的诚心去支持、关心第三世界国家的人民，支持他们国家的经济建设。

在美国的思考之二——社会民风

品德是无法伪造的，也无法像衣服一样随兴地穿上或脱下来丢在一旁。就像木头的纹路源自树木的中心，品德的成长与发育也需要时间和滋养。

——宋美龄

民族是人们在历史上形成的一个有共同语言、共同地域、共同经济生活以及表现于共同文化上的共同心理素质的稳定的共同体。

——斯大林《马克思主义与民族问题》

不少在美国生活、工作多年的中国人内心都有这样的感受，美国是“孩子们与宠物的天堂、年轻人竞争的场所、有一些老年人悲叹的地方”。虽然这些话有些过分，但也真实地反映了美国社会生活的一个侧面，这也是美国社会深层的一些问题的反映。

我在美国中西部的犹他州一个高原小城——洛根城生活了一周，这个美丽的山城位于盐湖城东北，由于有中国朋友的介绍，我访问了一对年近80岁的美国老年夫妻威廉斯夫妇。他们住在犹他州立大学东部生活区的一所西洋式别墅里，家里共有五间房子，热水器、电炉和汽车全有，他们已退休20多年，全靠自己过去积累的工资度日。男主人威廉斯已半身瘫痪、双目失眠十多年了，靠他的妻子照料，生活过得非常孤独。他们有两个女儿和一个儿子，但都不在身边。两个女儿远离父母在美国南方佛罗里达和路易斯安那工作，儿子在加州一个电气公司工作。儿女都有自己的家庭，根本不可能来照料自己的亲人。过去儿女外出工作，每年圣诞节还能回来一次，这10年来由于路程太远，工作又忙，儿女们很少回来看望自己的父母。因此，这一对年老多病的美国老人过去一直雇用佣人，每周来他家2～3次帮忙做一些家务事，及陪同威廉斯夫人去超级市场购买食物与到教堂做礼拜等。一个比较漂亮舒适的住宅，现代设施也很齐全，但就在这个幽静的住房内，他俩就像美国大多数老年人一样，过着非常孤寂单调、令人悲叹的晚年生活。美国人邻居之间互不来往，在美国我深入访问过几十家人，他们连自己邻居姓什么、干什么工作从不去打听，更谈不上有一个友好的邻居，真是"鸡犬之声相闻，老死不相往来"。

美国人的生活方式与我们东方人截然不同，儿女长大到成年后（18～20岁），他们都不希望子女在家。不像我们中国人，不仅需要把子女养育成人，还得为他们找份称心如意的工作，一直忙到成家立业和找到房子后，甚至还为孙子、孙女忙一阵子。美国人的家庭观念没有中国人那样根深蒂固，父母尽量鼓励子女独立生活，外出去谋生度日，不要生活在父母身边。因此，美国青年人之间竞争是很激烈的，每个从学校毕业出来的学生，为了寻求自己的生存空间，为了找到工作，他们必须面向社会洪流拼搏，在公司老板面前显示自己的才能。这一点确实值得我们中国人学习，青年人要面向社会，去开拓自己的前途，父母也不必过多地为子女营建优厚的生活条件，而应当培养他们艰苦创业的精神，改变那些只贪享受、不劳而获和依赖父母的旧的传统习惯。美国年轻人对家庭观念很淡薄，有些美国青年并不是对父母不尽孝心，而是在美国这样生活节奏、竞争机制十分紧张的社会里，很少有时间去考虑自己的家庭。另一方面，在美国资本主义社会里，父母与子女之间深深地蒙上了一层金钱关系的罗网，虽然很多美国青年人也知道自己年老时，也会像自己的父母那样被遗忘，在金钱社会孤独地生活，然而，他们对于这一景象也同样是毫无办法。

美国大多数人家都养有宠物，尤其是单身女人或孤独的老人。有些人在狗或猫身上花的钱，简直与培养孩子的费用差不多。今天的中国，大中城市的富裕人家也喜欢养宠物了，似乎这方面学习外国人比什么都来得快啊。

我在美国密歇根州立大学留学时，有一次参观了我们学校的狗市场，真是热闹极了，规模很可观。来自附近的美国人带来的各种各样的大狗和小狗，毛的颜色与花样也是五花八门。狗的价钱从几百美元到几千美元，甚至上万美元的都有，真难使人相信。

许多美国人的家庭很不固定，不管是男人或女人，一辈子结婚三五次也极为平常。因此，许多美国小孩长大之后，对自己的父母到哪里去了也毫无所知。在我们那个学校里，有一位质朴善良的中年妇女，她是美中友好协会的会员，每星期专门抽两个晚上教我们中国学生英语。在三年前，她与丈夫离婚了，留下两个小孩在身边，老大8岁刚刚上小学，老二才3岁，有哮喘病。虽然小孩每月的生活费由原来的丈夫负责，但她每天都得工作，还要操持家务，培养小孩。生活的道路真不平坦，她的境遇令我们同情。据说，像她这种情况在美国社会里也是屡见不鲜的，夫妻矛盾、吵闹、离婚也是一种社会的暗流。不过有人却说，强扭的瓜不甜，离婚是社会进步的一种表现。

在美国的思考之三——城市与环境建设

作为一个文化人，我必须把这种细微琐事记下来，而这种必需已成为了习惯，有时甚至我自己也觉得是一种恼人的习惯。

——高尔基

40多年来，我对城市与区域经济发展的研究工作一直是很有兴趣的，对我国沿海许多城市做过大量的调查研究，并多次在美国访问、讲学，考察过美国城市40余座。因此，很自然就会对两者进行比较与思考。

无论你在美国哪一个城市或地区旅行考察，都会被美国城市化的现象所吸引。现代美国城市化的现象，主要表现在三个方面。

第一，城市基础设施现代化建设程度很高。美国大多数城市的城市交通路网、地下空间开发、通信工程、给排水、供电工程等规划建设都是高标准且现代化的。大城市的交通都是从地下、地上空间立体来处理的，像纽约、芝加哥、波士顿、华盛顿、旧金山等大批城市都有方便的地铁交通和数不清的道路网立交工程。除了大量的私人汽车外，市内公共汽车和轨道交通都很发达，城市交通管理现代化，应用信息系统管理，而且鼓励市民乘坐公共交通工具。当然美国独立时间不长，许多城市不像中国城市的历史那么悠久，没有老城市改造那样复杂的工程，新城市规划建设可以在一张白纸上大做文章。大多城市工程不是分散建设的，而是由城市规划委员会建议，再由市政府集中统一投资建设的。关键在于城市规划的连续性、科学性与权威性。

第二，城市功能非常明确，个性突出，商业区、工业区、文教区、生活区、公园绿化地区分布比较合理，市民的城市生活社会化程度很高。而我们国家的城市功能就比较混乱，许多有污染的工厂常常与生活区混在一起；并且我国不少大型企业喜欢搞“大而全”，企业的包袱越来越重。美国许多现代化城市中的大型商场都建设在市区边缘或郊区生活区内，方便市民购物。如首都华盛顿经济职能单一，仅仅是作为美国人的政治性首都，市内几乎没有基础工业，城市人口不盲目增长，市区也不会盲目扩大。但其现代化服务业十分发达，较大规模的购物中心都布局在郊区，每个购物中心都能吸引附近5万～8万人前来购物，这样就缓解了市内交通过分繁忙的状况。而我们南京新街口集中了三四个大型百货公司，附近还有五六个影剧院和大量的宾馆饭店，造成人流车流高度集中，管理不善，交通混乱，环境质量日趋下降。今后南京的大型超级市场建设应考虑市区边缘的板仓、仙林、河西新区、中山门外、下关与中华门、中央门外，而且商品要高质量，服务态度要高标准；同时考虑建设大型地下商场，并与地铁建设结合起来，这样就可以大大减少车次与人流，方便市民的生活与工作。美国城市化已到了比较稳定的健康发展阶段，各方面的系统科学合理，管理部门尽心尽责。

第三，城市环境与城市卫生工作相当现代化。在美国任何一个城市，其环境都很优美漂亮，环境质量较高。在任何一个公共场所、办公大楼或生活社区内，绝大多数市民都不会随地吐痰、乱丢果皮和纸屑。人们养成良好的卫生习惯，使

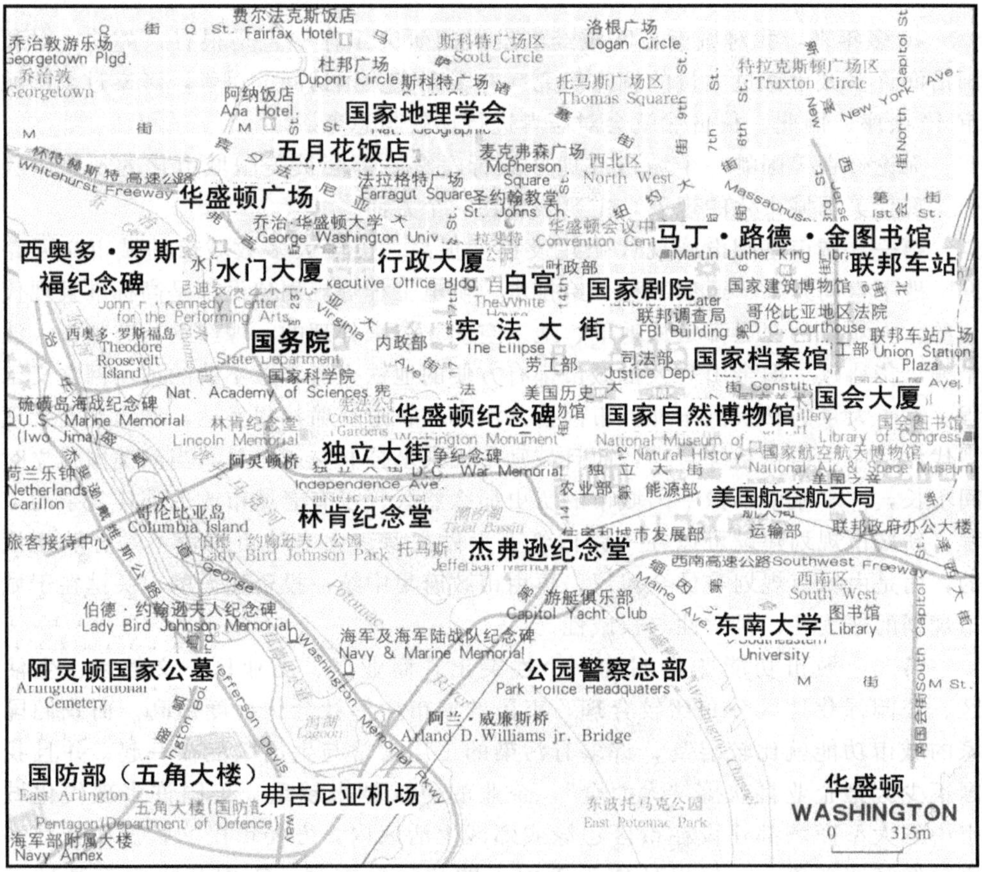

华盛顿城市图

人们生活在一个舒适和谐的城市环境之中，是城市现代化非常重要的内容。美国的华盛顿、西雅图、旧金山、圣路易斯、波士顿、费城、拉斯维加斯、亚特兰大、盐湖城以及布法罗等城市，都是环境质量较高的清洁美丽的生态之城。我们国家目前许多城市的环境与卫生工作正在朝着现代化的道路前进，较之新中国成立前有巨大的变化。但是还有少部分地区，卫生工作不尽如人意，少数人在公共场所随地吐痰、吸烟，乱丢果皮与烟头，特别是一些农贸市场、小集镇，污水横流、公厕不洁、乱堆垃圾，出现不堪入目的现象仍有。

我国人民向来以勤劳朴素而著称于世，相信在现代化城市建设过程中，也能建设出美丽的中国、美丽的城市、美丽的乡村，全面美化、绿化城市环境和农村环境，搞好城乡的卫生工作，保护生态环境，赶上时代的潮流，赶上世界先进国家的现代化水平。

两代人的铁路情

人们在这个焦躁的世界中需要静下心来，才能体察动与静之间相辅相成的关系，才能真正欣赏西方世界中深层次的真实情景。

——一位哲学家

当我住在华盛顿郊区章以本先生家中之时，章先生在密歇根大学执教，后来他调到美国国家科学基金会担任亚太区主任，专门负责科学基金会的对华合作项目。由于我们在美国相识的时间较久，也算是知心朋友了，因此，他常常会说起他爷爷在美国加州当劳工，修筑铁路的故事。

在孙中山先生领导中国人民发动了伟大的辛亥革命后，章先生的爷爷就在20世纪20年代后期，从我国南方来到美国当华工，他也是最早参加美国加州铁路修建的中国人之一。美国今天的铁路运输业在世界上是最发达的了，全国900多万平方千米的疆土上，已营运有22万公里的铁路，总长度居世界第一（目前，中国营运铁路10.5万公里，印度6.5万公里）。虽然今天美国铁路辉煌时代已经过去，部分为发达的高速公路和航空业所代替了，但全国大宗货物的运输，铁路仍占有很大的比重。

来自中国的大批华人为美国铁路修建贡献了毕生的精力，这是许许多多的美国人忘不了的。在那艰苦的年代中，中国劳工和美国人民共同开发美国的西部。年轻的华工，一批批从香港、上海坐船，不远万里，经历千辛万苦，强忍着眼泪，离开了父母亲，离开了自己可爱的故乡，来到了大洋彼岸。

章先生他爷爷那一代人，在旧金山到盐湖城那一块荒凉的大地上，一年、两年甚至十年一直在修筑铁路的工地上苦干着。当时的华工仅能拿到一点点工资，吃住也很艰难，甚至有的华工牺牲了自己的生命。可以说美国的铁路发展史有相当一部分是华工的血泪史。如今在洛杉矶、旧金山一些郊区小镇上有许多华人的墓碑，记录着某位华人在某某年代修建铁路不幸死亡在这里的历史资料，受到不少美国人和中国人的敬仰。

如今，我们许多在美国留学或工作的青年人，坐上舒服方便的火车，可以从纽约坐到芝加哥，或从华盛顿坐到圣路易斯，再往西去到加州地区。现在美国的火车虽不奢华，但票价不贵，很适合我们年轻人在美国旅游，虽然时速没有当前的中国高铁那么快（中国高铁时速达 250～300km/h，而美国一般火车时速在 90～110km/h）。

坐上美国的火车从西部往东走，一路上可以看到峰峦叠嶂的丘陵高原，密西西比河大平原以及美国东部发达的工业化、城市化现象。我们每一次到美国访问、讲学时，除了远距离乘坐飞机外，大部分时候还是坐火车旅行。最难忘的是 2000 年 8～9 月间，我与家人在西雅图居住一段时间后，一路乘坐火车，到芝加哥、到纽约、到华盛顿，在半个月的光阴中，经历了无数愉快的时光。我们可以看到芝加哥大都市郊区、密歇根湖畔的绿色景象及农庄中大片农作物正在茁壮成长状况。随着火车往东驶去，那不断变化的城郊景色与田园风光，真是美丽极了。中国人坐在美国铁路车厢内，与美国朋友交谈，共同欣赏沿途风光，也是人生旅途中一次具有时代情感的美好记忆。

华人与他们的中餐魅力，名冠全球

善逸身，善乐心，善养生。

——道教老人

改革开放后的中国，社会经济日益繁荣，人民生活水平逐年提升，大多数人可以享受到自己辛勤劳作积累的成果。到了 21 世纪，中国人走遍世界各地，领略各地风光，并且在世界范围内投资建厂、办公司、办企业、开发异国矿藏，都是比较常见之事了。

现在中国人到西欧、北美、东南亚参观旅游已是习以为常；到世界各地有名的大学留学、进修的师生也大有人在；甚至举家迁移到美、加、日、澳、英、德、法、意等国投资做生意的人也不断增加。

在这里，我们不说其他的事，仅仅道及中国人在国外办中餐馆之事，那也是三天三夜都说不完啊。

在世界许多大中城市里，都有唐人街，在美国的纽约、旧金山、洛杉矶、芝加哥、费城和加拿大的多伦多、温哥华等大都会里，唐人街的规模都不小，仅仅中国餐馆、饭店都有上千家，在旧金山、纽约等地甚至超过三千家。特别是最近20多年来，外国人吃中餐的热潮来势凶猛且长久不衰。在世界各国的城市里中国人创办的美食街、中餐馆等栉比鳞次，日益增多，而且生意兴隆，各种中式的美味佳肴、甜点小食都很受欢迎。

在美国西部有一座风景优美的海湾城市，环境优美，气候宜人，这就是旧金山。唐人街正好位于旧金山的中心城区，东边距离金融区隔两条街，西边是美国有钱人居住的高档豪宅区，占地16个街口，是旧金山旅游观光的最有情调的景点之一。在这里，华人青年的热恋，西方人大方浪漫的相拥热吻，都是平常的镜头。这里是除亚洲外世界上最大的唐人街，1848年就有华人来此居住，创办富有特色的中餐馆。100多年来，在此集聚的华人已经超过10万人，美国的纽约、洛杉矶、芝加哥也有较大规模的唐人街，但是仅能是旧金山唐人街的小弟弟了。

旧金山的唐人街热闹非凡，特别是中国传统节日如中秋节、春节等来临时，在旧金山唐人街的华人与西方人都会集会游行，锣鼓喧天、舞龙舞狮，给旧金山市增添了浓郁的东方色彩，让中国人看着亲切，美国人看着新奇。布什街、泰勒街和海湾街构成了旧金山唐人街的传统边界。唐人街内每条街都有浓郁的中国文化韵味，倚楼、牌坊、土地庙穿插其间，尤其是都板街，处处都是中文书写的各类商品广告和中餐馆、菜系与名点的名称，特别是广东菜系比较热门，如烤乳猪、河粉、虾饺、甜点与高汤等，都是美国人最喜欢食用的佳肴。此外，还有江南小吃、东北农家菜、湖南与四川辣菜香味，均香气四溢、直扑鼻门。在此一游，会使你整天陶醉在东方美食的氛围中，直至夜深人静，才慢慢返家离去。

第 18 章　加拿大风光与友情

北美大陆原本森林茂密、灌木丛生，不经意间都走上了城镇发展开发的现代化之路，多伦多、温哥华、蒙特利尔等大都市，就是这样带着传奇色彩款款而来，让我们感到欣慰和荣光。

——一位地理学家，M. S. Yao

加拿大的国土辽阔广大，不少地方是富饶美丽而又引人入胜的，许多城市庄重、神秘，富有人文的魅力。

我在美国密歇根州立大学进修时，曾经两次去加拿大经济与文化最发达的安大略省与魁北克省地区进行科学考察与友好访问。一次是 1984 年春天，中国地理代表团访问加拿大，在汉密尔顿市麦克马斯特大学开会，我与美国朋友威廉斯教授从美国的底特律城驱车前来参加为期一周的学术讨论会，同时还考察了加拿大五大湖区的一些城镇与风景胜地；另一次是 1984 年夏天，我应加拿大圭尔夫大学地理系的邀请，前往该校访问讲学，之后又在陈国相教授和陈金永先生的陪同下访问了多伦多和渥太华。两次访问时间虽短，但加拿大各地的风物却给我留下了难忘的印象。下述伏尔泰的话是 18 世纪加拿大的写照，而 200 年后的今天却已是另一番景象，从我这个人文地理学工作者来说，加拿大的半个月之行，六个城镇的浮光掠影，概括而言：资源丰腴、国土辽阔、经济发达、环境优美、人民友好。

加拿大的富饶资源与发展潜力

加拿大只是数万公顷雪地而已，不值得我们的士兵去舍命。

——伏尔泰

数百年前，欧洲殖民者初到加拿大时，不知道这里有着丰富的宝藏。当时这块新大陆的广袤土地上，还有许多人迹未到的地方，不少探险考察的人士认为这块地方到处是冰原，到处是雪地，哪里有引人入胜的地方呢？

后来，加拿大经过科学家的考察，发现了许多天然资源，引起了英法殖民主义者的觊觎。在 1763 年前，英法两国为了争夺加拿大这块肥肉，不断进行战争，最后法国战败，英国人占领了加拿大大片土地。美国独立后，也曾入侵加拿大，但以失败而告终。不过，加拿大人民在美国革命影响下，于 1837 年进行反英起义，后来英国人害怕美国吞并加拿大，遂于 1867 年 7 月 1 日通过《1867 年宪法法令》，同意加拿大成为大英帝国的一个联邦制自治领独立的国家。因此，7 月 1 日就成了现在加拿大的国庆节。

美丽富饶的加拿大，国土面积广大，但人口极为稀少。全国总面积 990 万平方千米，仅次于俄罗斯而居世界第二位，但只有 3800 万人口，平均每方公里3～4 人。当我从多伦多市乘火车到首都渥太华去访问，火车沿着富饶广阔的安大略省与魁北克省飞奔，大半天看不到农村的房屋，也很少见到人影与羊群，铁路沿线尽是一片一片的森林和草地，刚刚采伐下来的大批木材堆在铁路一旁。根据加拿大地理概况的资料，该国的森林覆盖率达 45%，森林面积仅次于俄罗斯、巴西，居世界第三位，每年均有大量的木材或纸浆等成品出口，换取大量的外汇。加拿大的中部和东部，尤其是五大湖区附近，是发达的农业区。这里盛产小麦和玉米，其出口量仅次于美国而居世界第二位。

加拿大经济、文化最发达的中央心脏地区，为安大略省和魁北克省；太平洋沿岸地区的大不列颠哥伦比亚省与大西洋沿岸诸省也比较发达。加拿大的中央心脏地区占全国总面积的 25%，但却集中了全国 60%的人口和 80%的工业和金融贸易。加拿大第一、第二大的城市多伦多和蒙特利尔分别在这两个省内，首都渥太华也位于此。许多地理学家称这一区域是英国与法国文化习俗的交汇处，因为魁北克省是讲法语的加拿大人最集中的地方，而安大略省则深受英国文化的影响。人们来到蒙特利尔城，随处可见法国式的穿戴，如花似玉的美女，柔软蓬松而又美味可口的法国面包。如果在多伦多，英国式的乡间别墅，伦敦式的古典建筑和拥有英国那种绅士风度且大腹便便的人随处可见。两种不同民族风格，不同的生活方式，成了加拿大这两个省鲜明的对照。由此可见，殖民者的烙印对加拿大经济文化的影响是多么深刻啊！

一位日本地理学家正井泰夫教授曾经告诉我，他在美国学习进修时，也曾多次到加拿大旅游。他的观点我也同意，加拿大不仅是富饶美丽的国家，而且也是具有巨大发展潜力的经济强国。我们认为当世界上许多国家的自然资源（尤其是水、土资源和森林，矿产与水产资源）日益枯竭时，加拿大这个北美大国，资源尚未完全开发，地大物博，人口稀少；且地处两大洋之间，战争威胁也少；还拥有丰富的森林与矿藏、肥沃的土地、曲折的海岸、大面积的渔场和广阔的空间，真是潜力无穷，在今后新世纪的工业化与城市化发展过程中，肯定前程无量。

现在，加拿大的人口约有 3800 万，还不到我国江苏省人口的一半，并且其人口增长速度缓慢，出生率也很低。加拿大与法国一样有许多不稳定的家庭，大龄青年不成家的不少，小孩很少，甚至没有。他们所追求的仅仅是多姿多彩的生活方式，天天享受现代化的生活，而不是吵闹的孩子们与烦恼。这与其经济文化发展水平有关。加拿大人口到 1911 年为 720 万，1951 年为 1400 多万，1991 年全国人口约有 2800 万，2014 年为 3660 万人。预计到 2020 年，加拿大总人口可达到 4000 万人。目前亚洲人往加拿大移民较多，其中我国的侨民和后裔在加拿大约有 360 万，主要集中在温哥华和多伦多等大中城市里，其他小城市如小伦敦、圭尔夫、汉密尔顿等地也有几万甚至 10 多万的中国人，常居住在被称为“中国城”的城中心，保持着中国人的生活习惯和中华民族的优良传统。

人们常常说美国是“民族大熔炉”，其实加拿大也是世界民族的拼花板，现在英国人后裔为人口总数的 40%，法国人后裔为 25%，其他还有德国人、意大利人、东欧人、亚洲人和非洲人等。也就是说加拿大这么多的民族中，没有一个民族的人口超过全国人口的一半，各民族及其文化相互共存，相互沟通与融合，好像五颜六色的图案拼凑在一起，各方面都很协调，社会矛盾较少。这拼花板是那样绚丽多姿，五彩缤纷，正如加拿大各地的自然风物一样多姿多彩，美丽丰饶。最令人羡慕的是加拿大的国土面积那么大，而没有大沙漠、大高原、大荒漠，而是平原广、耕地多、森林多、矿产多、动植物资源多。因此其国家的经济开发潜力十分巨大，社会发展的根基非常深厚。

多伦多风物

多伦多是加拿大面积最大也是最美的城市之一，有清洁的环境、典雅优美的居住区、高生活水准和低犯罪率，以及对世界各地移民、各种文化的包容，被多次评为最宜居的城市。它一直在吸引着全世界的移民。

高大而又雄伟的现代化建筑物，密集地坐落在多伦多的城市中心，人们可以透过晨曦看到多伦多港区的高大船桅，有时还能听到安大略湖上轮船的鸣笛。虽然多伦多离开大西洋还很远，但海轮可以通过圣劳伦斯河和多条运河与大洋沟通。由于安大略湖很大，湖湾宽大得像海洋一样，从湖上远望多伦多市中心，好像浮在海面上一样。清晨，朝晖染红了水面，楼影波光，色彩瑰丽，宛如一幅斑斓的油画；夜晚，万盏灯火，金碧辉煌，又好像浮在海面上的晶莹珠宝。所以多伦多又被称为加拿大安大略湖畔的一颗明珠，是加拿大经济、科学文化和信息的最大中心。

在加拿大还没有独立之前，多伦多是安大略湖北岸的一个贸易驿站，当时附近地区经济不发达，还有许多荒僻的土地。后来英国殖民主义者于 1793 年在这里建立了一个名为约克的小镇。约克镇处于多伦多湾内，它的东西两端向湖中突出，城镇对面有一个名为多伦多的湖岛，作为湖港的天然屏障，并将港区水域围成一个长方形，构成一个得天独厚的天然良港。1834 年，约克镇改名为多伦多。因此，可以说多伦多建城之初就与港口有着紧密的关系。

多伦多城市发展早期，水路是城市与外界联系的主要通道。正是通过水运将多伦多向东与圣劳伦斯河流域联系在一起，向西与北美五大湖区特别是美国制造业基地的各主要港口（如芝加哥、底特律、克利夫兰、布法罗等）联系起来，形成北美发达的海上与湖区水上运输体系，促进美国和加拿大的社会经济发展。湖港的形成与发展，促进了多伦多市的发展，城市所需要的人力、物力、机器设备和原材料主要靠水路经港口运进来，而由附近地区聚集起来的农产品和工业制品主要通过港口往外运。当时港口的发展直接影响到市区的布局和街区的建设，直到现在多伦多市最繁华的闹市区仍紧靠港区。市区的主要干道与高速公路与港区紧密相连，形成了一个经济发展、商业繁华的城市走廊。

1860 年后，多伦多进入了现代化的铁路和公路建设时代。第二次世界大战后，高速公路和航空运输又迅速发展起来，这些均促进了多伦多城市的发展。现在多伦多是加拿大两大铁路的交叉点，另外几条铁路也在这里呈扇形散开。经过多伦多的高速公路有三条，其中由该市北部穿过的 401 号高速公路东起安大略省和魁北克省边界，西抵与底特律隔河相望的温莎市，在宽阔平坦、线形平直、质量较高的双向路面上，分别可供 6 辆汽车行驶，高速公路还可以由这里通往加拿大西部温哥华和美国的匹兹堡、芝加哥，经济、文化的联系均十分密切。现在的多伦多港已能同时停泊 70 艘大船，每年接待来自世界 80 多个国家的 2100 多艘货轮，年吞吐货物近 6800 万吨，其中有三分之一是经过圣劳伦斯航道直接由海上运进和运出的，发达的交通运输业为多伦多的快速发展提供了便利的条件。

最使人惊叹的还是多伦多市巨大繁忙的国际机场，它位于多伦多市西北角，离市中心有 27 公里，其现代化的设备与宽大明亮的候机楼不亚于芝加哥市的奥黑尔国际机场，目前有 100 多条国内外航线，每年运送着 6100 多万乘客，其客流量相当于蒙特利尔国际机场的 4 倍。此外市区还有另外两个小型飞机场，与国内各大机场也有方便的客货运输关系。多伦多现在是加拿大的第一大城市，生活在这个现代化城市的人们，不觉得城市的美丽及其引人入胜之处。在天气晴朗的日子里，即使从远离市区数十公里的地方向该城眺望，也能看到那座高高的电视发射塔犹如一把利剑刺向云天，塔高 550 米，是当今世界上最高的建筑物之一。我在多伦多大学陈先生的陪同下，坐电梯直升塔顶，向下俯瞰，多伦多北面、东面的市区尽收眼底；南面一片广阔的湖面，白帆点点，大轮船停泊在港区，正在繁忙地装卸货物。在电视塔上，我选择了几个明亮的窗口，瞄准市区一些别具风格的建筑物，拍下了几十张很有价值的照片。这座高大的电视塔，正如巴黎的埃菲尔铁塔、纽约的自由女神雕像一样，都是城市最明显的地标，也是几百年来劳动人民创造历史的见证。

在多伦多市区考察旅行，人们都喜欢到市区内最大购物中心——伊顿商场去看看。这个现代化的非常别致的大型购物中心，是一个综合性的、多功能的大型商场，每天吸引着10多万人次光临。商场建筑面积很大，大约有26万平方米，高达八层，内分美国、法国、日本、加拿大、德国、中国和墨西哥等国家的商场，分别销售来自各个国家精美、高档的商品。大商场内部还专门建有室内花园、饭店、点心部、酒吧、俱乐部和娱乐室等。各个国家的商场与花园相互沟通，楼上楼下均有外露的观光电梯连接。空调式的电梯也是时髦华丽的，并会喷射香水，站立在里面，微风徐徐、香气四溢，避免了夏天的高温与汗味。来自外地的少年儿童和妇女特别喜欢乘坐观光电梯，可以浏览购物中心各个楼层的物品与货种，特别是那些款式新颖的服装、衣帽与鞋袜，还有价值高昂的金银珠宝。

多伦多市集中了全国商业经营销售额过半的四大商场，还有许多银行与保险公司，成了全加拿大最大的经济贸易和金融活动中心。这里还有占北美第三位的加拿大最大的股票交易所，每年成交额在450亿美元以上，占全国的50%～60%。由于多伦多还是加拿大最大的制造业中心，经济实力也很强大，在新时代的技术领域和企业投资方面总是占领先地位，因而往往是有创新精神的新企业的摇篮，在整个加拿大的经济网络中，特别是在安大略省与魁北克省的城镇网络中起着中心城市的作用。多伦多市在加拿大经济发展中起着举足轻重的作用，为世人所向往，知名度日益提高。

多伦多的城区日益扩大，连同它的郊区有650平方千米，是加拿大最大的城市，人口（连同郊区）达480多万，48%的人来自世界上60多个国家，讲着120多种语言。他们汇集在这个城市的各个角落，共同谱写着优美和谐、民族共存的华丽篇章。

再次跨入多伦多的日子里

时光流逝、日月如梭，有限的人生在广阔的地球各地消耗，是可忍孰不可忍？但人类历史的长河就是这样奔流入海的。

我们本来不止一次进入加拿大海关，30多年前，我在密歇根州立大学与美国教授Jack Williams合作研究时，曾经两度进入多伦多参加国际会议。前些日子我们的朋友刘塔一家又驾车从西雅图进入温哥华，加拿大海关人员非常友善，仅仅等候10多分钟，看看护照签证，让我们入关了。但这次我们从西雅图乘加拿大航空公司的班机，经过3个半小时到达多伦多的国际机场，我们进关时，前前后后多花了1个小时，让王标的朋友在机场久等我们。此种经历在过去我们入关很多国家时都是不多见的，为什么搞了那么多繁杂的入关手续呢？这些人不理智啊。

多伦多是加拿大第一位的国际性大都会，城市人口近千万，位于世界著名的大湖——安大略湖的北岸。湖大如海、一望无际，多伦多就是安大略湖畔的一颗

多伦多城市地图

多伦多为加拿大最大的城市，城区人口 260 多万人

美丽明珠。湖岸风景秀丽、游人如织，夏秋两季最为热闹，尤其是市区中心都分富丽堂皇大宾馆、写字楼、艺术中心、古典庄重的博物馆，还有世界有名的多伦多大学校园。布局在市区核心部分，许许多多的教学大楼、图书馆、文化艺术中心、国际交流中心等等都是英式的红砖尖顶的古老建筑，与那些维多利亚哥特式的教堂相辉映。该大学的哲学系的王建澎博士热情接待了我们半天。

我们最感兴趣的还是驱车赶往美加边界上，去观看世界著名的尼亚加拉大瀑布。王标博士刚刚来加拿大工作不久，我们好像成了他们家的第一批客人。他很热情诚恳、细心周到接待了我们。虽然这 2 天多伦多下着阵阵中小雨，但他还是小心驾车 2 个多小时带我们去看世界奇观。我们在瀑布下面坐着游船，有着许多惊险的镜头，船上颠簸、惊涛骇浪，穿行在美国与加拿大界河上两个大瀑布之间，满天浓雾、万滴水花，洒满浸透我们的衣服。大家还是十分开心，不断的惊呼呐喊，又留下许多身影（手机照片），留下深深的印象。

在多伦多工作多年的许多华人告诉我们，他们最不习惯的就是每年冬春两季。气候寒冷，一年中有半年是冬季，其中还有 4 个月左右的大雪天，常常积雪过多，街道、公路交通十分不便。有些老人、小孩、妇女只能长期呆在家中，瞭望千里冰封、万里雪飘的景象，来自中国的许多老人是受不了的。有人称国外是“好山好水好孤独”，国内是“又脏稍差好开心”（当然国内的环境与美加等发达国家相比差距较大，但现在正在改变，差距日超缩小）。王标、小樊一家三口正在处于创业艰苦奋斗时期，王标为人老实忠厚、品质优秀、创业能力强，得到了妻子的真心实意的关照与支持。我们相信不用多少时间，各方面的条件终会改善，过着更加幸福美满的生活，并且在加拿大异国他乡创造自己的新天地。

西方人对小汽车的珍爱

速度是现代人生活的一个重要标尺，高速行驶的小汽车对我们来说节省了时间，可以办更多的事情，也等于延长了我们的生命，所以小汽车的出现是人类社会文明的一个巨大的进步。

在北美、西欧等发达国家，自 100 多年来小汽车被广泛使用。家庭出行的舒适度、旅行的方便性与自由度得到了极大的改善。因此在西方工业化、城市化发展过程中，小汽车的广泛使用产生了巨大作用，人们对小汽车的珍爱日趋提升，对汽车的兴趣也日益浓厚。

美国在 21 世纪之初总人口达 3 亿之多，汽车总量超过 2 亿辆，平均每个家庭拥有 2 辆汽车。在德国、法国、英国和日本也是如此，可谓超过了家庭和个人的出行需求。加拿大人口约 3800 万，小汽车总量也有 1800 多万辆。在许多大城市，平均每个家庭的汽车也超过 2 辆。我们国家自改革开放以来，小汽车工业生产发展很快。2000 年以来，我国私人汽车出现了爆发性的增长，2007 年全国汽车产量达到 720 万辆，2009 年突破 1000 万辆，2011～2018 年全国年产达 1500 万辆，成了超过美国、日本的世界第一大小汽车生产国了。大量的汽车给环境带来隐患。多时可达 1800 万辆。

小汽车大量生产，表现了人类出行的一次巨大革命，使大城市交通的便捷度得到极大改善，同时汽车工业发展推动了工业化、城市化质量的提高，甚至也促进了人类文明的巨大进步。如今的中国，大大小小的汽车厂超过 250 家，汽车工业的总产值已超过 GDP 的 6%，并且拉动了国民经济的其他部门巨大发展，是一个非常重要的国民经济部门。

然而，汽车工业的发展也耗费了很多资源，造成了能源紧张。例如美国总人口约占世界的 1/24，但每年却消耗世界能源约 1/4～1/5。造成了石油资源短缺，产生了大量的污染物和废弃物。随着城市人口过分集中，房地产业膨胀，城市用地失控，又带来城市交通的严重堵塞。世界上那些人口超过 250 万的城市，如孟买、加尔各答、马尼拉、曼谷、墨西哥、北京、上海、洛杉矶、开罗、首尔、雅加达等，上下班时间内时常产生交通拥堵，空气污染严重，又给人们生理和心理上带来巨大的不良影响。

小汽车的出现与巨大发展，为我们人类社会增添了社会财富与城市的光彩，但小汽车发展过量，无法控制之时又给人类带来一定的灾难，造成空气污染与环境质量的下降。如今，西方国家采取了许多措施，一方面限制私人小汽车过滥的发展，提高税收与停车费；另一方面，科学地组织城市交通管理。德国的柏林、科隆，加拿大的温哥华、蒙特维利，美国的西雅图、旧金山、华盛顿和西欧的瑞士、荷兰的城市等，对此都有十分丰富的经验与得力的管理方法。例如在上下班高峰期，拼车多带几个人一起进城，限制单人开车进城；提高城市中心区闹市区停车费用；增加私人汽车的税收与管理费等。现代西方重视环境、调控交通、重视发展公共交通系统、增加快速交通路线、建设城市轻轨与地铁系统、提倡 10 公里以内自行车代替小汽车，使大城市交通大为改善，城市的空气质量大大好转。我们何不借鉴西方人的经验呢？

热情可爱的女招待

我们常听说由水变成酒是个大奇迹，这个由上帝恩典造成的奇迹每日都发生：天堂降下雨水到葡萄园，由树根进入葡萄，变成酒。这是上帝爱我们，并乐见我们快乐的明证。

——**富兰克林（美国政治家、开国元勋）**

1984 年 2 月中加两国地理学家在加拿大美丽的中等城市汉密尔顿（靠近尼亚加拉大瀑布）召开第一次学术交流会。中方由中国地理学家代表团团长吴传钧教授带领 6 位代表，我是从美国密歇根州州立大学来加拿大参加会议的。会议时间虽短，却有许多新鲜事情，使人久久不能忘却……

我们在加拿大朋友陪同下，兴致勃勃地参观了尼亚加拉大瀑布。我是第二次来这里了，但许多加拿大的朋友对我说，从加拿大这边参观大瀑布比从美国那边参观更为壮观。参观后我们又来到汉密尔顿市附近一个农场访问。这里有一家德国人管理的葡萄酒厂，这个酒厂世界闻名，生产 10 多种不同风格的葡萄酒，已有 150 多年的历史了。据说来这里参观的世界各国朋友已有 10 多万人，每个人都能品尝这里出产的葡萄酒。酒厂经理知道我们是来自中华人民共和国的代表（据说他们是第一次接待来自中国大陆的客人），因此特别安排了一个名酒品尝宴会。虽说在加拿大一个小镇上的招待厅里，却布置得富丽堂皇。外面可怕的寒风呼啸着，气温已在零下 20℃，但里面暖洋洋的。我们一个个脱下厚厚的长大衣，换上西装，与加拿大朋友坐在一条长方形的宴会桌上，20 多人坐成两排（我们中国人分开坐）。桌上放着 10 多种不同包装的名酒，每位客人桌上放着 4 只酒杯，每个酒杯都有不同种类的葡萄酒。主人们要我们品尝，而且喝完后再装入不同品种的葡萄酒，一共有 15 种，几乎每一种酒都得喝上半两左右。每一位中国客人旁边都站着一位身材匀称、美丽大方的加拿大姑娘，由于她们的热情、可爱，我们的代表和加拿大朋友都多喝了几杯。一位来自北京的代表团成员，发表热情洋溢的答谢词，“每一杯美酒都像我们身边的姑娘一样甜美，中加两国人民的友谊永流不断”话语刚刚落音，一位名叫罗雯丽丝的加拿大姑娘跑到我们代表团的一位翻译旁边，轻轻地亲吻他。对于这样突如其来的大方举止，我们翻译的脸上顿时泛红，其实这是加拿大朋友对我们中国人的感谢。姑娘们的天真可爱又使我们的品酒气氛增加了无限的乐趣，不少加拿大朋友畅怀豪饮，实在也感动了中国人。爱喝葡萄酒的人，也不一定能了解世界驰名的各类葡萄酒。其中有400多年历史的法国勃艮第地区所生产的罗曼尼·康帝是顶级的红酒；白葡萄酒中的傲世传酿却是德国莱茵河畔约翰酒厂生产的宝霉酒（也称“贵腐酒”）。200多年前，不少名酒生产方法传入了加拿大和美国一些地方，也不断培养良种和不断创新发展。

在这一晚有意义的外事活动中，每一位代表都增长了见识，深深地感到加拿大朋友的友谊情深。我们不仅品尝了许多美酒，而且交流了两国人民的思想感情，懂得了许多西方人的风俗习惯。你越是在他们面前称赞他们的产品，他们越是对你一片热情天真。其实我们在美国一些学校里也遇到这样的机会，真正体现了人民之间的深情厚谊。当我们离开这个乡间小乡镇，离开这个盛产名酒的地方时，主人们、姑娘们依依不舍，使我们流连忘返。深夜，在交谈之中我又想起我国唐代大诗人李白的诗句：

风吹柳花满店香，
吴姬压酒请客尝。
金陵子弟来相送，
欲行不行各尽觞。
请君试问东流水，
别意与之谁短长？

美、加国家公园见闻

在过去的30多年里，我们多次赴美国、加拿大考察、访问，除了参观许多大都会与中小城镇外，也有不少机会到美国、加拿大一些著名的国家公园考察。那些环境优美、奇景壮观的国家公园让我们流连忘返。但给我们留下最为深刻印象的还是美、加国家公园的科学管理。保护大自然，尊重自然环境的崇高意识，是我们发展中国家的官员与民众在任何时候都要认真思考的。

早在1872年，美国就建立了世界上第一个国家公园，加拿大1898年也在温哥华附近建立了几处原生态的国家海岸公园。现在，美国各种类型的国家公园、森林公园、历史遗迹公园、河流湖岸野生动植物公园和自然保护区等，共有370多个。美、加的国家公园与自然保护区大多数以保护自然风光、保护森林草地的资源为主，包括有地质、地貌、河流、湖泊、冰川、瀑布、温泉、湿地和峡谷等内容，这些地区野生动植物丰富多彩，自然景观千奇百态，景色特别，也包括了一些具有历史文化价值的遗址和人工改造、建设的旅游景点，如大型水库、水电站和一些矿区等。从自然保护和人文地理角度分析，美国的大峡谷国家公园（亚利桑那州）、黄石国家公园（怀俄明州）、约塞米蒂国家公园（加利福尼亚州）以及奥林匹克国家公园（华盛顿州）等，都位列世界上自然景观最美，人文历史价值最高的国家公园之中。

在加拿大东南部的安大略与魁北克两省的许多国家公园或城市公园，每年 3～4 月份，春意葱茏，风景如画，是人们采集枫叶、熬制糖浆的最好季节。一年一度的“枫糖节”，美丽的大自然吸引了千千万万的游客到各大小公园观赏美丽的枫叶，人们陶醉在春日的阳光下，十分悠闲快乐。尤其是那些天真烂漫的孩

温哥华城市地图

温哥华原为渔业和锯木业小镇，现在是加拿大第三大城市，亦是西部最大城市和工商业、金融、贸易、科技和文化中心，也是我国华侨集聚人口最多的城市（约 30 万人），与多伦多同为加拿大环境最美的城市。

子们，处处奔跑，异常地开心。父母长辈还常常带给他们各种枫叶制成的有精美图案的小礼品，让儿童们特别高兴。

在美国，国家自然保护区与国家级的国家公园，都是属于联邦政府内务部下属的国家公园管理局统一管理，其管理制度、人才培养和管理方法都是十分严格的。管理人才、干部都要求要有本科以上的学历，大部分一般工作人员也至少是大专毕业，还要经常进行在职的专业培训。他们的主要职责是：保护国家公园的自然资源和人文资源，同时把国家公园作为一个硕大的“自然博物馆”向国内外游客、大中专小学生进行讲解，宣传科学知识，进行爱国主义的精神教育，提高大众的环境保护意识。

国家公园属于社会性质的公益事业，美、加不少国家公园与自然保护区甚至都是免费参观。据一些资料介绍，美国的国家公园，每年游客人数超过 2.8 亿人次，有些年份甚至达到 3.2 亿人次，但是门票收入很少，仅有 1 亿美元，也就是说美国每人次平均只花 60 美分，约合人民币不足 4 元钱。美国、加拿大的国家公园都同样是让人民大众锻炼身体与享受大自然的恩赐，为的是提高全国人民的环境保护意识，提高国家公园的旅游文化价值。

温哥华的城市风貌与温情

温哥华不仅是加拿大，而且也是世界上最美丽的城市之一，她有着特别的城市风貌、特别深厚的感情，欢迎着我们的到访，并亲临那中国味道特殊感情的 2 个 China Town（中国城）。还有着自然美、森林美、河川美、雪山美、海湾美的风貌。

温哥华是加拿大西部海湾地区的第一大城市，人口超过 400 多万。由于中国移民历史悠久，近 300 多年来中国人聚居在温哥华闹市区、南部新市区，大约有 30～40 万人。大大小小的中国饭店、百货店、旅社和各种超市商铺不下 1000 多家。因此，来温哥华旅游观光的人都会到中国城逛逛、购物、吃饭、宵夜，给温哥华增加了东方神秘的色彩，也让中华文化、传统习俗得到发扬光大、百世流芳。

当然，来温哥华的人都会驾车到市区北部的国立公园、森林公园去探险，领略原始森林地区吊桥与铁索桥的惊险。我们的好学生、好朋友刘塔晓虹夫妻俩从西雅图驾车到此，早在一个月前，就预定的让我们住在中国城附近的公寓式旅馆。吃完丰盛早餐之后，我们开车沿着 5 号公路前行，跨越温哥华市区的海湾大桥，小车在停车场找到了适当的车位，我们就匆匆忙忙赶到国家森林公园。天空晴朗、蓝天白云，沿途的鲜花、野草随风摇动，似乎在欢迎来自远方朋友，我们平平安安到温哥华旅游，欣赏各类人文景观和自然风光。

森林公园的面积很大，我们能进入的仅仅是“冰山一角”，远处高高的山峦还有冬日的积雪，2100 米的高山顶部是终年不化的积雪，我们从很远处就能看见山顶白花花的一大片积雪。

温哥华北部的国家森林公园最大的特色是充分利用地形、山河与森林密布的特点，在高山峡谷、林木、高大的老松树丛中、河川上下架设吊桥、铁索回廊式的高架桥（沿着山谷布置），两边都有安全保护的扶梯，用坚固的铁丝网保护。人们走在这个长长、弯弯曲曲的走廊中，可以左右前后地观赏河川中的激流、山谷中的悬崖、树丛中的飞鸟虫鸣。有些胆小的老人、小孩每走一步都会惊叫起来，青年人都会笑我们胆小，但友好的外国朋友有时都会热情地牵着你的手，前行关心着弱势群体。我们在这里游玩了半天，在高大的杉树、红松树间来回走动，也拍下了许多值得纪念的镜头照片。

在温哥华的港湾，宁静的山峦之下，停泊着许多大大小小的富人豪华舰艇。港湾南岸有一些建筑风格独特的博物馆文化艺术中心、海湾宾馆和一些富人的别墅，门前后院，鲜花开放、绿草茵茵，还有几棵从日本移植的樱花。正是花开时节，吸引了不少的人在此拍照留念，尤其是那是富有青春活力、漂亮可爱的姑娘们，正是他们显示青春美的时刻。海风吹拂她们散乱乌黑的长发，她在花丛中笑。

在温哥华的华人聚集的中国城里，我们不能忘却的麒麟饭店和上海一鼎名莱馆，正是刘塔，晓虹夫妻俩花大钱的地方，她们要请我们吃黄金蟹、帝王蟹，我们很自然地答应他们的宴请。人生能有几回欢聚？何况我们不远万里而来。几个晚上与早午饭吃港式的小吃，花样很多，也不考虑那么多的问题了。我的血糖偏高，只能多吃 2 颗药片。晚饭后走上 10000 步，消耗营养过剩的问题。后来我们又去温哥华城西南访问了英属哥伦比亚大学，参观了地理院、规划建筑院以及学校图书馆等，留下了深深的印象。

温哥华啊温哥华，很多匆匆过客三天、五天的参观时光，你却为人世间留下多少温情脉脉的回忆，又给地加拿大增添引人入胜的海与城、山与水的景色。阳光下留下许多温暖的引人的故事，它肯定会常常打扰我们宁静的夜晚。只恨我们的文笔没有深度去挖掘，去抒舒情啊……

渥太华首都之行

渥太华建筑风格独特，城市中心小巧玲珑，渥太华河宽广，学生的情深意重，这就是我们在加拿大的首都之行留下的不能忘却的印记。

我们离开加拿大最大的城市多伦多时，我们在网上购买了多伦多到渥太华的火车票。在北美旅行，坐在 19 世纪留下来的旧式火车很有意思。车头仍然是蒸汽机车，车厢是经过维修的棕褐色的，还有比较完备的设施。虽然火车行驶的速度不快，大约每小时 80～100 千米，我们从多伦多到渥太华相距 300 千米左右，中间停留 6 个小站，差不多用了 4 个小时多一点就抵达了渥太华郊区的一个小站。分别 10 多年的陈彩虹博士带着她可爱的女儿安琪来接我们，我们感到分外高兴，行李刚刚放下，就十分欢喜地拥抱在一起了。

渥太华位于加拿大的东北部偏南之处，有宽广的渥太华河流经市区，带来水的灵气。河的北部属于魁北克省，讲法语，原来是法国殖民地，南部市区为渥太华市区主要部分，讲英语，原来是英国的殖民地，两个地区合起来有 800 多万人。郊区很大，真正的城区加江北区人口仅有 130 多万人，一个没有经济职能的政治性首都。建筑古典、风景优美、环境清静、空气清新、民风纯朴的多民族移民城市。

在渥太华郊区陈彩虹家逗留了 5 天，陈彩虹一家细心周到，热情款待我们，载宁、彩虹家中的烤肉真棒，回味无穷，每天彩虹都开车带我们游览参观了好多地方。他们居住的环境很好，房价仅 40 万加元，8 年前就买了 250 多平方米的三层别墅（加上地下室），空间很大、有家庭影院，很舒心。我们最喜欢游玩参观的地方那就是世界有名的国会山（议会大厦），以及附近的博物馆、大使馆区。国会山是加拿大政府机关，总理办公之地，已有 200 多年的历史性建筑，过去是英国殖民主义者的统治机关，基本上仿照伦敦大笨钟的建筑风格。尖顶式的哥特式的建筑，正面许多门窗的古典雕刻艺术，细致厚重、豪华高贵手法高超，引人入胜。国会山前有一个小水池般大的液化气火盆，每天都在燃烧，终年不息。每一次来渥太华的游人都要在此照相留念。附近还有许多具有很高文化艺术的教堂式建筑，我们绕着国会山转来转去，渥太华河就在她的背后流淌，富有诗情画意的风景、雕塑群、青草地，一直引起我们极大的兴趣。

后来的几天，我们又去了渥太华附近的运河、儿童乐园、总督府、渥太华大学、国家历史博物馆和市区大的购物商场以及步行街，去感受近代加拿大发展的风貌与社会进步的现象。

渥太华的美在于城区人口少、绿地多、空间大、交通方便，通勤半径 30 分钟。几乎上下班时没有拥堵现象，人们工作生活很开心。

渥太华的美在于那些上班族工作舒心、环境优美，居住条件好、房价不高，比多伦多的别墅均价少一半。

渥太华的美在于世界各地的文化交汇在一起，她以热情洋溢的精神融合包容各国的文化，让世界各地的文化、艺术融为一体。

第19章 南美点滴

在南美丰饶的大地上，印第安人的文明遗迹虽然湮没于殖民主义统治的尘埃中，但民族独立后却依然散发出令人难以抵抗的独特魅力。

——何塞·德·圣马可

2009年春季，我们十分高兴地与上海国旅的一些同事赴南美考察，去了南美主要的一些国家与地区，若如“金砖五国”之一的巴西、号称“白银之国”的阿根廷、巴拉圭河畔的巴拉圭。当然最高兴的还是涉足巴西广大丰美的地区，我们穿过亚马孙河大平原与原始热带雨林，看到了世界上淡水流量最丰富的亚马孙河，心境是异常宽阔，心灵也是非常恬静的。

风说你是一片云，常常飘落在我的梦里；
云说你是一阵雨，有时又洒在我的心里；
南美许多国家却是一大片热带雨林；
自然的春天永远覆盖人们的四季，深深地留在我的印记里。

一马平川的大平原

世界上面积最大的冲积平原亚马孙平原位于南美洲的中北部，大部分属于巴西领土，总面积有560万平方千米，地势低平，大部分地区海拔在150米以下。这里还是未开发的处女地居多，热带雨林密布，土地肥沃，为全球人类储备着丰饶的资源和丰富多样的动植物。乘坐巴西国内的航空飞机，从圣保罗往北飞，仅仅三个小时左右，就可以抵达亚马孙平原上的一颗明珠——马瑙斯。

飞机穿行在亚马孙河流域上空，即将到达马瑙斯城时，飞机开始下降，穿过白如棉花的云彩，转眼间可以看到大地是青绿色的一大片，原始森林一眼望不到边。而到亚马孙河的上空，又是一片水乡泽国，河流两岸绿树成片，一直延伸到巴西的北方疆土。河流并不有像我国的长江和美国的密西西比河那样繁忙，船只稀少，沿岸城市也少，游人也不多。可见丰饶的亚马孙河流域仍然处在生产力发展的原始时代，工业布点也少。当地的少数原住民也住在密林之中，与外界接触也不多。

世界上许多地理学家和动植物学家近来常常到亚马孙河流域考察，常常会发现这里有许多珍稀的动植物，为人类增添许多科学知识。亚马孙河流域是世界上植物种类最多的地区，许多高达60米的巨树，遮天蔽日，也有繁茂的热带丛林、

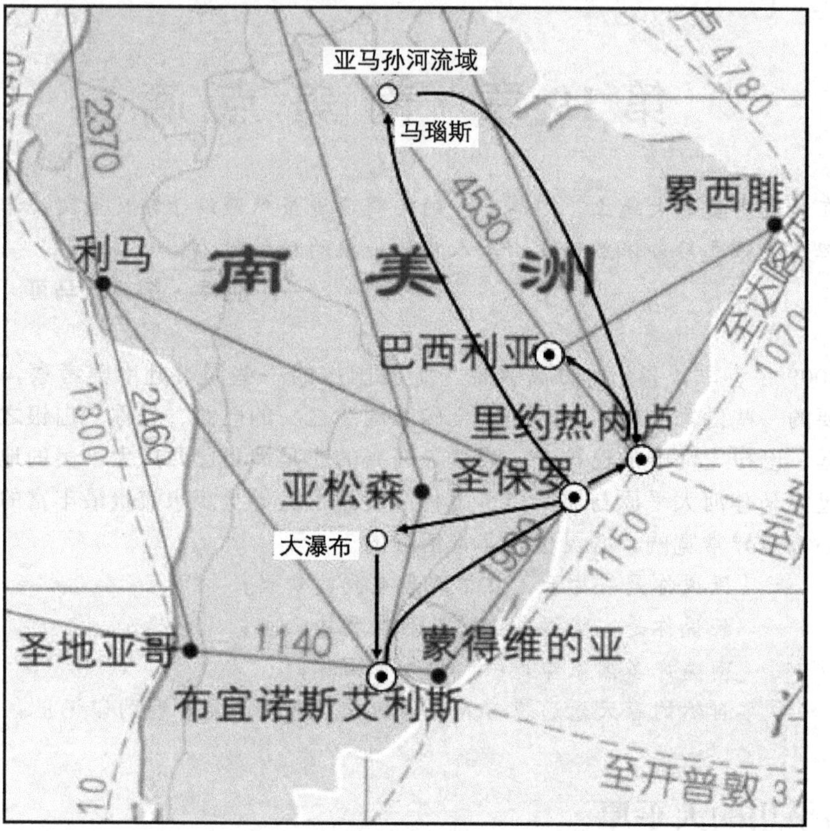

赴南美巴西、阿根廷考察、旅游路线（2009 年 12 月）

灌木与野生的葛藤植物。在丛林中也有许多蜂鸟、树懒、猴子、鹦鹉、蝴蝶、蛇类与节肢动物等。我们乘船在热带雨林中考察时，人数不多，又很安静，常常会产生一种恐惧感，心里压力很大。据报道，世界上流域面积最大、淡水流量最大、动植物资源最丰富的河流就是亚马孙河。河流全长达 6480 千米，还有 1000 多条支流从南北两边流入大河内，整个流域面积达 705 万平方千米，河流自西向东流，每年注入大西洋的水量为 6600 万立方千米，占全世界河流注入大洋总水量的 1/6，真是“千川东到海，何时复西归”！

在这一马平川的亚马孙大平原中，许多河流与丛林中危机四伏，复杂的自然环境，变幻莫测的生态系统，泥潭、沼泽、深渊、野兽与蚊虫。据说过去不少旅游者与探险家，误入食人鱼的水域，十多分钟内几十条食人鱼能很快将人的身躯吃得光光尽尽的；此外深藏在林中的各种猛兽也在威胁着旅行者的安全。因此，我们在亚马孙流域平原中考察必须有当地人作为先导，选择安全区域行走，千万不能掉以轻心！

圣保罗的风情画

保护原生态的山河景观，塑造多样化的滨海之城，提升高品位宜居之所。

——一位规划师

在往巴西访问的旅途中，我们从上海浦东国际机场经迪拜，再飞到南美的第一站，就是巴西的大都会圣保罗，真是好辛苦啊！经过了空中白天与黑夜25个小时的飞行，大多数人都感到吃不消，日后几天的腰酸背痛令人难忘。然而，我们居住在北半球的人是多么渴望到巴西、阿根廷这些国家去旅行考察，在我们的人生中增添许多知识亮点与民族风情啊！

我们乘坐的大型客机在圣保罗北部的国际机场降落后，圣保罗市华人国际旅行社的几个导游小姐很快把我们安顿好了，住在市内一个比较安静舒适而又有一定等级的宾馆，我们第一印象是十分满意的。圣保罗位于巴西南部的一个沿海平原上，面向辽阔壮观的大西洋，全市人口超过1100万，是南半球数一数二的国际性城市。虽然巴西是发展中国家，经济实力与工业化水平并不高，但在巴西著名的大城市如圣保罗、里约热内卢的城市中心，还是比较繁华热闹的。在圣保罗的保利斯塔大街、奥斯卡弗莱雷大街等有如上海的南京东路、淮海路一样，超大型商场、购物中心、现代电影院、高级酒店、咖啡馆与夜总会等应有尽有，豪华的建筑与娱乐场所非常热闹，人流集中、彩灯万千，展现了南半球现代化大城市的光彩。

巴西是世界上第五大国，陆地总面积达851.5万平方千米，总人口接近2亿。如果巴西经济发展起来，我们第三世界就会越来越强大；世界爱好和平的人们，其国际地位就越来越高。如今的巴西处于金砖国家之列，与我国有着友好的外交关系，到了巴西，我们才知道，巴西很多城市都十分欢迎中国人的访问旅游。其实最近5年来，到巴西旅游访问的人最多的还是经济发达的美国人与西欧人，但论国家来说，中国人已占到第二位了。

在圣保罗大街上或是热闹的旅游胜地，巴西的“三大宝”足球、烤肉与桑巴舞都很盛行。每到节假日或周末，圣保罗全市20多个有一定规模的足球场都安排了许多精彩的足球比赛。据说巴西60%以上的成年人都喜欢到现场观看足球比赛，巴西被称为世界的“足球王国”，一点也不过分。巴西人还喜欢吃烤肉，那些味道香浓的烤肉吸引着万千游客，我们在圣保罗仅有3天的光景，也吃过3次烤肉大餐，给我们留下了深深的印象。但由于票价太贵，未能去欣赏大舞场的桑巴舞表演。有人说，巴西人的热情可炙，在跳完桑巴舞后会给你突如其来的热情拥抱与接吻，巴西的姑娘们的大方热情，又给世界旅游者带来难以忘却的风情。

每年春季巴西的狂欢节是世界著名的文化艺术节之一，在圣保罗大街上一天里可能有 200 万人上街，狂欢节这天街上的游行队伍里挤满了人和来自各个桑巴舞学校的花车、美女，年轻人可以穿着奇装异服，头戴装扮的头巾、羽毛，跟着优美刺激的桑巴舞音乐，在街头狂欢，歌唱，各所桑巴学校相互竞争，一个高潮接着一个高潮。尤其是那些美丽的姑娘们，跳起惹人喜欢的桑巴舞，简直使人忘记一切烦恼，来这里待上几天，就可以体验在人世间欢乐无穷的景象。

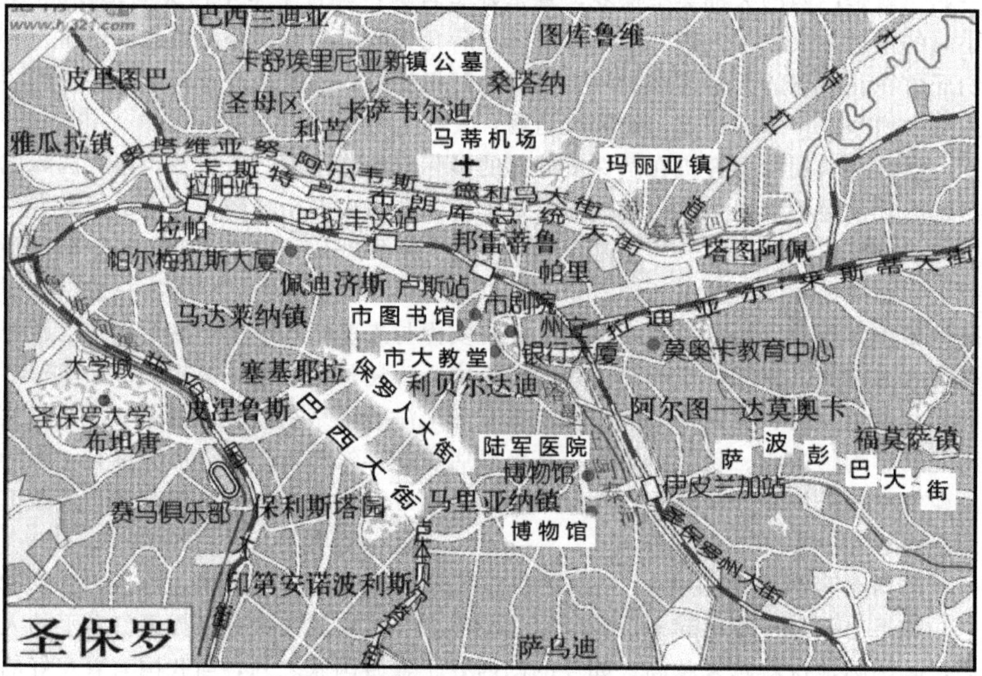

圣保罗城市旅游景点地图

马瑙斯城市风光

具有丰饶资源的亚马孙河，至今仍处在未开发的处女时代，在我们的地球上已经是不可多得的地方了。其巨川大河之间，居民点与城市却很少集聚布局，工业开发区与新的居住区很少见到。从上游到中、下游仅有一个超过百万人口的马瑙斯称得上大城市，其余有 10～40 万人的中型城市也是屈指可数如科阿里、奥比杜斯、马卡帕和丰蒂博阿等，均处在人烟稀少、经济不发达的亚马孙河边，每年到此旅游的考察的人数不多，平均仅有几万人次。

马瑙斯城是亚马孙河流域中唯一的大城市，地处在亚马孙河中游地段，是亚马孙河的一颗明珠。这座城市的周围大部分是亚马孙河的水域以及荒无人烟大片大片的热带雨林，特别是与亚马孙河上中游的广大乡村与秀丽田野交相辉映。与西欧、北美一些国家很不一样，此处可称之为是世界上自然环境最佳的原生态地区，森林湖泊，碧水蓝天。然而在这里缺少了一些现代城镇与文化的气息。进入马瑙斯市中心的步行街和附近的大教堂、博物馆就算是城市的闹市区了，几条刚刚建好的大街有不少商店与购物中心，也可以满足游客不同的购物要求。但在旅游的淡季，人更少，不能呈现大城市的繁华与热闹。我们住的宾馆也很一般，客房内的设施亦较为简单朴实，床上用品大多数较为陈旧，但还是干净的。

尽管欧洲和美国的文化大量渗入，在巴西的现代化大都会圣保罗和里约热内卢等地文化垃圾与广告宣传司空见惯，但在亚马孙河畔的马瑙斯却不多见。我们曾乘船去考察附近的一些居民点和原住民村落。当地原住民仍旧沿袭传统的生活方式，他们的艺术家们像祖辈们一样勤练技艺，用较为原始的方式、古式的颜料绘饰家中用具，制作土制弓箭、神像图腾，用地方音乐和歌舞表达梦幻时代的文化，或者用原始的办法追求上帝的保佑和获得战胜自然灾害的力量。

里约热内卢的城市亮点

南美新兴国家巴西是重要的旅行目的地国度之一，她现在更作为“金砖国家”之一引起世人的瞩目。这个大西洋岸边的大国里几座美丽的海滨城市吸引着我们，他们集聚式布局在巴西东南部海滨，靠近辽阔的大西洋，如圣保罗、里约热内卢、坎普斯、阿雷格里港、桑托斯和若因维利等。这些大中城市面向大海，具有特殊的交通枢纽区位，促使巴西面向世界，走向日益现代化、国际化的舞台！

里约热内卢大都市是巴西仅次于圣保罗的第二大城市，有560多万人口，比之圣保罗的城市人口960多万要少400万人。但里约热内卢这座海滨城市具有山环水绕的优美自然环境与海天一色的城市景观，比圣保罗漂亮多了。在这个海滨城市旅行考察，无论到哪里都可以欣赏美丽的海滨，享受海边特殊的风情，带给人们的一种令人陶醉的难忘印象，尤其是巴西人的美食节和狂欢节。

如果你是第一次访问这个城市，当你乘坐的客机徐徐降落在里约热内卢的国际机场时，首先看到的是市中心山上高高耸立的救世主基督像。在一座高达710米，称之为科科瓦多山的山冈上矗立的38米高的巨像，内部用钢筋水泥，外部用石粉包装，这是1931年底完成的旷世奇作。它像天堂里的救世主，巨大的两手分开，欢迎世界各地的贵客与旅游者光临这座海滨城市。飞机快接近地面时，可以看到横跨瓜纳巴拉湾的席尔瓦总统大桥。大桥长约5600米，加上约10千米之长的引桥，像一条长虹那样壮观美丽，沟通了里约热内卢东部的那些群岛城区，这又是一道亮丽的风景线。此外还有那些迷人的海滩、兴旺发达的旅游宾馆以及众多具有各国风味的美食和成千上万种纪念品。因此，巴西很多美丽的大城市里，最具有代表性的里约热内卢和圣保罗两大城市，是巴西四大宝的“阳光、海滩、桑巴和足球”最为完美的展现。它们是巴西最具代表性的海滨城市，而里约山顶上历时5年建造的重达1145吨的耶稣神像张开着巨大的手臂，也充分表达了巴西人民的热情与好客。

从里约热内卢南部海滨城的大西洋大街直到索图大街和天主教大学附近的海滨，一座座“面包山”散布在海面上。从北往南，从东到西的海滩大大小小共26处，处处都是洁白柔软的细沙、明媚的阳光和冲浪戏水的人群。随着阵阵海风吹来，游客们十分惬意。这里绝对是巴西不可多得的旅游胜地，每年从世界各地来此旅游的人超过一千多万人次。里约热内卢的海滨沙滩完全是天然的，旅游设施的完善也是世界著名的，有一些海滩浴场甚至允许人们在游泳与晒太阳时裸着身躯与大自然亲密接触，对于我们东方人来说也是值得一探的地方。

里约热内卢不仅是巴西风景亮丽的旅游城市，同时也是巴西的体育之乡。我们在里约热内卢城里观光之时，少不了还得去看看马拉卡纳体育场，足球名人堂走走，这样我们就可以了解巴西人对足球的热爱与执著。巴西无论是大中小学生还是各个社会团体、机关、公司的职员，都热爱踢足球。巴西城里的青年人每逢周末，都有成千上万人在各个体育馆运动场踢足球及组织比赛，市民中几乎一半也在观看足球比赛，尤其是世界杯、奥运会、南美各国的足球比赛。2016年夏季在里约热内卢这个城市将举行世界奥运会，会进一步推进世界体育事业的繁荣与发展！

在足球名人堂里，我们看到了巴西过去许多球王的足印，其中巴西著名的足球中锋、黑人球员贝利的足印，使我们一个个都按下快门，留下了难忘的记忆。贝利世界有名，以其豁然大度的品格，坚强的毅力，精湛的球艺，被称誉为世界上的一代球王。贝利的一生有着光辉成就，13岁开始踢球，1957年时17岁的他被选入巴西国家队，1977年退役。他一生四次参加世界杯足球赛，为巴西队夺得1958年、1962年、1970年的世界杯冠军立了头等功。他在20余年的足球生涯中，参加过1366次足球比赛，踢进1201个球，在1958年他一个人在各场比赛中踢进139个球，创下了目前世界上还没有人能够打破的纪录。他的战绩与成就如此辉煌，真是前无古人的，不知是否还会有后来者呢？

风格独特的巴西利亚

巴西是南美洲最大的国家，又是“金砖国家”之一。巴西以白人和混血人居

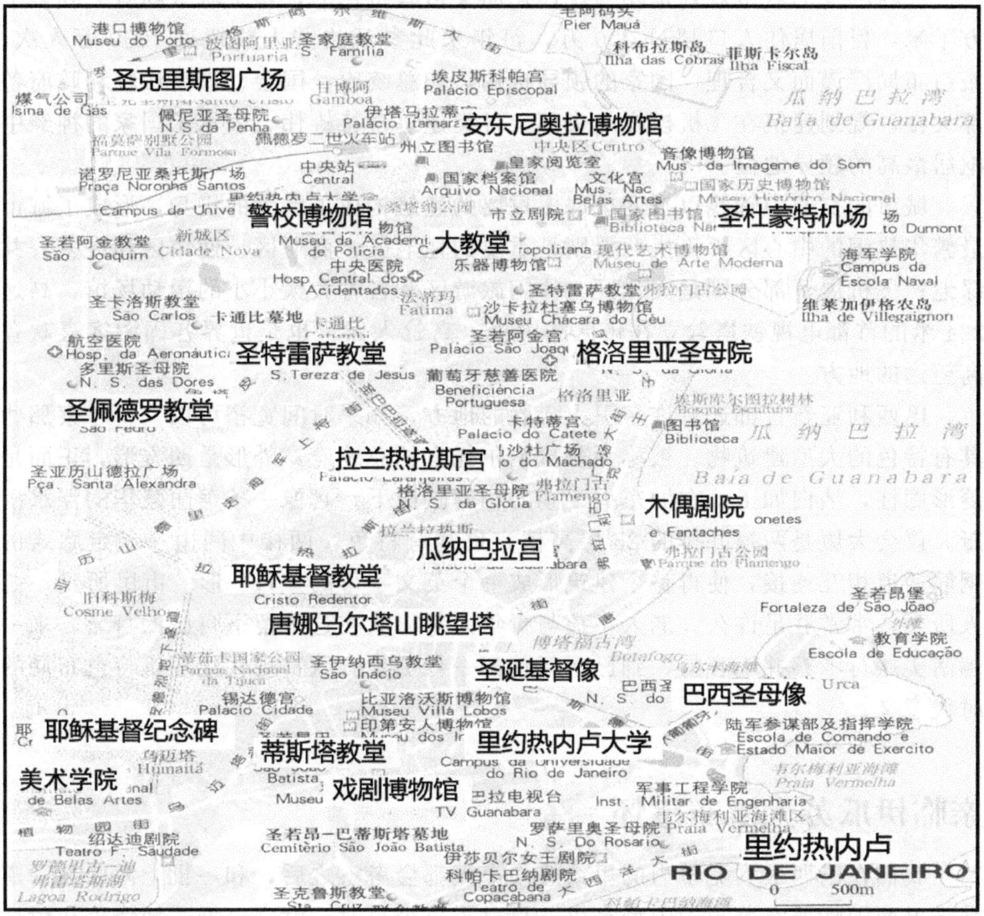

里约热内卢城市地图

多。由于巴西沿海人口分布比较稠密，城镇集中，过去的首都都设在沿海的大都市如里约热内卢，地理位置偏南。后来决定在巴西的中部地区建立一个新的首都——巴西利亚，新首都的区位十分优越，有利于统管全国各地，便于全国各地官员集中在首都开会，掌管中枢。

这座高原城市新建于 1956 年 8 月，仅用三年零七个月，在巴西高原上就诞生了一个风格新颖、布局独特，融汇了世界古今建筑艺术精华的新首都。我国著名的规划建筑大师吴良镛院士称“其建设速度之快，建筑质量之高属于世界建筑史上的一个奇迹”。乘飞机到巴西新首都旅行的人，每当飞机下降之时，从机窗外可见到巴西利亚新城的总体格局像一架巨型飞机一样坐落在巴西高原的大地上，象征着巴西这个金砖国家正在高速起飞，成为拉丁美洲的新兴大国。

巴西利亚的城市规划是相当现代化而又富有特色的，整个城区约有 200 多平方千米，目前居住人口超过 200 万，每年来此参观旅游人数超过 1000 万人次。城市布局严谨而又合理，国家的领导机构，如总统府、国会、最高法院和政府各部大楼，规划建筑在飞机模样的头部，各类建筑奇特雄伟，表示了国家的神经中枢居最高的领导地位。

城市的交通中轴线以及两边许多重要的建筑构成了巨大的机身，形成了城市最繁华热闹的中心区，飞机两翼则是重要的住宅区、商业区、使馆区和许多公共绿地；飞机展开部分则是文化区、休闲旅游区和各种大大小小的运动场馆，高达 224 米的首都电视铁塔耸立在市区的中央，高耸入云，也是世界各国游客喜欢登高望远的地方。

巴西利亚新首都还有许多引人入胜的地方，如果时间宽裕可以一一考察那些具有特色的大型建筑物。被称为普拉纳尔托宫的总统府，外形是四方形，正面是菱形廊柱，洁白如玉，在城东人工湖的相辉映照下，真像一条美丽豪华的浮水游艇。议会大厦是两幢并排的 25 层高楼，也富有特色，两楼中间由一条走廊式的钢筋通道相互连接，使得整个建筑形成一个英文字母的“H”形。市民所到，游人所至，常常驻足许久，老人小孩与青年人都喜欢在这里留下自己的身影，来一趟南美旅行考察并不容易，到巴西新首都一行更具有欣赏现代化建筑特色布局的时代意义。

亲临伊瓜苏大瀑布感怀

我们在巴西最具竞争力的里约热内卢大都会考察之后，和一批上海朋友一道乘坐巴西国际航空公司的中型客机，只过了三个小时，就安全舒适地降落在伊瓜苏大瀑布附近的小城市瓜伊拉的机场。机上那些并不很漂亮的巴西航空小姐微笑着与我们热情地打招呼。我想：下次还能再见到你吗？

机场上等候我们旅游团的导游小姐又把我们领走了，不知是好奇还是金钱的魅力，使得她们热情、奔放，在车上又说又笑。从浙江来的导游在翻译巴西人的葡萄牙语，意思说：中国有了个邓小平，改革开放后中国人发财了，到处在烧钱了，那么远你们都敢来？我们团中一位身材苗条的靓女热情友好地说，你们巴西漂亮的姑娘可以嫁给中国小伙子了，我们上海、南京、杭州来的男子汉都是又帅又有厚家底，车上又是一阵阵的欢声笑语。

我们的旅游车沿着这个小城市通往大瀑布的公路缓缓而行，仅过了一个小时就停在风景优美、山水环绕的旅游宾馆的门前。我们停下来休息了一会，马上赶路往大瀑布走去。虽然还隔 10 多里，但也可以听到伊瓜苏大瀑布的落水声，阵阵轰鸣声不断地传来。

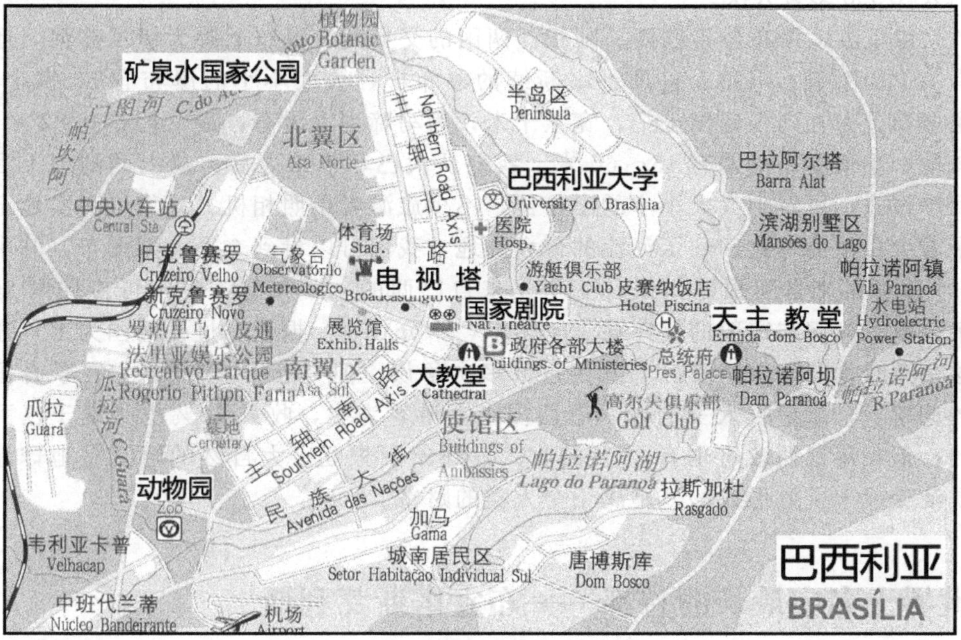

巴西利亚城市地图

新市区主要建筑地区像飞机模型

雄伟壮观，水瀑飞溅的伊瓜苏大瀑布是南美最大最有特色的瀑布。据分析，世界上有三四个最大最壮观的瀑布。南美洲委内瑞拉东南部的圭亚那高原上，有着世界上落差最大的瀑布，它的落差竟达 979 米。美国飞行员安赫尔在 1937 年对它进行了考察，为了纪念勇敢的飞行员，瀑布被命名为“安赫尔大瀑布”。北美洲的美国、加拿大边境上也有一个尼亚加拉大瀑布，它最大的特点是水量大而稳定，景色也十分壮观。它坐落于伊利湖与安大略湖之间的尼亚加拉河上，宽约 1200 米，一部分在加拿大境内，叫“马蹄瀑布”，另一部分在美国境内，叫“美国瀑布”。我们曾两次到尼亚加拉瀑布考察，都是由美加两国地理学家组织的，我们中大部分都是行家，对于大瀑布的形成、发展及其水力资源利用和旅游价值都是比较清楚的。美加这个大瀑布旅游价值高，处于发达国家的交界处，每年从世界各国来此旅游观光的人超过 1200 万人次。在这里，晚上的景色更迷人，瀑布两岸，多种颜色的聚光灯从不同角度照射，使瀑布的景色随之变化，万千景色，迷离神奇。世界上还有一个大瀑布，位于非洲赞比亚与津巴布韦接壤处的莫西奥图尼亚（维多利亚）大瀑布，宽约 1800 米，高约 120 米。被岩石分割成三片，分别落入深潭之中，景色雄伟壮观。这里有着雄厚的水力资源和奇妙的景致，但当地经济发展滞后，科技水平较低，尚未大规模开发利用，每年来此观光的人仅500多万人次。

伊瓜苏大瀑布位于巴西、阿根廷两国的交界处，瀑布上游为伊瓜苏河，还有一个伊泰普水电站。它是一串断续的瀑布群，大大小小的瀑布有50多个，主瀑布分布在阿根廷国土上，宽上千米，为马蹄型大瀑布，最大落差有82米，其他中小型瀑布落差有45～60米。我们从大巴车下来之后，从巴西的国土沿河岸过去，可看到大大小小的瀑布群，不少旅游者用照相机、录像机真实地记录着大自然的奇迹。到了河流的最大源地，我们可以看到6个大型瀑布，其中5个水源都来自阿根廷，仅有一个是来自巴西的。瀑布的雷鸣声可传周围20多公里，溅起珠帘般的雾幕高100多米，十分壮观。据说，过去两国为了争夺这个天然优厚的旅游资源，发生过许多次争议，但是近10多年来，在联合国的调解下，旅游收入三七开，巴西国土上游客为主，收入70%也是属于巴西的，但每年巴西政府也有30%的收入返还给阿根廷。大自然的财富是地球地质演变成千上万形成的，是属于全人类的财富。

世界上名字最长的首都——布宜诺斯艾利斯

我们在阿根廷的日子里，有许多值得记忆的事情，翻开自己那些潦草写下的心得体会日记，其中一段就是在阿根廷首都布宜诺艾利斯参观博物馆时，一位面目清秀的导游小姐（混血人种，但她学过一点中文）在介绍首都名字时，结结巴巴地讲过4次，我才在笔记本中记下来。原来阿根廷国家首都是世界上名字最长的首都，一般人都很难记清。

苏达德阿托诺玛德布尔诺斯艾利斯，唉呦呦，阿根廷首都的名字那么长，真叫人难以记住她。首都的名字原来是西班牙语意为“顺风之城”。又称为“南美的巴黎”。

这里的城市风光，不仅有豪华富丽的现代建筑，而且还有浓郁热烈的地方风韵，同时也具有典雅浪漫的西欧情调，又有古朴神秘的南美风情，就像是在街上行走的那些风情万种、美丽可爱的阿根廷姑娘。

布宜诺斯艾利斯地处于南半球南纬35度左右，这里气候暖和，常年青绿，为南半球一个风景秀丽的园林城市，城堡始建于16世纪，19世纪成为阿根廷的首都，现在为南美最大的城市之一，城区人口超过410万人，连同近郊区的城市化地区人口超过500多万，其周围有22座工业、旅游、军事等专门化的卫星城镇。城市中心区，特别是五月广场、总统府玫瑰宫和政府大厦一带，十分繁华热闹、车水马龙、人流集中，有人称这个城市是南美洲的“巴黎”。闹市区以拉普拉塔河岸为基线，像五彩缤纷的大扇面一样向西、向南展开。来自世界各地的树种在此蓬勃生长，枝叶茂盛，特别在市区几个大型公园如二月三日公园、巴勒莫公园和市区北部的动物园、植物园中，亚热带、暖温带和热带的树木、花草繁茂生长，常年青绿，生机盎然，显示着这个大都会优良的生态环境，吸引着成千上万人在此驻足欣赏。在这个大都市里，98%的居民为欧洲移民的后裔，因此城市布局街道景观、生活方式、文化习俗等都充满了浓郁的欧洲风情。也有不少是白人与黑人结合的混血种人，后代也很漂亮。

我们在布宜诺斯艾利斯访问、考察期间，不仅参观了具有重大历史意义的总统府玫瑰宫、博物馆、国民议会大厦和圣马丁纪念碑；而且游览了市区最富有特色几条大街，如五月大街、里瓦达维亚大街，观看这里富有欧风色彩的建筑物，古风浓郁的哥特式、罗马式和拜占庭式传统建筑以及那些现代化的高层大楼，在主要街道的两旁交相辉映。位于市区中心的1908年建成的科隆剧院是世界上第三大的戏院。它是一座典型的文艺复兴式的庞然大物，也是按照巴黎大戏院和维也纳大戏院的建筑风格设计的。市区南部圣特尔莫和蒙塞拉特区都保留着较多的欧式建筑。五月广场上有洁白的独立纪念碑，建筑形式类似华盛顿市区内的华盛顿纪念碑，高高耸立在街市中央，十分雄伟壮观。附近还有7月9日大街，为世界上最宽的街道之一，宽度达140米，比我国上海浦东地区的21世纪大道、日本名古屋的百米大街还要宽出40米，真是雄伟壮观。相反的附近又有一条很窄的佛罗里达大街，现在开辟为步行街，街宽不足10米，却是一条十分繁华热闹的商品名店街，有人称之为“南美的百老汇”，入夜后各式彩灯使人眼花缭乱，美女成群，歌妓惹人，不小心也会使人在此失足，沾上了不良的习气。

美丽的布兰卡湾

从阿根廷的首都布宜诺斯艾利斯乘坐舒适的旅游大巴，大约3个小时就可以到达阿根廷南部的布兰卡港。这个港口城市面向辽阔的大西洋，在阳光下，港区汽笛响鸣，几十艘船只正在靠岸，码头工人忙碌着，货车奔忙、人流往返，货物装卸、物资集散、船舶修理，处处都甚为喧嚣热闹，好一派繁忙景象。

布兰卡港过去是设施比较落后的小港，原来只是一个小小的渔村，居住的市民不多，港口就是从这个渔村慢慢地发展起来的。现在的港区主要运输国内货物，大批的工业品和日用商品从阿根廷首都运来，又装载着许多农产品、水果与海产品返回。阿根廷属于发展中国家，过去是西班牙的殖民地。近20年来，阿根廷政府加强了与俄罗斯和中国的交往，这里的港口事业也逐渐发展起来了。

布兰卡港由过去的小型港口发展成为阿根廷重要的中型港口，且日趋繁华，不仅在港口设备上，而且在港口管理方面也学习了中俄等国的先进经验。港口的管理中心，有雷达站监视着进出的船只，管理人员可以坐在荧光屏前面，通过无线电、电视进行导航与调度。货物的装卸运储，完全用电脑控制、指挥。港区内

布宜诺斯艾利斯城市地图

近年来也建设了修船厂、炼油厂、金属加工厂、食品工厂等，有相当的货物、原料可以在港区加工出口，进行集装箱运输。如今，这个港口逐步迈向现代化，港口城市居民不断增加，港口吞吐量日益增加，与世界各国的交往也日益频繁了，为阿根廷人民作出了巨大贡献。

布兰卡湾，自然条件非常优越，有附近的山峦作为屏障，港湾深阔曲折，是一个不可多得的避风良港。港湾东西两岸有许多天然曲折的海岸线，海边多是嶙峋奇特的山体和陡峭的悬崖，附近一些小城镇的居民利用优越的自然环境，在海岸线弯曲的山崖间建造了一座又一座海滨别墅，来此度假休闲的人大多数为来自首都的中产阶级以上的人群。

还有部分村落人家，也利用天然的海湾建造了在海岸边山崖附近的特色住宅。当地居民都懂得享受生活，住在这样的房屋里，总有几扇窗户是对着大海，人们可以自由自在地呼吸新鲜空气，瞭望大海的波涛与蔚蓝色的天空，享受着壮观辽阔的大海之美。民宅与别墅附近的山丘，长有茂密的森林和经济林木，也种植柠檬、橄榄和葡萄。每当春夏之交，满山遍野的花草，红红绿绿处处开放，伴随着徐徐的海风吹来，香气四散，非常美丽，十分引人。

第四部分
开发中的大洋洲

Oceania

第 20 章　澳大利亚见闻

智者创造机会，愚者等待机会。

——培根

美丽与休闲的海滨城市——悉尼

不知因何而独获造物主的垂青的澳大利亚，仿若绝世佳人，惊艳于清澈蔚蓝的水中央（四周被辽阔太平洋和印度洋包围）。而澳洲首推几个至美至静的城市，有悉尼、堪培拉和墨尔本等。

悉尼是南半球最大的国际性城市之一，这里风景秀丽、安闲幽静，而且有着富有特色的城市建筑和 56 处美丽的海滩浴场，一直吸引着世界各地的万千游客。我和妻子于 2006 年春季应悉尼大学同行朋友的邀请，十分高兴地参加科学考察来到这座美丽的海滨城市——悉尼。

在这里，我们可以看到璀璨夺目的奇特建筑、天然美态的海德公园与西部蓝山；在城市中心，你又可以看到从河畔有着历史传统的酒吧到小巧别致的庭院咖啡屋，还可以在岩石区探寻考古者的足迹。观赏澳洲文化遗址和现代艺术博物馆，还可以参观亚洲食品城、唐人街和奥林匹克运动场地……正如澳大利亚旅游部长 Sandra Nori 女士称赞悉尼时说过：悉尼这座城市以她壮丽的自然景观以及自在休闲的文化闻名于世，你们来到这里之后，一定会获得前所未有的美好经历与深刻的回忆。事实上，我们在澳大利亚的时候，许多地方超出了我们的想象。

人们都知道，澳大利亚是一个文化多元与经济发达的西方国家；也是地球上不可多得的地广人稀、物产丰饶、风光旖旎的大国，国土面积 759 万平方千米（中国 960 万平方千米、美国 936 万平方千米），但它的总人口仅有 2300 多万人（中国 13 亿人、美国 3 亿人），其耕地、牧场、森林、矿产资源极其丰富，经济开发潜力巨大。悉尼这座澳洲第一大城市，正好位于其东南一隅，也是新南威尔士州的首府。悉尼市区人口超过 400 万，而城市布局分散、组团发展。郊区田野、美丽海滩、蓝天碧海，具有很多的自然风光和村野与城市风情之景。

正值南京寒冷季节时我们来到澳洲，这里每年的 2～3 月份正是盛夏，但由于澳洲四面环海，接受到海洋气候的恩惠，夏季不热，平均气温 20～28℃，海边凉风习习，环境十分宜人。我们在悉尼访问考察只有短短的 4 天，在那么宝贵的时光中，我们的访问计划安排得满满的，这也是我们长久以来心中所期盼的。

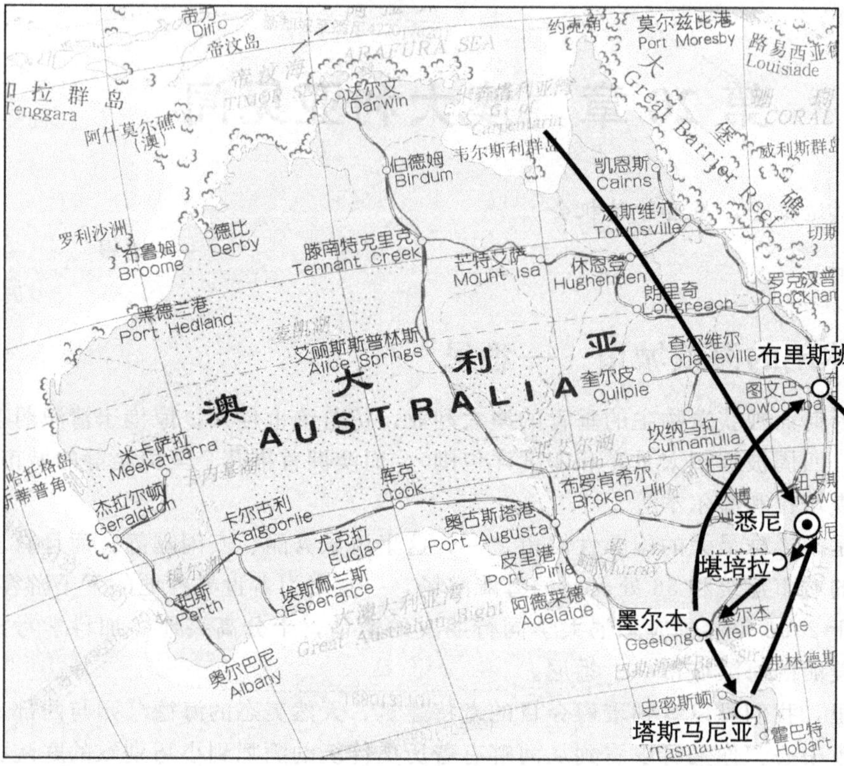

赴澳大利亚考察、旅游路线

第一天，我们十分兴奋地参观了悉尼歌剧院（Sydney Opera House），欣赏了丹麦建筑设计大师乌松（Joslash Utzon）的建筑作品，这是从233件设计方案中挑选出来的精品。于1959年动工兴建。15年后完工的歌剧院独树一帜，许多专家和领导人认为这座雄伟壮观的歌剧院不仅是悉尼市的地标（代表性建筑），更是悉尼市人民的文化艺术的殿堂，每年在这里有2500场精彩的表演，从爵士音乐、歌舞、流行音乐、话剧到古典芭蕾，应有尽有。不过这里的门票高昂，包厢更是豪华，不是一般平民百姓所享受的。我国著名的女歌唱家宋祖英，也曾在此办过个人演唱会，影响很大，风靡澳洲，深受全澳洲60多万华人的青睐。

之后，我们在附近参观悉尼港湾大桥，这也是当地最宏伟的建筑物之一，由道斯角伸延至麦尔森角，横跨整个海港，连接悉尼南北两岸，它除了是交通行车的大桥和拍照留念的胜景外，还可以供旅游者攀登、漫步及参观其博物馆。在桥上的观景台及桥塔，拾级而上抵达顶层，城市风光、海天一色的迷人景色尽收眼底。我们在这里也逗留了大半天，留下难以忘怀的印象。

我们住在悉尼市西部的城市边缘，风景幽静的Black Town中花园式的旅

馆。每天早晚我们中老年人在一起散步、锻炼、舒心，住在这里好像什么人间烦

悉尼城市地图

恼都没有了。第二天，我们从这个小镇坐大巴仅 40 分钟就到达了悉尼奥运公园。2000 年悉尼有幸成为奥林匹克运动会的场址，公园内有主会场馆与其他大型体育馆。整个奥运公园占地 450 公顷，布置有天然风景区、沼泽地、大中型场馆、野餐场地、森林草地、水上活动中心、运动员村、咖啡屋和餐厅、旅馆等。置身于全球最大的体育场馆之一，不但可以体会到澳洲人民对体育运动的热爱和浓厚的体育文化，还可以让我们看到当时比赛精彩的场面与动人的片断。在能容纳 6 万人的主体馆前，还可以看到许许多多树立在馆前的钢管，很有社会意义，上面刻有奥运会时数万名志愿者的名字，由于钢管单薄，自然风一吹，就会发出美妙的声响，构成了一幕幕动听的天籁之音，美丽动人，使人们长久不愿离开此地。

下午与晚上，我们在市区参观与购物，并在中国饭店用餐。傍晚南京大学毕业的苏勇益博士（他在这工作了10年）专门安排我们参观唐人街（10多条大街，市内华人已有40多万），华灯初上，繁花似锦，并路过红灯区一角，可以了解澳大利亚社会的阴暗面。

在最后两天里，我们乘船游览悉尼港、情人港、富人住宅区和海滨浴场，并在市区参观皇家植物园、圣玛丽大教堂和海德公园（同性恋人集中以及自由民主人士喜欢集聚的地方）。

悉尼又是一个新兴的港都，波光闪闪、阳光耀眼，我们在游船上眺望市区城中心CBD以及悉尼歌剧院、海港大桥等，港区景色十分迷人。悉尼歌剧院三面临水、环境开阔，我们在此参观了大半天。它的外形像三个三角形翘首于河边，是丹麦一位名叫乌松的工程师设计的，建筑设计很有特色，是20世纪世界最著名的十大建筑之一。屋顶是白色的，形状犹如巨大的贝壳搭架而成，有建筑师称它为“翘首遐观的恬静修女”之美称。在豪华的游船上，每个人都跑上跑下，从船头到船尾，寻找好的位置从不同的角度欣赏美丽的悉尼港、大桥、歌剧院与海岸边的林带、岩石、植物与花草。同时我们也按下快门，将那些值得纪念的时刻留在照相机中。当然参观悉尼港有不同的价格与不同的选择：可以从平价的大型渡船到各种不同价位的游轮行程由君自择，要是喜欢水上活动的朋友还可以自己驾驶帆船，若是喜欢刺激的朋友，就更不能错过惊险刺激的喷射快艇了。我们乘坐的中型客轮，虽不属豪华型，但半天行程还得交费100澳元（约600元人民币），对于我们工薪阶层人士来说，也是够奢侈的了。之后我们去了情人港、花园岛、大宝湾和海滨浴场。由于时间关系，我们尚未到达浪漫的曼尼海滩（据说这里有合法的裸体浴场）、屈臣氏海湾以及一些大型赌场，当然传统的中国人对这些并不是很感兴趣。

堪培拉见闻点滴

堪培拉位于澳洲大都市悉尼与墨尔本之间，周围的生态环境幽静、气候宜人、水土资源极为丰富，是澳大利亚的首都，全国的政治中心。全市仅有30多万人，没有什么工业可言，市区到处都是绿茵茵一片，每条街道、每座建筑与各户人家都栽种鲜花、林木和绿茸茸的草坪。整个城市像一座林木茂盛、百花盛开的大花园。

澳大利亚是个移民国家，1770年4月英国殖民者库克带领一批英国人探险，在澳大利亚新南威尔士的悉尼附近登陆，发现这个新大陆，此后澳大利亚为英国占据。1778年英国派出十一条船，1400人，包括军人、官员和家属，押送了900多名囚犯来到澳洲，从此与本土人、华人、印度人等，在一起共同开发，他们是这片丰饶处女地的移民先锋。

澳大利亚原来的首都在墨尔本，1927 年澳大利亚独立后，许多商人、企业家与文化人都建议首都应移到悉尼，但墨尔本的许多政府部门的官员、议员反对。经过多次的较量，两大城市的议员、市民经过国会议员进行表决，在两个城市之间的新南威尔士州的土地上，划出一块地方，建设澳大利亚的首都，这座政治性的首都如华盛顿一样，仅仅是政府官员办公之地与各个国家大使馆的驻地。历史上的澳大利亚总理在周末甚至住在悉尼或墨尔本的市区，许多议员也是每周一开车 2～3 小时，来堪培拉上班。往返的路途也浪费了大量的工作与休息的时间。

堪培拉坐落在新南威尔士南部一个宽阔的山谷里。四处也与墨尔本一样，洋溢着浓厚的英国风情，有着欧洲风格的文化艺术与传统生活方式。市区拥有澳洲本土的生命内涵，也具有欧洲独特的市容景观。她不仅有现代流行的一面，更具有可贵的古典建筑，市内随处可见哥特式、维多利亚式和英国乡间别墅式的建筑，行走在一些银行大楼、使馆建筑和教堂之间，仿若置身于中世纪时的欧洲。而在中国人聚居较多的唐人街，修建了许多牌楼、庙宇和中国式的楼房。

堪培拉市区分为三大部分，城市中心区（CBD）为商业街区、住宅与各大公司、银行的本部；往南便是格里芬湖，面积很大，湖面狭长，是市区中间的绿带，山环水绕，景致特别；再往南面就是国会山，为国会大厦所在地。在格里芬湖南边湖畔，为澳大利亚联络世界的中枢，世界上诸多国家的大使馆建设在风景美丽的湖畔，其中以美国、中国、英国的大使馆占地面积最大。各个国家的使馆建筑别具一格，各有千秋。我们在使馆区参观约有半天时光，领略了各种风光，并在中国大使馆内观光，与国内的朋友们见面交谈，感觉到自己好像回到了祖国一样亲切。大使馆的官员们朋友们特别热情，他们认为，你们退休之后，应该趁着自己的身体还行之时，多多到世界各地走走，进一步了解世界各地的风情。

墨尔本的风情魅力

墨尔本这个澳洲南端的现代名城，受英国的影响最大。但也是最早受到澳洲文化洗涤的现代都市，具有许多种族带来的多元文化，又被称为澳洲的“伦敦”。墨尔本是维多利亚州的首府，有别于澳洲的其他城市，这里集聚了 60 多种不同肤色的民族。在这 8800 多平方千米的市区中居住着 420 多万人民，使墨尔本具有独具的城市风貌。城市规划部门非常注重市区的功能分区，突出个性特色，城市也相当活跃。加上维多利亚州自然景观壮阔的优势，当地市民与外国侨民十分融洽，人与人之间的柔情、友谊与信誉，也为墨尔本增添了种种风情与城市的竞争实力与魅力。

堪培拉城市地图

墨尔本除了建筑与自然景观迷人外，运动与文化艺术的活动也为澳洲之冠。每年的橄榄球季节，全市民众都陷入狂热之中。各种风格不一的剧院，广布各大小街道，包括维多利亚艺术中心、丽晶剧院、公主剧院、女皇剧院、州立剧院，等等，全年各种文艺表演活动从不停歇。多姿多彩的都市生活，繁华的都会街区，均使这个澳洲第二大城市充满活力。这个集文化、艺术、科教、体育、娱乐、美食、购物、休闲于一身的都市，还被联合国评为“世界上最适合人类居住的城市”呢！怪不得北美与欧洲人有钱人来澳大利亚，就喜欢在这里待上十天一个月啊！

墨尔本城市地图

我们是从新西兰首都的奥克兰国际机场飞抵墨尔本的，虽然刚经过4个小时的疲劳飞行，但我们一下飞机就赶忙到市区中心一带考察。行走在繁荣热闹的中心城区，这里不仅有现代流行的许多大厦与住宅建筑，富含墨尔本的生命内涵，还有更可贵的古典建筑，市区随处可见哥特式、维多利亚式建筑和拜占庭风格的教堂。尤其是在雅拉河北岸为多。其中有历史文化街之称的柯林斯街区，有着精致的旅馆、剧院、街区拱廊、建筑小品、雕塑和庭园。市区中的澳新银行大楼、市政厅等，都与伦敦的街区建筑相仿，行走其中仿若置身于欧洲，特别引人入胜。

文化艺术气息浓厚的墨尔本，有些闹市街区也很繁华。这不仅表现在购物观赏、美食和会友；而且在夜生活娱乐休闲方面，也完全展现了大都会的风味与趋势。墨尔本拥有南半球规模最大的赌场和夜总会，还有使人夜不归家的不同类型的俱乐部、会所和音乐厅。当夜色降临时，一种叫人迷恋的精彩方式正在开始，在夜总会的昏迷夜色中炫丽迷幻的妙龄女郎与花花公子，时时恭候夜猫子，越夜越有活力。1997年5月正式开张的“皇冠逍遥之都”，占地51万平方米，东西连绵约500米长，规模比之原来的香港国际机场还大，而且24小时营业，有着精品店、美食街、电影院、娱乐城和各式酒吧，以及各种高科技的娱乐设施和趣味浓厚千奇百怪的天地，真让人在这里无忧无虑地彻底开放。

令人喜爱的企鹅群

在墨尔本两天的旅游考察活动中，最有意义又令人难忘的半天就是参观墨尔本南端一个小岛上的企鹅群。这里以集聚着3600多只神仙般的企鹅而名噪世界，每年吸引着400多万游客至此参观游览。

我们在澳大利亚南端的墨尔本考察之后，乘坐墨尔本旅游公司豪华舒适的大巴，大约经过两个小时的旅程，约傍晚时间，抵达了墨尔本南岸的一个美丽的小岛——菲利浦岛。这大约有25平方千米的旅游度假胜地，是世界上观看千姿百态的各种企鹅活动的最好的地方。1996年澳大利亚当地政府规划为国家自然公园，附近为绿色的丘陵、曲折的海岸、起伏的海潮和丰富的森林草地。据说世界上仅有三个地方可供游客欣赏、考察企鹅活动。在南美阿根廷南端一个叫半月岛的岛屿，栖息着很多帽带企鹅，身高约70厘米，黑白相间的羽毛、美丽可爱。它的颜色与当地黑色的火山碎屑和白色的冰雪交织在一起，构成了有效的天然保护色，美丽极了。另一个是在非洲南非开普敦附近；还有一个就是在澳大利亚墨尔本南面的菲利浦岛。然而，在澳大利亚的企鹅，个体较小，但也十分可爱，当地人称之为“袖珍企鹅”。成千上万只企鹅每天出没在海洋与草地之间，生活自由自在。

我们在侨美旅游公司王小姐的安排下，在旅游度假村一家中国餐厅吃过晚饭后，差不多7～8点半在菲利浦岛南端天然狭长的沙滩上观赏企鹅从大海归来的胜景，每次参观的人数不能超过 800 人，每晚给安排两次（票价 40 澳元，相当于 240 元人民币），在长 5～6 千米的海滨沙滩的座椅上，观看上千只小企鹅从海上归来。我们沿着走廊式的栈桥（约 2600 米长），步行而去，一边走一边欣赏大自然的神奇。栈桥下面是一片绿色的草丛，草丛中可以听到小企鹅发出好像叫喊企鹅妈妈的欢快的唧唧之声，张开小嘴巴，等着企鹅妈妈从海上觅食回来后给他们喂食，那幼小的躯体，柔软的皮毛一直在抖动。

企鹅妈妈每天早上 9～10 点，一群一群地走上海滨，潜入浅海中觅食各种小鱼、深藏在肚子里面，回来后再吐出一些小鱼来喂食小企鹅。企鹅妈妈从海滩上回来之时，那种一摇一摆，漫步方寸的憨态，真是令人喜爱，模样很“绅士”。他们也不怕人，只要你不惊扰他，企鹅会慢慢地靠近你。旅游区的工作人员一直强调不能惊动他们，也不能用闪光灯去照相。让企鹅慢慢从沙滩上，草丛中散步回家。企鹅妈妈也真伟大，如此慈祥、真心、热情，企鹅天堂的动物叫人感动。虽然我们参观的时间仅仅一个小时，但我们越看越喜欢，不愿早早离开这里，最后留下了深深的印象。

世界上著名的海德公园

一个风和日丽的星期天早晨，本来我们可以好好休息，在宾馆睡个懒觉。但是对于我们上了年纪的地理考察人员来说，到了国外，一定要争取一切机会多看上几个地方，多深入了解一些异国他乡的风情。为此，我和代表团的一些成员，从住地走了 40 分钟的路后来到了悉尼中心区东部面积很大的海德公园。

海德公园在世界上早已为人所知，每年 3、4 月间，世界上很多同性恋者，都喜欢到悉尼的海德公园或伦敦的海德公园集会。有时多达 10 万多人来到悉尼。这个公园位于悉尼的麦克夸尔大街、伊丽莎白街和利物浦街之间，呈稍长一些的球场形，环境十分幽静美丽。

悉尼的海德公园始建于 1810 年，当时作为军事操练场和板球场。当时悉尼城区不大，而这个操练场所占地很大，比现在的海德公园大好几倍啊！澳大利亚在这举办了历史上第一场板球比赛，当时参加的都是澳大利亚的英国统治阶层和达官贵人。后来这个军事操练场改为澳大利亚第一个赛马场，最后改作市民的休息场所、文化胜地，并以伦敦海德公园的名字命名，以表示英国文化的普及及传播。悉尼的海德公园虽然没有伦敦的大，但作为悉尼最古老的公园，同时又处于市区中心附近，仍然受到市民与旅行者的钟爱。漫步在海德公园的林荫大道和平坦的草坪上，在这里晒晒太阳，或者带着小孩、家人在这里小睡一会儿，或者在喷水池边欣赏各种美景，都是都市生活繁忙之余的一种清新的享受。

海德公园内建于 1932 年的阿奇伯尔德喷泉，有着一组排列在水池中与真人一般大小的青铜雕塑，旨在纪念第一次世界大战中法澳军队的联合作战，这也是根据《公报》的创始人阿奇伯尔德的遗愿而建的。喷泉是悉尼 20 世纪 30 年代装饰艺术与公共雕塑的杰出代表，在艺术和技巧方面都十分成熟。占据最高处的是高举右手庇护大自然的是阿波罗，他的左手紧握一把七弦琴，脚下喷泉四溅，在打磨光亮的大理石基础上用马头代表阿波罗拖车的马匹，喷泉从它们的鼻孔中流入水池。喷泉另侧还有另一尊雕像，是阿波罗的姐妹——月亮与狩猎女神狄安娜，清晰与所有代表诗歌和谐特性的象征。她被表现为一位跪着手持弯弓的女性形象，都是献身于公共事业的象征，为世人所崇敬。世界各地的旅游者，特别是文化人都会在此留下深深的印记。

世界最大的珊瑚礁群——大堡礁

到澳大利亚旅游的人都不会忽视到澳大利亚东北海岸去看世界奇观，最大的珊瑚礁群——大堡礁。大堡礁面积达到了 20.7 万平方千米。世界各地的游客来到此地可以下潜至海平面以下 30～60 米的水下世界，可以看到五颜六色的珊瑚虫，有红的、蓝的、黄的、白的、黑的、紫的，浮游在浅海，觅食各类浮游生物。每年又有几百万条珊瑚虫死后钙化为碳酸钙，结合为新的珊瑚礁，每年可以生长 3 厘米。地质学家告诉我们，海洋中的生物珊瑚虫变成海洋中的矿物质珊瑚礁，仅仅需要 1～2 年的时间。珊瑚虫变成千奇百怪的珊瑚礁，只能在地球上的赤道地区及南北回归线之间，需要合适的海水温度。现在世界上也只有澳大利亚东部海岸、美国的佛罗里达附近海域以及我国的南海诸岛附近有珊瑚礁群存在。其中澳大利亚东北部的大堡礁是其中最大的珊瑚礁群。

大堡礁以及形成了 3000 多万年，大堡礁附近的海域里生活了 6600 多种海洋生物，包括 1500 多种鱼类（如泳姿优美的鲽鱼、色彩华美的雀鱼、头部带有毒刺的石鱼、华丽体小的狮子鱼以及大大小小的飞鱼等）、4000 种海底软体动物和 400 多种珊瑚，形成了世界上最大的海洋生物系统。游客们在这儿常常惊叹不止，流连忘返。多么梦幻的好地方呀！

第 21 章 新西兰印象

“万帆之城”奥克兰印象

美丽的岛国新西兰，是以农牧业为主的经济发达的国家，品牌著名、质量优先的羊肉、奶制品和粗羊毛等的出口量为世界第一，一个不大的国家，其农牧业产品出口占全国出口总量的一半。欧美许多中产阶级以上的人士都喜欢新西兰的各种农牧业产品；而这些发达国家的下层人士对此却可望而不可获啊？

新西兰国土面积 27 万平方千米，超过了英国本土，但还没有我国的四川省的面积大，全国人口 440 多万。新西兰真是南半球一个资源丰富、人口稀少、自然环境优美、各方面发展潜力比较大的国家。国家中大多数人都比较富有，住宅环境好，家庭财富积蓄厚实，人民生活幸福安康。到新西兰这个岛国访问的人们，最喜欢的地方还是有“万帆之城”称誉的奥克兰、首都惠灵顿以及属于世界奇观的怀托摩溶洞；其次，可以参观欣赏新西兰的放牧之地，草原的肥美、辽阔与平静；此外，一些死火山口、温泉、毛利人村、海滨沙滩和天然海景等，都是世界各国游客玩赏的好去处。在奥克兰郊区，我们参观了原始毛利人村的历史展览馆，观赏了当地文化活动。他们能歌善舞，擅长雕刻、制作工艺品，毛利人接待客人的最高礼遇就是认识后，要相互碰碰鼻子，并一起照相留念，对我们旅游者来说，真是十分有趣的事情。

奥克兰是南半球一个美丽多情的海滨城市，是新西兰的第一大城市与商港，最大的工业、信息行业中心和区域性的国际交通枢纽，城市人口超过 120 多万人，原住民为波利尼西亚人与毛利人，1840 年后欧洲殖民者才开始大规模。从 1841～1865 年这里是新西兰的首都，后来迁到新西兰北岛南部的惠灵顿。经过将近 160 多年的开发、建设，新西兰南、北两岛逐步建设成为生态化的农牧场以及现代化的许多海滨城市，人类生存环境也特别安静，优美。

在现代化的奥克兰大都市中，其北部港区，建港条件十分优越，又是天然良港与避风港。最近 100 多年来，新西兰投入了大量的资金，建设了许多优良的港口与码头，并安装了现代化的港口设施。从港区的西部往东建设有王子码头、女王码头、库克船长码头、国王码头、杰利科码头、弗雷伯格码头以及海洋博物馆。国外一些大富豪与新西兰有钱人士都在这里购买豪华的高级游艇、帆船等，每年还举行多次的游艇、帆船比赛，吸引世界各地游客，成为南半球海上运动的集中地。当前，奥克兰真是名副其实的“万帆之城”，更是引人入胜美丽多姿的海上运动之城。每年夏、秋两季，奥克兰市中、小学生穿着节日盛装，高高兴兴列队到港区参加各种体育文化活动，都是得到政府的大力支持的。

奥克兰啊，你是南半球新西兰北岛上的一颗璀璨的明珠。入夜，港区万家灯火，游人络绎不绝，成千上万艘游艇与帆船集聚在各个建筑风格不一的大小码头。有时千帆竞发，驶向辽阔的海洋。伴随着新西兰美丽姑娘的歌声，美女云集，游人毕至，海天一色，这像天仙下海一般的美丽与奔放，给我们留下深深的印象，久久不能忘怀。

奥克兰城市地图

奥克兰为新西兰第一大城市，人口约 140 万，有“万帆之城”的美称

新、澳农村放牧之地——触动心灵的牧羊人

南半球的新西兰、澳大利亚，这里是人类开发比较迟的地方，国土面积辽阔广大，资源十分丰富，自然环境优美，但居住的人口却不多，将来的发展潜力巨大。澳大利亚有 759 万平方千米，总人口仅有 2300 多万；新西兰有 27 万平方千米，总人口只有 440 多万人，而且多为欧洲、亚洲各国的移民。这两个国家也是

世界上原生态牧场最多的地方，草质优良，气候适宜，位居牛、羊肉和奶制品出口量位居世界的前列。

在澳大利亚的新南威尔士州、南澳大利亚州和新西兰的普伦蒂湾区等地，有着广袤的平原牧场和丘陵地区牧地。坐在舒适宽敞的大巴旅游车上，你常常会发现这两个国家到处都有风光明媚的乡村景色、一望无边的青青牧草和成千上万只肥壮的牛羊。我们虽然在新、澳两国旅游考察的时间不长，但也在山林平原之间的牧场走过好几回，那蓝天青草与新鲜的空气，真是沁人心脾的。

在参观南半球这两个国家的农村天然牧场时，我们有时停下车来，走进深深的草丛中，小花朵朵、虫儿飞出，脚下软绵绵、湿润润的，好像女人洁净肌肤上的弹力与美丽。这里美丽的姑娘和小伙子常常躺在草地上打滚、亲昵，仰望白云蓝天，享受大自然的风光，全然没了衣冠楚楚时的矜持与娇羞。当地牧人更是优哉游哉、自由奔放，没有压力、没有烦恼，时间在他们的心中被无限延长着，只要是太阳不下山，那就是他们的浪漫时光。许多诗人、作家认为天然牧场亦是触动心灵的地方。确实，这里到处充满着田园牧歌式的诗情画意。

有一天早晨，太阳还没有爬上山时，我们就乘车离开新西兰的最大的海滨城市——奥克兰。车子一直往南方开去，离开了繁杂喧嚣的大都市，经过海湾高速公路，驶入汉密尔顿的南郊牧场。这里远处是茂密的林地，附近则是辽阔丰饶的草原，还错落分布着一些面积不大的湖泊。千万头成群的牛羊在这里悠闲吃草、奔走，牧人三三两两地驱赶牛羊群，更显得他们与大自然融洽在一起，过着欢快、舒坦、幸福的时光。

导游者给我们介绍，草地生物生产力不足，牧民需经常往水草丰富的地方迁移，避免自然灾害。新西兰牧民的价值还体现在文化方面，草原畜牧业培养了一种游牧文化，游牧不仅是环境和牧民的双向最佳选择，还造就了开放、进取、勇敢，与草原融为一体的放牧人。今天他们不仅喜欢广阔草原的优美环境，还在草地上迎着朝霞放声歌唱，过着舒心的日子，看着自己的羊群茁壮成长。有时在节假日开着小车携妻带子到城里购物、游玩，享受现代化的文明生活，这就是我们地球上最幸福的放牧人。

我们参观、体验了几个牧场的环境、工作场所和牧人们的家庭小屋后，驱车赶路，追赶西下的太阳，又匆匆回到汉密尔顿海边的豪华宾馆。鲜红的太阳快要下山，一缕缕晚霞还试图照亮美丽的海滨，在氤氲中呈现出梦幻般的斑璨色彩，映衬着茂密的森林。这时候几位漂亮的新西兰姑娘朝着我们微笑起来，我们感到特别的温馨。地球不那么大呀，我们从亚洲过来的匆匆过客也受到她们的欢迎与赞赏，世界真是美极了，暗暗地想一想，这里到处都有美的场所与温馨的人际关系，人世间到处都充满了友爱。

第五部分 非洲一角

Africa

第 22 章　彩虹之国走马观花

南非剪影

海虽广阔，但它从不厌倦地接受涓涓细流；山虽然会阻碍视野，但它能激发我们攀登高峰，展望平川的坚强毅力。

——一位中国哲学家

非洲大陆总面积有 3020 万平方千米，约占世界陆域的五分之一，相当于三个欧洲那么大。但其中有世界上最大的沙漠撒哈拉沙漠，面积达 780 万平方千米，约占非洲总面积的四分之一。整个非洲自然地理条件多比较恶劣。政治上，500 多年来非洲人民经历着帝国主义、殖民主义的奴役与剥削，长期过着贫困、落后与黑奴贩卖的悲惨生活。很多国家至今处于经济落后、工业化水平低、城镇不发达、资源被掠夺、文化被奴役的状况。

在非洲旅行考察，不那么舒适与愉快，特别是非洲内陆国家地理环境十分恶劣，卫生条件差，传染病流行，谁敢亲临其境？但是，非洲的神奇、引人之处还有不少的，尤其在南非、埃及、摩纳哥、阿尔及利亚等一些较富裕的国家，还是有很多地方值得我们去考察、去记录的。

在非洲大陆中，南非有着奇特的自然环境，经济发展比较发达，现在又被称为“金砖五国”之一。在旅游者的眼中，她是一个美丽豪放的彩虹之国，在地理学家眼中又是一个值得探索的自然王国。你可以开着越野车，在丛林中看非洲多种野兽；你可以在导游者带领下进入祖鲁族村探寻原生态原住民的生活情趣；当然也可以在约翰内斯堡郊野了解南非白人开采黄金、钻石的历史；在茨瓦内（比勒陀利亚）去逛一逛人工建造的太阳城；还得去一趟非洲南端开普敦的海豹岛和观赏小企鹅群；以及到最为精彩的好望角，看那大海中有大西洋和印度洋的交汇处，那一派茫茫天地之间的蓝色世界，真是欢乐无限！

好望角的诗赞

南非大陆最迷人的南端，
也是草莽刚刚开辟的一块地方，
北半球的旅行家们渴望着，

我们终于有了美梦成真的“天亮”。
从开普敦城中开着大巴往南方，
沿路是绿树、花丛、海水和阳光，
海岸边的惊涛骇浪声，
掩盖着车上我们的欢声笑语，
一群群懒洋洋的海豹，
爬上潮湿的岩石，晒着太阳，
几十只可爱的小企鹅，
在白晔晔的沙滩上游戏，
还有稀稀拉拉的一群狒狒，
背上还有一只牠自己的小狒狒，
不慌不忙地行走在公路上，
不能惊吓牠们，我们的车停下来了。
我们的旅游车快来到了好望角，
大海呀，深蓝蓝的海水就在眼前，
来到大自然的海陆之间，
我们分辨着大西洋与印度洋的界限，
这就是我们地理学家们最喜欢的地方，
天空的蔚蓝，大地的壮阔，海洋的深邃，
深深地吸引着我们，我们被迷住了，
我们在这里感觉到很渺小。

太阳城之行

当远古时代人类改造自然遇到种种灾难时，不得不祈祷太阳神。在太阳城中便塑造了一张上帝巨大的人脸塑像，各种神奇的脸面，让人参观时感觉到置身于远古时代。一个人类初期的祭祀舞台。天神发威的场面，反映了人类初始生存与听命于大自然的艰难进步的过程。

我们在南非北部最大的城市——茨瓦内仅逗留了两天，因为她是南非行政性质的首都，城市建设较有特色，凡是政府部门的大厦都是现代化的新建筑，风格不一，高低错落，具有南半球风光的特色。在城市中心区，有一些街区是按照欧式风情街的模式规划建筑的。沿街立面具有原生态的建筑风格，有些是哥特式，有些是拜占庭式的，还有不少以“十”字架为尖顶的西班牙式建筑。街区处处体现浓郁的欧洲风情，花丛街道让人仿佛置身于繁华、时尚与环保的欧洲都市风情之中，感到格外舒适、奔放和美丽的感受。

太阳城离茨瓦内市约有 200 公里的路程，临近博茨瓦纳的南部边境。南非共和国旅游部门，根据当地的自然地理环境建造了一个富有特色、新奇怪异的太阳城，游玩类型多样化，吸引着世界各地游客。在旅游旺季，每天到此游乐的旅客人数超过 2 万人。太阳城主要旅游景点人造海景沙滩，有海水冲浪的节目。无论是大人、小孩都喜欢在这游玩戏水，每天不下千人在此游泳锻炼。太阳城还有按照地质地理条件，用科技手段，人工制造了一个惊天动地的地震电动模型。人们站在桥上、山下或房屋附近都能感受天崩地裂的地震现象，仅有 20 分钟，地震级别 3～4 级。所有参观的人都是安全的，没有什么特别危险的景象发生，只不过一些小孩、胆小的女人有时发出的尖叫声以及男人们狂野的欢笑。我们有思想准备，对此现象感觉在船上的抖动一样，不会引起一场虚惊与害怕的。

在太阳城附近，我们参观了在亚热带丛林中建筑的世界顶级的皇宫大酒店，有人称之为南非第一个超六星级的大酒店。门前有灯光布景的喷水池、宫殿式的大门，富丽堂皇。豪华餐厅内还有许多东方美食，在这里可以品尝到香港的广式甜点，上海小吃以及一些川、湘辣味，使我们倍感亲切。酒店后一大片森林与草地，安闲舒适，装饰讲究，既有现代化的时代印记，又有古色古香的烙印。

距离茨瓦内 400 多公里南非东部海滨，还有一座美丽的海滨之城德班，它就是 2013 年在这里召开“金砖五国”重要会议的地方。人口中印度移民有 45％，其次为黑人，白人。德班环境优美，城市建筑风格大多数为欧式建筑，有许多美食街与博物馆，受印度文化的影响较大。

黄金城的开采

当我们的旅游大巴从机场开出，进入高速公路那一刻，南非的天空突然阴暗下来，不一会倾盆大雨模糊了我们的车窗，失去了初来乍到之时好好探望约翰内斯堡市的真面貌的机会。我们只好失望地议论着刚下飞机就遇到了不良机缘。还好，不到半小时，天空放晴，约翰内斯堡城那些半旧半新的街区与一些建筑物粗糙的面孔在我们眼前展开了。城市现代化水平不能与我国的上海、广州、深圳等飞跃发展着的城市相比。

南非的约翰内斯堡曾举办过世界杯足球赛的决赛，南非那几百万的足球迷的狂欢劲儿不是我们能想象的。约翰内斯堡的足球之城体育场，能容纳 10 万之众，整个体育馆建设得十分艳丽壮观，可以与我们北京奥运会的鸟巢体育场相较。此外，在约翰内斯堡城中，还有不少博物馆、教堂、美术馆、天文台等。除了世界杯体育馆外，最能引人谈论的还是黄金城的历史与现状。关于南非的黄金城，据导游介绍，1886 年，黄金的开采，曾经是那些欧洲殖民者掩口偷笑的事情。正是在 100 多年前欧洲殖民者把约翰内斯堡附近那些不起眼的荒山野岭变成了让殖民主义者大发横财的金山银山，才使得约翰内斯堡从一个不知名的小城镇变成了南非当今十分重要的经济中心与现代金矿制造业的基地。

约翰内斯堡城市地图

南非的重要首都之一，为世界著名的“黄金城”，城区人口超过 200 万人

导游告诉我们，到目前为止，南非约翰内斯堡的主要金矿产量占该国的60％左右，每年大约有 10 万名金矿相关各部门的产业工人与技术人员在此工作，其中也有不少中国工人。约翰内斯堡的金矿坑道已经打到地下 3000 多米，是世界深井技术的前沿。人们都希望南非的金矿开采与制造能为当地人民带来较高的幸福指数，但其实大多数矿工生活仍很艰苦，有时还会发生矿难。现在约翰内斯堡的金矿坑道，不少向国际游客开放。带上安全帽钻入地下体验当年淘金工人的生活，是现在南非旅游最卖座的项目。当然乘矿车慢慢下井探险是探索地球内部结构的一件难得的趣事。

从开普敦到好望角

一个晴朗的早晨，虽然祖国已是冬季时节，但南非仍处南半球的春夏之交。晴空万里，阳光普照，气温也在 20～28℃之间，非常适宜于人类与万物之生长。我们从南非约翰内斯堡城郊的国际机场，乘坐南非的国内航班，仅仅 2 个半小时就飞到了南非最南端的国际港城——开普敦。这也是南非南部的最大旅游胜地，城市人口约 350 万人，为南非第二大城市。

开普敦（Cape Town），原是南非最南端靠近大西洋岸边的一个小渔村，数百年前，欧洲葡萄牙、西班牙人曾经到这里探险。后来荷兰殖民主义者在这开始建设了一个小商港，集聚了许多外国商人，对开普敦小镇进行规划建设。经过 200 多年的勤劳开发与建设，开普敦城慢慢繁荣发展了。

如今开普敦的港口与城区同时发展起来，城区也越来越大，市内许多街区都具有欧式风格。沿着港区、山边一带的居民住宅大多数为公寓式的楼房，少部分别墅区沿着海滨风景最美丽的地方建设。大部分居民属于中产阶级以上的白人，黑人集中居住在市区边缘或工业区附近。市区内还能看到不少中国人、印度人开办的饭店和游乐设施。开普敦还是一个比较年轻、美丽的海滨城市。我们的旅游团，在开普敦有三天半的参观考察时间，在开普敦城西北方向，我们的汽车沿着大西洋岸边一路停停开开。第一站，我们在开普敦南部美丽的豪特湾，几乎所有的游客都会从这里乘船前往海豹岛，去观看十分可爱的海豹群以及多姿多彩的海上风光。

辽阔的大西洋，从这里望不到边际，靠近豪特湾的几十个小岛上却爬满了成千上万只海豹，或卧或躺，黑压压一大片，十分壮观。在那些潮湿的岩石岛屿上，不少公海豹在争地盘或夺配偶兀自厮杀，母海豹则在旁边懒洋洋地观望。在她们的眼神中，似乎重要的不是公海豹的输赢，而是岛上有否食物与阳光是否灿烂。海风轻轻地刮起是海豹玩耍的好时光。

海豹岛附近有一个管理海豹的游客参观中心，有讲解员或导游人员带我们去海豹岛保护区，几百只小海豹有的躺在岩石上晒太阳，有的还在海边浅滩中嬉戏。这里的海水并不太深蓝，但水质要求高，不能有污水、浊水排入，海潮不急，海浪较小，这样能保护小海豹的自由成长。导游人员告诫我们，请勿靠近那些海豹群，特别是年幼的小海豹，生怕人类的气味影响它们成长的野性。因此，我们要照相时，不能靠得太近。

参观完海豹后，我们乘车不用一个小时，又来到另外一个海滩，这里却是南非企鹅群集聚在一起的世界。企鹅一摇一摆的在沙滩灌木丛中漫步，像是一个可爱的小宠物似的，大家都十分喜欢，赶忙拿出相机，将几百只大大小小的企鹅如实地照了下来。甚至有人走到它们身旁，它们也并不害怕，只不过小眼睛一直盯住我们，好像说，让我们自由吧，不要伤害我们啊！好望角海湾一带的企鹅群很和善、很动人、很有灵性，它们对人类也十分友好，我们靠近也不惊不怕不躲藏。当然我们只是轻手轻脚地在企鹅群中穿行、拍照片。但是你不能捡它的蛋，不能触动它的身体，否则也会狂怒起来，吼叫着警告你，甚至会跑来啄你一下，或撅起屁股向你喷出屎尿，这也是企鹅的一种动物本能的反抗。

这一天，我们共有16部大巴旅游车，一直沿着开普敦向南的高速公路向前行驶。到中午时分，好望角已近在眼前。过去这里还是荒山野岭，人们开发的地方不多，公路也是弯弯曲曲的。但沿着美丽的海滨，可以看到蓝色的海洋、绿色的原野，不少野花树丛星星点点，条带状分布，有无穷的美丽，吸引着万千游客。这一带人烟稀少，比较荒凉，是南非具有很大开发潜力的地方。

好望角在非洲大陆的南端，水天一色，美不胜收。原来这里又叫做“风暴角”，因为这里地处于南半球的西风带，气候差异性大，所以风浪一直很大。古代不少船只在此被吹翻，掉入海中死去的人无数。而现在的好望角避风港，又是一片崭新的天地，这里风平浪静，帆船点点，能给人们以美好的憧憬与愿望。当靠近海边的一个灯塔时，天气晴好，万里无云，远在20多公里之外也能看见。当我们爬上小山，路过几栋木屋，踏上一个个台阶，接近小山顶上，呵！这里是地球上不多的原生态地区了，就可以看到这个高高的灯塔时，好像心中就会冉冉升起美丽的希望。

在开往好望角那些蜿蜒的公路，从高处看，在深棕色的大地上分布几条浅灰色的小路，很像深山峡谷中的银色细流，使人置身于群山树丛之中，自然景色美极了。在公路上，草丛树木之间，有时，我们可以看到那一群群不怕人的狒狒家族，他们很聪明又很勤快，背上背着小狒狒，不断啃吃多汁的灌木、果品与青枝绿叶，甚至在公路中间闲庭散步，旁若无人，我们的汽车只能慢慢行驶，让它们先行。有时它们还会爬进旅客们的汽车，你还不能打骂它或驱赶它，只能让这些乖乖的狒狒在车内与你逗乐或下车回山。人们有时带来一些食物给这些可爱的狒狒，它们也十分喜欢这是人与动物和谐共处的最美好的时光。

甜美的开普敦酒乡

南非的最南端是美丽多姿多彩的海洋城市——开普敦，这里不仅有辽阔无边的海洋景观，而且还有山顶平坦的桌山，以及雄伟的开普敦体育场。在城市南方80多公里处，另称为“南非开普酒乡”的地方，是世界上十大葡萄酒产地之一。虽然整个葡萄园种植面积只有12万公顷不到，却是世界上第三大葡萄酒的产地，也是南半球较大的葡萄酒产区之一。

2009 年 12 月中旬一个晴朗的早晨，我们乘豪华旅游大巴从开普敦东面靠近海边的一个宾馆出发，经过 45 分钟车程就到达开普敦酒乡了。地方管理人员的介绍说我们代表团 10 多人来自中国，葡萄种植园主人十分热情地接待了我们。我们在风景美丽的山村，看到了成片成片的葡萄园，有些是种植在平原地区肥沃土地里，有些却在坡度平缓的山坡地上，一眼望不到边。大片绿色世界，处处是生长茂密的串串葡萄，果实累累，丰硕喜人，真是叫人流连忘返，高兴万分。

开普敦酒乡主要以多样性的植物生态系统为其特征，以葡萄树为主，附近还有许多花卉与其他绿色植物，被称之为开普敦的植物王国。葡萄种植园中作物生长稠密，植物多样、类型复杂，土质肥沃。附近的园区比较平坦，山坡的坡度小，朝南坡地阳光充足，满园满坡都是经过十几代人辛勤培育出来的优良品种。南非开普敦酒乡的葡萄园是 18 世纪中后期几位来自法国波尔多市郊小镇的人引种的法国波尔多拉弗尔堡的名种。南非开普敦葡萄种植园，含黏土极高的土壤中夹杂着丰富的磷、钾，使这里出产的葡萄极为纯净。经过优良的工艺生产的葡萄酒极为名贵，虽然没有法国名种葡萄酒名气大，但在南非也是一流（顶级）的名酒了。现在，酒乡的经济收入与税收较高，农场工人的生活水平也高，也为南非共和国增加了不少的财源，中南两国贸易中，其中食品酒类也是重要的项目。

开普敦酒乡目前有 10 多万人聚集在附近，从葡萄种植、良种培育、葡萄加工等相关工作，生产出来的优质葡萄酒世界闻名。特别是这里生产的葡萄酒 Bergkelder 为世界名酒，可以和法国波尔多生产的高档葡萄酒齐名，为世界市场所公认。当地主人领着我们在大片的葡萄园、历史久远的酒厂和葡萄园简易博物馆参观后，主人又带我们在贵宾招待室品尝了十多种葡萄酒，香气浓郁、杯杯醉人。我们中的大多数人都不是“酒仙”，但不少人为了不亏待自己，也喝了不少，甚至迷迷糊糊，好像也是“一醉方休”了。因此下午回城的车上，好多人都沉睡在梦乡之中。

开普敦酒乡除了南非黑人之外，大部分是来自西欧一些国家的白人。他们有很好的经营管理方法，精明能干，了解行情，获取了巨额利润。白人居住在城郊附近的一些环境优美的别墅。这里的庄园、小城镇和平民村庄都具有鲜明的荷兰、西班牙、葡萄牙式风格，这里自然环境优越，房屋建筑很有特色，内外交通方便，管理井井有条。到处都是鲜花满园，青草遍地，道路两旁，绿树婆娑，也是世界先进的现代化农庄管理模式之一。

南非的三个首都之行

“金砖五国”之一的南非，是非洲大陆经济文化比较发达，政治制度比较透明的国家。改革开放后的中国与南非建交虽然比较迟（1998 年元旦），但南非与中国的外交关系在第三世界中是比较友好与紧密的，我国人民赴南非办企业、做生意、搞工程设计等的人都很多，互相交流、旅游的人数也不断增加，经济贸易的交往也越来越密切。连续多年来，南非成为中国在非洲的第一大贸易伙伴，高层人士之间的交往也很频繁。

南非位于非洲的最南端，国土面积比较大，有121.9万平方千米，相当于12个江苏省那么大，国家的总人口约5千万人。其中黑人占76%左右，其次为白人、马来人、印度人与华人等。南非这个国家，不仅自然环境尤其独特优美，且有着长长的海岸线，国家处于大西洋与印度洋之间，是世界上重要的航线交汇、集中地区，从这里去南极考察也十分方便。

南非历史上是荷兰人、英国人不断殖民的非洲富饶之地，17世纪中叶欧洲人入侵非洲南部大陆之前，大部分是当地的土著居民，有桑人和科伊人，是公元3世纪时班图人南迁到此的。1910年组成南非联邦，成为英国的自治领地，1961年5月31日才成立南非共和国。南非经济比较发达，开发历史较长，现已走上了一条比较独特、民主、法制的道路。南非人通常比非洲许多其他国家的人要有较高的文化科技水平，并愿意学习西方人管理国家的办法，南非每年来中国留学的学生也日益增加。

到南非经济考察或旅游，最好的线路是从国内经过香港飞行5个小时到迪拜后，再从迪拜飞到南非约翰内斯堡（还需7个小时），共需12个小时左右就可以到达有着美丽风光、经济与城市化比较发达的南非共和国了。

南非是世界上最大的黄金生产国与出口国，也是世界上第三大钻石生产国。到南非的人大多会在黄金城（约翰内斯堡）的黄金与钻石市场光顾，来自中国的人们往往会购买质量高、市场价比国内低廉的黄金、钻石精品回来，这也是中国人来南非旅游的重要选择。

到达南非后，不仅可以欣赏南非各地的美食、水果，更重要的是可以了解南非人民的民俗、民情与各地传统。尤其引人关注的是南非许多城市都有自己独特的风光与欧式建筑。更使人惊奇的是南非这样一个国家竟然有3个城市都是首都。行政首都在茨瓦内，我们还可以参观首都附近的太阳城，城市中心比较繁华、热闹，建筑风格也比较集中布局，有钱人都住在附近的别墅区，但茨瓦内郊区有大片大片的贫民窟，这一带也是干旱缺水区，夏日阳光强烈，树木草地极少，是一大片半荒漠的郊区；司法首都在布隆方丹，近10年来在市区中心建设了许多现代化的办公大楼，十分壮观；立法首都在开普敦，也是我们最喜欢到达的美丽港城，还可以乘车到达非洲南端的好望角去看看那一望无际的大洋。开普敦是南非第二大城市与重要海港，人口约350万，总面积达1400平方千米。开普敦很美，也是一座最具欧洲风情的非洲城市，市区内有许许多多欧式建筑，别具一格。她的天然标志是一座高达1067米高的桌山，山顶好像被刀锋削平，远看就像一张上帝安排好的餐桌，让人们在这里尽情地享受啊！

狂野的东非——坦桑尼亚考察纪行

苔花如米小，也学牡丹开。

——清·袁枚

东非的坦桑尼亚有非洲大陆的黄金海岸之称，虽然非洲大陆整体自然条件较差，大沙漠广布，气候干燥，有许多荒漠之处，但不少地方还是适宜人类生存、动植物繁衍的，诸如南非、埃及、阿尔及利亚以及坦桑尼亚等地。2015 年的夏秋之季，我们所专家组一行 8 人，接受国家科技部援外任务，前往东非坦桑尼亚与赞比亚等国进行科学考察，对非洲人民在环境生态，湖泊流域以及城镇建设问题进行研究，陈爽研究员为专家组长，张路、高群和我以及余成和张家旗等一些博士生都参加了这一项极有意义的科学考察活动。此前还有我们所长杨桂山与党委书记谷孝鸿等领导也参加了东非的科学考察活动，这就写些极有科学意趣与异国风情的事儿，与读者们共同享受。

达累斯萨拉姆大城市见闻

当今世界，交通日臻完善，航空事业更为兴旺，我们在上海乘坐的阿联酋航空公司的豪华客机 A-380，能够运载五六百人，分上、下两层，只要 9 个多小时，就从太平洋西岸的大上海飞抵了 10 多年来刚刚建设的现代化城市——迪拜(Dubai)。休息 5 个小时后又飞抵坦桑尼亚的前首都达累斯萨拉姆，很少来非洲大陆旅游的人们都十分新奇来这里看看。

刚刚下飞机，进关不那么顺畅，当地官员、服务员带有本土口音的英语，我们一时难以理解，填写的表格没达到要求就被阻隔了 40 多分钟，机场破旧，设施落后，服务态度较为生硬，使我们很不习惯。我们是来援助建设的，但他们并不那么热情。他们不知情、傍晚灯光微弱、出关通道不顺畅…使我们心里产生了一些不愉快的时刻，难道他们还那么落后?!

从首都国际机场出来，接待我们的人员开着比较破旧的小汽车（日本的二手车），天气还有点热，车内空调并不好，使我们闷热难受。从机场到我们的住地整整走了一个半小时，他们还说两地距离仅仅 30 多公里呢?!一些城市干道，支路、小道很不通畅，驾驶员说正好是下班高峰时刻，一路上堵车，汽车刚刚在红灯的十字路口停下，车前车后就有不少黑人个体户来推销那些不值钱的东西，有毛巾、塑料盒、衣服、食品以及小玩意等等。我们的车窗紧闭，不敢开门。几乎每一条路上、街上、十字路口等地都有很多黑人来卖东西，他们也不怕热，真是辛苦，为了这点点的利润，被酷热的太阳晒出汗水、晒出油来。政府与交警也无人去管，常常造成交通阻塞，道路路面也很差，不少地方路面凹凸不平，大多数小汽车、小型面包车与公交车每小时仅能走 20～30 公里。这多半是过去殖民主义者统治、掠夺非洲大陆所造成的，这里许多国家仍然落后世界发达国家的水平，大概有一百多年……

我们经过旧城区、新市区、海滨大道与使馆区，最后抵达了我们较为满意的海滨宾馆（Slipway Hotel）。宾馆位于首都东北部的海湾区，印度洋湛蓝的海水，白色的海滨沙滩，密密丛丛的热带棕榈树以及多种花草环绕我们的住地，顿时心情舒畅多了，好像又到了世外桃源。来这里住宿的大部分是白领阶层、西方人士，还有我们中国专家组成员。

坦桑尼亚的首都，城镇人口已达 360 多万（其中郊区贫民窟人口占 1/5），不仅是这个国家最大的城市，也是非洲仅次于开罗的第二大城市，但全国 94 万平方千米的国土，4800 万人口，城市化水平很低，仅有 26.5%。市区内主要干道有萨莫拉大街、姆辛巴济大街、恩克鲁马大街以及沿着大海（印度洋）的大洋路和伊内渡口前街等，市区东部有大片绿地，具有英国风格的总统府位于市区靠海滨的东部，附近是闹市区，有一些现代化建筑如坦桑尼亚银行、乞力马扎罗大饭店、路德教教堂、游艇俱乐部等，都是为富裕阶层服务的现代化设施；而市区其他部分则是破旧低矮的贫民住宅区。所以首都今后的定位、功能、旧城改造、现代化建设问题值得研究，应当好好规划设计，实事求是、脚踏实地的建设。从我们的科学考察中发现有五大问题：一是城市干道、次干道不通畅，汽车拥堵地方有 20 多个十字路口，上下班时间往往停等时间达到 10～20 分钟，人们叫苦不绝；二是干道两旁的小市场，小摊贩拥塞，布局混乱，乱叫卖，无政府主义状态严重；三是重要干道两旁破旧房屋太多，年久失修，缺少改造与修建，街道乱七八糟；四是市区内尤其大街小巷，垃圾成堆，卫生设施差，垃圾围城容易发生传染病；五是绿化系统缺乏，供水不足，电信系统落后，我们的住地是高级宾馆，但微信网络常常中断，街道灯光昏暗，管理水平太低等等。

如何规划、如何建设一个环境优美、文明发达、繁荣美丽的现代化大都市？特别是发展中国家，还有很长的一段路要走，原有的历史基础差，过去的殖民主义者只是掠夺当地资源，剥削当地人民的血汗，不符合人道主义和市场经济的法则，使得大多数非洲国家和我国解放前大多数城市一样，贫困、落后、不文明、不清洁。如今，虽然多数非洲国家已经走向独立，但是缺乏投资、缺乏技术，当地百姓文化素质很低，政府管理水平也低，今后要合理发展，利用当地资源与人力，改造恶劣的大自然，改变生态环境脆弱的地方。也许要经过很长时期的艰苦奋斗，才能恢复一个前途光明的非洲大陆，才能建设一个经济贸易繁荣、交通发达便捷、文化科技有相当水准的美丽、和谐发展的现代化大都市。

我们所的中青年科学家们，国家科技部鼎力资助，在中国科学院的领导下，在专家组长陈爽教授的带领下已经在东非开展了八年多的科学考察与调研；前两年中国科学院与东非一些国家达成协议，我们在肯尼亚首都内罗毕建立了东非开发与研究中心，有十多个研究所参加，每年都有一定的科考任务，援助东非一些国家，保护自然，开发当地资源，发展地方经济，改善人民生活。今后我们在中国科学院刚刚成立的东非（开发与研究）中心的具体组织下，将会在大型湖泊水库、自然保护区、河流水源利用保护、生态环境与城镇规划建设方面，进行更深入的科考与研究，为非洲人民做出更大贡献！

世界著名的自然保护区

从肯尼亚到坦桑尼亚有一地区是世界著名的野生动物聚居活动自然保护区，位于乞力马扎罗山以西，约有 3 万平方千米的广大地区，大部分分布在坦桑尼亚西北部，西北端有一个非洲最大的维多利亚湖泊，面积 6.9 万平方千米，是世界上第二大淡水湖。这个地方是非洲大陆野生动物最大的活动场所，我们在电视上看过许多野生动物大迁徙那些惊险场面，都是冒险家、摄影师们在这个地方长期观察研究给我们留下的画面，都是在这个地方多少个日日夜夜实地捕捉、跟踪摄影的杰作。这些动物专家和摄影师们该多么辛苦啊！

我们在东非坦桑尼亚考察时，来过这里野生动物活动最为集中的两个世界级的自然保护区（一个称之为塞伦盖帝国家公园北区；另一个为恩戈罗恩自然保护区南区），近十多年来得到联合国的资助，人们对这一地区进行了很多研究与管理，这里有极为丰富的珍贵的自然历史文化遗产。2015 年 8 月中旬，我们考察小组乘坐达累斯萨拉姆国际机场的飞机，经一个多小时飞抵卡拉图小城，然后，由当地引导人员开车 4 个小时才进到保护区内。由于非洲大陆性气候，常年酷热，气温很高，年降雨量不足 300 毫米，因此大部分地区干燥，植被很少，又缺少河湖，自然条件极为恶劣。许多地方都是荒漠地区，寸草不生，砂砾广布，仅有 1/4 地区有些湖泊、低洼之处，水草、树木生长较好些，但也是属于无人居住的荒凉之地。

但是在东非这一带干燥的荒漠地区，有时会出现引人注目、景色美丽的岩石，高原的鲜艳色彩，充满时间和空间的变化。由于这里气候干燥，酷热的阳光引起很多光化学作用，岩石与沙砾不断风化，在强光与黄昏微弱阳光下，呈现多种多样的色彩，起着不同变化，五彩缤纷，有粉红色、白色、黄色、蓝色、紫色和紫红色，格外惊艳，引人多种的幻想。入夜，这里的山，这里的天有着更多的奇幻光景，清新的空气和山风，吹得人透心凉快的。放眼高空，洁净的天空繁星点点，几十万颗群星闪烁发光，在工业发达的城市里，这是多么难看到的奇观啊！

坦桑尼亚西北部地区与肯尼亚接界之地，是非洲最大的野生动物聚居所，据当地导游的介绍，在保护区内大约有 200 万只角马、50 多万只羚羊、25 万只斑马，还有很多水牛、野猪、河马、长颈鹿和一些鸟类以及狼犬等等。我们的考察车在干燥的地区行驶，向导都不让我们下车行走，以免出现危险的状况。在草丛中还有一些猎豹，人们一般很难发现它们。进入保护区内，大人的票价是60美元，1.2米以下的儿童要20美元，从这个保护区进入另一个保护区还得再交一次。

第一天，我们考察车进入保护区后，首先去看了乞力马扎罗山附近的火山口(非洲最高峰，海拔5800米)，白茫茫一片都是干燥的盐湖，大约有1000平方千米，在这里看不见任何一个野生动物，因为是寸草不生的盐碱地，缺水干燥，中午的太阳炙热烧人，大约有60多度高温；但如果考察车爬上一千米以上的高原山地，气候就陡然凉爽起来。

考察车经过这块地方要2个小时，然后才进入有些草木生长的地方，途中有时可以发现几只远处飞来的山鹰、小鸟，也是无处觅食。再深入保护区内部，出现大片草地，草木也是枯黄色的，我们的考察车行走时，车后飞起一片灰尘，两边干枯的树枝上全是黄白色的粉末，偶尔可以看见当地一些土人，赶着几头牛在干燥的草原上放牧。据介绍，他们就是最早生活、劳动在非洲的马赛人，有如美国的印第安人、新西兰的毛利人，现在仍然生活的很原始，是世界上最贫苦的低层黑人。参观过马赛人家庭你就会发现：他们一年中没能洗几次澡，住在草屋里，家徒四壁，没有任何电器设备，食物也非常简单，还非常原始的在牛背上挖一个小口，用嘴吸吮恶腥的生牛血；他们的小孩也在出生的时候才可以吃上牛奶。参观时要给他们50美元，才可以到处拍照。我想，他们是世界上最可怜、最贫穷的土著人了。当地政府少许给些食物，每周送些河水给他们食用。现在的马赛人擅长于用黑檀木、乌木雕刻各种形状的动物，虽然不那么精致，但外国游人常常购买这些纪念品。

第二天，我们的考察车进入另一个保护区内，这里的自然条件好些，靠近坦桑尼亚最大的湖泊维多利亚湖，水草比较丰富，在一些河流附近有有几千头斑马与羚羊，还有水牛、大象群，在一些低洼地可以看到几百只河马聚集在河水浑浊同时又发臭的水潭中，河马背上、身上有很多苍蝇、小虫在背上叮咬他们，河马不时又浸入水中。当我们的考察车跨越几个大草地之后，看到了在动物园中难于看见的成千上万头野生动物，太感人了，非洲的狂野在这里表现的淋漓尽致！只可惜很难看到一群雄狮与猎豹捕捉大群水牛与羚羊的惊险镜头。

在这个自然保护区内，地域广大，气候干燥，草木稀少，砂石路面，还有很多凹凸不平的地方，越野车在这里不能开快，时速一般在20～30公里，也是为了不惊吓那些生活在更原生态的草木之处。大多数动物都与人类有亲切感，如斑马、长颈鹿、小羚羊等，常常跑到有汽车行驶的碎石公路上行走，慢吞吞的，十分可爱！可是那些狼狗、狼犬、野猪、鸵鸟等见到我们的汽车却跑得很快，我们的照相机难于捕捉到它们的踪影。有些稀少的动物如狮子、猎豹却躲在树丛、高草下，甚至小猎豹趴在干枯的大树上，离我们远远的，一般都在 60～100 米远的地方，我们很难发现它们。

我们的越野车中午行驶在保护区大草原之处，有几颗稀稀拉拉的大树，吃过中午饭后（汉堡与水果），树丛边上有一大群水牛都在酷热的阳光下休息，漆黑一团，一动也不动，我们吃着简易午餐时，不时有十多只小苍蝇飞入我们的敞篷车内，叮在我们身上、手上、脸上，很难驱赶或拍打（怕有传染病）。吃过午饭后，我们赶快离开这里，汽车慢慢地驶向一棵大树下，我们发现一只白脸猴子，正在把相机对着它拍照时，这只狡猾的猴子，飞快地直奔我们的越野车来。我们车内有一位小朋友正在吃着香蕉，我有高血糖，餐后不能马上吃香蕉，用餐巾纸包裹着的一根香蕉放在越野车最后一排座位上，还有一堆衣服在边上，但是这只猴子从地上跳入我们的敞篷车内，很快的将我的香蕉抢走了。我们也不知道这只猴子的嗅觉那么灵，从 100 多米处跑过来，跳入车内，前后不过几十秒钟的时间，我们还没有反应过来，香蕉被猴子抢走吃完了。这是我们这次野外考察中发生的最为惊险的一幕，好在仅此一只猴子，如果遇上一群野猴的话，我们车内一位正在吃着香蕉的小朋友一定会被猴子抢食甚至抓伤！据说曾经有过一些来动物保护区的外国游客，被一群狡猾的非洲猴子跳入车内抢走他们的食物与手提包，还挂在附近的大树上，急坏了的游客不得不花钱雇人爬树拿下这些手提包，否则他们的护照也会丢失啊！

最后一天，我们越野车还在第二个保护区内行驶，坦桑尼亚西北部，正好在维多利亚大湖南部，水草丰腴，树木繁茂，地下水较多，生态环境较好些，动植物生长良好。我们的越野车经过之处，常常发现在公路两侧有大群大群的角马、水牛、斑马、羚羊和河马，甚至有多达几千头的角马、斑马、羚羊等欢腾跳跃在恩戈罗恩大草原上。几千年来形成的动物之间相克相生、优势互补的生物链始终“掌控着”这些生命：少量的狮子、猎豹或狼犬吃不完也灭不绝那些繁殖很快的那些牛群、羊群。在这片草原上还有不少长颈鹿、鸟类、野猪和猴群，构成了一幅幅壮观狂野、弱肉强食的非洲自然与人文的悲壮景象。希望人类会保护它们，与它们和谐相处，为贫困的非洲增加更多的财富，保护好我们的地球。

我们考察小组有三天时间在塞伦盖蒂大平原上南北两个国家自然保护区仔细观察，也还是只粗略的走了走。这两个自然保护区没有固定的边界，还可以和肯尼亚的马赛伊安博塞利禁猎区联成一片，大约共有 5.2 万平方千米。大多数动物都有它们熟悉的家园，动物之间还有相互嗅觉共存的味道，据动物学家分析，种群相互共存、相互利用是大自然中动物生存规律所然。坦桑尼亚与肯尼亚政府都有动物保护的条例与法令，每天都限制一定的车辆、人数进入保护区，随地乱扔食物与垃圾都会受到严厉的制裁与罚款。因此，动物与人类和谐共生是这个世界上最大的野生动物保护区的良好发展机遇与永久生存的基础条件。

桑给巴尔宝岛漫行

我们的越野车在那些草莽未辟的原始草原、无人居住的干燥地区漫行，驶出保护区的管理大门后，大家还津津有味回顾狂野非洲的那些值得记忆的故事：大群相聚的角马、水牛、大象、颜色鲜艳的斑马、傲慢行走在公路上的长颈鹿、可爱灵活的羚羊、全身乌黑发臭的河马、捣蛋的狒猴和狼犬，可恶叮人不放的苍蝇与毒蚊子，等等；还遇上热情可爱的非洲姑娘，以及我们仅仅住了两晚但环境优美、空气清新的山区宾馆，虽然住宿费每晚比较昂贵，要200美元。这真是值得书写，值得怀念，值得留恋的狂野地方。

当我们结束了短暂的保护区动植物考察之后，越野车还快速地行驶在有柏油路面的乡间公路，行驶了两个多小时，沿途的人文景观现象很快又映入我们的眼帘，公路两边散乱的卖货摊以及破旧的平房、草房，光着脚丫子的黑人小孩以及头顶货物的勤劳非洲女人……当我们的汽车停在十字路口时，十多位叫卖杂货的人又出现在我们汽车的窗口，那些一般性的货物与食品，外国人没有人敢买。贫困的非洲人还留着殖民主义者掠夺后的悲催景象，白人世界那么悠闲、幸福，这些黑人却世世代代过着贫困、单调、不卫生的苦日子，这真是不公平！也许只有历史可以告诉我们答案。

后来，我们离开了简陋的姆万扎（Mwanza）机场，乘坐仅有50多个位子的舒适快捷的小飞机，经过两个小时横渡坦桑尼亚从西部到东部，在首都考察供水、道路情况后，我们乘船渡海，仅仅两个小时就从达累首都来到仅有一万平方千米的宝岛——桑给巴尔。

桑给巴尔原是东非坦桑尼亚东部印度洋上的一个岛国，也是英国的殖民地。历史上有阿拉伯人、印度人、东方人等来岛上开发，1699年在桑给巴尔南部建立城堡，现在为石头城（Stone Town），也是本岛第一大城镇，现在全岛130万人，石头城已有20多万人的海港城。1963年桑给巴尔与坦桑尼亚合并，建立了坦桑尼亚共和国，但这个宝岛还保留着高度的自治权（与我国香港特区一样），进入宝岛还得经过海关、边关的入境手续，但比较自由。

到桑给巴尔岛有海轮过渡，需2个半小时，还可以乘飞机，从达累到石头城，从起飞到降落仅要20分钟，现在石头城的二级机场还有飞往香港的航班（每周两次）。我们考察组从达累轮船码头坐中型海轮到石头城，而且住在海滨的国王宾馆，面朝大海，风光明媚，海风习习，早晚凉爽，附近还有古色古香的小巷大街，是一个又有历史文化遗迹，又有现代城市气息的好地方，早晚在海滨散步、锻炼，特别温馨，可以抛却人生烦恼，这里到处是海阔天空，蓝天白云，让人们天天开心，快乐。

在桑给巴尔岛上四天的考察中，中非国际旅行社与我们科学院组织安排得十分周到，对于全岛的社会经济与旅游考察都是非常满意的。非洲人称，桑给巴尔有三宝：海产、香蕉和香料（丁香生产占世界市场的一半）。我们乘坐快艇可以到达本岛南部小镇（Dolphin Town），在海中有几十艘快艇围成一圈，开快马力，冲击海水，让十多只海豚游出水面，甚至欢快地跳起来，有不少欧洲游客与我们一起“围斗”海豚，甚至不少青年跳入海中，体验海底世界，海深仅有 10 多米，在比较浅的地方还能看到珊瑚、贝壳与海中大群小鱼。

我们活动半天之后，又开车从南到北，大约两个小时，就到达桑给巴尔岛的北部高级旅游度假区，有几十栋大小不一、布局形态各异的特色宾馆、住房。有的屋顶均为茅草屋，有的则红墙绿瓦，格外别致，有北美人开发建设的希尔顿宾馆，还有公主宾馆、海边度假村等，冬暖夏凉，景色美丽，并有现代化设施，但通信有时候会中断，通信还较落后。

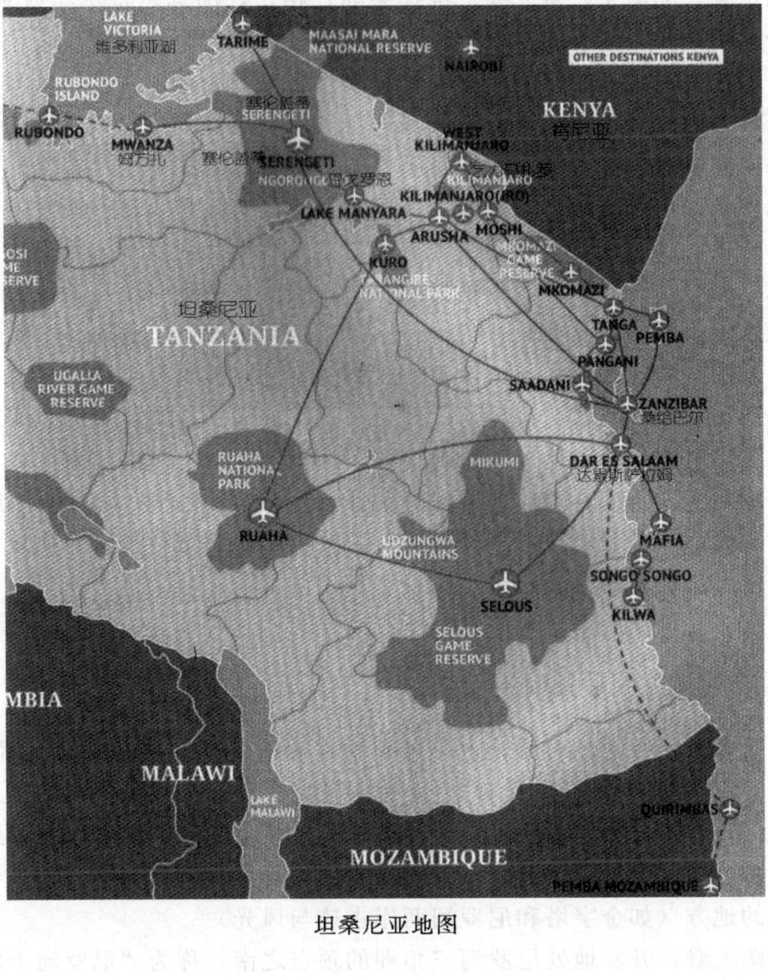

坦桑尼亚地图

我们的考察车从北到南，从南到北奔驶了几个小时，沿途有比较贫困的当地人的草房、简易平房与一些自行车、三轮车。可以看到黑人在烈日下劳作，他们中大多数人每天仅能挣到2～3美元的工资，仅能养家糊口，还得靠养一些牛、羊，种植丁香、香蕉、椰子和其他热带水果，增加一些收入，与白领阶层（中产阶级）的生活水准还是两个世界，千差万别。

我们在Nungwi海滨地区一带走走，可以发现这个宝岛还没有深度开发，公路等级差，年久失修，地方政府没有收入，公共设施很差，一些医院、学校也很简陋，服务水平也低。岛上荒地很多，原著居民很少去开发，玉米、马铃薯、蔬菜、水果种植很少，海产、家禽养殖也少，所以居住在岛上，甚至小镇小城中的饭店都很少吃上蔬菜。午、晚餐在宾馆的餐桌上花色品种也很少，简单的面包、烤薯条、烤鱼虾、螃蟹、牛肉与椰子汁等等。与我们中国人复杂的各种菜单（广东菜、四川菜、湖南菜、东北菜、淮扬菜等）相比，那真是将军与奴隶的水准，真是一个天上、一个地下的差距。所以，大多数人在这个宝岛上仅仅是旅游两三天而已，最长也不过一个星期。主要是岛上空气清新，海洋开阔，沙滩细白，海滩游泳，看看日出日落，夜晚天上繁星闪烁斑斓，也有许多引人之处。

坦桑尼亚政府根据外国专家的考察意见，将在10～20年内吸引外资，增加投入，规划设计，开发宝岛。尤其是环岛公路、公共设施、海产开发旅游设施应该是重点项目，同时动员、奖励当地黑人建立一些现代化农场，开垦土地，种植农林果优良品种，开发海洋，养殖特种水产，发展旅游业，使当地经济能发达起来。建设高等级的公路系统，增加海洋旅游设施，建设美好家园，搞好公共卫生，吸引外国游客、投资人来建设美丽富饶的宝岛，使这个宝岛（像夏威夷、北海道、海南岛、巴厘岛、普吉岛、西西里岛、塞班岛那样美）成为世界上最迷人最引人的宝岛之一。

2016年4月，中国科学院院长白春礼院士与我们中科院南京地湖所所长沈吉教授、陈爽教授等赴坦桑尼亚首都考察，并与该国签订科技合作协议，将在其首都建立生态水资源研究站，进行长期合作。

我们一定要去开罗看看

开罗是非洲最古老的名城，也是阿拉伯世界的文化中心和现代化的大都市，以及欧亚非三大洲的国际交通枢纽（海陆空综合性运输中心）。市区人口已达780多万人，开罗很久之前就是埃及的首都，有着许许多多吸引世界各地人民的历史文化古迹和旅游胜地，所以，我们一定要去开罗看看，畅游名都，参观具有世界意义的地方（如金字塔和尼罗河两岸古迹与风光）。

从地图上看，开罗地处尼罗河三角洲的顶点之南，称为“尼罗河上的一颗明珠”，东部和西部都是沉寂无垠、荒凉千里的阿拉伯沙漠和撒哈拉大沙漠，市区呈扇形，分布于尼罗河东西两岸。世界名都开罗是历史久远的古城，始建于公元 641 年，14 世纪中叶发展成为当时西亚、非洲最大的城市，现在成为埃及全国最大的工商业和金融中心，中东地区的政治、经济和文化中心。

新城区位于尼罗河中部两岸，街道宽阔笔直，现代化高楼大厦林立，奢华摩登的购物中心与宾馆集中在市区中央；老街区在开罗的东部，处处弥漫着神话般的色彩，伊斯兰教清真寺有 240 多处，古色古香、人流密集。最著名的爱资哈尔清真寺地处阿拉伯世界最古老的爱资哈尔大学所在地（已有 1200 年的历史了），附近的埃及古代的博物馆，内藏有 63 000 件文物，是世界著名的博物馆之一。

老市区内最令人难忘的是米娜大酒店，具有西方雅致奢华的建筑风格。第二次世界大战快结束时，在 1943 年 11 月 23 日，中、美、英三国首脑在这里召开了开罗会议，公布开罗宣言，要求日本无条件投降并归还一切侵占的土地，包括归还其强占的我国东北四省、台湾和澎湖列岛等。开罗会议拟定的《开罗宣言》非常重要，在审阅过程中，中方随蒋介石出席的时任国防最高委员会秘书长的王宠惠（后担任国民政府外交部长）指出文件中英国代表试图含糊处理的措辞（将《开罗宣言》第四段中“战后‘满洲、台湾、澎湖当然归还中国’改为‘满洲、台湾、澎湖当然必须由日本放弃’”）的不合理处，经过激烈辩论，且由于当时美方代表支持中方，最终英国对开罗宣言的草案只做了一些非实质性的文字改动。在罗斯福总统的支持下，英国首相丘吉尔放弃他原先的反华立场，与蒋介石共同签字，同意开罗宣言的文本。中、美、英最后形成的《开罗宣言》，对维护中国领土权益、奠定战后远东格局发挥了关键的作用。

人们不会忘记开罗会议的历史，第二次世界大战结束，日本政府投降后将侵占中国的许多领土归还，但当时没有很好解决我国台湾省北部钓鱼岛的归属，使钓鱼岛的主权争端问题长期遗留，至今得不到圆满解决。

第 23 章　浮光掠影在古老的埃及

2018 年元月，百年一遇的暴雪来临南京前的两天，我们参加了埃及与阿联酋十天之旅，匆匆忙忙赶去中东地区。说来也巧，南京下了 5～6 天的大雪，我们躲过了。2018 年元月 22 日～31 日我们却在温暖如春的开罗与红海之滨参观访问、享受阳光。这 10 天的短暂日子里，我们的行程却十分丰富、虽然经受了几天的长途大巴的劳累。从开罗至红海之滨的小城市（Sakala）要 6 个小时，参观半天后，第二天一早坐在舒适的长途车中，又要 6 个小时才到了埃及中部地区的卢卡索古神庙所在地，参观了半天，第三天又匆忙按原路返回开罗，可说是浮光掠影，驰车在大沙漠干旱地区，同时又返回红海以及开罗，在开罗活动的时间前后也只有一天多，各处的景点也算是蜻蜓点水，印象不深。埃及是具有 5000 多年的非洲历史文明古国，但经济不发达，人民生活依然清贫。

五千年文明历史的见证——金字塔

埃及位于非洲东北部、地中海之南，撒哈拉大沙漠之东，苏伊士运河西部，还有一部分国土位于西奈半岛，可以说埃及这个国家是亚欧非三大洲的重要交通枢纽及其联结点，具有 5000 多年的灿烂历史的文明古国，在世界上具有举足轻重的地位。

埃及的国土面积却不大、仅有百万多平方公里，实际上埃及的国土有一半是沙漠干旱地区。人口不足千万人，但她是与中国、印度、巴比伦（伊拉克）同属于世界上四大文明古国。我们的飞机从上海飞抵阿联酋首都阿布扎比，8 个小时，经过机场转机 4 个小时才能飞到了埃及的首都开罗，现在旅游方便多了，埃及是我国的友好国家，欢迎中国人到埃及，我们的护照落地签很自由。当然经过 10 多个小时的劳顿，晚上七点钟才到了新开罗大酒店，赶忙安排休息，因第二天一早，7 点又要出发参观开罗市西部沙漠地区世界上著名的金字塔群。

埃及具有五千历史的文明古国，最重要的标志就是金字塔，这一时代的杰作，在公元前 1800～1400 年前，埃及人民在极其艰苦的原始社会时代建造了 110 多座金字塔，每年来自世界各地约有 400 多万人，近年来我国到埃及与中东地区访问接近 10 万人之多，可见中国富强了，日益走向世界。

金字塔是埃及公元前 2600 年前的法老国王的皇陵，现在我们参观的三大金字塔群，其中有法老的母亲和儿子的，据说都是从埃及南部经过尼罗河运送过来的，法老金字塔最大，用了 230 万块石砌成的，金字塔高约 146.5 米，有的巨石重达 4 吨，一般的都在 1 吨上下，古代交通条件很差的情况下，全靠人力搬运，如何长途运送？用什么工具运来？至今都不是很清楚。

我们在开罗博物馆参观时，导游一直也讲不清楚，但却有很多史料与实物，金字塔、狮身人面像和木乃伊及其石棺等，经过考古学家的研究，有些是神话的传说，狮身人面像是属于巨人与妖蛇结合而产生的怪物，人的头、狮子的身躯、带着翅膀，名叫斯芬克斯（之谜）。古时代生性残酷，自从智慧女神缪斯那里学了很多谜语之后，它就成了一位美女，常常伤害很多路人。后来有人征服了她，变成了守卫金字塔法老的卫士，现在屹立在三座金字塔之南，千古给人参观。世界各地的游客慕名而来，倾心相许这片古老的大地，带着满心的赞叹，欣赏着人类社会的神奇，心满意足（照像留念）而归。参观金字塔的时候，人们都很着迷，想要进入塔内探个究竟。有些科学家曾经进入，什么都没有发现，那里光线昏暗，巷道狭窄，尽是石块，所获了了。

历史上荒凉的干旱沙漠地区的吉萨村，属于金字塔与狮身人面像坐落地点，这个在地图上名不见经传的村落如今却闻名天下，伴随着几千年的文物古迹，如今又平添了几分神奇、同时享着“散发诱人魔力”的美称，金字塔与狮身人面像如今成了埃及人民的骄傲。

从红海之滨到卢卡索——古神庙地之旅

气候宜人，海天一色的红海有许多迷人之处，我们旅行团的大巴以每小时 80 公里左右的速度从开罗驶往埃及南部，晚上的安乐之地就是红海之滨的希尔顿五星级大酒店。埃及经济比较落后，目前依旧是一靠石油、二靠旅游。但是美国人在红海之滨建造了沙漠之宫式的大酒店，十分奢华，设施精良，600 多个房间围绕着 3 个大型游泳池，紧紧地靠近美丽的海滩，高大的棕榈树，还有一些花草，来自国外的游客，十分惬意开心地休闲在这里。酒店地处在红海之滨美丽的海滨城市 Sakala（人口约有 10 多万人），是埃及东部的旅游胜地，风光明媚，高级酒店云集，世界各地的富人喜欢到此休闲。然而，酒店周围仍是半沙漠半干旱地区，草木干枯，城区人口稀稀落落，街道缺乏人气，商店不那么繁华。旅游酒店的收入也大半被美国商人收入囊中，诚信老实的当地埃及人收入甚微。

我们在酒店住上一晚，第二天清早旅行团又乘坐大巴往南行驶，差不多 6 个小时的车程才能抵达埃及中南部地区，位于尼罗河两岸的卢卡索，一路上刚刚修好的准高速公路像一条黑色的带子紧紧贴在黄色干旱广袤的沙漠上，旅游车与一些小汽车行驶在荒无人烟的沙漠上，大片的沙漠展现在我们的眼前，景色单调，车上大多数人都在座椅上睡觉休息。6 小时的车程极为劳累，中间路过一些检查站，有时让我们下来方便10分钟，停靠站极为简陋，每人都准备好1元人民币给了厕所的管理员，这里卫生条件差，严重缺水，车站附近常常看到一些衣着破旧的小姑娘与男孩子，跟着我们要钱要物进行乞讨，我们可怜他们，同情他们将我们随身带的一些食物、水果分送小孩。他们也习以为常地很快吃掉，可见埃及农村是十分贫苦之地，也是过去几百年来英国殖民主义统治的恶果。

我们的旅游大巴快到卢卡索这个阿蒙神庙所在的城市，接近世界长河尼罗河，由于水资源丰富，这里的土地肥沃，树木繁生，几乎有一个小时的车程是沿着尼罗河岸行驶的，好像又到了水乡江南那种景色，这儿属于埃及中南部地区。从地图上看，卢卡索这个百万人口的城市接近世界上最大的水坝——阿斯旺，据说是苏联工程师们规划设计帮助埃及人民兴建的大水库，这里方圆千里是埃及的粮仓，仅次于尼罗河三角洲，盛产棉花、小麦、甘蔗以及一些水果疏菜等，当地人民都是赶着小毛驴，小型轻骑，自行车运输农副产品。

来到气候湿润、物产丰富的卢卡索，我们先行吃午饭，然后参观这个世界上最大的神庙，午饭吃得很差，土豆、西红柿和一些洋葱混合煮烂，一些羊肉散发着极为难忍的伊斯兰教人的味道，在埃及的6天，各地的伙食都一样，真是苦不忍受。我们只能自己带的水果、饼干、榨菜作为补充。

午饭后我们集体参观，下车后要走约半小时左右，可以看到巨大的石柱，各种雕像，破旧乱石堆场。这里就是卢卡索阿蒙神庙，位于卡纳克阿蒙神庙以南3000米处，它与埃及神庙紧紧相连，中间有一条3000米长的羊头和狮身斯芬克斯神道相连，两座神殿恰为两颗明珠，不仅映照在卢卡索的大地上，更是映照在人的心中，成为埃及历史文明不可或缺的组成部分。世界各地旅游人士来到埃及不仅要在开罗观看金字塔，狮身人面像，而且还得千辛万苦来到卢卡索看看神庙，深入了埃及古代的文明历史。据说近十多年来，每年来卢卡索的旅行者多达550多万人，亦为当地人民带来一笔不小的收益，促进了埃及地区社会经济的发展。这座神庙是古埃及十八王朝第十九个法老艾米诺菲斯三世为了祭奉太阳神阿蒙、他的妃子、儿子和月亮神而艰辛修建的。后来到了十八王朝后期又经拉美西斯进行扩建，形成了现在神庙的这样巨大的规模。

游客其实可以从开罗的尼罗河港口乘船到卢卡索的神庙参观。但需要2天左右，如果坐火车，只要1个晚上。火车上也有软座，但是火车的速度也很慢，就每小时80千米，这里没有高铁。但是这儿沿途的风景美丽，无论是乘坐火车还是游轮，都可以饱览尼罗河沿岸的美丽景色。

这是一座结构比较完整的古建筑，注重地方地形，河流的文脉，完美地体现了埃及新王朝时期的风格，符合天文地理环境，而今成了埃及最著名的文化胜地，古迹之一，也列入了联合国历史文化遗产名录之中。

主要参考文献

方创琳，姚士谋，刘盛和，等. 2010 年中国城市群发展报告. 北京：科学出版社，2011.

福建省城市科学研究会，福建省城市规划学会. 海峡城市. 福州，2005～2012.

广州市社会科学联合会. 城市观察. 广州，2009～2015.

黄梦平，姚士谋. 东亚都市行. 厦门：厦门大学出版社，2002.

联合国人居署. 和谐城市. 北京：中国建筑工业出版社，2010.

林丽霞. 自助旅行英语. 上海：复旦大学出版社，1995.

陆大道，姚士谋，刘慧，等. 2006 中国区域发展报告——城镇化进程及空间扩张. 北京：商务印书馆，2007.

上海科学技术协会. 科学生活. 上海：上海科普出版社，2002～2015.

闻名世界的美丽城市. 探求发现丛书编委会. 成都：四川科技出版社，2013 年.

吴传钧，姚士谋，刘昌明，等. 中美地理学术交流 30 周年纪念文集（内部资料）. 中国地理学会，2009.

吴良镛. 人居环境科学导论. 北京：中国建筑工业出版社，2001.

姚士谋，陈振光，朱英明. 中国城市群. 4 版. 合肥：中国科学技术大学出版社，2008.

姚士谋，冯长春，王成新，等. 中国城镇化及其资源环境基础. 北京：科学出版社，2010.

姚士谋，何腾高. 美国风光. 北京：中国青年出版社，1984.

姚士谋，黄锡畴，唐邦兴，等. 美国地理见闻. 北京：商务印书馆，1982.

姚士谋，黄锡畴. 让中美人民世世代代友好下去. 人民日报. 1979-1-1（4 版）.

姚士谋. 美国风光. 北京：中国青年出版社，1987.

姚士谋. 世间情、自然美、故土爱——十国拾零（内部资料）. 中国科学院南京地理与湖泊研究所，2003.

张福才，张惠安，李寅奎，等. 百科知识手册. 牡丹江：黑龙江朝鲜民族出版社，1986.

中共中央文献研究室. 十六大以来重要文献选编. 北京：中央文献出版社，2011.

中国地理学会，湖南省经济地理研究所. 经济地理. 长沙，2006～2015.

中国地理学会，西安外国语大学. 人文地理. 西安，2005～2015.

周春山. 城市空间结构与形态 . 北京：科学出版社，2007.

Sassan S. The urban complex in a world economy. International Social Science Journal，1994，139：43～62.

Scott A. Production system dynamics and metropolitan development. Annals of Association of American Geography，1982，72（2）：185～200.

本书所用地图引自中国地图出版社 2000 年出版的《世界地图集》与 2012 年出版的《世界地理地图集》。

附　录

城市园林的精美艺术——记忆世界上那些最美的城市

在国外那些富有自然风光与人工园林艺术和谐结合的美丽城市参观旅行过的人们都深深地知道，世界上那些最美丽的城市有着多么诱人的活力与魅力。我在国外多次学习与工作的岁月中，虽然没有走遍世界各地，但在那些美丽的国度里观赏过较多美丽的花园城市。那些美丽而适宜于人类居住的园林城市和海湾城市，也称为“智慧城市”，如美国的华盛顿、旧金山、西雅图、檀香山，加拿大的温哥华，巴西的里约热内卢，欧洲的巴黎、维也纳、日内瓦、伦敦、阿姆斯特丹、科隆与柏林，圣彼得堡、爱丁堡、巴塞罗那，澳大利亚的墨尔本、堪培拉、悉尼等，都和我国许多美丽的园林城市（杭州、桂林、昆明、苏州、大连、西安、合肥、南京、珠海、深圳、肇庆、长春、厦门、青岛、南宁等）一样，是世界上最美的生态型城市。

世界上这些美丽的园林城市都富有自己的城市特色，长久以来的规划建设者精心布局，加之其政府主管部门的建设与管理，匠心经营，形成了美丽园林城市的个性化、常绿化与舒适美观化。

美国的首都华盛顿，河水清清的波托马克河从西部流经市区的南部，既是一条绿色走廊，又是一条富有园林特色美丽的河边花园，有各种各样的花朵与绿色的草坪。无论是春夏秋冬，都向游客展现她绿色世界的美容。尤其是每年4～6月份，从日本移植过来的几千株樱花绽放出一片片淡雅白色的、淡红色的花朵，向人们展示她的美丽与清香，吸引着每年来自世界各地的万千游客。人们常常驻足在河边公园里与博物馆旁，观赏各种花枝，留下多么深刻的印象。

华盛顿市区人口不多，50多年一直保持在85～100万人左右。国家法令不允许首都规划建设工业区及与市区不协调的各种企业、事业单位，更不允许在市内建设有环境污染的工厂等，这就为整个市区环境美化、绿化打下良好的基础。查阅有关华盛顿的多年空气质量记录，都清楚地表明了每年中90%以上的日子都是保持着空气质量优良的记录，大部分都是市民喜欢的白云蓝天、清新空气、适于舒舒服服生活工作的好日子。特别是在市区中心部分东西走向的宪法大街与独立大街，东边是庄严的国会大厦、西部是位于波托马克河畔的林肯纪念堂，两条大街之间，布置大片的绿地、花园与各种建筑体量不大的博物馆、文化艺术宫和政府部门的机关大厦，井然有序，掩映在绿树长廊之中，美丽极了！

具有“阳光土地”美称的澳大利亚，有着776万平方公里的国土面积，为世界第六大国，人口仅有2960万人。地大物博，人口密度很低，这样的自然王国、植物王国受到人为的破坏就很少，全国还有十一处世界自然与文化遗产。在这个美丽、辽阔而又植物生物繁茂的国度里，高大洁白的桉树被定为国树，惹人喜爱的金合欢被列为国花，袋鼠是澳大利亚的国兽。植物学家认为，世界上现有的1.5万种的野生花卉中，澳大利亚就占其一半，约有7600多种。无论哪一个城市、乡村，一年四季都是鲜花满园，奇花异草吸引着万千游人纷至沓来。

澳大利亚的首都堪培拉，城市不大，却魅力无穷。100多年前美国著名的城市设计师巴利·格里芬为堪培拉这个30万人不到的首都设计了小巧雅致、科学合理的花园城规划，按此规划理念，以国会山为中心，格里芬湖向心环绕，前有阿斯利山作为对景，后有红山作为靠背，整个城市掩映在常年青绿的丛林中，成为国家政治核心的理想之都、美丽之都，也是适宜居住之地。来到堪培拉，总让我们觉得这不是一个繁华之都，却像国内许多大城市远郊区的度假胜地。这里的树木绿茵为盖，掩映着各种建筑物，极富田园诗意，又像置身在环境优美山湖或海边的高级宾馆之中。整个城市的绿地面积占60%以上，每位市民约有70多平方米的绿地面积，是世界上最著名的花园城市之一。

类似于华盛顿、堪培拉这样的花园城市，世界各国真有不少，例如，瑞士的日内瓦、伯尔尼；奥地利的维也纳；意大利的水城威尼斯，西西里岛上的卡塔尼亚；法国的巴黎、波尔多；美国的旧金山、西雅图、洛杉矶的长滩和波士顿等。像澳大利亚的墨尔本，也以绚丽多彩的花园、植物园而闻名于世，全市1/4的土地为公园及绿地。粗大挺拔的树木，枝叶茂盛；花草丛生，生机盎然，错落在绿油油的草坪上，不时可以看到小鸟、松鼠嬉戏其间。墨尔本的优越环境，公园花草布置，艺术精湛，经常被选为世界最适合居住城市，而华盛顿、温哥华、旧金山、里约热内卢、奥克兰、斯德哥尔摩等也通常被称为花园城市。这些花园城市都体现了城市和自然的和谐结合，规划设计具世界一流水平，完整的绿地系统支撑着城市的生态环境。同时，这些都离不开政府管理主导化，投资多样化，设计智慧化，园林艺术化，养护精细化，管理高效化，市民自觉化的人本主义精神。

发达国家养生养老基地见闻

世界上许多国家的大城市周围若是有山有水的风景胜地，都建设了许多环境优美、空气清新、适宜于养生养老的休闲旅游胜地。欧洲的德国、法国、奥地利、瑞士与意大利等，北美的美国、加拿大等国都是在海岸、湖畔与环境非常美丽的丘陵山区中，或是离大都市较近、交通方便、农副产品供应充足的地方，建设美丽的小镇。

人类社会从几千年的农业社会转型到近200年来的工业社会后，那些工业城市，空气与水源遭到污染，很多地方环境受到破坏，严重威胁人类的生存空间，这是大家的共识。而今，人类社会正在由工业社会转型到生态文明的社会。通过国外风景优美的古典小镇的介绍，我们可以深深体会到：长期居住在大城市里的人们多么渴望到广阔的自然界去享受大自然的清静和美丽又舒适的环境。欧洲许多国家如英、德、法等，自然环境优美、空气清新、阳光充足的古堡小镇很多，特别为大中城市里工作长久的中老年人所钟爱。

十多年前，我们在德国、法国、意大利与瑞士一些大中城市的郊区小镇考察，我们可以看到许多大自然中的美丽、质朴的水乡小镇。我们来到德国与奥地利交界处的博登湖畔，在那些自然环境优美的地方就掩映着很多环境幽静、风景美丽的古朴小镇。

在德国南部的博登湖周围的一些水乡小镇，可以看到一泓绕村碧水、青山翠绿，弯曲的小河畔中古树如黛，绿影婆娑，静谧而又耀眼。这里的风光如诗如画，田园青青，青山如烟，田野中有鸡鸭、牛羊、大鹅、小狗；峡谷龙潭里，小溪流水潺潺，鸟儿歌唱，小虫蝴蝶飞去，三、四月间的菜花，大片大片的金黄色，真使人陶醉，好一派田园牧歌。当我们走近那些古朴的小镇，许多亲水别墅、公寓、临水居所，环境优美，风景如画；爬上风景秀丽的小山、果园，山路曲折延回，还有古朴典雅的教堂、农庄、平台、小阁，行行走走间可以欣赏到大自然的奇景，也可享受人间天堂的清新优雅。虽然这一带乡村小镇，湖边的居民与养生基地的公寓还不怎么完善，但当地人民用自己勤劳的双手和自己的智慧，创造具有地方特色的文化遗存与新的风格建筑的民居，使古朴小镇越来越有魅力，越来越有品位，他们平平淡淡的生活是乡间小镇靓丽的一道风景线，现代化的通信与信息技术，与世界各地的亲情、友好与同事紧密地联系在一起，田园牧歌式的生活，颐养天年的兴趣，令那些具有远见的城里的人们心驰神往，久久陶醉在温馨的新乡村生活之中，绵绵无尽期。

随着世界各国社会经济的日益繁荣，各国各地区城镇化水平的不断提高，人民生活水准不断提升，一批具有一流水平、自然环境优越的养生基础设施的建设，正好适应时代的要求，适应中老年人居家休闲的要求。当前我国总人口已有13.78亿人，其中60岁以上的老年人已达到2.15亿人，占我国总人口的18.1%，随着我国经济水平与卫生条件日臻完善，老年人的比例会越来越高，很快进入老年化的社会。日本与欧美各国也已逐渐进入老年社会，2014年日本人的平均寿命已达到81岁，美国、德国也达到78岁，中国接近76岁。日本国民60岁以上的人口已占30%，再过5年将达到35%，老龄化社会已经到来。

善乐心，善逸身，善养生。这是世界上很多中老年人在事业成就之后，到达退休年龄之时想追求的一种具有文化底蕴的幸福生活休闲模式。1999年，在京都大学的安排下，我与夫人在京都附近住了三个多月，在日本京都北山一带，还有名古屋的南部郊区许多小镇，都在建造环境优美，质量优秀，而又灵活多样的养生基地，润物细无声，心灵自有源，正是中老年人今后乐善其身的好去处。

在京都北山附近的养生基地，是具有东方文化与青山绿水园林相近的自然式风格，这里的建筑风格、布局的品味也具有优美自然条件与文化背景完美结合的独特养生养老基地，另外还有日本的广岛、仙台市郊一带的度假村。在布局形态上，具有依山傍水，层层相间，精巧细致，景色天然的特点；在居住与人性化的要求上，十分讲究过园艺匠，曲径台阶，极富诗意和哲学意味，形成了尽美写意，达到了一定的艺术风格。居住在京都北山湖畔的公寓中，间或启迪了我们对人生的感悟与思索。在这北山湖畔丰富而秀美的自然景观，人工造化，利用自然地形建设的各种服务设施，方便生活，适度锻炼又可以陶冶老年人的心情而增强体质，具有延年益寿之功。

南半球之行的人文地理思考

大丈夫必有四方之志，乃仗剑去国，辞亲远游。

——李白

在全球经济一体化的大好时光中，在海陆空交通四通八达的信息社会里，出国旅行、科学考察、人文交流是十分方便与赏心悦目的。特别是世界航空业的迅速发展，大型客机跨越几个大洲，舒适快捷，整个世界就好像缩小到了一个“地球村”。在过去的五年中，在那年近古稀的岁月里，我与老伴同行赴南美、南非与澳、新等国考察访问，不仅增加了我们对南半球各国的人文地理知识的了解，而且也极大地丰富了我们人生历程中的经历与荣光。

光阴荏苒，岁月如梦，自2006年至今，我们对南半球六国的旅游考察，深深地印记在我们的心中。有关澳大利亚、巴西、阿根廷、巴拉圭、新西兰和南非的背景、机缘、铭记和探究是有许许多多新鲜的事情值得交流的，尤其是这些国家的人文地理概貌与特征，更是具有难得学术价值的。

大背景下南半球之行的认知

在人们习惯称之为“地理大发现时代”的15～16世纪之前就有全球性的贸易商品交流活动了，而从“大发现时代”以来也已经有几百年的历史了。不过不少经济学家与地理学家认为：全球化深度与广度的大变化还是近几十年的事。

全球化的今天，不能用静态的模式与有偏见的视角来观察各国之间的社会、经济与科技文化的交往；也不能再从国家或产业转型的简单轮廓来理解世界贸易的比较优势以及那些国际化大都市的优越区位。生产分工的全球化、科学技术与资源营运的跨国交流已经导致了明显的新的贸易布局：大区域的贸易（国际、洲际）、跨国公司内部外部的运作、高科技协作贸易和电子商务全球化，都在塑造新的地理格局。南北美洲间、亚非各国间、欧亚美各国间的交流推动南半球主要的资源国家、贸易国家创造了一个复杂的全球贸易体系。当代宏观贸易与微观商品流动，构成了南北两半球之间人文地理的新格局。像我国浙江的义乌小商品市场，已经国际化了，每个月从非洲各国来购物的商人与旅行者高达八千多人。改革开放后，我国公民在世界各地谋生、留学与做生意的已有380多万人。当然在南半球的华人没有在北美、西欧工作的多，但在悉尼市也有40多万、圣保罗市有28万、里约热内卢有10多万、奥克兰有10多万、南非也有20多万。世界各国的人文地理现象真是像仙女下凡一样多姿多彩，只有亲临其境才能真实地体会到。有人称悉尼是南半球另一个“巴黎”，也是一座澳大利亚人心中的明星城市。这里到处洋溢着浪漫的气息，特别在悉尼歌剧院、华人区和美丽的海湾地区。悉尼整个城区有400多万人，约为上海市区人口的1/3，但她的市区面积比上海大三倍，有40多处海滩浴场，其中有近10个为裸体浴场。

我们近5年来，奔赴南半球几个发达国家旅游考察，激励了我们的人文地理思考，为我们带来了许多专业知识和不少令人兴奋的难忘事情。比如亚马孙河热带雨林考察、里约热内卢的基督像参观、布宜诺斯艾利斯市区总统府玫瑰园中旅行、墨尔本菲利浦岛上观看企鹅，以及悉尼的歌剧院、奥克兰的死火山口、毛利人村的温泉、开普敦好望角海湾中的海豹和太阳城特有风光与习俗等，这些独特、奇异和富有情趣的自然与人文地理现象，使人们更希望探索大自然的奥秘和社会发展的内在规律。

南半球城镇发展的人文地理内涵

在南半球几个国家访问考察的短暂日子里，由于时间与精力有限，很多地方仅能是走马观花、浮光掠影式的考察。但在各国访问考察的过程中，我也从大视角分析，抓住社会经济发展与城市景观建设的大格局；从微观视角上，看城市景观、建筑特色、公共设施水平、环境保护的亮点和社区文化的气息。并以此判别南半球地区城乡现代化建设的面貌与存在的问题，比较我国与南半球各国城市化、现代化和城乡一体化的异同与差距。

南半球的澳大利亚、新西兰、阿根廷、巴西和南非等国，过去曾经是英国、西班牙、葡萄牙、荷兰的殖民地，她们在世界是还是年轻的国家。例如澳大利亚，国土辽阔广大，领土面积有759万平方千米，自然条件并不十分优越。在1770年，英国殖民者库克船长抵达澳洲新大陆，英国女皇以此地为囚犯流放之地。过后的数百年里，也有几千中国广东人到此采矿与修路，殖民主义者又从非洲贩卖黑奴到此开矿、开发荒地，发展初期的资本主义。像澳大利亚一样，南半球很多国家都以欧洲文明为起点，发展了殖民地经济，亚洲各国的劳工也随后赶到达澳洲、南非一带参加各个国家的经济开发，为南半球一些国家做出了巨大贡献，在一张张白纸上画上了美丽的彩画！但长期以来，深受殖民主义者的剥削与掠夺，南美和非洲不少国家的广大民众仍然过着比较落后与艰辛的生活，特别是在农村或城镇郊区，贫民窟广布，卫生条件极差。部分民众长期得不到温饱，甚至过着奴隶一般的生活，传染病流行较多，部分国家儿童成活率仅有40％～45％。然而，就城市发展而言，少数国家工业化城市化发展较快，城市建设也比较现代化。有些经济实力强一些的国家，文化科学技术发展也快，对城市研究也较多。例如，巴西与澳大利亚的人文地理学（包括城市学与规划建筑学）学者们比较合理地界定城市功能定位，突出每个城市的个性，不盲目追求城市的发展规模。巴西的首都巴西利亚与澳大利亚的首都堪培拉都是小巧玲珑、环境优美、适宜人居的中小城市。城市职能单一、人口规模较小，整个城市的生态环境十分优越，市内交通非常流畅，空气清新。不像我国的首都北京，人口规模超过千万，城区人口密度大、流动人口又很多，天天交通堵塞，生态环境质量日趋下降。

在南半球几个国家里，例如，澳大利亚、新西兰、巴西和阿根廷，均具有比较典型的城市文化、建筑文化与地方人文文化，各个城市的建筑景观、街区布置、民居建设与多种多样的博物馆、图书馆等，都具有丰富的人文地理内涵，且因地制宜、互相协调、相得益彰、异彩纷呈。

在悉尼、墨尔本、奥克兰、圣保罗、里约热内卢、布宜诺斯艾利斯和南非的一些城市里，随处可以见到欧洲各国比较常见的三种建筑风格的教堂、大厦与办公大楼：哥特式的建筑物，大厦为尖顶形式，有的有十字架，若如教堂、若如神殿；拜占庭式的建筑，屋顶上有一个半圆球式穹顶的建筑形式，有点像伊斯兰教的教堂；维多利亚式建筑，为庭园式的美丽建筑，大多数为南半球各国的民居与别墅。

南半球人“精明管理”的新理念

我们在南非访问考察的那些日子里，参观了曼德拉总统博物馆。黑人领袖曼德拉总统崇高的精神境界及其博大的心胸，团结大多数人共同管理自己国家的故事，是最感动人的。曼德拉曾经在白人统治下的南非坐过27年的牢狱，他释放出来后，由于赢得南非大多数人的热爱，当选了南非的总统。他一上台就宣布：我们不能像白人统治那样采取种族歧视的政策，我们要正确对待白人，欢迎白人参加政府的管理，建设好南非共和国。因此，曼德拉总统管理南非时，保护了原来白人政府中很多有才干的人，号召所有黑人不要仇恨、不要报复。南非大多数民众认为：曼德拉总统具有博大的胸怀和崇高的精神。

南半球许多国家的城市管理也有很多精明之处，值得我们深思。南非、巴西与阿根廷以及澳大利亚的管理人员，他们对于大中城市里的建设规划并不以豪华、气派、超前与新奇为最高标准，他们并不将闹市区公共建筑都建成豪华的宾馆和政府办公大楼，也不盲目去追求室内外超标准的装修与装饰。南半球许多国家的规划管理人员与政府官员比较脚踏实地、量入为出，注重规划建筑质量和科学的管理。澳大利亚新南威尔士州维多利亚大学的规划建筑学家伍宗唐先生（澳籍华人）告诉我们：现代建筑是当代城市的科技象征、历史的见证，建筑质量永远是第一位。南半球很多大城市的著名建筑、地标式的大厦都是百年大计，建筑质量是能经受历史考验的。不像我国不少大中城市都在大拆大建，每年都在改造老城、翻修马路水管没个完，建筑质量也不断出现新问题，到处都是工地，城里找不到多少个安静之处。当然一方面说明我国工业化、城市化目前正处在高速发展时期，但另一方面也说明了我国有些城市领导追求数量上城市化，城市用地失控、资源浪费大、生态环境破坏，盲目的贪大求洋思想也不断地冒头。这说明了我国在如何按照科学发展观循序渐进、健康有序地建设和管理好人民的城市方面，还有相当大的距离要走。如何构建和谐社会，走具有中国特色、符合我国国情的城市化道路依然任重而道远。

南半球不少先进的城市化国家，对于环境、饮水水源、历史文化遗迹是非常注意保护的。“精明管理”的理念深入人心，尤其是城市决策者与规划师们。对于城市郊区的农业用地、耕地、菜地进行比较严格的管理控制，土地混合使用、注重经济与社会效益的结合。城市郊区的饮水水源地和历史古迹旅游区内绝对不允许建厂或乱建新城开发区等，污染水源和乱堆放垃圾都要受到法律制裁和经济处罚。各种法律、法规比较完善，不断提高市民的文化素质是建设现代化文明城市的重要保障。

南半球一些国家小城镇建设

西方发达国家的大城市、超大城市（人口大于100万人）的生态环境和城市交通不尽如人意之处越来越明显。现在南半球几个大国的大城市也在步西方发达国家的后尘，诸如阿根廷的布宜诺斯艾利斯、巴西的圣保罗和里约热内卢，还有南非的约翰内斯堡等，郊区城市化不断加速，城市无序蔓延，造成城市周围的山川农田受到工业污染和垃圾的围城。成千上万的城市贫民集聚在城乡结合部，他们的居住环境每况愈下，生活水平不断下降。社会治安也有不少问题，我们在南非和巴西一些城市里，为了个人的人身安全晚上不敢单独行动。最近这些国家一方面采取限制城市的无序发展，另一方面采取积极进行郊区卫星城与乡村地区小城镇的规划建设，使城乡之间发展比较协调，并严格保护城乡地区的生态环境，有利于人类与自然和谐可持续发展。

在阿根廷首都布宜诺斯艾利斯考察时，都市规划委员会的工程师位告诉我们，近10年来，政府和专家都比较重视郊区城乡协调发展和小城镇建设问题。

首都南部建设有迈普（人口 6.8 万左右）和奥拉瓦里亚（人口 12.5 万）两个小城市，离首都 30～45 公里的距离，可以相对独立地规划建设，具有比较完善的市政设施，购物方便、就业容易、城市生态环境优美。中产以上的阶层都愿意居住在这里，以减轻特大城市日益膨胀、用地蔓延的巨大压力，改善首都市内交通与生态环境。郊区小城镇的建设比较重视生态环境质量，住宅区与环境很美、空气清新，适宜于人类居住。在首都远郊区选择条件好的小城镇发展成为特大城市的卧城、休闲胜地，是实现阿根廷首都圈城乡协调发展的重要举措，实际上，南美一些发展中国家都在发展乡村城镇化、现代化，以缩小城乡差别。

2009 年冬季，我们在南非约翰内斯堡和茨瓦内两个城市访问的日子里，专门考察了几个矿区城镇（如塔巴津比）和旅游胜地（太阳城）。太阳城是南非政府依据当地的自然条件与生态环境，人工建造的旅游度假村，不仅户外有方圆 36 平方千米的野生动物区（有着斑马、羚羊、猴群、河马、大象以及各种鸟类）；同时可以在豪华宾馆与游乐场中体验地震、海潮、暴雨与雷电的发生过程，既有科学性，又有趣味性，十分奇特，使人流连忘返。

在南非共和国虽然各地比较干旱缺水，大片荒漠沙地的植被稀少，难以绿化。但不少沿海的小城镇，风景依然秀丽，树木与草地相间。例如在开普敦市附近，西海岸一些小城镇周围都是大片的人工灌溉的葡萄园，还有花榈木、核桃树和栓皮栎等经济林木。秋冬季节，热带亚热带植物繁茂，樟树与芦荟依然青绿，河川流水淙淙，圣诞树开满了大红花，加上许多常绿的古树大树，构成了色彩斑斓的秋日景象。由于这里空气洁净度高，工业污染很少，每天的朝霞与落日成为人们喜欢观赏的自然景色。夜晚皓月当空，星光灿烂，秋虫吟唱，好像又令人置身于闹市中的动物园中，享受到乡间村野的自然情趣，很有诗情画意，特别引人驻足，享受丰厚的人文与自然协调的乐趣。

南半球几个大国的彩色农业

在现代经济发展过程，人们越来越重视对资源、环境、生态和乡村文化的保护。彩色农业与乡村景观都有其经济、社会、生态和美学的价值，都具有发展旅游的潜能和优势。

在澳大利亚、巴西、阿根廷和南非几个国度里，不仅国土面积辽阔广大，自然地理风光无限；而且农业资源与生物资源丰富，低碳农业、观光农业和彩色农业类型多样，随处都有魅力无穷、美丽多姿的田园风光。这些国家有大片森林和肥美的土地资源，大部分尚未开发，在今后的几十年中都有巨大的生产潜力，可以为人类服务。

在我们访问考察澳大利亚东南部广大地区时，乘长途客车从悉尼到堪培拉，然后再往南部沿海的大城市——墨尔本时，沿途美丽的自然风光实在是太迷人了；高速公路两旁的牧草青青，成千上万头牛羊在悠闲食草，牧民住房周围都是鲜花绿树，还有硕果累累的各种热带果树。澳大利亚的新南威尔士洲和维多利亚州，是该国绿色农业、彩色农业的集中地。据地方政府的统计数字分析，这两个州的低碳农业、生态农业与彩色农业产品占整个澳大利亚的36%左右。全澳有5000多万头良种绵羊，羊毛制品驰名世界，在国际市场中占有重要的份额。

巴西和南非都是当今的"金砖国家"之一，国土面积广大，土地资源丰富。工业虽不十分发达，但农牧业与矿产资源丰富。近几年来他们的社会经济蒸蒸日上，工业化、城市化也不断发展，城乡关系逐步融洽。我们在巴西考察过程中，最吸引我们的地方是亚马孙河流域，我们在亚马孙河中部（巴西北部）最大的城市马瑙斯访问考察时，当地官员给我们介绍了一组数字：亚马孙河是世界上最长的河流，淡水总量占世界的1/8，85%的流域为原生态的处女地，原始森林、热带雨林与多种野生动物很少被开发利用，有些地方也保护不力。这里的农业资源与土地资源占整个巴西的一半，是未来巴西最大的农牧业与林业的开发基地，如果按4～5亩的农牧用地可以养活2人计量，巴西的亚马孙河流域还可以至少养活1.5亿人。这里到处是广阔的湿地、气候温和湿润、丰富的土地与淡水水源以及茂密的森林与草地，处处都有引人入胜的自然景观和妙趣横生的人文社会现象。

登山感悟

业精于勤荒于嬉，行成于思毁于随。

——韩愈

山在眼前，有高有矮，山是有形的。当我们在童年时，山是我们青少年高兴游玩的场所，也是与父母常常在一起的地方。这里的山，那边的丘，这边的水，那边在流，多么宁静、青绿和纯真自然，始终吸引着我们童年少儿们的欢心！

青年时，山上有许多幻想与梦境，似乎我们青年人登上去就可以上九天揽月，可以去亲近那洁白的朵朵白云啊。我们每个年轻人的心升华了，有着更加美丽的遐想，向着更加远大的理想。我们开始翻越高山大川，流着汗水，攀登崎岖，真是天道酬勤。经过辛劳之后，驻足山巅，可以看到山外有山，天外有天，是一种丰硕的成就的开始。

壮年时，经过了漫长的步伐，山在我们的脚下。山在改变着，似乎成就的高度在变，心灵的气度在上升，艰苦后的甘甜终于来到人间。好像是秋天的季节，硕果满枝头，枫叶泛红了，热心人都在关注自然。于是乎人间到处充满了丰收的果实，这是我们大半人生的苦果、甘果啊！

老年时，山又是高大的、英俊的和可以回首的。古人言：年年岁岁花相似，岁岁年年人不同。随着我们年龄一天天变高，我们深深地醒悟到，在我们脚下的一座座高山大川有着无穷无尽的险峻和傲气，他们统统都是有阅历的。等过了无数次的山，看到了远方的顶峰，也体会到了无限的苍天在远处，这并不是我们事业的尽头。这时我们又在领悟人生，回顾人生，即使创造了高山一样厚实的财富，如果不去好好节约与珍惜，也会坐吃山空。老年人悟得：财富应当延续，应当留给人间，应当公平地配给我们有作为的下一代！

历史是一面镜子，把一个人成功的一生比喻为翻越了无数次的高山，跨越过无数次曲折的山河，这是符合我们生命的成长规律的。大凡成就之人，他心中都有着许许多多的山的影子，以山喻己，以山比高，以山比志，以山崇拜。山高水长，不断开拓，不断进取，事业有望。

（此段文是我在美国访问西雅图时，曾与刘塔、侯晓虹、吕星劼、李麟等朋友一起登上西雅图南部海滨的国家公园奥林匹斯山以及附近的一些山峰，几天后在路途中，在夜晚思考中写下的一点感想。）

富贵家出生，却贫寒艰辛地成长

我出生在广东省东北部省界的平远县丰光村，这个县上千年来穷山恶水，大多数百姓极其艰苦地劳作，但收获却很低微，农村中的老百姓世世代代极其艰苦地生活、工作着。哪怕到改革开放20多年后还是省政府扶持的“贫困县”。

1940年6月的一个炎热的夏天，我降生在平远县丰光村民国时期曾经跟随孙中山先生辛亥革命的中级军官姚海珊（北伐时曾任军需后勤部长）的大家庭里。1910～1912年我们的祖父海珊与同族同姓的堂伯伯姚雨平将军一起跟随孙中山北伐到南京，推翻了满清政府，姚雨平就是当年的广东北伐军总司令。辛亥革命胜利后孙中山在南京任临时大总统时，姚雨平还是民国政府的第四军军长，李济深当时为参谋长；我们的祖父姚海珊为后勤部长。在抗日战争时期，祖父在家乡还担任过平远县县长三年，也应该算是有点权势的地方官吏，在家乡还盖上一栋小洋楼，能住80多人。方圆百里之内，我们的爷爷家还真算富贵人家，辛亥革命的上层家庭。1938年国民党的元老于右任还给祖父写了一个大匾，题字为“建国之英”，称颂姚海珊老人！但我们的祖父于1942年秋82岁时病逝，从此家庭走向没落破产。所以，我的幸福童年很短很短，仅仅是4～6年而已。

我们的祖父病逝后，十个儿子分成十个小家，各自为政，虽然还能相互帮助，但当时处于抗日战争后期和解放战争时期，每家人的生活都靠变卖家产过日子，1942年我当时2岁左右，正值广东梅州沦陷，日本人侵占广东各大中城市与县城，我父母为了他们个人的安危离开家乡，却把我这个瘦弱的孩子留在家乡，让我祖母艰难的抚养，一直到解放。当时家中生活条件逐年变差，大多数有劳动力的男人都离开家乡外出打工谋生了。可见，祖父去世后，家境发生极大变化，由富贵转入贫困，由地方官变为平民百姓。

如今，回忆起我的童年与青少年时期，家庭贫苦，我小时候与年迈的祖母相依为命，解放后土改时，我们家评为中农，我的堂伯父叔叔们大多数被评为下中农，没有想到，十年前那么富裕的家庭，却好像似“京华春梦”一般的衰落破败了。我和祖母仅仅依靠三亩地为生，我从十多岁起就常常放牛、挑水、割草、砍柴……想想现在城里的小孩，他们都有父母的呵护，可以吃鱼吃肉，学画画、写书法、弹钢琴、学英文，生活富足。我们在 1945～1956 年的生活却极其贫寒而又艰难的生活。

我的青少年时期，也是极其艰苦地在农村生活、劳作。父母离开 20 多年，得不到母爱，我这棵孤独的生命小树，任凭风吹雨打，遍体鳞伤。我小时候，上小学、中学时，家乡很落后没有电灯，没有自来水，没有公路通县城，看书写字全在煤油灯下，几乎每个月只能吃上 2～3 次鱼肉，漫长的岁月，生活都是极其艰苦，幼小的心灵受到极大的创伤。上初中时我们还得靠两条腿走路，从我家乡到另外一个石正乡镇上初中时，都是走读，每次都得走 30 多里路去读书，不管是春夏秋冬，还是风雨交加的日子，都是走山路，背干粮到学校念书。

青少年时，由于年迈的祖母左眼失明，右眼视力极差，无法再供养我上学，也没了生活、穿衣买物的能力，1953 年秋她将我送给我祖父的第八家（婶婶）家当继子，婶婶没有儿子，她就是我的养母了。但由于她的丈夫早年（50 岁时）去世，一个女人要供养我上学、生活也不容易，好在刚刚解放时，我祖母在解放前失散的儿子姚琬卿找到了家乡，也就是我叔叔，他 17 岁（1936 年）从广东赴延安参加革命了，解放后在浙江省当了嘉兴地区和温州地区专员，1956 年调到省委担任省委常委宣传部长等，每两个月汇款 10 多元给他的母亲。他又常常关心我，解决了我们相当一部分的困难。

尽管生活条件好些了，但我们一大家人生活在农村，子侄兄妹又多，祖母要照顾的人也不少，我们的生活仍然十分艰难困苦的。最使我难忘的，我高中毕业时，到兴宁县城参加高考（我们县小，没有考场），我们村的 26 位贫苦家庭出身的学生，步行 160 多里路，从早到晚走得十分疲劳，第二天即参加全国统考，想想也是，家里要拿出 5～8 元都没有（乘长途车来回仅要 4.8 元），我们只好背着干粮走路赴考，晚上住在 10 人的大房间，当时也不知道什么叫“艰苦”，两个月后，我接到了通知，好在考上了中山大学。不过我们这些人吃尽苦中苦，好在是有志者事竟成。现在我们老了，常常感悟：真是天道酬勤！

后记感怀

当这本记事体游记书稿完稿之际，我在南京玄武湖畔的小九华山中回想往事，也挺有乐趣的。真是人生难得几回搏！如果能在广阔的天地里转一转，了解外部世界，跨越全球，使人生路途中增添一点点浪花印记也是很有价值的。

去过一些发达国家或发展中国家的人们，可能有时由于自己的水平限制或传统观念束缚，对部分问题的看法是肤浅的，甚至是一知半解的。改革开放30多年来，我一直在深深体会这些国家的成长过程及其社会民风，有些是颇有启发的，有些更使人刻骨铭心，很难保持心灵上的平衡。前些时候，我对于西欧，南、北美洲及东亚一些国家的印象比较深刻的，曾经称之为：

法国是西欧的一朵鲜艳诱人涉世的芙蓉；
英国却是一桩桩古老而沉着的老松；
美国遍地是“黄金”，但来争吃的人却染上了黄金梦；
日本是东方民族一枝独秀的花，但活得不够理性与潇洒？
澳大利亚人却善于柔性化的思维，文明达人；
巴西、阿根廷的青年人中去刻苦勤奋的却不多。
狂野的非洲东部，令探险家着迷。

实际上，我们古老的国度里，古老的文化，简朴的包装，很难推销自己。但每当我们暂别祖国，只身漂泊在异国他乡之际，难免有依依不舍的心情。虽然本书不是充满智慧或文采的书，但却也是在国外或回来之后如此沉重的感情压力下写出来的，这里有很多冷静情感和曲折经验积累而成的。本书的后记也不是就此结束，还留下一些余味值得回顾，真是倍觉意犹未尽，思绪万千。盼望明天，太阳透过云雾露出笑脸。

本书仅仅写了120多小节，图文照片一起的40多万字，记述了40多年来我在国外的点滴见闻和一些地理风物的片段。我不能在这40多个国家里饱尝各地风物，只能是在国外学习生活、合作研究以及退休之后赴各国旅游的点滴中获得体会，甚至有些是一鳞半爪极为肤浅的记述。我们这些书生，很多来自农村贫困的地方。很多同乡人也曾有一些大志，一些奢望，却深深埋藏在田间路边的杂草丛中，有时难免被踩倒或甚至枯萎，亦无人问津。

但有时我却想到马克思《资本论》序言中的一句话：在科学上面是没有平坦的大路可走的，只有那些在崎岖小路上攀登、不畏劳苦的人，才有希望到达光辉的顶点。从1978年秋天起，前前后后7次在美国访问；10次去日本；西欧、东欧、东南亚其他地方也去过几次；最后在南半球几个国家看看。每次出访归来，总是有些感慨，如何更有效地博采发达国家各种新技术、新思维与高效率的成果为我们所用，克服国内眼前一些陈规陋俗，可真不容易呀。似乎需要更强劲的冲击，需要几代人的努力奋斗啊！议论一番后，我本人衷心期待：读后能否诱发新思想，寻求务实的延伸作用？对文化、科技去创新去劳作，去增加新枝绿叶。堪称回味的体会就更全更多更好。我对王国维的人生三境界深有感触“昨夜西风凋碧树，独上高楼，望尽天涯路”此一境也；“衣带渐宽终不悔，为伊消得人憔悴”此二境也；“众里寻他千百度，蓦然回首，那人却在灯火阑珊处”此三境也。远近闻名的泰国华文学校创办人梁冰已经 82 岁高龄了，但她说 80 岁退休，现在仍然是退而不休，为了传播中国文化，她辛勤努力地工作，她的事迹感动了世界各地的华人。确实，人的生命是有限的，但我们的事业是无限的，我们的中国梦也是年年不断的。这时我又想起屈原的名句：

路漫漫其修远兮，

吾将上下而求索。

我是很有兴趣研究中国城市发展与城市风貌特色问题的科技工作者，在探索的道路上也有一些收获，50 年奋斗之中，已出版了 16 部著作，另参编 5 部，在国内外讲学超过 150 多所大学，但仍有一些差距，仍不能与时俱进。中国国土面积幅员广大、人口众多，资源较为贫乏，人均更少，城市现代化水平与国外相比也需更多的努力。面对现实的困难，将今天的坐标起点与实现明天高标准的理想相连，思索着切实而又可行的奋进道路与科学规划，也许在今后的岁月中，我和我的妻子还要访问 10 多个国家。

本书的写作完成，不仅自己付出了艰巨的劳作，很多节假日都在整理资料，查阅文件和写作。而且得到了自己家人和同事朋友的许多帮助。我的同事、著名企业家、江苏省亚东建设发展集团总裁刘成刚，城市设计规划学家、南京市政设计院总规划师戴德胜，还有无锡外国语学校书记、总裁解晓南以及庄希泉基金会秘书长吕文加等同志也关心与支持了本书的出版。同时得到我所人文地理室（流域重点实验室）的陈雯主任、陈爽副主任的热情支持与关心，在此表示深深的谢意！此外，我的妻子陶玉美退休后陪同我访问了 29 个国家，并参加整理照片与资料，心底里表示深深感谢。

本书稿的全部插图编制、打印、排版、校对、清绘和资料分析由燕月、张艳会、李培、陈维肖、吕文、徐丽婷、范云崎、奚和平、潘佩佩、余成、李广宇等同志协助完成，特别是研究生燕月和张艳会多次打印、校对，他们为本书的出版付出了很大的辛劳，在此表示深深的谢意。刘成刚、戴德胜、曹晓虹、姚萍、姚平华、刘塔、侯晓虹、王德、姚迎等提供一部分美国、欧洲、中东、东南亚和我国台湾省的部分照片，在此表示深深的感谢！本书再版时，特别做诗一首歌颂广大的地理工作者、城市地理学家们（2015 年 10 月）：

地理学家颂

人类生存几千年，
靠人靠智创空间。
走南闯北地学家，
勇攀高峰似等闲。
为国奔忙走城乡，
描绘山河创业忙。
风风雨雨造福祉，
代代英才代代强。

但愿本书的问世，能得到一些社会效果。在探索、对比中外城市建设与旅游胜地的创新问题上引起点点浪花，得到抛砖引玉的效果，习近平主席提出我们要努力实现中华民族振兴的梦想，这就是我们的中国梦。

谨以本书献给我周围的朋友们，特别献给我的祖母（朱维坤）和叔父母［文化部、外交部离休干部吕志先（原名姚琬卿）与朱志坚］，在抗日战争和解放战争中我家父母失散逃难的时候，他们保护了我幼小的生命，不辞辛苦养育我成长，直到我上了大学。我从农村到城市，从广东山乡到了南京，从国内到国外经历了那么多的地方，心里已经十分满足了，为此，本书也献给我们伟大可爱的祖国与国内外的亲人们！

姚士谋

中国科学院南京地理与湖泊研究所城市研究中心原主任

2002 年于南京九华山下

2013 年夏补充修改

2016 年修改补充

特别致谢

我在晚年创作《跨越五大洲：各国各地缤纷异彩》中，先后得到江苏省亚东建设发展集团有限公司刘成刚总裁和南京市卓远资产管理有限公司吴健总裁的大力关心和支持，并资助本书的出版，使得本书顺利出版并多次重印发行。在这里，我由衷的表示感谢。

江苏省亚东建设发展集团有限公司是一家从事地产、旅游、商业、教育、实业经营，以及资本运作的集团化企业。25 年来，亚东先后在江苏、安徽、广西、浙江等地开发了数十个精品住宅及文旅综合体，近年来，更将开发业务成功拓展到北美及澳洲，为国家社会、福利、经济建设与城市繁荣美好作出自己的贡献。刘成刚总裁勤于思考，善于研究，勇于创新，带领亚东全体员工创造了显著的经济效益和社会效益，企业发展硕果累累，十度荣膺“江苏省房地产‘五十强’企业”，荣列南京市民营企业文化建设首批示范单位，以两个文明建设的显著业绩，被市委、市政府授予“南京市优秀民营企业”光荣称号。刘成刚总裁荣任南京市政协委员，也先后获得了“南京地产风云人物”“推动行业发展贡献奖”“十大魅力地产人物”“南京地产推动力人物”等荣誉。

南京卓远资产管理有限公司成立于 2008 年，是一家专注城镇化发展并提供城镇化综合解决方案的专业机构。多年致力于为城镇化各方主体，特别是政府、投融资企业和产业投资人提供高效、创新、务实的综合性解决方案，并成功付诸实施。具有全国性的影响力，为各地经济社会发展作出了巨大贡献。吴健总经理及其团队成员在其中发挥了重要的作用。吴健总经理曾多次获得江苏省优秀企业家等奖励。

姚士谋

2018 年 10 月